一般社団法人 国際総合芸術研究会〈岸純信選書〉第3巻

歌の女神と学者たち

イタリア・オペラの上演

［上巻］

フィリップ・ゴセット 著
Philip Gossett

岸 純信 訳
Suminobu Kishi

Divas and Scholars
Performing Italian Opera

八千代出版

Divas and Scholars: Performing Italian Opera

by Philip Gossett

Licensed by The University of Chicago Press, Chicago, Illinois, U.S.A.

Japanese edition published by arrangement through The Sakai Agency

© 2006 by The University of Chicago. All rights reserved.

無断複写・転載を禁じます。

ご　挨　拶

　おこがましいことですが、このたび、「岸純信選書」と銘打ちまして、オペラ史を理解するには必須の基本的な文献を翻訳し、シリーズ第3巻として『歌の女神と学者たち』上巻を世に出させて頂く運びになりました。自分の名を冠することにはどうしても抵抗を覚えるものですが、多くの方から、「責任の所在を明らかにして日本に広く紹介すべきである」との示唆を頂戴しましたので、僭越ながら、その通りにさせて頂こうと決意しました。

　この選書は、訳者が日ごろ、オペラの曲目解説を書くに際し、必ず引用する第一級の文献類を、我が国の音楽愛好者層に広く知らしめるべく選び抜いたものです。どの巻も、海外の論文にはしきりと引用される貴重な資料ばかりですが、なぜかこれまで、日本では完訳されたことがなく、部分的な引用すらもほぼ目にしたことがありません。それゆえ、海外と我が国のオペラ史に対する認識の溝を少しでも埋めるべく、能力の拙さを顧みず、世に送りたいと考えました。

　オペラ一作の誕生譚はそれぞれが非常に奥深いものです。今日、歌劇場を賑わす人気の演目ほど、後代の人間の想像をはるかに超える「関係者たちの闘志」を産みのエネルギーとして、世に出てきました。この選書を通じて、読者の皆様が、オペラを愛した先人たちのひときわの熱意に思いを馳せて下さるならば、訳者としても望外の喜びです。

令和6年11月

岸　純信

【本書の翻訳出版にご協力いただいた皆様】（敬称略、順不同）

英　　正道	英　　順子	奈良ゆみ
山本将夫	西尾正由紀	藤原可奈子
古賀逸平	香川恵嗣	竹川紀子
本田仁志	北庄司文良	永吉千恵子
恩田康明	鈴木康子	土井康雄
松﨑真波	菅野妙子	秋山妙子
和田浩子	川岸大翼	桃原章浩
清水のりこ	和澤康代	富田泰子
塩田亮三	塩田郁子	塩田祐司
市浦純子	佐藤美智子	飯岡静子
稲垣謙一		

ほか、匿名にてご厚情を賜りました皆さま

歌の女神と学者たち
―イタリア・オペラの上演―

上 巻

フィリップ・ゴセット

献　辞

ハロルド・ゴセットへ
私の父であり、最も熱心な支援者として

目　　次

まえがき　*vii*

プロローグ

第1章　海　と　山―ふたつの夏のフェスティヴァル― ………………………………… 3

第Ⅰ部　楽譜を知る

第2章　ステージの設営―イタリアの社会におけるオペラ― ………………… 45

第3章　「伝達すること」と伝統 ………………………………………………… 99

第4章　スキャンダルと奨学金 …………………………………………………… 157

第5章　クリティカル・エディションのロマンス ………………………… 197

インテルメッツォ

第6章　学者たちと演奏者たち―《セミラーミデ》の場合― ……………… 249

（第7章以下、下巻）

用　語　集　*295*

訳者あとがき　　*313*

本書で論じた主要なオペラ作品の索引―ベッリーニ、ドニゼッティ、ロッシーニ
　　およびヴェルディ―　　*317*

総　索　引　*333*

v

下巻の目次

第Ⅱ部　オペラを演奏すること

第 7 章　ヴァージョンを選ぶ

第 8 章　指揮者セラフィンの鋏

第 9 章　ロッシーニの装飾歌唱

第 10 章　より高く、より低く―ベッリーニとドニゼッティの移調―

第 11 章　言葉と音楽―歌詞と訳詞―

第 12 章　楽器の古いのと新しいのと

第 13 章　楽譜から舞台へ

コ ー ダ

第 14 章　2 人の王が北へ向かう―スカンジナヴィアにおけるイタリア・
　　　　　オペラの変貌―

用　語　集

文 献 目 録

本書で論じた主要なオペラ作品の索引―ベッリーニ、ドニゼッティ、
　　ロッシーニおよびヴェルディ―

総　索　引

まえがき

　本書は、一人のファンであり一人の音楽家でもあり、そして一人の研究者である者によって書かれた「19世紀イタリア・オペラの演奏」についての本であり、ロッシーニ、ベッリーニ、ドニゼッティ、ヴェルディの音楽への情熱を分かち合えるすべての人に向けたものである。ファンの方は、文中で時折り専門的な解説にふれることで興味をそそられることだろうし、演奏家の方なら、拙著から何か価値あるものを見つけて頂けると信じている。演奏家は芸術の社会史や楽譜のヴァージョンの歴史に価値を見いだすだろうし、研究者なら歌劇場特有の舞台裏のゴシップを面白がってくれることだろう。

　オペラ界における私という人間を形作るこれらの3要素は、今では絶望的なレヴェルで融合してしまっているが、でもそれは、連続して発展してきたものである。

　私が最も早くオペラに触れたのは、メトロポリタン歌劇場（MET）の毎週のラジオ中継放送を通じてのこと。子供の頃、私はそれを聴いて一緒に熱唱していたと父は断言する。でも、残念ながら、私の声楽の腕前は年を重ねても上達しなかった。私が実際に初めて観たオペラは、1950年代半ばに旧いメトロポリタン歌劇場で観たリーゼ・スティーヴンス主演の《カルメン》であったが、この時の記憶は長い間、家族内の逸話と切り離せぬものであった。オペラ好きのおじジュールズ・シュヴァーツが初期のLPを集めていたので、我々はそれをむさぼるように聴いていた。また、5歳からピアノを習った私は、高校時代（1955年から1958年まで）、マンハッタンのアップタウンにあるジュリアード音楽院予備クラスに足しげく通い、ピアノのレッスンと理論の授業を受けていた。土曜日の正午には、ほぼ毎週、地下鉄に乗ってダウンタウンに行き、METの立ち見席窓口の列に加わった。だから、当時の偉大な歌手の歌声はすべて聴いたに違いない：私の想像力をかき立てたのは、並外れた音楽とドラマであった。1958年の秋、アマースト・カレッジに進学した私は、オープンリールの頼もしいテープレコーダーを持参した。ジュリーおじのLPやニューヨーク公共図書館から借りたテープがいつも私のお供であった。モーツァルトから

vii

ヴェルディ、ワーグナー、ベルク、そしてブリテンまで：オペラが生きた芸術であることを私に確信させたのは、《ピーター・グライムズ》の録音であった。

　ニューヨークでの最初のデートのとき、私はスミス・コール・カレッジに通うガールフレンドと一緒に、ビルギット・ニルソンが歌う《トリスタンとイゾルデ》を MET の立見席で観た。ガールフレンドは 3 インチのピンヒールを履いていたにもかかわらず（私は、オペラの演奏時間の長さについて、彼女に警告していなかった）生き延びた。

　オペラファンなら誰でもお気に入りのエピソードを持っているだろう。私のそれはこんなもの。1960 年、フランスのエクサンプロヴァンス大学のカンヌ・キャンパスでフランス語の勉強をしていた夏（真顔でそう言っているのだが）、私はワーグナーに魅了されていたものだから、チケットも持たずに、《トリスタンとイゾルデ》を観るべくバイロイトに向かった。すると、ボックス・オフィスのエージェント氏が私の無鉄砲な行動ぶりに驚きを隠さなかったものの、それでも同情してくれて、年一回開かれる国際青少年音楽祭 the Rencontres Internationales de Jeunesse Musicale に案内してくれた。音楽祭はこの年の夏はバイロイトで開催されていて、その参加者のために数枚分のチケットが確保されていたからである。

　まさにその朝のことだが、そこで上演される《コジ・ファン・トゥッテ》のリハーサル担当ピアニストが、仕事を放り出して逃亡し、そこで私の（ピアノ）初見演奏能力がその場で活かされ、私自身も報われたというわけだ。なぜなら、ピアノ伴奏の任務を引き受けた結果、《ラインの黄金》《ジークフリート》《神々の黄昏》の 3 演目のチケットがやって来たからである。ブリュンヒルデ役はニルソンであった。でも、《ラインの黄金》の次の《ワルキューレ》も観なければと私は思った。そこで必死にチケットを探して、リヒャルト・ワーグナーの息子ジークフリートの未亡人で英国出身のヴィニフレート・ワーグナーの事務所に向かった。ヴィニフレートはナチス時代にバイロイトを運営し、ヒトラーとの親密な関係で知られていた女性である。その結果、音楽祭の主導権は息子のヴィーラントとヴォルフガングに移ったが、彼女は戦後のバイロイトでも存在感を示し続けていた。彼女は私の無茶苦茶な話を面白がっていたに違

いない。驚くほど親切に振る舞ってくれた。それでもチケットはなかった。私
は負けを認めたくなくて、楽屋に行く何人かのヴァイオリニストの後を追って
オーケストラの控室に入り込み、トイレの個室が2つあったので、そのうち
の1つに入りすぐに鍵をかけた。

　そのうちに、嵐の音楽が聴こえてきて、ジークムントが自分の身体を引き
ずってフンディングの家の囲炉裏端に向かっているのがわかると、私は外に出
て「禁制 Verboten」と書かれた最初のドアを開けた（そのドイツ語だけは知って
いた）。私は、舞台を見下ろす照明塔の上に立っていた。忘れられない初めて
の《ワルキューレ》、それを観たのは、まだ20歳にもなっていないそのとき
であった。

　オペラの道に進むということは、私の頭からは最も遠いところにある考えで
あった。時折り音楽の授業を受け、ピアノの勉強を続け、スミス・アマース
ト・グリークラブで伴奏をしながらも、私は物理学と数学を専攻すると宣言し
ていた。そして3年後、ウッズホール海洋研究所から名誉ある特別奨学金も
獲得した。しかし、ナヴィエ・ストークス方程式を回転体に適用するというひ
と夏の猛勉強で、科学の研究は自分には向いていないと確信した。そこで、私
の師であり指導者である物理学者アーノルド・アーロンズが、私が自分を理解
しているよりも私のことを理解してくれていたことで、「音楽史を探究すれば
どうか」と薦めてくれた。

　私はコロンビア大学で1年間のコースを受講し、最終学年のアマースト大
学での学士課程（親切で優秀なヘンリー・ミシュキンの指導を受けた）で、この進路
が正しいと私は確信した。そこで、プリンストン大学の大学院では音楽を専攻
した。何を研究したのか？　確かにイタリアのオペラではなく、イタリアのベ
ルカント・オペラでもなかった。そういう発想自体がそのときは滑稽に思え
た。そうではなく、真剣に音楽学を研究したのである：中世の記譜法、ビザン
チン聖歌、ルネサンスの音楽におけるテンポと拍子、音楽理論の歴史、十二音
音楽の分析、ワーグナーのオペラ、バッハのカンタータ、ベートーヴェンのピ
アノ・ソナタなどである。しかし、博士論文のテーマを決める段になって、私
はイタリア・オペラについて書くと宣言した。教授たちは、聡明な若い学者が
自分のキャリアを台無しにしようとしていると考えたようである（あるいはそう

まえがき　ix

想像した）。1965 年の秋、パリで学位研究に取り組むため、SS フランス号に乗り込んだとき、私はこの「イタリア・オペラ」のレパートリーの新しい学術的・上演的なエディションを準備することなどは、心から遠ざけていた。大学院を卒業したからといって、文献研究の厳しさに触れられなかったわけではない。妻のスーザン（《トリスタンとイゾルデ》の時のデート相手）は、ジェイムズ 1 世期の劇作家ボーモンとフレッチャーの研究を進めていたが、彼女から私はアメリカの書誌学者・文献学者の長であるフレドソン・バウアーズの恐ろしい名を初めて聞いた。そして、17 世紀初頭の植字工たちが、小さな活字片をひっくり返してしまうという彼らの残念な傾向について学んだ。

しかし、ピンホール、ステッチホール（縫い目の穴）、スタブホール（目打ちの穴）の重要性を示したのは、私の恩師の一人であるアーサー・メンデルであった。彼は、バッハの《ヨハネ受難曲》の苦悩に満ちた自筆稿を構成するページの履歴を丹念に分析した。10 週間にわたるセミナーを経て 最終的には『新バッハ版 Neue Bach-Ausgabe』誌に掲載されることになる、最も長ったらしい研究報告書について 10 週間も聴講した後、私は文献研究が自分の研究者としてのキャリアを支配することはないと誓った。違うぞ。私にとっての楽しみは、批評と音楽分析なのだから。私はプリンストン大学のもう一人の教授、オリバー・ストランクの援けを借りて、自分のプロジェクトを選択した。教授のエレガントな散文スタイルは、『文体の要素』の共著者たるストランクと E・B・ホワイトの片割れであるウィリアム・ストランク・ジュニアの息子として育った、自身の生い立ちを反映するものであった。ビザンチン聖歌の研究者であるのに、ストランク教授は、ブルースを聴かせる安酒場でまどろむ貴族のような情熱をもって、イタリア・オペラをこよなく愛した。彼は私に、ロッシーニ、ベッリーニ、ドニゼッティ、そしてヴェルディがそれぞれのキャリアの重要な時期に、パリの劇場のために作曲したことを指摘した。しかし、イタリア人作曲家が、自分の芸術を、パリのような異国の街の社会のニーズに合わせようとしたとき、その作風はどうなってしまうのだろうか？ パリのフォルヴィル伯爵夫人がロッシーニの《ランスへの旅》で主張しているように、パリが「世界の首都」？──でもこれは、追求する価値あるテーマであった。

この問題を調査する理由はいくらでもあった。作曲家のうち 3 人──ロッ

シーニ、ドニゼッティ、ヴェルディ——はイタリアの歌劇場のために書いたオペラを、その後パリ・オペラ座で上演すべく、フランス語のテキストを使って改作した；また、次の3名——ロッシーニ、ベッリーニ、ドニゼッティ——は、バルザック、スタンダール、ドラクロワといった文化界の名士たちが足繁く通ったテアトル・イタリアンのために、特別にオペラを創った。また、次の3人——ロッシーニ、ドニゼッティ、ヴェルディ——は、オペラ座のためにフランス語の新作オペラを作曲したのである。

　ストランクはよく、学問とは「干し草の山から針を探す」ことではなく、「干し草の山の中に入って藁を蹴散らすこと」だと言っていた。そう、このテーマの中には、蹴られるのを待っている藁がたくさんあったのだ。

　私は、こうした作曲家の中で最も早くフランスに渡ったジョアキーノ・ロッシーニのキャリアを調べることにした。ロッシーニは1810年、18歳のときにヴェネツィアのサン・モイーゼ劇場で最初のオペラを上演した[1]。また、1810年から1823年にかけて、彼はイタリアの劇場のために34のオペラを書いた。初期の一幕もののファルサから、1810年代半ばのオペラ・ブッファ、そしてナポリのサンカルロ劇場を中心にした大真面目なオペラ・セリアまで、彼はさまざまな作品を遺している。その成功は圧倒的なものであった：1820年代には、イタリアのどの歌劇場でも、オペラ・シーズンに上演されるレパートリーのうち半分がロッシーニの作品で占められていたのだから[2]。

　さらに、ロッシーニが開発した音楽のドラマトゥルギーと形式への新しいアプローチは、その後の半世紀にわたって、イタリアの作曲家たちの思考法を支配するモデルとなった。ロッシーニより少し若い同時代の作曲家、ジョヴァンニ・パチーニは回想録の中でこう書いている：「当時、私の同時代の作曲家たちは皆、同じ流派、同じ作法に従っており、私と同じように、大スターの模倣者であった。しかしまあ！ 他に道を切り開く手段がなかったし、どうすればよかったのか？ 私がペーザロの偉大な人物の信奉者であったように、他の人々も皆そうであったのだから」[3]。

　そして1823年、ロッシーニはパリに移り住み、1829年までそこで暮らした。彼はテアトル・イタリアンの支配人を務め、自分の初期のイタリア語オペラを何作かそこで上演。1825年のシャルル10世の戴冠式に合わせて《ラン

まえがき　xi

スへの旅》を作曲した。また、オペラ座のために、ロッシーニはまず、ナポリ時代の2つのオペラ・セリア《マオメット2世》と《エジプトのモーゼ》をフランス語の台本で改作。《コリントの包囲》（1826）と《モイーズ》（1827）と題して初演した；その後、彼は、フランス語の喜劇のオペラ《オリー伯爵》（1828）をオペラ座のために作る際、《ランスへの旅》の音楽の一部を同作に転用した；そして1829年、彼はまったく新しい作品であり、オペラ座で上演された中で最も成功した「多くの要素からなる大作」のひとつ、《ギヨーム・テル》を世に送った。なお、《テル》の後、ロッシーニはオペラ作りから離れ、その後の38年間は半隠居の生活を送ったのである——最初はパリで、次にイタリアで、そして最終的には（1855年以降）パリに戻ってきて。

　パリに着いたとき、私が追求すべきステップが明確に見えた：ロッシーニがイタリアのオペラをフランスのステージのために改作したときの変化を頭に描くこと；テアトル・イタリアンで彼が演出も手掛けた自作オペラの上演について調査すること。そして、《ギヨーム・テル》に関しての分析である。また、他のイタリア人作曲家についても同様の研究をしてゆけば、ロッシーニのオペラについての論文作りのための十分な材料を得ることができるのだ。

　もちろん、ロッシーニの作品の楽譜集はまだなくて、ほとんどのオペラの楽譜も、オーケストラ・スコアは印刷されていなかった。でも、パリ国立図書館、音楽院（コンセルヴァトワール）図書館、オペラ座図書館には音楽資料が豊富にあった。それで、最初の数週間は、ピアノと声楽のための印刷譜、オペラのオーケストラ稿、さらにはロッシーニ自身の自筆譜を研究し始めた。しかし、自分が陥っている泥沼に気づくのに時間はかからなかった。

　朦朧とした意識の中でも、私が調べたオペラの資料類（ソース）が、どれも、他のソースと違っているように思えたのだ。私は、印刷されたエディション、リブレット（19世紀初頭の個々の上演のために出版された台本で、観客が劇場で実際に耳にする言葉を再現すべく意図していた）、それからオペラの複写譜（欧州中でコピイストの手により複写されたもの）、そして完全な手稿譜や断片類を比較した。作曲家がパリのために一作のオペラに加えた変更について、その「変更」の対象となった「原典」を定義する方法がないのなら、どうやってその変更を合理的に語れるだろう？　私は、どのヴァージョンが、作曲家と関係のあった上演か

ら生まれたものであり、また、どのヴァージョンが他の同時代の上演を反映したものなのかを理解する必要があった。私には、テキストの決定がなされた劇場システムを理解する必要があった。さらに、パリの資料にそんなに問題があるのなら、他の土地のコレクションも調べないわけにはいかないだろう。私は少しずつ、テキスト研究者の流砂に吸い込まれていったのである。

その結果、『ジョアキーノ・ロッシーニ作品集批評校訂版 *Edizione critica delle opere di Gioachino Rossini*』、そして『ジュゼッペ・ヴェルディ作品集 *The Works of Giuseppe Verdi*』と 30 年間も関わることになった。これらのプロジェクトとその歴史については、本書の中で、もっと語りたいことがある。

私は子供の頃から音楽を学んでいたが、人前で室内楽を演奏したり、コンサートで歌手や合唱団の伴奏をしたりすることはあっても、ピアニストとしてのキャリアを目指したことはなかった。しかし、イタリア・オペラのクリティカル・エディションづくりに携わったことが、歌手や指揮者、合唱団との緊密な共同作業に直接繋がりもした。1970 年代半ば以来、私は積極的に公演に関わってきた。正しい楽譜を演奏家の手に届けるために懸命に働いてきた私は、印刷された楽譜から、オペラハウスでの上演という公の場に出た瞬間に、自分が愛するようになった作品を見捨てる気には到底なれなかった。最初はただ観察し、学ぼうとしただけであったが、後に自信がついてくると、スタイル（様式）に関わる事柄を直接プロデュースするようになった。その後、自信がついてくると、スタイルや声楽の装飾術、カットやエディションについての決定など、一つのプロダクションを相手に直接仕事をするようになった。

19 世紀のイタリア・オペラのクリティカル・エディションを出版するには、その時代の上演の伝統とその後の変遷を研究しなければならない。伝統を研究することで、歴史と実践の関係を理解することができる。また、ロッシーニやヴェルディが作曲に取り入れていた楽器について知らなければ、なぜ彼らの楽譜がそのように書かれたかが理解できない。ロッシーニと彼自身が親しんだ歌手たち（ジュディッタ・パスタ、マヌエル・ガルシア、ロール・サンティ＝ダモロー）から声楽装飾の技術を学ばなければならない。そうでなければ、19 世紀後半の歌姫エステル・リーブリングのやりかたを信じさせられてしまうだろう、彼女

まえがき　xiii

はロッシーニの音楽とドリーブの《ラクメ》の〈鐘の歌〉を混同しがちな歌い手であった。19世紀の舞台美術を理解していなければ、19世紀のリブレットの構造に戸惑うことも避けられないだろう。また、これらのオペラが書かれた社会的環境を理解することなしに、その広がり方の歴史から教訓を引き出すこともできないのだ。

　要するに、歴史と実践は密接な関係にある。今日でもそうだ。

　私は、今日の最も優れたアーティストたち（どの世代のアーティストにも匹敵する）と直接仕事をする機会に恵まれた：マリリン・ホーン（私にとっては常に誇り）、チェチーリア・バルトリ、ロックウェル・ブレイク、ルネ・フレミング、ファン・ディエゴ・フローレス、チェチーリア・ガスディア、ブルーノ・プラティコ、サミュエル・レイミーといった歌手たち；クラウディオ・アバド、ブルーノ・バルトレッティ、リッカルド・シャイー、ワレリー・ゲルギエフ、ジェイムズ・レヴァイン、リッカルド・ムーティ、ロジャー・ノリントン、エヴェリーノ・ピドなどの指揮者；ジョナサン・ミラー、ピエール・ルイージ・ピッツィ、ジャン＝ピエール・ポネル、ルカ・ロンコーニ、フランチェスカ・ザンベッロなどの演出家たち。私は彼ら彼女らから非常に多くのことを学んだ。

　結局のところ、最高水準のオペラ制作は、スーパースターの存在に依存するのではなく、「共にうまく機能するチーム」の編成に依存している（多くのスーパースターはこのコンセプトを十分に理解しているが、中にはそうでない人もいる）。

　そこで私は、ファンとして、音楽家として、学者として、1810年のロッシーニの登場から1865年のヴェルディによる《マクベス》パリ初披露までの時代に焦点を当てながら、19世紀イタリア・オペラを上演する際に劇場や演奏家が直面するさまざまな問題に取り組むことを本書の目的とする[4]。すべての芸術的生産が共同作業の過程から生まれると理解されるようになった今日の知的状況においてさえ、19世紀のイタリア・オペラは特に、作曲と演奏の社会的歴史、つまり、興行主の要求と歌手のエゴと聴衆の期待の喧騒に組み込まれているように思われる。《セビリャの理髪師》の初代アルマヴィーヴァを演じたマヌエル・ガルシアは、この作品を歌うことで、ロッシーニが作曲で得た報酬の3倍もの報酬を得ており、後者の契約では、「インプレサリオの単純な要求に応じて、音楽の好評を確保するため、あるいは同じ歌手の事情や便宜を

図るために必要なあらゆる変更を、必要な箇所に加えること。なぜならば、そうでなければならないし、そうするしかないからだ」という文言が設けられているのである [5]。芸術の世界は、人が想像するほどには変わっていないのだ。

　一般大衆は、（オペラの）複数のヴァージョンや（楽譜の）カット、声楽の装飾法、楽器やその演奏技法の変遷と歴史的な演出方法の再構築に関するジャーナリスティックな議論を通じて、これらの問題から得られるものに興味をそそられたり、または困惑したりする。しかし、ジャーナリズムは一般的に、個々の演奏や演奏家についての論争を即座に反映させるものである。そこでは、体系的に考察を進めるという努力はほぼなされない：例えば、イタリア・オペラの歴史に、現代の関心事がどのように根ざしているかを理解するということ；このような疑問について、学者や一般の人々が考える際の助けとなるような原則を練り上げること；実践的な決断を必要とする演奏家を支援するということ、である。

　私は、上質のベルカント歌唱を特徴づける一部（ほんの一部だが）である美しい響きを愛する者だが、プロの声楽家ではないので、その響きをどのように作り出し、評価するかについて、特別な専門知識を主張するものではない：オペラ・ファンであれば、本書内に時折出てくる親しみやすいコメントには抵抗できないのだろうが、「素晴らしい歌唱の魔法」が本書の中心的な主題になるわけではない。また、マリア・カラスのレコーディングは私も大好きだが、だからといって、本書が歌姫崇拝にふけるものというわけでもない。それに、ジュディッタ・パスタが初演時に〈清らかな女神〉をどう響かせたか、ジャンバッティスタ・ルビーニがベッリーニの《清教徒》で伝説的な高音のＦをどのように歌い、その楽譜の前で多くの現代のテノールが震え上がったかなどについても、本書で説明はできない。

　私は、オペラ芸術の偉大な作品とそうでない作品、そしてオペラハウスで働く実在の音楽家たち、つまり、これらのオペラを舞台で上演するうえできわめて現実的な問題に直面している音楽家たちに関心を有している。私が愛してやまない作品は、それを解釈する歌手たちのおかげで命を吹き込まれている。そのことは十分に承知しているが、私の想像力を最も掻きたてるのは、イタリア・オペラの並外れた音楽とドラマであり続けているのだ [6]。

まえがき　xv

『歌の女神と学者たち』の冒頭では、2000年の夏に私が密接に協力した2つのオペラ・フェスティヴァル、サンタフェ・オペラとペーザロのロッシーニ・オペラ・フェスティヴァルについての報告を載せている。私は、これらの音楽祭で上演された5つのプロダクション（そして、私が関わった、これらの作品の以前のプロダクションとの比較を通じて）、本書の目的と、本書が扱うことになる疑問の種類を示唆しようと試みた。本書が取り上げるのは、どのような問いであろうか。

第Ⅰ部「楽譜を知る」は、19世紀イタリア劇場の社会史をたどることで、演奏家たちが長い間取り組んできた楽譜の性質を説明する。この社会史に関して、素晴らしい資料本（特に、この分野で重要な貢献をした歴史家、故ジョン・ロッセッリの本）はあるが[7]、楽譜の歴史、伝達（広がり方）、編集について必要な結論を導き出しているものはないのだ。イタリア・オペラに適用されるクリティカル・エディションのコンセプトは素晴らしくカラフルであり、私は、ロッシーニの《タンクレーディ》や《ランスへの旅》、ヴェルディの《スティッフェーリオ》を参照しながら、クリティカル・エディションの「ロマン」（見かけによらず、このような矛盾した表現も出てくる）を説明する事例とその研究を通して、物語を語ろうと試みた。

1991年にメトロポリタン歌劇場で上演されたロッシーニの《セミラーミデ》の上演に捧げられた「インテルメッツォ」では、クリティカル・エディション（「クリティカル・エディションを演奏する」ではないことに注意）から「上演する」とはどういうことなのか、それを明らかにし、学問とクリティカル・エディションの関係についていまだ表面化している不条理を打ち消す。第Ⅱ部「オペラを演奏すること」は、現代の上演の様々な側面に焦点を当てた一連の章から構成されている。「ヴァージョンを選ぶ」では、オペラの複数のヴァージョンが存在する場合に、どれを採用するかを決定するための問題に焦点を当てている。この問題は、これらのオペラが構想された社会的環境と、今日の劇場の環境との観点から分析する必要がある。「指揮者セラフィンの鋏」（第8章[下巻]）では、上演中のオペラの一節を省略することについて、その歴史と長所・短所を検証しながら論じている。

その他、一連の章では、声楽のスタイル（装飾術や移調）、文献の問題、翻

訳、翻案（イタリア人作曲家がフランス語の台本で作ったオペラは、イタリア語訳で上演されることが多いので特に重要である）に関する問題、楽器編成、演出と舞台美術のある側面などを取り上げる。

なお、『歌の女神と学者たち』では、2002-3年のスカンジナヴィアでのシーズンに私が関わった2つの珍しい上演、ヴェルディの《グスターヴォ3世》(原題：《仮面舞踏会 Un hallo in maschera》の原版）のイエテボリでの上演と、ロッシーニの《ランスへの旅》（ダリオ・フォの手で部分的な新テキストが追加された）のヘルシンキでの上演に関する話題を「コーダ」と題してそれで締め括っている。どちらの場合も、私と同僚は歴史と実践の限界を試した。本書で取り上げたいトピックは他にもあるが、それはまた別の機会を待たなければならない。例えば、ヴェルディのメトロノーム記号と、それらを彼のオペラ上演で使うことについて興味のある方には、ロベルタ・モンテモーラ・マーヴィンとジョン・マウチェリの著作をお勧めする[8]。また、本書はさまざまなレパートリーを扱ってはいるが、Clive Brown『*Classical and Romantic Performing Practice 1750-1900*』は、そのようなレパートリーに関する情報の宝庫たる一冊でもある。同書にはアクセント、ダイナミクス、アーティキュレーションとフレージング、ボウイング、テンポ指示、ヴィブラートなどが情報として詰め込まれているのだ[9]。

イタリア・オペラにおける舞踊の要素については、キャスリーン・クズミック・ハンセルの研究が最も一般的である；ヴェルディのパリのためのバレエ音楽については、クヌート・アーネ・ユルゲンセンの重要な研究を参照されたい[10]。

本書の主題は20年ほど前から私の頭にあったのだが、その一部は1992年にプリンストン大学で一連のガウス・セミナーとして発表された；その他の部分は、2000年にオックスフォード大学でオペラにおけるハンブロ・レクチャーで発表された。両機関（特にプリンストン大学ではヴィクター・ブロムバート氏、オックスフォード大学ではラインホルト・ストローム氏とマーガレット・ベント氏）のご厚意に感謝する。本書で述べられている意見はすべて私自身のものであり、本文中では通常一人称単数形を使用している。しかし、時には、他の学者や演奏家グループと同一視して語る場合は、一人称複数を用いることもある。しかし、そ

のような場合であっても、私の個人的見解について、他の個人や団体が責任を負うべきではない。譜例は、クリティカル・エディションが作られている場合はそこから引用し、それ以外の場合は出典を明記した：第4章は『ニュー・リパブリック』に掲載済み[11]；

第6章は1992年のアメリカ芸術科学アカデミーのニュースレターに掲載；第10章（下巻）のイタリア語版は、ベッリーニ生誕200年記念会議の議事録に掲載された[12]；第14章（下巻）はアゴスティーノ・ジーノ【訳者註：イタリアの音楽学者】のための論文集の後半部である[13]。他の章の箇所は、過去10年間に私が発表した様々な会議での論文に掲載されている。

謝　辞

　本書の執筆に協力し、手本となり、励まし、そして考えてくれたすべての人々に謝意を表したい。というのも、長年にわたって私の学問的、実践的な努力を支援してくれたすべての機関（大学、オペラハウス、出版社、図書館）を列挙することになるからである。また、私が共に暮らし、働き、劇場に足を運び、イタリア・オペラについて語り合ったすべての人々も同様である。ここでは、必然的にやや厳選したが、しかし、援助、糧、友情を与えてくれたすべての人に感謝する。

　その中でもシカゴ大学は私の誇りである。私は1968年にシカゴ大学に教員として加わった。このような知的な刺激に満ちた環境で成長でき、私の努力を有形無形の形で支援してくれる大学は他にないと、長い間感じてきた。

　一連の学長たち（特にハンナ・H・グレイとヒューゴ・ゾネンシャイン）、事務長たち（ゲルハルト・キャスパー、ジェフリー・ストーン、リチャード・サラー）、学部長たち（カール・J・ワイントローブ、スチュアート・テーブ、ジャネル・ミューラー）、学科長や同僚たち（レナード・B・マイヤー、エドワード・E・ローウィンスキー、ハワード・メイヤー・ブラウン、エレン・ハリス、アン・ウォルターズ・ロバートソンなど）がいつも私のためにいてくれた；彼らがいなければ、このようなことは不可能であっただろう。

　また、『ジュゼッペ・ヴェルディ作品集』を出版するための刺激と、このプ

ロジェクトに対する継続的な支援が、シカゴ大学出版局から直接受けたもので
あることも忘れてはならない。ディレクターたち（モリス・フィリップソンとポー
ラ・ダフィ）、編集者たち（ジョン・ライデン、ウェンディ・ストロスマン、ペネロープ・
カイザーリアン、アラン・トーマス）、音楽面の編集者たち（ガブリエレ・ドット、キャ
スリーン・クズミック・ハンセル）に感謝の意を表したい。「ヴェルディ作品全集が
存在しないとはどういうことだ」と私が嘆いた脚注を読んだジョン・ライデン
は言った：「我々がやる」と。そしてまさしく、そうなったのだから。

　その数年前、ペーザロのロッシーニ財団も同様の取り組みを行った。同財団
の芸術監督を35年間務め、現在はローマ・サンタ・チェチーリア音楽院の院
長でもあるブルーノ・カッリは、1970年代初頭に、同財団がジョアキーノ・
ロッシーニ作品のクリティカル・エディションを出版するという我々の構想を
受け入れてくれたときからの同僚である。一連の総裁たち（ヴォルフラーモ・ピ
エランジェリ、ジョルジョ・デ・サバタ、ヴィンチェンツォ・エミリアーニ、アルフレード・
シエピ）の積極的な支援によって、財団はイタリアの小さな海辺の町の政治的
な複雑さをも乗り越え、我々に前進する自信と決意を与えてくれた。

　シカゴ大学出版局もロッシーニ財団も、単独ではこれらのプロジェクトに取
り組むことはできなかっただろう。イタリアで最も偉大な音楽出版社であるミ
ラノのカーサ・リコルディとのパートナーシップは、我々の活動の根幹をなす
ものであった。カーサ・リコルディ社の経営陣の方々には、我々がどこへ向
かっているのか常に確信が持てていなかったにもかかわらず、我々に信頼を寄
せてくださったことに感謝したい；グイド・リニャーノ、そしてとりわけミン
マ・ガストーニである。ミンマは、ロッシーニとヴェルディのクリティカ
ル・エディションが図書館の書棚のみに留まることがないよう、皆を鼓舞する
リーダーシップを発揮した。BMGリコルディ社の新しい管理体制の下でも、
この組織的な関係は続いている。リコルディ社の専門スタッフたち（ルチアー
ナ・ペスタロッツァ、ファウスト・ブルサール、ガブリエレ・ドット、イラリア・ナリチなど）
から私が学んだことは計りしれない。彼らの絶え間ない励ましと組織的な記
憶、そしてリコルディ社のアーカイヴの宝物への完全なアクセス権を快く提供
してくれたこと、それなしには、私の仕事の多くは不可能であっただろう。

　1959年に設立されたイタリア・パルマの国立ヴェルディアーニ研究所は、

まえがき　xix

他の研究機関より歴史は浅いが、会議、出版物、図書館を通じてヴェルディ研究の道標となってきた。現所長のピエールルイージ・ペトロベッリは、私が1966 年にイタリア・オペラを学ぶために初めてイタリアを訪れたとき、私と妻を親しく遇してくれた。ペトロベッリ自身の学問の模範と、他の人々のための彼の忍耐強い努力なしには、ヴェルディ研究が過去数十年にわたってこれほど繁栄することはなかっただろう。

　さらに、私が最も多くのことを学んだ演奏家たちについて述べたなら、そのリストは何倍にも膨れ上がるだろう。しかし、ここでは特に、私の努力を支援してくれたいくつかのオペラハウスと音楽祭に感謝を捧げたい。本書で彼らのプロダクションのすべてについて肯定的に言及しているわけではないが、彼らがイタリア・オペラのために行ってくれたこと、そして今も行ってくれていることへの深い感謝の念が、私の批判で隠れてほしくはないのである。つまるところ、オペラハウスの活動において、学者が「蚊のようにうるさい奴」として機能しないのであれば、彼はそこで何をしているのかということだ。シカゴ・リリック・オペラは、1968 年以来、私のホーム・カンパニーであるが、そこで現代最高のインプレサリオの一人として活躍した故アーディス・クライニックに感謝の意を表したい。また、このカンパニーの傑出した指揮者であり、長年にわたり芸術監督を務めたブルーノ・バルトレッティ；元芸術顧問のマシュー・エプスタイン、オペラ界の永遠の知恵の泉たる人；そしてプレスエージェントの王者、ダニー・ニューマンにも感謝を。彼ほど親切にしてくれた人はいない。私はニューヨークのメトロポリタン・オペラで立ち見客としてオペラに触れ、学び続け、音楽監督のジェイムズ・レヴァインにはじまり、コーチ、指揮者、オーケストラの演奏者たち、そして図書館員のジョン・グランデからも、長年にわたって学び続けてきたのである。また、イヴ・ケラーは、ニューヨーク・オペラ管弦楽団を率いて、あまり知られていない作品をコンサートで上演するという挑戦を続けているが、1978 年にマリリン・ホーンとカーティア・リッチャレッリとともに《タンクレーディ》の新版を上演して以来、私は彼女とオペラについて語り、仕事をする喜びを感じてきた。

　イタリアでは、特にペーザロのロッシーニ音楽祭での多くの経験を大切にしているが、この音楽祭は、本書でも必ず、重要な役割を果たすに違いない。こ

の音楽祭の芸術的決定にはいつも同意できるというわけではないが、25年間この音楽祭を率いてきたフランコ・マリオッティは、ロッシーニの作品が現代の舞台で生き続けるよう、誰よりも尽力してきた人物である。この音楽祭でクラウディオ・アバド、ジャンルイージ・ジェルメッティ、ロジャー・ノリントン、その他の多くの優れた指揮者たちと、ミラノ・スカラ座でリッカルド・ムーティと、ボローニャ・コムナーレ劇場でリッカルド・シャイーと、その他様々なイタリアの劇場で優れた指揮者や歌手たちと仕事をする機会を得たおかげで、私はイタリア・オペラの世界を内側から理解し、「安易なる一般的概念」というものを持つことを避けられたのだ。本書に書かれている多くの考えや定式は、何週間にもわたるリハーサルの中での長い会話が反映されたものである。

　シカゴとサンタフェではリチャード・バックリーと、ベルギー、フランス、イタリア、アメリカではエヴェリーノ・ピドと。二人には心からの賞賛と愛情を捧げる。オペラ研究の世界も同様に広く、私の指導の下、ロッシーニとヴェルディの作品のクリティカル・エディションを作成したすべての人々を含め、私は数ヶ国の学生や同僚と緊密に仕事をすることを楽しんできた。それぞれが本書への道を切り開いてくれたが、特にそのうちの何人かに謝意を表したい。デューク大学音楽学部教授の故エリザベス・C・バートレットは、《ギヨーム・テル》の編集者であり、フランス18～19世紀のオペラ研究の第一人者であった。私は彼女の師として始まり、彼女の弟子として終わった者なのだ。中世の研究者であり、オックスフォード大学オール・ソウルズ・カレッジのフェローであるマーガレット・ベントは、オペラマニアでもある。彼女がエディションを手掛けた《イタリアのトルコ人》は、ついにこの楽譜を再び世に知らしめることになった。パトリシア・ブラウナーは1980年代からロッシーニのエディションを通じて私のそばにいてくれた。スマートで賢明な彼女は、プロジェクトが制御不能に陥りそうなときでも、平静を保ってくれたのだ。彼女と夫のチャールズ（最近では《エジプトのモーゼ》のクリティカル・エディションの編集者）は、長年の努力に人間味を付与してくれた人々である。イタリアが生んだ偉大な作曲家の一人であるアツィオ・コルギは、《アルジェのイタリア女》の編集者でもあった。

まえがき　xxi

また、ウィル・クラッチフィールドへの感謝は言葉では言い表せない。私たちは 20 年来、イタリア・オペラについて語り合ってきたが、彼の思慮深く真に役立つ批評に、私はいつも挑戦心を与えられ、刺激を受け続けてきた。彼はこのレパートリーについて誰よりも知っているし、彼自身が近々出版する演奏実践の要素に関する本も、私がここで言わなければならないことの多くを補ってくれるだろう。私が、学術的専門家ではない読者に向けて音楽について書く際に憧れるモデルがあるとすれば、それは私の友人であり同僚でもあるアンドリュー・ポーターである。彼は長年『ニューヨーカー』誌に在籍し、現代における音楽批評の「最も持続的であり、輝かしい例」を生み出した。また、それだけでは十分でないかのごとく、彼の歌の翻訳、ヴェルディのオペラ（特に《ドン・カルロス》）に関する学術的な活動、19 世紀の演出方法を復活させようとする努力はすべて、私の考えを発展させるうえで重要な役割を果たしたのである。《椿姫》と（ロッシーニの）《アディーナ》のクリティカル・エディションでファブリツィオ・デッラ・セタと一緒に仕事をしたことは、総編集者なら誰でも望むような、「前向きな経験」になった。新しいベッリーニのエディションが（アレッサンドロ・ロッカタリアーティとルカ・ゾッペッリという素晴らしい同僚たちとともに）彼の有能な手に委ねられていることに、私は大きな信頼を寄せている。それ以上に、彼は物腰は柔らかいが眼光鋭い同僚であり、最も誠実な友人であり、私は彼からも学び続けている。

　イタリア系アメリカ人の音楽家、作曲家、学者であるガブリエレ・ドットとは、彼が 1980 年代にカーサ・リコルディで働き始めたばかりの頃に出会い、すぐにシカゴに連れ出した。彼はロッシーニの《ビアンカとファリエーロ》のクリティカル・エディションを作成し、カーサ・リコルディに連れ戻されるまでは、『ジュゼッペ・ヴェルディ作品集』の編集長を長年務めた。現在は（ロジャー・パーカーとともに）新しいドニゼッティのクリティカル・エディションの総編集長を務めている。彼の洞察力と温かさにはいつも感謝している。エレン・ハリスは 19 世紀イタリア・オペラの専門家ではなく、ただただ偉大なヘンデル研究者であり、素晴らしい歌手であり（ロッシーニにおける装飾に関する我々のレクチャー・コンサートは、本書の第 9 章［下巻］の原初ヴァージョンであった）、そして信頼できる友人である。コルウィン・フィリップス（セント・デイヴィッ

ズ卿）は、20年もの間、印刷譜に関する限りない知識の宝庫であり、彼の素晴らしいロッシーニ・コレクションは現在、ロッシーニ財団の図書館の一部となっている。

また、本書の執筆中、何人かの学生たち（その多くは今や尊敬すべき学者であり、教師でもある）が、ある仕事を手伝ってくれた。その中から、ヴェルディの《アルツィーラ》のエディションの編集者であるケンブリッジ大学キングス・カレッジのステファノ・カステルヴェッキ；ペンシルヴァニア大学教授で、ヴェルディの《ルイザ・ミラー》の編者であるジェフリー・コールバーグ；ヴェルディの《レニャーノの戦い》のエディションを準備中のダグ・イプソン；ダニエラ・マッキオーネ、彼女は過去5年間、ロッシーニ財団で素晴らしい仕事をしてきた人である；シンシナティ大学音楽院助教授のヒラリー・ポリスも、「差し替えのアリア」について独自の研究を行い、こうした「（新しい曲が生まれる）現象」に対する我々の考え方を大きく変えた；そしてトリノ大学で教鞭をとり、ヴェルディの《ジョヴァンナ・ダルコ》のクリティカル・エディションを準備中のアルベルト・リズーティなどである。

なお、多くの友人や同僚が本書の一部または全部の章を読み、非常に有益なフィードバックをくれた。彼らは当然、私が彼らの助言に従って行ったことについては何の責任も負わないのだが、私を正そうと努力してくれたことにここで心から感謝したい。すでに引用した中では、チャールズ・ブラウナー、パトリシア・ブラウナー、ウィル・クラッチフィールド、アンドリュー・ポーター、アラン・トーマスなどである。国会図書館のデニース・ギャロも付け加えておこう。彼はロッシーニの《*Musica per banda*》のクリティカル・エディションを準備中である；ニューイングランド音楽院のヘレン・グリーンワルドは、ロッシーニの《ゼルミーラ》のエディションの共同編集者であり、本当に協力的な友人である。キャスリーン・クズミック・ハンセルは、ジュゼッペ・ヴェルディ作品集の編集長でもあり、《スティッフェーリオ》のエディションの編集者でもある。アイオワ大学のリンダ＆ディック・カーバー夫妻は、歴史学者と心臓専門医であり、オペラが大好きで、リンダの場合は私の高校時代にまでさかのぼる付き合いである。カリフォルニア大学ロサンゼルス校の古典学・歴史学教授であるロン・メラーは、私が参加するオペラの公演には、どの国、ど

まえがき　xxiii

の時期でも必ず足を運ぶようだ；ケンブリッジ大学教授で、ドニゼッティから
プッチーニに至るイタリア・オペラの著名な研究者ロジャー・パーカー；フェ
デリカ・リーヴァは、パルマ音楽院の司書、イタリア・オペラ界の思慮深いコ
メンテーター、そして親愛なる友人である。それからレオン・ヴィーゼルティ
エは作家、政治評論家、『ニュー・リパブリック』紙の文芸編集者、そしてロッ
シーニ・ファン（誰が知っているのだろう？）なのだ；また、私は特にマーガレッ
ト・マハンに感謝している。彼女の熟練した編集作業を通じて、私は真の変化
を遂げることができたと思っている。そして、優しさと厳しさを織り交ぜなが
ら、この本を出版社に導いてくれたアラン・トーマスにも感謝している。

　私の家族は、この何年もの間、私に我慢しながらも、私を押したり、突っぱ
ねたり、目を丸くしたり、愛情深いサポートを与えてくれたりした。妻スーザ
ンは、私がくじけそうになったときでも、このプロジェクトにいつも信頼を寄
せてくれ、原稿全体を厳しい編集管理のもとに置き、ほとんどの場合、私が音
楽家でなくてもついていけるように書いているかどうかを確認しようとしてく
れた。子供の頃、息子のデイビッドとジェフリーは、自分たちが興味を持って
いるふりをするのに十分なほど親切な態度をとってくれていたものだが、でも、
も、大人になった彼らが本当にそうであることを知ったのは、私の人生におけ
る大きな喜びの一つなのである。

　本書を捧げるのは、私の最大の支援者である父に他ならない。父が好むと好
まざるとにかかわらず、私が音楽学者になるという事実を受け入れて以来、父
とその素晴らしい妻ジーンは、いつも私のそばにいてくれた。本書が、私の愛
と感謝の念を、何らかの形ででも表現できますように。

　2005年　シカゴ

フィリップ・ゴセット

【原註】
（本書の原註では著者名および編集者名のファーストネーム、作品名の副題、出版物名の詳
細は省いた。初出以降は長いタイトルを短くした。個々の詳細は下巻収録の参考文献を参照
されたい）
1）Miggiani, "Il teatro di San Moisè (1793-1818)" 参照。
2）例えばミラノ・スカラ座では、ロッシーニの愛好者たちにとって喜びの絶頂期であった

1823 年には、上演されたオペラの総回数が 242 回であったところ、そのうち 162 回がロッシーニの作であった；1824 年は 232 回中 191 回。Gatti, *Il teatro alla Scala nella storia e nell'arte (1778-1963)*, 2: 30-32 参照。

3）Pacini, *Le mie memorie artistiche*, 54. 外国語からの翻訳は、特に断りのない限りすべて著者（フィリップ・ゴセット）自身によるものである。

4）ヴェルディの次の 2 作、《ドン・カルロス》（1867）と《アイーダ》（1871）には、重要なる連続性が確かに窺えるが、私が述べるレパートリーと社会的背景の関連性については、《仮面舞踏会》（1859）と《運命の力》（1862）で終わっている。

5）ロッシーニとフランチェスコ・スフォルツァ・チェザリーニとの間の 1815 年 12 月 26 日の契約（Rossini, *Lettere e documenti*, 1: 124-25 に掲載）。

6）私が少しだけ触れたのは、初期の録音について。クラッチフィールド Crutchfield が "Vocal Ornamentation in Verdi" という重要な研究で示したように、この証拠を注意深く検討することで、演奏の伝統について学べるポイントはたくさん生じる。しかし、著者はこれらの録音についてどちらかといえば限られた知識しか持っておらず、この分析は、クラッチフィールドのように、その「多くの落とし穴」をどう切り抜けるか、そこをよく知る人に任せたい。これらの録音類は、ヴェルディの後期の《オテッロ》や《ファルスタッフ》の初演に参加したヴィクトル・モレルやフランチェスコ・タマーニョといった人々の歌いぶりに資料的価値が存在する。ただ、彼らの歌が《椿姫》や《リゴレット》、ましてや《セビリャの理髪師》について教えてくれることは、もっと曖昧なものである。

7）特に、Rosselli, *The Opera Industry in Italy from Cimarosa to Verdi: The Role of Impresario, Music and Musicians in Ninetennth-Century Italy, Singers of Italian Opera* を参照されたい。最近の優れた研究では、Banti, *La nazione del risorgimento* と Sorba, *Teatri: L'Italia del melodramma nell'età del Risorgimento* がある。

8）Marvin, "Aspects of Tempo in Verdi's Early and Middle-Period Italian Operas" 参照のこと。また、Mauceri, "Verdi for the Twenty-first Century" も参照せよ。

9）Brown, *Classical and Romantic Performing Practice 1750-1900*.

10）Hansell, "Il ballo teatrale e l'opera italiana", Jürgensen, *The Verdi Ballets*.

11）Gossett, "Scandal and Scholarship".

12）Gossett, "Trasporre Bellini".

13）Gossett, "Staging Italian Opera：Dario Fo and Il viaggio a Reims".

プロローグ

第1章

海 と 山
―ふたつの夏のフェスティヴァル―

　イタリア人は毎年夏になると、家族の幸せを左右するような微妙な問題に直面する：海辺でヴァカンスを過ごすか、それとも山奥で過ごすのか？ いわゆる *Mare o Monti*（海か山か）という問題である。イタリアの8月の蒸し暑さよりは、澄んだ空気と、注意深く標識の付いた道を爽快に歩く素晴らしさを信じる人もいる。でも一方では、海の風を好み、地中海（10年前よりも汚染が減っている）で泳いだり、左右対称に配置されたビーチチェアの一つで傘をさして、静かに休息することを好む人もいる。パパが山の景色が好きだとしても、ママは海で友達と合流することを楽しむ。13歳のエンマが夜明け前にトレイルに出るつもりなら、18歳のマッシモは、どこまでも続くアドリア海の砂浜をゆきかうティーンエイジャーの水着美女たちの列を眺めることだけを望んでいる。こうした家族内の対立を解決する道はなく、あるのは妥協のみ。オールナイトディスコのある山の隠れ家は、マッシモのホルモンを管理するのに役立つだろうし、テニスコートのあるビーチリゾートなら、エンマの体型維持に役立つ。そして、さまざまな文化活動も人々の十分な気晴らしとなるのだ。

　観光業は、米国は言うに及ばず、イタリアの多くの地域の経済も支えている。爾来、文化行事の観光はヴァカンス地の魅力を広げるので、多くの夏のフェスティヴァルは観光客の獲得に鎬を削っている。その結果、地元の施設は変貌を遂げるが、それも万人の賛同を得られるものではない。サングレ・デ・クリスト山脈の麓にあるニューメキシコ州サンタフェの古くからの住民に聞いてみよう。夏のオペラ・フェスティヴァルのために大勢の観光客が押し寄せること、ブランドのチェーン店が地元の商店に取って代わること、国際色豊かな料理を提供するレストランが（地元の）食のコミュニティを一変させることをどう思うかと。サンタフェの不動産価格が上昇したため、地元の人々の多くは

3

南へ 60 マイルほど先に行ったところにあるアルバカーキに家を求めざるを得なくなったのだ。

　しかし、毎年 8 月にペーザロで開催されるロッシーニ・オペラ・フェスティヴァルの国際的な客層は、ヴェルサーチやマックス・マーラのデザイナーズ・ウェア、高価な革製品のショップ、ミシュランの星を獲得したレストランなどをこの地にもたらした。家賃の高騰が続くメインストリートでは、地元の商売はもはや立ち行かなくなり、地元住民のために営業していたトラットリアも生き残りが難しくなっている。

　おのおののフェスティヴァルは特別な「隙間的」レパートリーを有している[1]。1957 年以来、サンタフェは幅広いオペラを提供する一方で、リヒャルト・シュトラウスと現代音楽に重点を置いてきた。1980 年以降、ペーザロの若い音楽祭は、1792 年にアドリア海の街で生まれたジョアキーノ・ロッシーニの作品を中心に扱っている。両音楽祭の若手アーティスト育成プログラムは、地域の活気を維持するのに役立っており、未来のスターたちは、そこで見習いとしてキャリアをスタートさせることが多い。この 2 つの音楽祭のスタート時の成功は、重要な芸術家の存在によるものであった。イーゴル・ストラヴィンスキーは、サンタフェ・オペラの創設に中心的な役割を果たしており、1957 年の第 1 回フェスティヴァルでは《放蕩者の成り行き》が上演された。

　一方、マウリツィオ・ポリーニとクラウディオ・アバドは、ペーザロで決定的な役割を果たした。ポリーニは 1981 年に《湖上の美人》を指揮したが、これはロッシーニのオペラ・セリアに対する世の関心が復活した画期的なプロダクションであった。アバドはまた、19 世紀の偉大な音楽的出来事のひとつとして広く認められ、1825 年のフランス国王シャルル 10 世の戴冠式のために書かれた作品ながら、長い間楽譜が失われたと考えられていた《ランスへの旅》の蘇演を 1984 年に行った。

　この両音楽祭とも、過去の成功に縛られ、道を見失ったと非難されることが多いが、毎年、自己改革を促している。改築されたサンタフェのオペラハウスは、丘の上に位置し、丸みを帯びた風景を見下ろすことができる。他の野外劇場と同様、音響には注意が必要だが、通常、音響は素晴らしく、舞台美術のデ

ザイナーも最新技術を利用できるし、オペラをレパートリーとして上演するには十分なスペースがある。

それとは対照的に、ペーザロでは数年の間、2つか3つのオペラを交互に上演すべく試みていた。ロッシーニ劇場は1810年代半ばに建設され、ロッシーニ自身が1818年に《泥棒かささぎ》を再演したイタリアの伝統的な劇場であるが、そこでの経験は神経をすり減らすものであった。何しろ、大道具の一部はしばしば星空の下で眠ったのだから；幸いなことに、8月のペーザロは雨が少ないのだけれど。

ロッシーニ・オペラ・フェスティヴァルは、すぐにサーラ・ペドロッティ Sala Pedrotti と名のついたコンサートホールを増設した。このホールは音響に優れ、簡単な舞台装置も備えている。でも、オーケストラ・ピットがないため、演奏者は客席の高さに座る。まさにイタリアのオーケストラの19世紀前半の演奏方法と同じである。

最後に、フェスティヴァル側は屋内のスポーツアリーナ（体育館）も借り受け、巧みに改造した。その施設は、記念碑的なオペラ上演にはよく適したが、想像力豊かな演出家や美術装置家の手にかかれば、喜劇のオペラでも同じように役立った——2005年のシーズン終了後に不動産投機とみなされ、閉鎖を余儀なくされるまでは。

2000年の夏、私はサンタフェとペーザロの両方で働いた。サンタフェではロッシーニの《エルミオーネ》とヴェルディの《リゴレット》が上演され、ペーザロではロッシーニのオペラ3作が上演された。《コリントの包囲》《絹のはしご》《ラ・チェネレントラ》である。私はいくつかのプロダクションには直接参加し、他のプロダクションでは非公式の立場で助言を与え、残りのプロダクションでは傍観した。本章では、これらの作品を世に送り出すにあたって我々が直面した問題のいくつかを紹介しようと思う。ある特定のプロダクションで生じた問題や疑問は、この種のレパートリーを扱うときに、世界中のオペラ界で繰り返し起きる問題の代表的なものなのだ。

どのオペラハウスや音楽祭でも、非常に成功したプロダクションと、疑問の残るプロダクションが混在する。要するに、私が経験した例は、我々の全員（研究者、演奏家、聴衆）が、イタリア・オペラを上演する意味を、より深く考え

第1章 海と山　5

る必要があるというその理由を明らかにするためのものである。

《エルミオーネ》がついに陽の目を見る

1987 年の夏、ペーザロのロッシーニ劇場には、1819 年の春以来となる《エルミオーネ》の蘇演に立ち会うため、期待に胸を膨らませた知識豊富な観客層が集まった。この作品は、ロッシーニが 1815 年から 1822 年にかけてナポリのために書いた 9 つの本格的なオペラのうちの一作であったが、他のナポリの作品（《オテッロ》《アルミーダ》《ゼルミーラ》）とは異なり、《エルミオーネ》はほとんど知られていなかった。というのも、1819 年 3 月 27 日の世界初演が不成功に終わり、そのシーズンに 6 回の追加公演が行われた後、姿を消したからである[2]。この初演シーズンの記録は、その不成功に関するわずかな言及を除いて、文書には残されていないのだ。

ロッシーニは、ナポリの興行主ドメニコ・バルバイヤから楽譜を引き取る際に、「遅かれ早かれ、貴男は理解するだろうし、ナポリの聴衆もその間違いに気づくだろう」と言ったとされている[3]。その後ロッシーニは、《エルミオーネ》の個々のナンバーを他のオペラの音楽として復活させようと試みたが、基本的には《エルミオーネ》自体は封印した。歌詞をフランス語に翻訳することを許可するかどうか尋ねられた折、ロッシーニは「いや、これは私の『小型イタリア語版《ギヨーム・テル》』であり、私の死後まで日の目を見ることはないだろう」と答えた[4]。もちろん、彼がこれらの言葉を実際に口にしたかどうかは確かではないが、でも、どれもありえない話というわけではない。

《エルミオーネ》を手掛けた学者たちは、想像の中でいくたびも、本作がロッシーニの最も重要なオペラ・セリアのひとつであると確信した。フェルディナント・ヒラーが 1855 年に与えたコメントである「レチタティーヴォとデクラメーションばかり」という主張は、馬鹿げているように思えた[5]。確かに、オーケストラの伴奏による劇的かつ重要なレチタティーヴォの場面や、熱のこもった宣言が行われる激しい場面もあるが、楽譜には美しい旋律や芸術的に工夫された華麗なパッセージが溢れている。さらに、台本作者のアンドレア・レオーネ・トットラは、オペラの原作であるラシーヌの戯曲『アンドロマッ

6　プロローグ

ク』を、敬意と適度の自由さをもって扱っている。主な登場人物は、トロイ戦争のギリシャの英雄たちの不幸な子供たち：アキレスの息子ピッロ、アガメムノンの息子オレステ、メネラウスとトロイのヘレン（エレナ）の娘エルミオーネ。それからトロイの国王ヘクトール（エクトール）の未亡人アンドロマカである。4人の主人公は皆、愛と憎しみの不可能な連鎖に閉じ込められ、ピッロの死、エルミオーネとアンドロマカの破滅、オレステの絶望へと必然的につながっていく。さらには、エルミオーネ自身についても、ロッシーニがベルカントのレパートリーの中で最も複雑な人物の一人として作り上げている。

　それにもかかわらず、1987年にペーザロで上演された《エルミオーネ》は、この音楽祭で扱われたオペラでは最悪の評判となってしまった。私もブーイングの合唱に加わらないよう自制しなければならなかった。この《エルミオーネ》には素晴らしい点がたくさんあった。マリリン・ホーンは、比較的小さいが重要な役であるアンドロマカを見事に演じていた。いつものように、彼女は最初のリハーサルの時点で役の全歌詞を暗記し、装飾パッセージを整えて歌い、自分のキャラクターと全体のドラマトゥルギーの関係性を見事に理解して現れた。オレステとピッロを演じたテノールは、1980年代のロッシーニ・ルネッサンスの旗手たるロックウェル・ブレイク（オペラ界では親しみを込めて「ロッド」と呼ばれている）とクリス・メリットであった。しかし、この3人のスターでさえ、オペラと歌手とに不利に働く演出、まさしく迷走しているかのような指揮者、役柄に相応しくないプリマドンナの前では勝つことができなかった。ロベルト・デ・シモーネは、ナポリの民衆劇の伝統を再解釈したことで有名だが、オペラの舞台演出家としても高く評価されていた人物である。彼が演出した《ブルスキーノ氏》（1985年、ペーザロにて）は、原作のガリア風のウィットがナポリのドタバタ劇に変身していたとはいえ、楽しいものであった。しかし、《エルミオーネ》では、歌手の出入りや移動用のスペースを極端に制限する舞台づくりを考えついた。というのも、プリマドンナが基本的に一晩中動かなかったからである。彼女の主なジェスチャーは2つ。左腕を上げて威嚇するような指を左に向ける仕草と、右腕を上げて威嚇するような指を右に向ける仕草であった【訳者註：題名役を演じたソプラノ、モンセラ・カバリエのこと】。

　現代の観客にギリシャのトーガ（ゆるく巻き付けるような衣服）を押し付けたく

第1章　海と山　7

ないという演出家の気持ちには共感するが、デ・シモーネが設定した1819年のナポリ、つまりナポレオン以降のブルボン朝支配下のシチリア王国という舞台は、《エルミオーネ》の物語とはほとんど共鳴しなかった。

　それでも、デ・シモーネの当たり障りのない演出は、それ自体では大衆の怒りを買うことはなかっただろう。責めを負うのは指揮者とプリマドンナであった。私は最初のオーケストラ・リーディングのときから、このプロダクションが問題を抱えているものと知っていた。私は、楽譜に誤りが紛れ込んでいて、それにすぐ対処しなければならない場合に備えて、暫定的なクリティカル・エディションを片手に、最初のオーケストラとのスコア・リーディングに参加したが、その時点で演出が問題を抱えていることはわかっていた [6]。結局のところ、楽譜の読みの誤りはリハーサル時間の浪費に繋がるし、その経費を考えると深刻な問題なのだ。しかし、指揮者グスタフ・クーンがスコアを知らずにオーケストラ・リーディングの場にたどり着いたことはすぐに明らかになった [7]。かなりの才能と勘の持ち主であったクーンは、リハーサルの間にオペラを習得せんと想定していたに違いない。彼は《エルミオーネ》の珍しいシンフォニアからスコア・リーディングを始めたが、機械的に拍子を刻みながら、一連の非定型的なテンポと韻律の変化、舞台外からの合唱の使用、複雑なオーケストレーション、構造的な異常さが展開し始めることに気づいた。そこで、自分の誤算を悟ったのか、居心地悪そうに見えたし、恐怖さえ感じていたようだ。こうしてリハーサルが始まった。クーンは音楽的にリーダーシップを発揮するよりも、リハーサル室にいるピアノ伴奏者や歌手に追いつこうと努力した。彼はまったく成功しなかった。でも、この状況でさえ、どんなに辛かろうが、モンセラ・カバリエがタイトルロールを演じることに苦労していなければ、まだ許されたかもしれない。責任は共有されなければならない。当時のカバリエに、この難役をこなすだけの声楽技術も演技力もないことを、どうして音楽祭の運営側が知らなかったのだろうか。キャリアのあの時点で、どうしてカバリエはこの役を引き受けたのだろう？　全盛期の彼女は素晴らしい才能を持った歌手であったのに。息をのむようなピアニッシモ、エレガントなコロラトゥーラ、優れた音楽性。1980年代後半になると、彼女は自分自身を戯画化していた。

1992 年にロンドンで上演されたロッシーニの《ランスへの旅》では、コルテーゼ夫人役の彼女は、足らなくなった歌唱力を補うべく、指揮者のカルロ・リッツィにリンゴを投げつけたり、恫喝をする愚かな女を演じた。しかし、《エルミオーネ》ではどうだろう？ 身体的な病気が彼女の行動範囲を制限していたし、何よりも、彼女は与えられた音楽を歌うことができず、それが重要だとも理解していないようであった。歌い手は、特に難しいと感じるパッセージをうまく歌えるように、小さな調整をするのが普通である（19 世紀の音楽家たちは、こうした調整をプンタトゥーレ【訳者註：プンタトゥーラ（単数形）】と呼んだ）[8]。それは、歌い手が楽譜の大部分を省略したり、意味不明なまでに書き直したりするのとはまったく別のことである。《エルミオーネ》のクライマックスのグラン・シェーナで、彼女は、恋に悩むオレステにこう命じる。ピッロがアンドロマカと結婚の誓いを交わす祭壇でピッロその人を殺すようにと。

カバリエは、ロッシーニの旋律を根本的に単純化し、旋律線のクライマックスの瞬間に音符を変えることによって、それを致命的に弱めた。なぜか？ 単純なことだ。彼女が私に直接言ったように、「ロッシーニの書いたフレーズを歌うのが難しくなった」からである。エルミオーネとオレステの最後の二重唱では、彼女は、アガメムノンの息子オレステ（混乱している）に対して、「お前が殺した男は私が愛し続けている男、そのことをなぜ理解しない」と言って非難する。エルミオーネは、16 分音符 4 つからなるパターン（〈生きとし生けるものの目から身を隠せ、殺人者、裏切り者〉という歌詞）を 6 回も、執拗に繰り返すことになっている；その後、彼女はフォルティッシモで高音の B♭に跳躍しなければならないが、これはオペラの中で最も高い音のひとつであり、まさに力強い音節で "[tradi]-tor"［裏切り者］と歌わなければならないのだ。カバリエはこのパッセージを一瞬の 4 音パターンへと短くした後、まるでそれが彼女のファンが聴きに来たすべてであるかのように、響き渡る高音 B♭を放った。結果、そのパートの音楽性を壊滅させた後、彼女はブーイングを浴びせる聴衆の前に楽譜のコピーを持って現れた。まるで「私はロッシーニが書いたものを歌ったのです」と主張するかのように。

エルミオーネがロバート・E. リーに出会う

《エルミオーネ》のその後のプロダクションはもっと良い成果をおさめた。中でも、1991 年のローマと 1995 年のグラインドボーン（サー・アンドリュー・デイヴィス指揮、グレアム・ヴィックによる素晴らしい演出）における上演は注目に値する。サンタフェ・オペラが 2000 年の夏に《エルミオーネ》を取り上げようと決めたことは、これまでこの種のレパートリーに特別な関心を持っていなかった同劇場にとって、新しい方向性を示すものであった。しかし、リハーサルが進むにつれてプロジェクトは話題になり、ますます多くの人々（サンタフェ・オペラの創設ディレクターであり、シュトラウスの擁護者であるジョン・クロスビーも、ベルカント・オペラの愛好家ではなかったが）がこのプロジェクトを知るようになった。テスークの公立学校に、舞台の模型が作られていた。グラインドボーンと同様、《エルミオーネ》は大衆にも批評家にも好評であった（『ニューヨーク・タイムズ』紙のオブザーバーの文では、ロッシーニの作風を表現する語彙が "チャーピー [ピーピー囀_{さえず}る]" に限られていたが）[9]。

　しかし、すべてのピースがうまく嵌_{はま}ったプロダクションであっても、音楽、ドラマ、舞台装置、衣裳に影響を及ぼす「多くの論議を呼ぶ決定」はどこかで下す必要がある。観客は完成された舞台を目にするが、イタリア・オペラのあらゆる演出プランとは、難問に対する一連の回答を体現するものなのだ。このオペラは、パトリシア・ブラウナーと私が作成したクリティカル・エディションに基づいて上演された。しかし、指揮者のエヴェリーノ・ピドは、それ以前にローマで行われた公演を指揮しており、1991 年に使用した「仮のクリティカル・エディション」（クリティカル・エディションが実際に出版される前のもの）と、出版されたクリティカル・エディションとの間に起きた「ある変更」に戸惑っていた。それはオペラの第 2 場、エルミオーネを紹介する合唱の中で、オーケストラのある音型が繰り返し登場するところである。

　暫定版のクリティカル・エディションではそれがフルート、オーボエ 2 本、クラリネット 2 本でオクターヴ、フォルティッシモで演奏された。しかし、（最終的に）印刷されたエディションでは、同じ音型が 4 本のホルンのユニゾンに

割り当てられ、続いて、1本の独奏ホルンのみが同じ音型をこだまのように吹く（例1.1）。ピドとしては、なぜこのように変更されたのかを知りたがったし、それだけでなく、4本のホルンがユニゾンでこのパッセージを演奏することができるのか、という点を心配したのである。

彼の疑問には十分な正当性があった。この合唱部におけるロッシーニ自身の手稿譜（以下、「手稿」または単に「自筆譜」と呼ぶ）では、4本のホルンのためのヴァージョンは作曲者自身の手で物理的に変更されて（＝書き直されて）おり、最終的にはフルート、オーボエ、クラリネットのためのパッセージに変更されていた。もしも、ロッシーニ自身がここのパッセージを変更したのであれば、我々がなぜ、「ロッシーニがキャンセルしたと思われるヴァージョンに戻そうとした」かと思われるだろう。実は、ブラウナーと私は最初、このパッセージの歴史を誤解していたのである。作曲家の修正箇所を見て、我々は、このパッセージが4本のホルンには難易度が高すぎるから変更したと想像した。しかし、我々は間違っていた。この合唱の自筆譜は、パリのオペラ座図書館にある《エルミオーネ》のほかの楽譜ととも所蔵されていたのではなく、ペーザロにあるロッシーニ財団の所蔵品であり、《コリントの包囲》やその原作であるイタリア語のオペラ《マオメット2世》の自筆譜資料と一緒に保管されていた【訳者註：《マオメット2世》をロッシーニ自身が仏語訳詞で改稿して、フランス語のオペラ《コリントの包囲》が誕生】。でも、《エルミオーネ》が復活することはないだろうと確信していたロッシーニは、1826年に、この合唱曲を《コリントの包囲》に転用し、挿入した。でも、作曲者がこのような変更を加えたのは、元のパッ

（譜例1.1）ジョアキーノ・ロッシーニ《エルミオーネ》合唱（第2曲）
小節番号 1-11

第1章 海と山　11

セージが難しすぎたからというわけではない。それは、「劇的な状況」が変化したからである。

《コリントの包囲》では、ディヴェルティスマン（合唱とバレエの見せ場）の冒頭で、イスメーヌとトルコの女たちの合唱曲として〈結婚が彼にそれを与えるL'hymen lui donne〉が歌われる。彼女たちは、「トルコのスルタンであるマオメットと結婚して愛の実りを享受してください」とギリシャ人の娘パミーラを誘うのだ。でも、同じ合唱曲が《エルミオーネ》で〈東洋から今日の主賓がやってきた Dall'Oriente l'astro del giorno〉として歌われるとき、この歌を口にするのは、弓矢で武装したクレオーネとスパルタの女たちであり、彼女たちは悲しむエルミオーネを狩りに誘う。

ロッシーニが狩りの合唱に4本のホルンを使い、それから、ディヴェルティスマンとして（ギリシャの狩人たちではなく）トルコの乙女たちが歌う曲になったとき、それらを別の楽器群に置き換えたその理由は、全くもって理解できる。我々は、《エルミオーネ》の研究を終えるにあたって、さらに、クリティカル・エディションを出版するために、現存するすべてのオペラの写譜を調べた：そのどれもが、4本のホルンによるパッセージであったのだ。ピドの言う通り、このユニゾンのパッセージを急ピッチで演奏するのは、4本のホルンにとって（19世紀のナチュラル・ホルン──バルブなし──にとってさえ）容易なことではなかったが、リハーサルを重ねるうちに、演奏者たちは自信をつけ、見事な音を奏でた。彼らがミスをしたことはあったのか？ しかし、ホルンが数音も鳴らない演奏などオペラ（ジェイムズ・レヴァイン指揮の《ジークフリート》でさえ）で起きうることだろうか。ホルンのために書いた曲であるのなら、そのしっぺ返しを受けるのは当然のことである。

《エルミオーネ》は比較的短いオペラであり、演奏時間を短くするためのカットは必要ない。ピッロのアリア（合唱と主要なソリストのためのアンサンブルを含む）は長いが、多くのアクション（動き）とキャラクターの展開があるので、縮めるのは難しい。また、ピラーデ（オレステの友人）とフェニチオ（ピッロの助言者）の美しい“デュエッティーノ（小二重唱）”は、ドラマに欠かせないものではないかもしれないが、この場面は、プリマドンナの大舞台と、オペラを締め括るべき爆発的な勢いを持つシェーナとデュエットの間に、いくらかの休息を

与えてくれる曲でもある。

　2004 年春にニューヨーク・シティ・オペラで再びこの役を見事に歌い上げた、サンタフェの優秀なエルミオーネ役、ソプラノのアレクサンドリーナ・ペンダチャンスカの演唱ぶりを想像してみてほしい。作曲家はそういった点にはことに敏感であった。イタリア・オペラでは、一見、余分なように見える箇所でも、緊迫した現実の必要性に応えていることが多いのである。ただ、我々は、レチタティーヴォは少しカットした。台本作者のトットラは、リブレットの中で、侍女、侍従、友人たちに短い歌詞をたびたび与え、その動作について簡潔にコメントしている。彼はフランス古典悲劇の要素を真似たつもりであったのだろうが【訳者註：原作がラシーヌの『アンドロマック』であるので】、音楽にすると、こうした余談的なパッセージも、舞台を維持すること以上の重要性を帯びてくる。オレステがピッロに、「ヘクトールとアンドロマカの息子であるアスティアナッテを引き渡せ、そうすればギリシャ軍は少年を拷問にかけることができる」と挑発した後、アンドロマカとエルミオーネは〈なんて不幸なこと！〉〈恩知らずはどう答えるだろう？〉と傍白する。しかし、ピッロがアリアへと感情を爆発させる前に、トットラは 2 人の側近、アッターロとフェニーチオのためにさらなる歌詞を用意した：

　〈彼はなんと大胆に自分を表現するのだろう！〉〈私はピッロの怒りを予期し、体が冷たくなり、混乱する〉。我々は、和声の連続性が保たれるよう、順番を注意深く調整しながら、似たような箇所を削除したり省略したりした。

　舞台演出家のジョナサン・ミラーと《エルミオーネ》で仕事をするのは刺激的であり、やりがいがあった。しかし、なぜジョナサン・ミラーと彼のデザイナーであるイザベラ・バイウォーターが《エルミオーネ》の演出を担当したのだろうか？

　バイウォーターは、なぜ、登場人物に 19 世紀半ばの衣裳を着せただけでなく、トロイ人を南軍の敗残兵に、ギリシャ人をヤンキースの勝利者に扮させたのだろう？　トロイ戦争の余波の物語を、視覚的にアメリカ南北戦争を想起させる物語に変えることに何の意味があるのだろうか？　リブレットを一言一句変えないまま、アメリカの南北戦争を視覚的に呼び起こす物語に変えることに、何の意味があったのだろうか？　古典ギリシャを舞台にしたドラマについ

第 1 章 海 と 山　13

て、ミラーは、現代の観客は舞台上の出来事からあまりにも簡単に心の距離を置いてしまうと考えていた。しかし、ギリシャ悲劇の『オレステイア』や『オイディプス王』の神話的な特質や形式的な厳格さは、オペラ《エルミオーネ》の劇的な激しさとは異なるものである。ミラーにとってこの舞台は、アメリカの観客が、苦悩する歌手たちに近づくことを可能にした。映画の『風と共に去りぬ』や『偽りの花園』、そしてオペラの《エルミオーネ》……ありえない組み合わせではない。

　例えば、オレステが北軍の将軍から別の将軍のもとへ大使として赴任する際、彼の副官ピラードが任務に集中させようとする姿は、こうした登場人物に即時性を与えている。でも、その読み替えは必要か？　例えば、プラハのチェコ人観客にしてみたら、この舞台は同じように適切であっただろうか？　たいていの演劇作品について、同じことが言えるかもしれない。歴史的にありえないような場面があっただろうか？　観客が細部まで南北戦争の観点から解釈することにこだわった場合だけ、そういうことも起きうるだろうが。でも、演出家ミラーは、歴史的瞬間を主張するよりも、示唆と控えめな表現を提供することで成功した。登場人物の個人的なやりとりも、ドラマトゥルギーの細部の大部分も、ミラーはロッシーニの指示に忠実に従った（昔から、狩猟の名手としては知られていない南部の美女たちは、弓矢を持たずに登場したが）。これは決して「急進的な演出」ではなく、我々を作品から遠ざけ、批判的なコメントをさせるものでもなかったのである [10]。それはいわば、ロッシーニの演劇的価値観に配慮し、フランス古典悲劇の根底にある伝統を意識した、オーソドックスな演出であった。実際、ミラーは、《エルミオーネ》だけでなく『アンドロマック』（オールド・ヴィック劇場で）も手掛けたという、世界で唯一の人物（演出家）であることを自負していた。それでも、演出へのアプローチは、イタリア・オペラ上演における最大級の茨の道であることに変わりはなく、2000年夏の別のプロダクション《コリントの包囲》では、後述するように、この問題をはるかに、とんでもない形で提示した。

14　プロローグ

《リゴレット》と写真式複写機

　リッカルド・ムーティが『ジュゼッペ・ヴェルディ作品集』に収録された最初のクリティカル・エディション、《リゴレット》の初披露のステージをウィーン国立歌劇場で指揮したのは、今から20年以上前の1983年3月のことであった[11]。その1週間は記憶に強く残っているが、終演後のレセプションの目玉となった「背中の曲がった男」の彫刻が、バターで彫られたものなのか氷で彫られたものなのかは、いまだに思い出せないのである。

　でも、この公演について不可解なのはそれだけではない。もっと不可解なのは、なぜこのイヴェントがウィーンで開催されたのかということだ。この街は、かつての植民地文化ということだからか、イタリア・オペラの研究を軽蔑の目のもとで扱っている。ヴェルディは、彼の曲がハーディ・ガーディ（手回しオルガン）から別のハーディ・ガーディへと受け継がれる限りにおいては問題なかったが、しかし、この偉大なる芸術の殿堂の街においては、彼は《オテッロ》と《ファルスタッフ》でしか認められていなかった。堕落した趣味を持つ庶民に対しては、子供じみたメロドラマが作られるのを許容するなどして、機嫌をとる必要があるということなのかもしれない。しかし、《リゴレット》のクリティカル・エディションだと？ 著作権の切れた作品で金儲けしようと躍起になる貪欲な音楽出版社の手先でもない限り、そんなプロジェクトに身を投じるのは、知的水準が半端な者だけだろう——そんな視線を有する街なのだ。

　実際、《リゴレット》のクリティカル・エディションについて発表したある会議で、私は公然と、半端者であると同時にカモ（出版社の手先）であるとも非難された。ウィーンのカフェで「インパクトの強い」コーヒーを飲みながら、後にアーノルト・シェーンベルクのエディションのディレクターとなるルドルフ・シュテファンは、イタリア・オペラに時間を費やすのは無駄であろうにと私を叱責した。

　ムーティはこの公演を入念に準備し、リゴレット（レナート・ブルゾン）とジルダ（エディタ・グルベローヴァ）は素晴らしかった。オーケストラは優雅に演奏

第1章 海と山　15

し、クリティカル・エディションで修正された多くの細かい点が、説得力ある明瞭さのもとに浮かび上がった。このプロダクションは、特に興味深いものではなかったが、スキャンダルとは無縁であった。というのも、このプロジェクトは、複雑なウィーン社会で政治的な問題を抱えていた当時の国立歌劇場監督、ロリン・マゼールの発案であると広く考えられていたからだ。政治的混乱に対するマゼール自身の反応は哲学的であった：初日の休憩時間中、彼は自分自身をマーラーになぞらえたぐらいである。ただし、残念なことに、この公演はテノール、いや、相次ぐテノールによってひどく損なわれた。当初予定されていたマントヴァ公爵が、リハーサル期間の数週間前に辞退したのである。後任の公爵役は体調を崩し、ゲネプロ後に降板せざるを得なくなった。

　そこでムーティは、開幕を延期するよりも、当時ウィーンにいたテノール歌手で、集中的な指導に応えることができ、クリティカル・エディションの最も重要なポイントを一晩で教えられそうな人物を選んだのである。

　しかし、ムーティは間違っていた。彼が選んだ故フランコ・ボニゾッリは、肺活量があり、声は強いが、音楽的な知性には乏しいイタリア人テノールの一人であったから。彼は公爵の役柄をどう歌えばいいかを熟知していたし、それを自分の意思で演じようとした。ムーティとボニゾッリの間で行われたコーチングがどのようなものであったのか、私には想像もつかない。ボニゾッリが歌う公爵役は声質が粗く、劇的な面からみると品がなく、ヴェルディの原意と音楽を再発見し解釈しようとするこのプロダクションの努力には無関心であった。

　さらに、ムーティが楽譜通りに歌うことを望んだため、特に第3幕の〈ラ・ドンナ・エ・モービレ〉【訳者註：いわゆる〈女心の唄〉】の終結部で高い口音を伸ばし続けることが許されなかったことへの憤りもボニゾッリは有していた。ムーティが望んだのは、このアリアを人気の高い曲として扱うことであった。テノールのハイテンションの言い訳の曲ではなく、そよ風にそよぐ羽根のような曲として扱いたかったのだ。この特別な戦いではムーティが勝利したが、でもそれは無駄でもあった。ボニゾッリが、こうしたやり方に対する嫌悪感を表す方法をたくさん見つけたからである。

　マッダレーナ役に対するボニゾッリの非道な振る舞いは、ヴェルディが書い

た四重唱のエロティシズムをまったく感じさせないものであり、バーレスク・ホールの精神を呼び起こしていた。公爵が舞台から退場するとき、舞台裏から歌う〈ラ・ドンナ・エ・モービレ〉のパッセージの最後でピアニッシモのハイB（ロ）が歌われるが、ボニゾッリはその音をフルヴォリュームで咆哮し、その上に居座った。公爵の遺体が入っているはずの袋をせわしなく見つめるブルゾンの不安も、ムーティの怒り募った視線も、ボニゾッリには見えなかった。観客の多くは、この反抗のジェスチャーを理解したようで、緊張した感の笑いが起こった。でも、カーテンコールでは、ボニゾッリはブーイングの嵐を浴びた。ウィーンのマスコミは、マゼールの狼狽ぶりを嘲笑した。

　この騒動の中で、重大な芸術的目標が危機に瀕していたこと、つまりは、学者も演奏家も《リゴレット》がこれまで以上の運命を辿るに値する芸術作品だと確信し、このレパートリーの定番を再演しようとしていたことを、誰が思い出せたことだろう。『ジュゼッペ・ヴェルディ作品集 The Works of Giuseppe Verdi』に収録された最初のクリティカル・エディションに基づく、初の一連の上演は、幸先のよいものではなかったのだ。

　しかし、それはヴェルディ研究者の全世代を目覚めさせるものになった。結果、彼らは皆、何らかの形で、その後数十年にわたり、シカゴ大学出版局とリコルディ社の共同プロジェクトに関わっているのである。そして、バターの「背中の曲がった男」が消費されたのと同じく（あるいは氷製の「背中の曲がった男」が溶けたのと同じく）、我々は努力を続けることを誓ったのである。

　音楽出版社は、印刷された楽譜を販売し、劇場やコンサート団体に演奏資料をレンタルすることでお金を稼ぐのが仕事である。儲からなければ、優秀な経済学者なら誰でも予測できるように、彼らは廃業するのだ。出版社が19世紀や20世紀初頭の楽譜やパート譜を復刻して販売する場合、そのコストはほとんどかからない。それに、仕事が少なければ少ないほど、利益は高くなる。もしカルマス社が、ロッシーニの歌劇《イタリアのトルコ人》と称するヴォーカル・スコアを販売し、でも、その楽譜の50パーセントが、実はその作品の音楽ではなかったとしたら、その楽譜は「*caveat emptor*（ラテン語：買い手責任

第1章 海と山　17

負担）」である[12]。一方、出版社が新版の準備に投資するのは、そのエディションが必要だと考え、かつ、その投資が出版社にもたらす利益を期待している場合だけである。

　カーサ・リコルディ社（現在のBMGリコルディ社）は、1808年創業のイタリアを代表する音楽出版社であり、伝統的に声楽譜と一部の管弦楽スコアを販売する一方、演奏用の楽譜はレンタルで扱ってきた。しかし、ベッリーニの《異国の女》やドニゼッティの《アデーリア》のフルスコアを制作することは、商業的に観ればどうにも可能性に乏しい。そこでリコルディ社は、シカゴ大学出版局、ロッシーニ財団、ベルガモ市、カターニア市といった、民間および公的機関と協定を結び、こういったレパートリーのクリティカル・エディションを作成している。リコルディ社は、これらの機関やその研究者たちにアーカイヴを公開し、新しい楽譜の作成の件で密接に協力し、その演奏資料を配布している。レンタル料や演奏権使用料（クリティカル・エディションに対する保護が限定的な国）は、編集者や共同出版社に分配され、将来のプロジェクトに再投資される。完璧なシステムとは言いがたくても、この方式はここ25年間、有効であることが証明されている。

　イタリア・オペラの上演では、常に経済的な判断が下される。劇場は高いギャラを払うテノールを雇うのか、それとも地元の人材を使うのか。高くつくテノールを雇うなら、ソプラノやバリトンの起用には手を抜くのか。新しいプロダクションを作るのか、それとも20年前に倉庫にしまった舞台装置をほじくり返すのか。また、複数のリクエストの間ではどのように決断するのだろう？　もし95％の観客が、どの楽譜が使われているのかわからないのに、セットにほんの少し金色のペンキが塗られただけで誰もが喜ぶとしたならば、手持ちの限られた資金はどのポイントに向ければよいのだろう？　そのため、多くの歌劇場では、特にレパートリー・オペラにおいて、十分通用する楽譜が流通しているものについては、新版（クリティカル・エディション）の採用を見送ることにしている。

　2000年の春に《エルミオーネ》に投資したサンタフェは、《リゴレット》については、すでに手元にある楽譜で上演することにした。そしてその結果、《リゴレット》のクリティカル・エディションに結実した研究と編集作業の成

果は、サンタフェの手元にも、サングレ・デ・クリスト山脈の聴衆にも届かなかった。

　しかし、それでは正確なものにはならない。《リゴレット》の新エディションでは、ジルダ、リゴレット、公爵の各パートの音符、リズム、歌詞、ダイナミクスに大幅な修正が加えられている。新しいヴォーカル・スコアは 10 年以上前から印刷されており、それを使って多くの歌手が研究している。でも、その結果奇妙な矛盾が生じることもある。2000 年の冬にロサンゼルスで行われた魅惑的な《リゴレット》では、公式には新版が使用されなかったが、マントヴァ公爵がハリウッドの大物「デューク」という設定にされ、このデュークの新作映画である『ヴェンデッタ（復讐）』の試写会の後、ビバリーヒルズにある彼の自宅のプールの周りで開幕冒頭のフェスタのシーンが歌われるという設定になっていた。この演出をどう思ったかはともかく（私は気に入った）、ジルダとデュークは新しいスコアから多くの修正を取り入れた。一方、リゴレットは古い音符を歌った。それらの多くは間違っていたのだが。

　サンタフェでは、すべての主要歌手が、訂正された譜面を採用した。さらに重要なのは、良心的な指揮者であるリチャード・バックレーが、できるだけ多くの訂正を取り入れようと決心していたことだ。《エルミオーネ》のリハーサルと《リゴレット》のリハーサルの間に、我々は楽譜を 1 ページずつ確認し、私が覚えている訂正箇所を彼に伝えた。リコルディ社の古い楽譜のすべての記号をクリティカル・エディションと照らし合わせる時間も気力もなかったのである。そこで、まずは前奏曲の強弱レヴェルを修正；フルートとクラリネットが〈あれかこれか Questa, o quella〉の直前に吹く音を確認。古いリコルディ社の楽譜ではその最後の音が不注意にも飛んでいたからである。また、〈ペリゴルディーノ Perigordino〉の後、間違って挿入された小節の休符は無視して、リズムを正しく取る；それから、〈見守ってくれ、この花を Veglia, o donna, questo fiore〉の伴奏と〈女心は羽のように La donna è mobile〉のオーケストラによる導入部では、アクセント記号とディミヌエンド記号のヘアピン状の印を区別した。

　なお、クリティカル・エディションで最も印象的な修正箇所は、ジルダが宿屋に入り、スパラフチーレに殺害される最終幕の嵐の三重唱において、いくつ

第 1 章 海 と 山　19

かの点を元の形に戻したことである。それには、雷鳴、稲妻の音、嵐の音について、ヴェルディが付けた印や、オリジナルの合唱パートが含まれる。古いリコルディ社の楽譜においては、ヴェルディがそのために考案した記譜法を使った前者——雷鳴や稲妻の音、嵐の音——はほとんど削除されており、後者（舞台裏の男声合唱 a bocca chiusa つまりハミング）は簡略化されていた。サンタフェでは合唱の入りの部分を正しくするため、コピー機が稼動した。合唱団は実際に新しいエディションから《リゴレット》のこの部分を学んだ。ヴェルディの嵐のエフェクトには、雷を鳴らす金属板も伝統的な風力機械も使われなかった。その代わり、サンタフェが自由に使える「最高級の新しいエレクトロニクス」が使われた。雷、稲妻、雨、風……すべてが注意深く合成され、ヴェルディのマークと正確に一致するようにタイミングが合わせられた。しかし、ピアノ伴奏によるゲネプロでそれらの効果音が披露されたとき、実は大失敗であった：音が大きすぎたり、小さすぎたり、オンだったり、オフだったり、楽譜との連携も悪かったからである。男声合唱は、遮音壁の陰に隠れて聴こえなかった。

　でも、最終のドレスリハーサルでは、ほとんどが改善された。電子機器の音量とタイミングが調整され、コーラスはオーケストラ・ピットに置かれ、そこからだと聴こえるようになった。初日を迎えたとき、我々は嵐のエフェクトが正しく機能することを確信していた。ところが、我々が考慮に入れなかったのは天候であった。サンタフェの劇場は屋根付きになり、着飾った観客が突然の土砂降りの雨に降られることはなくなった（以前のサンタフェではオペラ上演の常であった）が、劇場の側面には素晴らしい山の景色が広がっている。また、開放されているから自然の音とも近い。

　というわけで、《リゴレット》の夜は「壮大な（自然の）嵐」に包まれた。前奏曲で雷鳴が始まったし、その雷鳴が、第3幕の嵐のシーンの始まりと三重唱のキューが出たところでまた戻ってきたのだから。実際の雷と電子的な雷の対位法は、ヴェルディが想定していなかった「ボーナス」であった。

　一方、ヴェルディのスコアに追加された他の要素は、より複雑な問題を提起した。リチャード・バックリーは指揮者2世である。彼の父である故エマーソン・バックリーは、長年グレーター・マイアミ・オペラの指導者であり、ルチアーノ・パヴァロッティに長く愛された指揮者であった。でも若い方のバッ

クリーは、ヴェルディの新しいエディションに親しみつつも、演奏の伝統というものももちろん知っている。彼は、挿入された高音も、時折りの装飾的な華やかな音も気にしない。公爵は〈女心は羽のように La donna è mobile〉の最後で書かれてないハイ B を歌い、リゴレットは〈沈め、沈め！ All'onda, all'onda〉のパッセージで成層圏まで飛翔した。

　第 9 章（下巻）で述べるが、私は原則的に高音の挿入を否定しない。が、《リゴレット》には、私が不快に思う「伝統的な歌手の修正」があり、それは、ヴェルディが細心の注意を払って計算した音楽的効果を台無しにしてしまうのだ。立派にリゴレット役を歌ったキム・ジョゼフソンは、オペラのゲネプロでまさにこの挿入パッセージを歌った。その瞬間は、道化師リゴレットが第 2 幕でジルダとデュエットを歌う際のカバレッタ〈そう、復讐だ！ 桁外れの復讐こそ Sì, vendetta, tremenda vendetta〉を歌い始める直前に訪れる。モンテローネが衛兵の間を横切った。彼は公爵の肖像画を見ながら、苦々しげにつぶやく：

　「わしの復讐を免れたのだから、公爵よ、あなたはきっと幸せに暮らせるだろう」。

　リゴレットは泣きじゃくる娘を横目に、次のように叫び、モンテローネの後を追う：

　「ご老体よ、あなたは間違っておられる、あなたには復讐者がいるのだ」。ヴェルディはモンテローネとリゴレットの役をそれぞれの鏡像として書いた。前奏曲の最初の小節から、モンテローネの呪いとリゴレットの「あの老人はわしを呪った」という恐怖の言葉がオペラを貫く。何度も何度も、バリトンのテッシトゥーラの中央部の上にある心地よい音、基準の C（ミドル C）にかかるシンプルな朗唱法が使われる。

　第 2 幕では、モンテローネが公爵の肖像画に語りかけるフレーズで、このミドル C とハ短調を強調して歌う。なので、リゴレットもこのハ調に戻って歌い、モンテローネの復讐を受け継ぐ者であることを宣言するが、その後、音楽は突然、和声的には予期せぬ形で、復讐のための変イ長調に移り、〈そう、復讐だ、桁外れの復讐だ Sì, vendetta, tremenda vendetta〉と歌い上げる（例 1.2）。しかし、そこで歴代のリゴレットは、〈貴男には復讐する者がいる

(譜例 1.2) ジュゼッペ・ヴェルディ、《リゴレット》、シェーナとデュエット (第 10 曲) 小節番号 192-196

un vindice avrai〉と歌うところの最後の C 音を短 3 度高い E♭ (変ホ音) に変えて高音を披露してきた。しかし、そのやり方は音楽の感覚を完全に変えてしまう。というのも、この E♭ は、新しい調 (変イ長調) のドミナント (属音) として機能するからである。

　かくして、ヴェルディが書いた峻厳なる宣言の音と、突然の出だしの音は、(歌手のせいで) 作曲者が全く意図していなかった方法により、各セクション間の休符を跨いでの繋がりとともに、和声的にそれが結果となるかのように見せかけられてしまうのだ[13]。

　《リゴレット》初日の前の日、テスーク・マーケット・カフェ (丘陵地帯に数百万ドルの別荘を購入するような、ハリウッドスターたちのたまり場) で昼食をとりながら、私はバックリーにこの「音の改竄」についての懸念を伝えたところ、バックリーは注意深く耳を傾けてくれた。でも、その会話の結果で、何かが変わるとは思っていなかった：ドレス・リハーサルから初日までの数日間、歌手たちは独りにしておく必要があるし、その間に、自分たちがいかに素晴らしい

かと賞賛してもらう必要もある。だから初日の夜、私はこの箇所が正しく歌われているのを聴いて驚いた：ジョセフソンは、〈そう、復讐だ、桁外れの復讐だ Sì, vendetta, tremenda vendetta〉と歌い出す前に、「C」の音をしっかり歌っていた。だから、私は満足したと言いたいところだが、そうではなかった。というのも、彼はその音を躊躇いがちに歌っていて、その結果、不確かで、まるで要点をよく理解していないかのように我々には聴こえたからである。イタリア・オペラを演じるには、正しい音を歌うだけでは十分ではないのだ：堂々と歌われなければならない。たとえニューメキシコの山奥であっても。

《コリントの包囲》と《ペンザンスの海賊》

　アドリア海沿岸のロッシーニ・オペラ・フェスティヴァルでは、ロッシーニ財団が作成したクリティカル・エディションを採用しているが、劇場での生活は、学者たちが唱える原則よりも複雑である。

　ただ、版（ヴァージョン）を選ぶことは、イタリア・オペラを上演する際の決断のひとつにすぎない。黄金期のペーザロがそう呼ばれていたように、「実践的音楽学」の本場と呼ばれる上演地であっても、異なる演劇観、相容れない音楽的意見、そして強烈な個性（歌手、指揮者、演出家、さらには学者まで）が衝突したときには、必然的に「対立の戦場」となりうるのだ。

　2000 年 8 月 10 日にペーザロで上演された 3 つのプロダクションのうち、2 つのプロダクションは激しい論争を引き起こした；一方、3 つめのプロダクションは、すべての歯車がかみ合ったときに何が起こるかを示すという恵まれた例であった。フェスティヴァルは、1826 年にパリ・オペラ座で初演されたロッシーニの最初のフランス・オペラ《コリントの包囲》のペーザロ初演で幕を開けた。このオペラは、ロッシーニの最も優れたナポリ・オペラのひとつである《マオメット 2 世》（1820）を原作とする。この後者の方は 1986 年と1993 年にペーザロで上演され、ピエール・ルイージ・ピッツィによるエレガントな演出のもと、ヒロインのアンナ（《マオメット 2 世》ではヴェネツィア人の女性）にはチェチーリア・ガスディアが扮し、サミュエル・レイミー、それからミケーレ・ペルトゥージがアンナの最愛の人たるトルコのスルタン、マオメッ

第 1 章 海 と 山　23

ト 2 世を演じる。《マオメット 2 世》のナポリでの世界初演は、《エルミオーネ》と同じように疑問視され、ロッシーニはこの作品の評判を後世に残さないと決心していた。そこで彼は 1823 年に、ヴェネツィアでの上演のためにこの作品を改訂し、その後、ギリシャ人とトルコ人の戦いの話に改作した。その《コリントの包囲》によって、イタリアの声楽様式とオペラのスタイルが「フランスの文化の殿堂」に強制的に入り込んだのだ；そして、その結果起きた「衝突と和解」がフランスのグラントペラ様式の基礎を築いたのである [14]。

　《コリントの包囲》には、クリティカル・エディションはおろか、受容可能なエディションの楽譜も存在しない。実際、《マオメット 2 世》のクリティカル・エディションが出版されるまでは、ロッシーニ初のフランス・オペラに責任を持ってアプローチすることは不可能だろう。でも、ロッシーニ音楽祭のディレクターたちは無関心であった：彼らは 1995 年に《ギヨーム・テル》（ロッシーニ財団のエディションを使用）を上演し、1997 年には《モイーズ》（機能的ではあるけれども、典拠としては疑わしい 19 世紀の楽譜を使って）を上演し、そこで彼らは《コリントの包囲》にも着手した。《モイーズ》の場合と同様、この音楽祭では、ロッシーニのフランスにおける出版社、トルペナス社が発行したオーケストラ・スコアを採用した。財団の学者たちは、《包囲》のそのトルペナス社のスコアが誤りや矛盾に満ち、曲順や内容が大きく混乱していて、劇作上の不条理も発生している「滅茶苦茶なもの」であることを説明しようとしたが、無駄であった。例えば、コリント在住のギリシャ人守備隊員（男性合唱）は、すでに全員死んでいるというシーンでも、構わず、舞台袖から〈おお祖国よ O patrie〉と歌うのである。

　エリザベス・バートレットが何年もかけて取り組んだ《ギヨーム・テル》のように、上演履歴を整理することによってのみ、首尾一貫した楽譜の作成が可能になる [15]。でも、指揮者のマウリツィオ・ベニーニは、自分を導くべく、本能だけを頼りにしていたが、そこで彼は「エラーだらけの素材」に直面していると気づいた。さらに悪いことには、トルペナス社のオーケストラ・スコアとトルペナス社のヴォーカル・スコアはしばしば異なっていた。例えば、《マオメット 2 世》のマオメットのカヴァティーナ（冒頭のアリア）は、ショーストッパーの名曲であるが、ロッシーニは、この英雄／敵役の登場シーンまで、

24　プロローグ

観客の拍手がほとんど出ないようにオペラを構成した。このオペラの導入部の
アンサンブルに続いて、アンナのカヴァティーナが始まる：それは美しいが、
決して派手な曲ではない。続いて、このカヴァティーナの後、イタリア・オペ
ラの中でも最も長く華麗なアンサンブルのひとつであるテルツェットーネ（こ
の珍しい様式名は、ロッシーニがイタリア語で「大きな」という意味の接尾辞を使ったも
の）が続くが、そこでのオーケストラの終結部は新しい調に転調し、観客が拍
手する機会を奪ってしまう[16]。そして、トルコ人の合唱とスルタンが登場し、
そのスルタンであるマオメットが素晴らしいソロを歌う。ピッツィの演出で
は、若く颯爽としたサミュエル・レイミーが、彼の崇拝者たちをうっとりとさ
せるような歓喜のために胸をはだけ、戦士たちが伸ばした腕の上に危なっかし
く立っていた。

　《マオメット2世》では、ここの曲構造が、合唱、マオメットが部下に戦い
を勧めるカンタービレ〈立ち上がれ！ Sorgete!〉、テンポ・ディ・メッツォ（合
唱を特徴とする移行部）、およびカバレッタ（より速い最終部）と分かれるが、その
主な部分は繰り返されるので、歌手が装飾音型を盛り込むチャンスが与えら
れ、マオメットは部下たちの援けを得て世界征服を約束する。でも、《コリン
トの包囲》では、トルペナス社のオーケストラ・スコアによって、同じ曲が、
合唱、新しいレチタティーヴォ【訳者註：レシタティフ】、テンポ・ディ・メッツォ、
カバレッタ（カンタービレは省略される）という構造になっている。そのヴォーカ
ル・スコアはオーケストラ譜と同じ内容だが、実はカンタービレが存在してい
る。指揮者ベニーニと彼のマオメットであったミケーレ・ペルトゥージは、そ
のカンタービレを上演に含めることにした。となると、音楽としては魅力的だ
が、結果的には、それは「2つの版の、歴史的に正しくない混同」状態であ
る。しかし、両者の非互換性はさらに深刻なものになっている。

　というのも、新しいレチタティーヴォと古いカンタービレは、まったく同じ
劇的場景をカヴァーしているだけでなく、レチタティーヴォの側は、テンポ・
ディ・メッツォの調（ニ短調）において自然に解決する属七の和音で終わって
いるからだ。また、19世紀のある知的な印刷譜には、「ここのカンタービレを
歌いたければ、その前のレチタティーヴォを省略しなければならない」と指定
もされている[17]。でも、その代わりに、ペーザロではレチタティーヴォもカ

第1章 海と山　25

ンタービレも両方とも聴かれたのだ。

　ただ、このような問題は、このプロダクションを取り囲んだ演出のハチャメチャさに比べれば、あっさりと消え去ってしまった。聴いたところによると、マッシモ・カストリはイタリアで最も重要な散文劇の演出家の一人だそう。となれば、この件は、いかに才能ある人でも失敗するという可能性を示唆するものである。カストリにとってオペラの演出は初めての試みであった。他のイタリア演劇の魔術師たち（ルキーノ・ヴィスコンティ、ジョルジョ・ストレーレル、ルカ・ロンコーニ、ダリオ・フォ）は、見事にその（演劇からオペラ演出への）移行を果たした。しかし、カストリは、オペラと演劇の違いを学ぼうとする代わりに、歌劇場を軽蔑しているのだから。散文劇と同じように、音楽をカットしたり、シーンを移動させたり、気の向くままに素材を追加したりすることができないというのは、いったいどういうことなのか？　彼の演劇的時間の概念を邪魔する音楽とは何だ？　さらに、なぜ歌手たちは俳優のように振る舞えなかったのか？　美しいパミーラ役のルース・アン・スウェンソンが、カストリがリハーサルの間中ずっと煙草を吸っている間、自分は歌えませんとどうして文句を言うのだろう。

　さらに悪いことには、彼は《コリントの包囲》という作品は真面目にやるものではない、ロッシーニの音楽は筋書きを皮肉ったものだ、と心に感じていた（そして新聞にもそう語っていた）。ロッシーニのオペラが書かれ、受け入れられた背景である「1820 年代、自由のためにトルコ側と戦っていたギリシャ人の苦しみに対する欧州人の取り組み」は、ここまでであった。カストリはその代わりに、皮肉さに満ちた演出を行うことにした。彼はまず、厚い人工芝で覆われた急な傾斜ありの舞台を採用し、第 1 幕では、発泡スチロールで作られたような真っ白なコリント式の柱頭（柱頭のみ）を散乱させた。第 2 幕では、この大黒柱の代わりに、トルコの乙女たち（彼女たちは水煙草を吸いながら、くすくす笑って幕を開けた）のために、赤い錦織に金のフリンジをあしらった 19 世紀のディヴァン（ソファの一種）が置かれた。第 3 幕では、そのディヴァンが墓標に変わり、パミーラの自殺の際には、舞台後方のむき出しのホリゾントに漫画チックな稲妻が映し出される中、墓標は土に沈んだ：

　負傷したギリシャ人はバイロン風の英雄に扮し、「シャザム！」と叫び、トッ

プハットをかぶって戦場に赴き、トルコの男たちはヴィクトリア朝の東洋風刺画のような、赤いフェズ（帽子）と自転車のハンドルバー状の口ひげをつけていた。

このように危険な熊手状のセットでは、どの歌手も安定した位置を探してそこで静止しているしかなく、主人公同士が舞台上を移動することはほとんどなかった。このような舞台演出をオペラに押し付けたということには、変態性か敵意しか感じられない。第2幕の約3分の1は、いくつかの手の込んだ踊りを伴う形式的なディヴェルティスマンで占められているが、そこでは、6人のパミーラと6人のマオメットが、6つの赤いディヴァンの上で求愛のシーンをパントマイムで演じるという、振付家が考案したウィットに富むはずのアクションも、ダンサーたちの動ける場が限られていたので、退屈なものになってしまった。マウロ・ビゴンゼッティが3つのダンスのうち2つだけを振り付けてから、ペーザロを去ったのも不思議ではない。パミーラとマオメットは、舞台上のディヴァンでトルココーヒーを一緒に飲みながら、《イタリアのトルコ人》のフィオリッラとセリムのように、これらの出来事を見守ることになっていた。

しかし、カストリが去った後（演出家は初日の後は劇場に残る義務はない）、2回目の公演で、第2幕が始まる5分前に、ルース・アン・スウェンソンはミケーレ・ペルトゥージに、「バレエが始まったらすぐに退場するつもり」と告げた。ペルトゥージにしてみたら、孤独な耀きのままそこにいることもできたし、一緒に退場することもできた。結果、二人は出て行った。でも、舞台上ではそれでもほぼ何も変わらなかったので、起こったことの愚かさがより明らかになったというわけだ。ギリシャの女性たちのコーラス隊は、フリルのついたドレスを着てパラソルを回しながら、神の助けを願った。そして、トルコの女性たちは、おそらく戦利品であろう同じパラソルを振り回して勝利を示した。第2幕の冒頭の合唱で、イスメーヌは天に向かって、「パミーラをお助けあれ、彼女の涙を乾かしてくださいませ」と懇願した。ただし、この侍女は、パミーラのアリアと、彼女とマオメットとの二重唱の間、大きなハンカチで自分の涙を拭いながら、仰々しく歩き回っていた（《オテッロ》を感じさせる仕草である）。また、第2幕の最後ではギリシャ軍とトルコ軍が対決するが、演出家のカスト

第1章 海と山　27

リはギリシャ軍を舞台袖に追いやったため、観客は誰一人、何が起こっているのかわからなかった。そして、パミーラがギリシャの女性たちに「降伏するのではなく、自らの手で死ぬように」と強く勧めるシーンでは、カストリの演出では、サビニ族の女性たちが拉致されたことを再現するかのごとく【訳者註：古代ローマの伝説的なエピソード】、女性陣を兵士たちに連行させたのである。

　なお、19世紀初頭のイタリア／フランス・オペラを自嘲的に上演することの問題点は、イタリア人の観客には混乱しかもたらさないが、英米の観客にとってみれば、ギルバート＆サリヴァンというイギリス劇場界の2人の天才が成し遂げたことを示唆するものでもある。というのも、彼らが世に送ったいわゆる「サヴォイ・オペラ」とは、イタリア・オペラを揶揄したものであり、もちろん、パロディ以上の作品でもある。というのも、ギルバートは優れた作家であり、作曲家のサリヴァンはその詩からウィットを引き出し、より深い表現を与える音楽を作り上げる術を知っていたからだ。しかし、ヴェルディの《エルナーニ》第2幕で、老大公シルヴァがエルナーニを先祖の肖像画の陰に隠す場面で、《ラディゴア》のギルバート＆サリヴァン以上のパロディができるだろうか【訳者註：《ラディゴア Ruddigore》は1887年にロンドンで初演された喜劇のオペラ。第2幕に《エルナーニ》を想起させる部分がある】。また、《魔術師》【訳者註：同じくギルバート＆サリヴァンの喜劇オペラ。1877年ロンドンにて初演】の作者たちほど、ドニゼッティの《愛の妙薬》を愉快そうに笑った者がいるだろうか。《魔術師》の登場人物である J. ウェリントン・ウェルズは、ウェーバーの《魔弾の射手》譲りの悪魔の一団に囲まれて、イギリスではクリスマスに上演される「おとぎ芝居」を介して商品を売るのだから。このように、サヴォイ・オペラほどイタリアのオペラの合唱をパロディ化したものはないだろう。同じくギルバート＆サリヴァンの《H. M. S. ピナフォア（戦艦ピナフォア）》の登場人物レイフ・ラクストローが、彼の支持者たちに対して返した言葉は次の通り：

　「快適なコーラスの価値はわかっているけれど……ほとんどの場合、コーラスは慰めにならない」。

　そして、これまたギルバート＆サリヴァンの《ペンザンスの海賊》では、「岩山を登り、小川や泉につまずきながら」という歌に合わせて、パラソルをくるくると回しながら、朝露のように爽やかに、海賊の隠れ家へと向かう乙女たち

が出てくる。ゆえに、ギルバート＆サリヴァンに倣って《コリントの包囲》を皮肉ることは、パロディにされるものとパロディそのものを混同するといった危険をはらむものなのだ。

カストリの日傘はロッシーニのオペラを解説するアイテムではなく、《ペンザンスの海賊》から輸入した品のように見えた。最良の状況において、イギリスやアメリカの観客がイタリア・オペラに正当な評価を与えるためには、サヴォイ・オペラでの記憶は抑える必要がある。カストリ演出の《コリントの包囲》は、それに比べればつまらないものであった。

絹のはしごのためにトランクをあさる

ロッシーニが 21 歳になる前に書いた 5 つの一幕もののオペラ（これまで見てきたように「ファルサ farse」と呼ばれる）は、すべて、ヴェネツィアのサン・モイーゼ劇場のために作られたもの。同劇場は、この種の出し物を専門とする小さなオペラハウスであった。スカラ座やフェニーチェ座といった北イタリアの大歌劇場に比べれば、若手作曲家にとっては、それほど厳しくない舞台で腕を磨けるという素晴らしい場所である。《絹のはしご》は、ロッシーニのファルスの中でも最高傑作のひとつだが、ロッシーニの自筆譜は長い間、失われたものと思われていたが、実際には、スウェーデンの音楽家で海軍将校であったルドルフ・ニダルが入手していたのである。1973 年の彼の死後、彼のコレクションは学者たちにも公開されるようになり、やがてロッシーニ財団は、その宝物の中に《絹のはしご》があると知った。それは、作曲者の手で音符がすべて記されたとても美しい楽譜である。この手稿譜を主な資料として、スウェーデンの学者アンデルス・ヴィクルントは、ロッシーニ財団のために《絹のはしご》のクリティカル・エディションを作成した。彼の楽譜の暫定ヴァージョンは、1988 年夏のロッシーニ・オペラ・フェスティヴァルで初演された；クリティカル・エディションが実際に出版されたのは、その 3 年後のことである[18]。

《絹のはしご》は、19 世紀にはほとんど上演されなかった。というのも、小さな一幕ものオペラは、そんなに広くあちこちに出回らなかったからである。1812 年の春のシーズン、サン・モイーゼ劇場で 12 回上演された後、このファ

ルサ *farsa* は、もっと小さなオペラハウスでリヴァイヴァルされた。例えば、1813 年のセニガーリア、1818 年のシエナ、1825 年のリスボンである[19]。でも、これらの再演のどれについても、印刷されたリブレットは残っておらず、それ以上の情報はない。1852 年にリコルディ社がヴォーカル・スコアを出版はしたが、こうしたファルサが定期的にオペラハウスで見られるようになったのは 20 世紀に入ってからである。ファルサの構造に疑問が持たれることはなかったが、その構像は現代の演奏の現場では必ずしも尊重されていない。何年か前から、ロッシーニの他のオペラの主題を接続曲として寄せ集めた不真面目な序曲の楽譜が、原曲と並んで出回るようになった。少なくとも 1 人の指揮者、ヘルベルト・ハントは、ロッシーニの一幕を二幕に引き延ばした。彼は四重唱の後に幕を下ろして休憩を取り、この擬似の序曲で「第 2 幕」を始めることで、ロッシーニの一幕を二幕立てに引き延ばしたのである[20]。でも、オペラの自筆譜が再発見されると、序曲に対する疑問は消え、ロッシーニがこの素晴らしい楽譜に、若さゆえの自由奔放さで散りばめた見事なディテールのすべてに、我々は驚嘆することができるようになった。

　1988 年に初披露された【訳者註：クリティカル・エディションを使っての上演】《絹のはしご》では、ロッシーニ音楽祭はこのファルサを非常にうまく舞台に載せた。エマヌエーレ・ルッツァーティとサントゥッツァ・カーリによるセットは、ステンドグラスを思わせる背景でそれは美しかった。マウリツィオ・スカパッロの演出はエレガントで、ロッシーニの楽譜のコミカルな要素よりもロマンティックな要素を強調していたが、後者を楽しむことは全く厭わなかった（ルチッラ役の若きチェチーリア・バルトリを忘れる者はいないだろう。半透明のスクリーンの後ろから、征服しようと決めた若い男の服を引き裂きながら「ソルベット（シャーベット）のアリア」を歌ったのだから）。

　《絹のはしご》に、完璧に構築された演劇的メカニズムを見出したことは、素晴らしいことであった。長すぎず、短すぎず、各要素が正確に配置されているのだ。そして 2000 年の夏、フェスティヴァルは演出家ルカ・デ・フィリッポとデザイナー、ブルーノ・ガロファロに《絹のはしご》の新演出を依頼した。デ・フィリッポはカストリと同様、オペラの舞台は初めてであったが、自分が演出する作品を台無しにする必要はないと考えていた。しかし彼は、20

30　　プロローグ

世紀イタリア演劇の巨人の一人であるエドアルド・デ・フィリッポの息子として、自らの演劇的血筋から来る感性をこの作品に持ち込んだ。ルカ・デ・フィリッポがこの作品の茶番的要素を強調したのは、驚くにはあたらない。

　オペラ演出の特徴は、いくつかのディテールを見ればすぐにわかる。例えば、《絹のはしご》では、ヒロイン（ジュリア）の家庭教師（ドルモント）の部屋で幕が開く。ジュリアは秘密の夫（ドルヴィル）と一日中部屋に閉じこもっていたが、使用人（ジェルマーノ）と従姉妹（ルチッラ）に悩まされていた。2人とも、家庭教師によって送り込まれた人々である。家庭教師はジュリアと裕福な求婚者（ブランザック）との結婚について話し合いたいという。印刷されたリブレットによれば、ジュリアはジェルマーノとルチッラを追い払った後、富裕な求婚者ドルヴィルが隠れていた小部屋のドアを開けるのだが、デ・フィリッポの演出では、その代わりにドルヴィルが、大きいけれども狭い洋服戸棚から顔を出していた。最初のシーンでは、彼はそこで息を潜めていたのだろう。そのため、このテノールの主人公は、入場の時点ですでに滑稽に見えた。また、リブレットによれば、ドルヴィルはジュリアの居室に入るために、タイトルの絹のはしごを使っている。ジュリアがそれをドレッサーの引き出しに畳んで入れておき、それから毎回バルコニーに取り付ける。ガラスのドアの反対側にあるバルコニーである（初期のペーザロでのステンドグラスのもとになったもの）。デ・フィリッポは、ドラマの各要素をいろんなコメディの機会に変えた。バルコニーを使う代わりに、ドルヴィルは高い窓から出入りした。ジュリアは重いテーブルを舞台の上に押し出し、その上に椅子を乗せて不安定なバランスをとっていた。紗のような絹のはしごはブラインドの羽板と太い紐でできたものになり、ジュリアはそれを、舞台中央の仕掛け扉から、まるで手品師が帽子から色布のひもを作り出すように取り出した。

　聴衆はフィリッポの仕掛けを楽しんだが、それは効果的なものであり、ロッシーニの音楽的魔法は生き残った。私個人としては、この作品の特徴であるエレガントでセンチメンタルな要素に対してもっと敏感な演出が良かったと思うが、それは私以外の人が持つ必要のある意見ではない。もし解釈の余地がなければ、イタリア・オペラの上演は退屈なものになっていただろう。でもそうではなく、このプロダクションで私が憤慨したのは、イタリア人なら「レッジェ

第1章 海と山　31

レッツァ」（無神経さ *leggeerzza*）と呼ぶであろう音楽的決断を下したことだ。それは、ロッシーニ・オペラ・フェスティヴァルの 20 年にわたる歴史に反する音楽的決定であった。

　私はこのプロダクションのために、ヴァリアンテとカデンツァを準備することになった。初演の 1 週間前、ピアノ伴奏のゲネプロに行くと、ピアノの上にロッシーニがヴェネツィアのパトロン、フィリッポ・グリマーニのために、おそらくは 1813 年に作曲したコンサート・アリア〈栄光の声に Alle voci della gloria〉の楽譜が置かれていた。1992 年に TELDEC レーベルから発売されたロッシーニのアリア集 CD に収録するために、サミュエル・レイミーにこの曲を学んでもらったので、私はこのアリアを知っていた[21]。しかし、〈Alle voci della gloria〉は、《絹のはしご》のリハーサルでどのように使われていたのだろうか？　どうやら、他にソロ・アリアがないブランザックのためにその曲を追加することになったようであった。19 世紀には、オペラの楽譜が演奏の際に加工されることがあったが、ロッシーニ財団とロッシーニ音楽祭は、原則として、ロッシーニのオペラを彼の構想通りに、完全な形で上演することに専念していた。ロッシーニ自身が複数のヴァージョンを創作したり、代わりのアリアを取り入れたりした場合はそれらも公平に扱われたが、それ以外に曲を挿入することは避けられてきた。この厳格さは、20 年間この音楽祭の立場を定義づけるのに役立った。レッジョ・エミーリアやパリの劇場がそういった挿入アリアを入れることにしたとしても、私はスキャンダルだと叫びはしないだろう。また、ロッシーニ音楽祭では、19 世紀初頭に活躍した歌手たちが、自分の役が小さすぎたり、原曲の派手さが足りないと感じたりしたときにオペラの中に挿入するために（比喩的に、時にはそのまま文字通り「トランク」にそういった楽譜を入れて）持ち歩いていたアリアがあるという問題を、一度は実験してみるべきだという主張も成り立つだろう。しかし、それは、その意義を注意深く評価した上で、決定すべきことであった[22]。

　そうした原則に加えて、曲のこともあるのだ。〈栄光の声に〉は、オペラ・セリアのテキストに沿って書かれた精巧なシェーナとアリアであり、トランペット、トロンボーン、打楽器など、《絹のはしご》では使われない大編成のオーケストラと演奏することになる曲である。ただ、ペーザロで取り上げられ

るために、シェーナとアリアの最初の部分はカットされた。このため、2つのセクションからなる「切り詰められた一曲」になり、ある調で始まり、別の調で終わるという「アリアの断片」が残ったのである。なお、華麗なるカバレッタの曲調は一般的なものである（例 1.3）。それは他の多くのロッシーニのカバレッタに似ている、例えば、《セビリャの理髪師》のロジーナのカヴァティーナ〈いまの歌声は Una voce poco fa〉の後半部（カバレッタ）である〈私は従順です Io sono docile〉など。でも、この追加により、上演では4つのアリアが曲として連続することになり、オペラの構造が致命的なまでにアンバランスになった。なら、それで何が得られたのか？ この時のブランザック役の歌手は実力はあったが、「素敵な個性の持ち主」とまでは言えなかった。演出のデ・フィリッポは、ブランザックが以前に口説き落としていた女性たちのスナップショットのようなものを整理してから捨てるといった、余計な演技的状況を作り出した。こんなことが起こりうるのなら、ついでに、《フィガロの結婚》のアントニオや《フィデリオ》のヤッキーノ、《セビリャの理髪師》のフィオレッロにもアリアを与えたらどうだろうと思う。かわいそうに、作曲家たちは彼らを無視したのだから：我々がその見落としを補ってやる必要がある。

　演奏とは公的な声明である。ロッシーニ財団と協力している学者たちは、反論を行うことができなかったので、私は私なりの公的声明を出した。ロッシーニ音楽祭の文化的使命における「瞬間的なだけの異常事態」であってほしいと願ったからだ。この言葉は、地元紙の記事、批評家のコメント、地元や全国放送のラジオのインタヴューにつながり、怒りは頂点に達した。意見の相違があってもゲームとしてはフェアになるが、捏造という行為はそうではない。し

（譜例 1.3）ジョアキーノ・ロッシーニ〈Alle voci della Gloria〉小節番号 104-107

かし、この音楽祭の代表者は、ロッシーニ自身がこのアリアを《絹のはしご》に加えたのだと詐称したのである。そこで、ペーザロ市長の介入によってのみ、戦争は回避された。イタリア・オペラが上演されるとき、その現場にエゴと政治がつきまとわないということはないのである。

《ラ・チェネレントラ》における演劇的マジック

しかし、時にはすべてが一緒になることもある。ロッシーニが 1817 年に再演した《ラ・チェネレントラ》は、舞台から消えることはなかった。そのタイトルロールは、コロラトゥーラ・メゾにとって完璧なパートを創り出した役柄であり、義理の姉妹役を演じるソプラノたちにその地位を譲ることも決してなかった。しかし、20 世紀最初の 70 年間に使用された楽譜はひどいものであり（それに比べれば《リゴレット》の昔の楽譜は完璧と言える）、ロッシーニの死後、19 世紀末に不器用な感じで再度オーケストレーションされ、金管楽器や打楽器が追加されたので、耐えがたいほど騒々しくなった。残念なことに、リコルディ社にはこのおぞましいパスティッチョ（寄せ集め）しかなかった；また、イタリア・オペラ界にとっては恥ずべきことに、このリコルディ社の古い楽譜の復刻版（カルマス社）を購入し、使い続けているオペラ・カンパニーがいまだに存在するのである。そのような状況は、正確な楽譜をレンタルするよりも、遥かに多くの人件費を支払うことになるというのに。

1969 年に、1968 年のロッシーニ没後 100 周年を記念して、私は《ラ・チェネレントラ》の自筆原稿のファクシミリを、その真正な出典の記述とともに出版した[23]。その直後、アルベルト・ゼッダがこれらの資料に基づいて楽譜の暫定版を作成したが、1973 年、クラウディオ・アバドがスカラ座で上演したジャン＝ピエール・ポネル演出の《ラ・チェネレントラ》は 30 年経った現在でも流通しており、レパートリーにおけるこのオペラの正当な地位を回復するプロダクションになった。そして 1998 年、ついにロッシーニ財団はこの「予備版の楽譜」を正確なクリティカル・エディションへと発展させた[24]。古い楽譜から役柄を学んだ歌手もまだいるが、（研究の上）修正された楽譜のほうが明らかに優れている。

1997 年にメトロポリタン歌劇場が《ラ・チェネレントラ》を初披露したとき、私はこの公演の様式アドヴァイザーを務めたが、このオペラはジェイムズ・レヴァイン（ロッシーニの指揮者としても一流）の棒のもとで上演され、チェチーリア・バルトリがタイトルロールを魅惑的に歌い上げた。しかし、ドン・マニーフィコ（チェネレントラの継父）役であるシモーネ・アライモは、親身につきあってくれたが、ある修正箇所については彼の喉が理解できなかったのである。カヴァティーナの古い楽譜の中で、マニーフィコは、チェネレントラの義姉たちが自分たちを目覚めさせた「壮大な夢」を解釈し、彼女たちのおしゃべりを真似るのだ：〈コル・チ・チ、コル・チ・チ、コル・チ・チ、コル・チ・チ col ci ci, col ci ci, col ci ci, col ci ci〉と。しかしロッシーニは、同じ音を速いテンポで繰り返すと舌を巻くことになると知っていて、音節を交互に並べた：〈コル・チ・チ、コル・チュ・チュ、コル・チ・チ、コル・チュ・チュ col ci ci, col ciù, ciù, col ci ci, col ciù, ciù〉と。後者の方がもっと優雅に歌えるし、そもそも前者の歌詞は間違いなのだが、それでもアライモは後者を決してうまくは歌えなかった。

レヴァインがリハーサルに入るたび、アライモの困難はジョークになった。レヴァインは〈コル・チ・チ、コル・チュ・チュ col ci ci, col ciù ciù〉と口ずさみながら、特許取得済みのタオルを肩にかけてリハーサルに入ったのだ。

メトロポリタン歌劇場の《ラ・チェネレントラ》は音楽的に素晴らしかった。ルカ・アゴリーニ筆のレチタティーヴォをカットし、初演時に歌われた同じくアゴリーニ作の 2 曲（第 2 幕冒頭の〈廷臣たちの合唱〉と、義姉の一人クロリンダのアリア）を省くことで、オペラを少し短くした[25]。ところで、アゴリーニが作った曲の 3 つめは、王子の家庭教師アリドーロのためのアリアであるが、そちらは、ロッシーニ自身が後から作った差し替えのアリア〈天空を超えて Là del ciel〉に置き換えられた。というわけで、それら以外の部分はカットされなかったし、カットする必要もなかった。歌手たちが、「繰り返しのパッセージ」を装飾する技術にも長けていたからだ。しかし、その出来栄え自体はかなりまちまちではあった。素晴らしい装飾歌唱もあった。マグリットの絵の中から出てきた幻影のごときコーラス隊が、舞台のあちこちにある仕掛け扉や穴から、滑稽に現れては消えていった。ラモン・ヴァルガス Ramon Vargas

【訳者註：スペイン語話者のメキシコ人なので、本来はバルガスのカナ書き】は説得力の
ある王子（自分の使用人に変装して現れ、身分を明かさぬままチェネレントラと対話する）
を演じ、アレッサンドロ・コルベッリはニューヨークで広く称賛されたダン
ディーニ（反対に、王子に変装した従者の役）の解釈を示してくれた。チェチーリ
ア・バルトリは、音楽的に輝かしく、純朴で、元気であり、面白いメイド姿で
主役を演じたが、王子の妃としてはあまり成功しなかった。それが彼女のせい
なのか、演出のチェーザレ・リエヴィが彼女のメイドという立場に焦点を当て
すぎたせいなのか、それは定かではない。第1幕のフィナーレでは、ダン
ディーニの歌詞（〈今日は王子の役だから、4人分食べたいよ〉）を上台にして、締め
のアンサンブルが――食べ物には言及されないが――長引いて品のないフード
ファイトをするということの口実になった。でも、第2幕の終わりはあまり
良くなかった：王子ドン・ラミロとチェネレントラは、ウェディングケーキの
人形のように正装していた。案の定、巨大なケーキは舞台をすぐに埋め尽く
し、恋人たちはその上に不格好によじ登った。このチェネレントラは、プリン
セスとして学ぶべきことがたくさんあったようだ。

　フェスティヴァル（でのオペラ公演）と通常の歌劇場のそれでは、異なる決断
を下すことがある。1998年夏に初演され、2000年に再演されたペーザロの
ルカ・ロンコーニ演出の《ラ・チェネレントラ》は、ロッシーニが書いた楽譜
とアゴリーニ筆の楽譜のすべての音符が含まれていた（ただし、METと同様、ア
ゴリーニ作のアリドーロのアリアは、ロッシーニが後で書いた曲に置き換えられていた）。
この選択は良いことなのだろうか？　このペーザロ公演では、第2幕冒頭のア
ゴリーニ筆の合唱が現代の上演で初めて取り入れられた。この合唱では、傲慢
な廷臣たちがドン・マニーフィコと2人の娘を嘲笑する。音楽としては目立
たないが、この曲は、通常聴かれるレチタティーヴォ・セッコよりも特徴的な
幕開けを提供するものである。さらに重要なのは、ロンコーニがこの作品をう
まく演出したことだ（ただし、《コリントの包囲》のときのルース・アン・スウェンソン
なら、廷臣役のパントマイムから、煙草の煙が舞台上に渦巻いてゆくことには異議を唱えた
だろう）。しかし、継姉クロリンダのためのアゴリーニ作のアリアには退屈して
しまった。なにしろ、気取っているような曲調であり、長いのだ。

　でも、オペラのあのポイントでアリアを挿入するには理由がある：ドン・マ

ニーフィコの家から宮殿に戻るのに必要な時間を稼げるということだ。ここで
ペーザロのプロダクションは計算ミスをした。場面転換が、クロリンダが歌い
終わった後に行われたのだから。このアリアの実用性が否定されたわけであ
る。

　しかし、この《ラ・チェネレントラ》の舞台美術は注目に値するものであっ
た。このオペラが上演されたのは、スポーツ・アリーナをオペラハウス（パラ・
フェスティヴァル）に改装した場所であった。ウーゴ・デ・アナの堂々たる《セ
ミラーミデ》が 1992 年に証明したように、記念碑的な演目であれば、その大
きな舞台を埋めることは問題なくできる；でも、もっと歌手たちが密接に接す
る空間を持つオペラの場合、演出家とデザイナーは 広い空間をうまく使うだ
けでなく、歌手たちのために、より小さな演唱空間を得ないといけない。ド
ン・マニーフィコの家のシーンでは、ロンコーニと彼のデザイナー、マルゲ
リータ・パッリが、大きな煙突の前に「密接な空間」を作り出した。そこで
は、チェネレントラが一人で火のそばに座り、乞食に変装したアリドーロが助
けを求め、変装した王子が未来の花嫁に出会う。残りのセットは、ベッド、椅
子、ドレッサー、ソファーなど、目もくらむような家具が高々と積み上げられ
た、広大な家具の集合体であった。この超現実的な「塚状のもの」は、オペラ
のテキストを反映していた：そこには、貧しいマニーフィコの家の半分が崩れ
落ちたため、家具を別の家具の上に投げ落としていったという暗黙のアイデア
があった。時間と空間は不確定ではあったが、後方のアールデコ調の摩天楼
は、変装したダンディーニと 1930 年代の黒いリムジンに乗った廷臣たちが
やってくる姿とは一致していた。ギャグや悪ふざけは家具のおかげで可能に
なったが、十分に平らな面があったので、感傷的なシーンはストレートに演じ
ることができた。

　チェネレントラが王子の宮殿に向かう時、アリドーロがアリアを歌い始める
と、彼女はボロ着姿のまま煙突の方向に一瞬姿を消した。そして、アリドーロ
がアリアを始めると、炎色に輝くガウンを着たチェネレントラが、大きなコウ
ノトリのくちばしに乗って煙突の上から現れ、舞台の上を横切っていった。妊
娠 5 ヶ月のヴェッセリーナ・カサロヴァは 1998 年に本作のタイトルロール
を歌ったが、彼女が舞台を横切って運ばれていくのを見てぞっとした人もい

第 1 章　海　と　山　　37

た。でも、それは演劇の魔術であった。カサロヴァもソニア・ガナッシも自分で舞台を浮遊することはなかった。舞台を横切ったのは替え玉の助演者であったのだ。そして今度は、作業着とゴム長靴を履いた舞台係たちが登場した。そして、彼らが家具の一部にとりつけた「スカイフック」が何列も降りてきて、セット全体が上に吊り上げられた。その下に王子の宮殿（立体ジグソーパズルのピースのようなもの）が現れた。背景幕の枠張り物は表面の派手なバレエのようにくるくると回り始め、温かい光が演じているエリアに降り注ぐと、突然、我々は王子の豪華な宮殿にいた。見事な煙突がいくつも現れ、そのひとつを降りると、炎のような赤色のチェネレントラ（本物）が登場した。オペラ愛好家たちは、一晩で最大の拍手を得るのが舞台美術というプロダクションについては軽蔑しがちだが、しかし、この見事な舞台装置と舞台転換は、ほとんどすべての要素が機能する形で、一つのプロダクションに統合されていた。残念なことに、第2幕では、ドン・マニーフィコの家に戻り、最後の場面で宮殿に戻るというセットチェンジが2回あり、長く感じ始めた。ロンコーニは、これらの場面転換をカヴァーするために、レチタティーヴォとクロリンダのアリアを使うという19世紀の古い慣習を20世紀風にアレンジする必要があった。しかし、巨大なセットの移動が邪魔になったのかもしれない。礼儀正しい聴衆は、第1幕の光り輝く場面転換が第2幕で輝きを失っても、静かに座っていた。

　しかしながら、オペラでレチタティーヴォはどの程度カットすべきなのか？ここでも単純な答えはない。《ラ・チェネレントラ》のヤコポ・フェレッティの台本は素晴らしいのである（特に、多くのジョークやダジャレが原形に戻った今となっては）。歌い手が生粋のイタリア人であろうとも、単にイタリアの伝統に精通した歌手であろうとも。このテキストがうまく朗読されるのを聴くのは喜びである。ペーザロの聴衆は、終始ゲラゲラ笑うための頭上投影は必要としなかったし、字幕によって即座に反応することもできなかった。全体として、スーパータイトル（字幕）はオペラにおいて肯定的な役割を果たしてきたと私は信じている。しかし、米国で普遍的に採用されるようになったことで、何かが失われたことも否定できない。アメリカでは、ジェイムズ・レヴァインが字幕に長く抵抗していたが、そこには真理のポイントがあった。

ペーザロでは、カルロ・リッツィがボローニャ・コムナーレ劇場の素晴らしいオーケストラを活き活きと指揮した。彼にリンゴを投げつける歌手はいなかったが、公演中にドン・マニーフィコの枕がオーケストラ・ピットに落ち、リッツィはすぐにそれを受け止めた。でも、出演者たちはロッシーニの音楽とそのスタイルを理解しており、アポジャトゥーラや装飾法を熟知し、フレージングがうまく、声も押さないという見事なプロフェッショナルたちであった。カサロヴァは、私が今まで見たシンデレラの中で最もエレガントであり、細部にまでこだわりが感じられた（舞踏会に連れていってほしいと懇願するときの、緊張と自意識のこもったダンスは忘れられない）。フアン・ディエゴ・フローレスは、なぜ彼がロッシーニを歌うテノールの中で比類なき存在なのか？　そのことを実証した（彼はハイCをたくさん、気侭なまでに放っていた）。一方、ブルーノ・プラティコは滑稽でありながら威嚇的なドン・マニーフィコを演じた。

　オペラハウスが（山にあれど海にあれど）、音楽の選択、歌手、舞台装置、演出のすべてのポイントが作曲家とその芸術のために尽くされ、観客を喜ばせるような公演を提供してくれることは稀である。しかし、残念な上演であっても、個々の解釈やディテールが、その観劇経験を忘れがたいものにすることがある。このプロローグで紹介したすべての論争、勝利、不条理、そして戦いは、イタリア・オペラを上演する際の基本的かつ、繰り返し起こるテーマを反映したものであるので、次の章で詳しく考察する。
　歴史（社会史、音楽史、版の歴史）が上演に無関係であるかのように、こうした問題を扱うことは無責任である。また、演奏家が、単に歴史に解決策を求めるべきだと考えることも、同様に無責任なのである。今日の劇場で行われるすべての決断が、我々が生き、働いている世界に根差していることを認識せずに、解決策を歴史に求めるだけでよいと考えるのも、同様に無責任である。本書の目的は、共通の目標に向かって努力する学者と演奏家が、いかにして歴史と実践を結び付けられるか、それを示唆することなのである。

第1章　海と山　39

【原註】

1 ）サンタフェ・オペラの初期の歴史については、Scott, *The First Twenty Years of the Santa Fe Opera* を参照。ロッシーニ・オペラ・フェスティヴァルについては、Lorenzo Arruga, *Medaglie incomparabili* にも同様の記述がある。

2 ）サンカルロ劇場の上演年表については、*Il Teatro di San Carlo 1737-1987*, vol. 2, *La cronologia*, ed. Roscioni, esp. 161 を参照。このオペラのクリティカル・エディションであるロッシーニの《エルミオーネ》（ブラウナー、ゴセット編）も参照のこと。

3 ）Escudier and Escudier, *Rossini*, 122-23.

4 ）同上。

5 ）Hiller, *Plaudereien mit Rossini*, 特に p. 94.

6 ）*The Works of Guiseppe Verdi* も *Edizione critica delle opere di Gioachino Rossini* も、著者と同僚たちは、クリティカル・エディションが出版されるまでは「暫定的」なものだと考えている。実際の上演を経験すれば、編集者は通常、演劇的「炎」に加減されたうえでの校訂版を提示することができる。

7 ）彼の指揮台に置かれた楽譜は、これまで一度も物理的に開かれはしなかったと著者は記憶する。もちろん、彼は別の資料を通じてその作品を学んだかもしれないが、《エルミオーネ》はよく知られた作ではなかった。

8 ）ロッシーニとイタリア・オペラのレパートリー全体におけるプンタトゥーレ *Puntature* と装飾法については、第9章（下巻）で論じる。

9 ）Allan Kozinn, "Greek Legend No Match for Bel Canto Heroics", *New York Times*, 7 August 2000, E1. 好き嫌いがはっきりしている評論家に、なぜこのようなイヴェント的公演の批評を依頼するのだろう？【訳者註：著者が本書で最も主張したい点の一つである】

10）過激な演出と従来の演出の問題については、第13章（下巻）で詳述。

11）ヴェルディ《リゴレット》クリティカル・エディション　クーシッド編。

12）カルマス社は 1820 年代のフランスの出版譜を《イタリアのトルコ人》として復刻し、販売しているが、これは、1820 年にパリのテアトル・イタリアンでフェルディナンド・パエールによって企画された一連の公演内容を反映したスコアであり、内容はロッシーニのオペラを意図的に改竄したもの。ロッシーニ《イタリアのトルコ人》クリティカル・エディションの序文を参照のこと。このパリにおける《トルコ人》の再演については、第7章（下巻）で詳しく述べる。

13）オペラの他の箇所では、リゴレットもモンテローネも C （ハ音）から E♭（変ホ音）に上昇するが、そのパッセージは通常ハ音に戻るから、変ホ音と続く変イ長調との間にドミナント／トニックの関係が生じることはない。

14）この移行の瞬間について触れた研究としては、Fulchcer, *The Nation's Image*; Gerhard, *Die Verstädterung der Oper*, trans. Whittall, *The Urbanizaiton of Opera*; Lacomb, *Les Voies de l'opéra français au XIXe sièle*, trans. Schneider, *The Keys to French Opera in the Nineteenth Century* を参照。ガスパロ（ガスパーレ）・スポンティーニは《ヴェスタの巫女》（1807）や他の作品でロッシーニの革命を先取りしている【訳者註：《ヴェスタの巫女 *La Vestale*》は仏語オリジナル上演の場合は《ラ・ヴェスタル》。伊語訳詞上演で

40　　プロローグ

は《ラ・ヴェスターレ》になる】

15) ロッシーニ《ギヨーム・テル *Guillaume Tell*》クリティカル・エディション　バートレット編。

16) ウィル・クラッチフィールドの情報によると、オペラの専門家は《椿姫》の「デュエットーネ」（ヴィオレッタとジェルモンのための長いデュエット『ヴェルディの用語』を意味）のリハーサルについてよく話すとのこと。

17) カヴァティーナのトルペナス社版管弦楽譜については、Rossini, *Le Siege de Corinthe*, ed. Gossett. 上に引用したフレーズは、ミラノの出版社フランチェスコ・ルッカが 1860 年頃に発行した版（プレート番号 12817）にある。この年代については、アントリーニ Antolini, *Dizionario degli editori musicnli italiani 1750-1930*, p. 213 を参照。

18) ロッシーニ《絹のはしご *La scala di seta*》クリティカル・エディション　ヴィクルント編。

19) この種の情報は、ロッシーニの主要な伝記作者ジュゼッペ・ラディチョッティによって蓄積された：彼の *Gioacchino Rossini*, 3: 193-94 を参照。過去数十年にわたるロッシーニ作品のクリティカル・エディションへの取り組みによって、我々の知識は大いに増えた。

20) 私はこの公演を 1976 年 11 月にローマのテアトロ・オリンピコで見た。そのプログラムの中で、ハントはこの序曲がロッシーニの作であるという彼の信念を正当化しようと試みている。さらに詳しい情報については、ヴィクルントの《絹のはしご》クリティカル・エディション xxvi の序文、および Gossett, "Le sinfonie di Rossini", esp. 95-99 を参照。

21) CD『*Rossini Arias/Alle voci della gloria*』Teldec レーベル 9031-73242-2、ガブリエーレ・フェッロ指揮ウェールズ・ナショナル・オペラ管弦楽団。

22) 19 世紀における差し替えアリアの問題については、最近素晴らしい研究がなされている。Poriss, "Making Their Way through the World" と "A Madwoman's Choice" を参照のこと。

23) ロッシーニ《ラ・チェネレントラ》クリティカル・エディション　ゴセット編。

24) ロッシーニ《ラ・チェネレントラ》クリティカル・エディション　ゼッダ編。

25) ロッシーニのオペラのクリティカル・エディションには、ロッシーニ自身が挿入すべく上演に直接関与した限りにおいて、他の作曲家の音楽（楽曲）も含まれている。アゴリーニの作曲については、19 世紀初頭の様々な資料の中にその存在が確認されている。詳細は第 3 章を参照。

第Ⅰ部

楽譜を知る

第2章

ステージの設営
—イタリアの社会におけるオペラ—

　オペラは、19世紀前半を通じてイタリアの文化の中心にあった[1]。どの主要都市にも複数の劇場があり、それぞれが、時には異なる季節にオープンしたり、異なるレパートリーを専門に上演していた。ナポリのオペラ愛好家は、オペラ・セリアの本拠地であるサンカルロ劇場[2]のみならず、フォンド劇場、ヌオーヴォ劇場、フィオレンティーニ劇場にも行くことができた。フィオレンティーニ劇場と後のヌオーヴォ劇場では、オペラ・ブッファが上演された。オペラ・ブッファでは、ロッシーニの《セビリャの理髪師》のドン・バルトロや《ラ・チェネレントラ》の継父ドン・マニーフィコのような喜劇の登場人物が、ナポリ方言で歌い、セリフを語っていた。ミラノでは、スカラ座に匹敵する存在といえばカルカーノ劇場とカノッビアーナ劇場であり、1810年代の数年間はテアトロ・レ（王様劇場）も活動していた。ローマはヴァッレ劇場、アルジェンティーナ劇場、アポッロ劇場を誇りとした[3]。また、ヴェネツィアには、優美なフェニーチェ座[4]のほか、数多くの小さな劇場が存在した。小さな都市や村のほとんどでは、オペラ上演のために「ステージ」が用意されたが、それでフル・シーズン上演されるところもあれば、毎年、夏から初秋にかけて開催される見本市の期間中に数回上演されるだけの場もあった。

　新しいオペラは常に求められていた。主要なオペラ・シーズンは3つか4つの異なるオペラで構成されるが、そのうちの少なくとも1つは新作になり、一作ずつ別々に上演され、それから——すべてが成功したならば——レパートリーの演目になっていった。また、地方の劇場も、資金と若い才能を見つけることができたなら、新作の上演を試みた。

　ドニゼッティの、本格的な長さを有するオペラ・ブッファとしては最初の作品になる《村での結婚》はマントヴァのヴェッキオ劇場のために書かれ、ロッ

シーニの《ひどい誤解》はボローニャのテアトロ・コムナーレのために書かれた。結果、作曲家たちが自分の仕事に精を出すための機会は十分にあったと言えるのである。

　だから、イタリアの作曲家たちが置かれていたひどい状況、恐るべきプレッシャー、不可能とも思える締め切り日に対する不満の言については、その都度、文脈を考慮しながら把握しなければならない。《セビリャの理髪師》が《アルジェのイタリア女》や《夢遊病の女》と同じように、作曲、リハーサル、上演を1ヶ月足らずで行ったのは、まったくもって事実なのである。ちなみに、ドニゼッティはリハーサル中も楽譜の修正を続けたものの、彼の《ドン・パスクワーレ》は上記と同じ時間枠の中で完成した[5]。しかし、これらの作品すべてが、オペラのステージにおける傑作であることもまた真実である。ヴェルディは1858年、「ガレー船時代【訳者註：ガレー船で働くのと同じぐらいの重労働であるということ】における」熱狂的な活動に費やした年数の長さについて不満を述べているが、彼が「ガレー船時代」という言葉を使ったのは、初期のオペラを作曲した1840年代だけではなく、1850年代初頭に広く賞賛された《リゴレット》《イル・トロヴァトーレ》《椿姫》あたりにも被さるものである[6]。ただ、すべての作品がこのような強いプレッシャーの下で準備され、上演されたわけではない。ロッシーニは少なくとも4ヶ月間を（1822年10月から1823年2月初めまで）、主に《セミラーミデ》のために費やした。でも、1870年代初頭のヴェルディの《アイーダ》に至っては、大作を準備するには3ヶ月あれば十分と考えられていた。ベッリーニが、年に一曲しかオペラを書かないと自慢し、同時代の仕事人間（主にドニゼッティ）との差別化を図ったことは、「オペラ一作を書くのに丸一年かかった」という意味ではない。ベッリーニの実際の作曲習慣は、2倍の年数のキャリアで7倍の作品数のオペラを書いたドニゼッティと、ほとんど区別がつかなかった。ベッリーニの宣言には、もちろん経済的な背景があった：作曲したオペラの本数が少ないなら、その分、劇場からの作曲依頼料が高くなると考えたからなのだ[7]。

　作曲家は通常、特定の歌劇場に雇われ、特定のシーズンに雇われている特定の歌手団によって上演されるオペラを書くことになる。歌劇場は、ロッシーニ、次いでドニゼッティ、ベッリーニ、最後にヴェルディといった巨匠たちに

46　第I部　楽譜を知る

新作を依頼することもあったが、それ以外に、マイール（マイヤー）、メルカダンテ、パチーニ、ペトレッラといった人々も重要な役割を果たした。ほとんどの劇場は、芸術的および運営上の決定を支配するインプレサリオ（興行師）に依存していたが、そのインプレサリオは、歌劇場のある地域の王室、政治指導者、検閲官による規制には従わなければならなかった。インプレサリオたちは、自分のカンパニー（歌劇場）に対して大いなる経済的責任を負っていた；彼らの多くは莫大な損失を被りもした。大金持ちになった者は少数であった。また、資本を蓄積するにしても、それはオペラの興行収入だけでは成り立たないものであった。ナポリのサンカルロ劇場のロビーでは、何年もの間、劇場利用者にギャンブルの機会を提供していた。偉大なる興行師ドメニコ・バルバイヤの財産の大半は、このロビーで築かれたのである。1815年から1822年の間、歌劇場群の事実上の音楽監督としてロッシーニをナポリに留まらせるために、バルバイヤは、ギャンブルのビジネスに対する投資をしてみないかと作曲家に申し出た。パリでは、政府の財源から直接資金を調達できるようにとロッシーニが自分で交渉した；実際、彼は《ギヨーム・テル》を完成させたことで、国から保証された年金を受け取れるよう立ち働いた。

　当時の典型的なイタリアの歌劇場では、馬蹄形の客席を取り囲む形で、社会的に著名な観客が数列の個室席（ボックス）に座っていた。政府の直接の管理下にない場合、歌劇場は地元の一族によって建設または維持され、各家族は1つまたは複数のボックスを所有していた。これらの家族は、歌劇場を管理するために興行主を雇うという社会を構成していた。このような結社の在り方は、現代のアメリカのオペラハウスの評議員会と較べて、ほんのわずかしか変わらないものである。さらに、他の歌劇場は、定期的にオペラを上演する劇場が存在しない都市において、もしくは、ある都市で、地位が確立している歌劇場と競争する形で、オペラ・シーズンをプロデュースする個人【訳者註：つまりはインプレサリオ、興行師】によって、期間限定で運営された。この種の並々ならぬベンチャーの一例として、1830年から31年にかけて、ミラノでは、ディレッタントたちが同地のカルカーノ劇場を買収し、ドニゼッティに《アンナ・ボレーナ》を、ベッリーニに《夢遊病の女》を作曲するようそれぞれ依頼した。

　19世紀前半、イタリアのほとんどの歌劇場にとって基本的であったのは、

第2章　ステージの設営　　47

オペラの「シーズン」である。歌劇場は年間を通じて継続的にエンターテインメントを提供するのではなく、教会暦に連動した活動期間が設けられた。最も重要であったのはカーニヴァルであり、聖ステファノスの夜（12月26日）に始まり、四旬節の初め、あるいは地域の習慣によっては受難週が始まるまで続いた。ただし、オペラ公演が四旬節まで続く場合には、宗教的志向を持つ作品が求められた。ナポリにおける「四旬節オペラ」の伝統は、1818年3月5日にサンカルロ劇場で初演されたロッシーニの《エジプトのモーゼ》や、1830年2月28日にサンカルロで上演された、聖書のノアの箱舟を題材にしたドニゼッティのオペラ《世界大洪水》といった作品の台本を提供した[8]。異なる都市でのシーズンというものは、もっと変化に富んでいた。スカラ座ではオペラは秋に上演されたが、歌劇場は通常、待降節には閉館していた。ローマでは、アルジェンティーナとヴァッレの両歌劇場とも、カーニヴァルの時期にはオペラを上演するが、春か秋には、どちらかの劇場のみがオペラを上演し、もう片方の劇場では散文劇を上演した。

　歌手は通常、1シーズンのために雇われるのであって、1つのオペラのために雇われるのではない。3つの異なる作品が上演される場合、同じ歌手がその3作品すべてに参加するのである。この商業的なチーム作りがもたらす芸術的な影響は、手に取るようにわかる。もちろん、作曲家たちが、個々の歌手の特徴を念頭に置いて新作を準備したのは当然のことである。成熟期のドニゼッティやヴェルディは、オペラの作曲を請け負う前に、そのシーズンのその歌劇場のメンバーとして、どういった歌手が所属しているかを知らせるよう要求した；でも、歌劇場が雇うメンバーがまだ決まっていない場合、作曲家との契約はしばしば、雇われた歌手に対して、作曲家が後からそれを承認するかどうか、その点に左右されることが多かった[9]。しかし、特定の歌手のために書かれた人気オペラでも、後のシーズンや別の都市では、新しい歌手陣によって再演されることになるが、新しい面々の才能は、ひょっとしたら、ほかに上演される別のオペラの方により適しているかもしれないのである。

　もちろん、インプレサリオたちは、使える人材に適した作品群をプログラミングしようとしたが、それが必ずしも成功したとは言えなかった。この時期のイタリア・オペラによく見られる改訂や改作の多くの例は、このような歌劇場

の構造的な運営上の問題に起因している。このような状況は、特に、珍しい声種の組み合わせで書かれた作品においては壊滅的になることがあった。ナポリのサンカルロ劇場は、ロッシーニの在任期間中、アンドレア・ノッツァーリとジョヴァンニ・ダヴィドという2人の主役テノールを定期的に起用していたため、他のオペラハウスではほとんど見られないような特徴をロッシーニのナポリ・オペラ・シリーズに与えた[10]。これらの作品の苦悩に満ちた同時代史は【訳者註：つまり、上演の軌跡】、それらが作曲された状況をそのまま反映するものである。

　このような世界に作曲家は足を踏み入れており、歌劇場との契約は、「あるシーズン中に上演されるオペラを準備する（作曲する）」というものである。契約は1年も前から結ばれていたかもしれないし、最後の瞬間に内容が練り上げられたのかもしれない。ロッシーニが《アルジェのイタリア女》の作曲を依頼されたのは、初演のたった1ヶ月前であった。というのも、ヴェネツィアのサン・ベネデット劇場で、カルロ・コッチャに委嘱していた作品ができていないと気づき、自暴自棄になった興行師がいたからである。コッチャがなぜ作曲を放棄したのか、それはわからないが、「明らかな理由のもとに」契約上の義務を果たさないという作曲家もそもそも稀であった。一方、1823年2月3日に初演された《セミラーミデ》について、ロッシーニがフェニーチェ座と契約したのは、初演の半年前、1822年の8月中旬であった[11]。しかし、作曲家を雇うだけでは十分ではなかった；作曲家の芸術水準は、彼が音楽に載せる言葉にかかっていたのである。つまりは、リブレットが必要であったのだ

台本作家と劇場的都合

【訳者註：この章題は、ドニゼッティの有名なオペラ・ブッファにひっかけている】

　18世紀では、作曲家たちは、一つのベーシックな台本に次から次へと作曲するのが一般的であった【訳者註：他人が使ったリブレットを自分も使うという姿勢の表れ】、その多くは、1729年から1782年に没すまでウィーンで活躍した宮廷詩人ピエトロ・メタスタージオの台本であった。彼が書く甘美なるテキストは19世紀まで使われ続けた。しかし、その19世紀の初めになると、ほとんど

のイタリア・オペラでは、その都度、新しい台本に基づいて作曲するように
なった。そうしたリブレットは、フランスやドイツの劇場で上演される芝居を
翻案したものが多かった。しかし、台本作家たちはほかにも、スペインの演劇
やイギリスのロマン派文学、特に文豪スコットの詩や物語、バイロンの叙事詩
や韻文劇からインスピレーションを得ることもあった。19 世紀の前半のうち
に、流行はかなり変化した。

　ただ、19 世紀の初頭において、原作となるドラマは、そこから派生したオ
ペラよりも 40 年、あるいは 50 年古いものであったかもしれない。ロッシー
ニの《タンクレーディ》(1813) は、1760 年発表のヴォルテールの戯曲に基づ
いているが、同じロッシーニの《エルミオーネ》(1818) は、さらに遡る 17
世紀の古典悲劇『アンドロマック』を基にする。

　1830 年代になると、イタリアの作曲家や台本作家は、ロマン派の新風が吹
き込まれた最新の作品に目を向けるようになる。ドニゼッティの《ルクレツィ
ア・ボルジア》(1833) は、原作となったヴィクトル・ユゴーの詩劇の初演と
同じ年に書かれた [12]。作曲家たちが、他の作曲家が以前に使用したテキスト
を自分も使おうとすることは、あまり典型的ではなくなっていたが、この 18
世紀の一般的な慣習は、19 世紀に入っても例が存在した。ドニゼッティは、
ロマン派のメロドラマのより陰惨な要素でもって、自分の作曲技術を試せるよ
うな台本を探していたところ、アンドレア・レオーネ・トットラの『ガブリエ
ラ・ディ・ヴェルジ』(1816：作曲家ミケーレ・カラーファのために書かれたリブレット)
に出会い、1826 年に、このテキストで「自分の愉しみのために」作曲し
た [13]。というわけで、《アルジェのイタリア女》の上演を急ぐためには、既存
の台本を選ぶ必要があり、ロッシーニはその 5 年前に、アンジェロ・アネッ
リが作曲家ルイージ・モスカのために書いた台本を採用した（アネッリ自身が台
本に重要な変更を加え、その内容を、ロッシーニが書くオペラ・ブッファの範疇に収めた可
能性も存在している）。1840 年のヴェルディの《一日だけの王様 Un giorno di
regno》は、フェリーチェ・ロマーニが 1818 年にボヘミアの作曲家アーダル
ベルト・ギロヴェッツ Adalbert Gyrowetz のために書いた台本『偽のスタニ
スラオ Il finto Stanislao』をもとにしている。なお、当時の多くのイタリア
人台本作家にとって、フランス・オペラのテクストは、採掘すべき豊富な鉱脈

50　　第 I 部　楽譜を知る

に等しかった：アントーニオ・ソンマがヴェルディのために書いた《仮面舞踏会》(1859) は、1833 年にフランスのスクリーブが作曲家オベールのために書いたオペラのリブレット『ギュスターヴ 3 世』から派生したものである。それは最も有名な例の一つにすぎないが。

　台本作家の選定は一般に劇場の経営陣に委ねられており、台本作家はしばしば地元の劇場と密接な関係を築いた：ロマーニはスカラ座と、フェレッティはローマの劇場と、ガエターノ・ロッシとフランチェスコ・マリア・ピアーヴェはフェニーチェ座と、サルヴァドーレ・カムマラーノはサンカルロ劇場と関係が強かった。彼らはオペラの歌詞を準備するだけでなく、同時代の演劇のステージには必要な「ささやかなる演出プラン」を提供する責任も負っていた。ちなみに、ほとんどの作曲家は、作品を委嘱した歌劇場が提案した台本作者を使ったが、ベッリーニはロマーニを好み、この 2 人はヴェネツィアとパルマで初演されるオペラにおいても協力した。しかし、彼らの共同作業 (1829 年の《ザイーラ》、1830 年の《カプレーティとモンテッキ》、1833 年の《ベアトリーチェ・ディ・テンダ》) は、ミラノでの共同作業の仕上がりに比べると、全体としては満足のいくものではなかった。ロマーニは、ミラノの歌劇場の雰囲気や同地の大衆の好みをよく知っていたわけである。

　一方、《ランメルモールのルチア》(1835) から 1838 年にイタリアを離れてパリに向かうまでの間、ドニゼッティは、初演地がナポリから離れた場所であったとしても、シリアスなオペラではカムマラーノの作を好んでいた。例えば、《ベリザーリオ》(1836、ヴェネツィア)、《ピーア・デ・トロメイ》(1837、ヴェネツィア)、《マリア・ディ・ルーデンツ》(1837、ヴェネツィア) である。実際、ドニゼッティはカムマラーノの作にこだわることで、ヴェネツィアの歌劇場の意向をはっきりと汲むことができた。理論的には、オペラのテーマを選択するのは歌劇場と台本作家であり、作曲家としては手にしたテキストなら何でも音楽にするということが期待されていた；例えば、ロッシーニが初期のオペラの台本に介入した形跡もないし、ヴェルディがアントーニオ・ソレーラの《ナブッコ》(1842) のリブレットを自分で修正した証拠もないのである。

　しかしながら、作曲家たちもこのような「テーマの決定」に自分の意向を示すことが多くなった。ロマーニは、1819 年にスカラ座のために書いた《ビア

ンカとファリエーロ》の題材について、共同制作者のロッシーニに相談したことは確かである[14]。台本作家ガエターノ・ロッシは、ロッシーニの妻でソプラノ歌手であるイザベッラ・コルブランが持っていたボローニャ郊外の別荘で、【訳者註：コルブランが主演者になる】《セミラーミデ》のリブレットの多くを書き、ロッシーニはその場で楽譜の作曲を始めた。1830年代からのドニゼッティの書簡には、彼がオペラの題材選びに積極的に参加していたことが記されており、多くの場合（特にオペラ・ブッファの場合）、作曲家自身が台本を書いたこともあった。一方、キャリアの初期においては、ドニゼッティ自身がテキストを選ぶ機会はかなり少なかった。ヴェルディの歌劇場、検閲官、台本作家との闘争はよく知られているが、この作曲家はほとんど最初から主題探しに積極的に関わり、たいていは自らも提案した。ヴェルディのコピアレッテーレ──ヴェルディが書簡の草稿を書き移した帳面には（おそらく1849年に書かれたものと思われる）、オペラの題材になりそうなもののリストが載っているページがある[15]。ヴェルディはさらに進んだことをした：ヴェルディは、しばしば「セルヴァ selva」と呼ばれる「主題の散文的な概要」を台本作家に提供した。それは、オペラ的な観点から、曲の番号の順序や歌詞の大部分を指定し、登場人物をどのように配置したいかを正確に示すものであった[16]。現存するこの種の資料の中で、最も魅力的なもののひとつが、《運命の力》第2幕のためにヴェルディが認めたセルヴァである[17]。この文書には、全幕の構成が記されており、各セクションの音楽の種類（レチタティーヴォか、はっきりした歌のナンバーか──アリア、バッラータ、二重唱など）が明記されている。また、歌詞の作者（つまりは台本作家）に対して、どのような詩の形式を用いるべきか、そこを具体的に提言していることも多い。例えば、レオノーラとグァルディアーノ神父のための二重唱の最後のところには、「"lirici di metro piuttosto breve" 比較的短い詩尺の抒情詩、つまりは各行の音節数を少なくせよということ」[18] と指示している。なお、この幕の最後、修道士たちがレオノーラから別れを告げられる場面で、彼女は今後は隠者として生きていくつもりであるのだが、ヴェルディは自分のセルヴァに次のように書いた：

La Vergine degli Angeli　　　天使の聖母が

52　　第I部　楽譜を知る

vi copra del suo manto, e	そのマントであなたを覆い
l'angelo del Signore vegli	主の御使いが
alla vostra difesa.	あなたの守護を見守る

これは一見四行詩のように見えるが、韻を踏んでおらず、音律も一定していない。しかし、ページ上の言葉の構成から、ヴェルディはここに4連の7音節詩（セッテナーリオ）を望んだのだろう。ピアーヴェはまさにそれを彼に与えたのである：

La Vergine degli Angeli	天使の聖母が
Vi copra del suo manto,	あなたをマントで覆い、
E voi protegga vigile	注意深くあなたを守ってくださいますように
Di Dio l'Angelo santo.	聖なる天使の神の

ヴェルディがいくつかのオペラのリブレット作りに重要な役割を果たしたと言われる理由は、この種の文書を見れば明らかである[19]。

台本作家は、与えられた主題に基づき、標準的な形式で書かれた詩による「一連の音楽的ナンバー」が構成する音楽劇を導き出すことを第一義的な責任としていたが、19世紀前半では多くの慣習（固定的なものもあれば、変化するものもある）が、台本作家に期待される進め方というものを規定していた。同様に、18世紀の慣習もまた、ベネデット・マルチェッロの有名な論考『*Il teatro alla moda*』で風刺されている。ドニゼッティのお茶目な作品たる《劇場的都合不都合 *Le convenienze ed inconvenienze teatrali*》（1827年版と1831年版がある）は、この主題に関する一連の「オペラ風刺」の一作にすぎない[20]。このような慣習のいくつかは、オペラの一座が特定の劇場シーズンのために編成されていたという事実を反映しているのである。そのカンパニーは、様々な芸術的地位（プリマドンナとセコンダドンナは明確に区別される）といろいろな声種（ソプラノ、コントラルト、テノール、バス）から成る一定数のソリストによって構成されていた。それぞれの声の首席歌手は、ソロ、デュエット、アンサンブルの適切な数をこなし、作品に（役柄に相応しい適度さで）参加す

第2章 ステージの設営 53

ることが求められた。また、これらの曲はオペラの全体に分散して配置された。なぜならば、歌手が休息できる十分な時間を確保する必要があったからである。19世紀の最初の20年間は、二次的な歌手【訳者註：いわゆる脇役のこと】も、アリア・ディ・ソルベット（シャーベットのアリア）と呼ばれる聴かせどころを歌える場合があった。なお、この名前は、その曲に対する聴衆の注目度の高さを示すものである【訳者註：歌劇場の客席には、演奏中にもかかわらずシャーベットの売り子がいて、客たちはそれを買って食べながら舞台を観ていたが、主役の見せ場でシャーベットの売り子が行き交うわけではなく、脇役が小さなアリアを歌う際にはそうした売り子が活躍するという風習があったので、「シャーベットのアリア」と俗称された】。しかし、この特殊な慣例は、18世紀のオペラにおけるアリア主体のスタイルに残されたものであり、ロマン派のメロドラマに由来する台本がより合理的になって、個々の音楽ナンバーがより拡大するにつれて、次第に消えていったものである。

　いくつかの因習は「優先順位」の問題に関係していた。少なくともある時期には、プリマドンナはオペラの最後を主要なソロ・ナンバーで締め括った（それらはしばしばロンドと呼ばれるが、この当時のその曲構成は、古典的なロンドとはほとんど関係がなかった）[21]。台本作家は、作曲家の意向を受けても、あるいは意向を受けずとも、アクションをアレンジした。彼らは、オペラの成功がプリマドンナの満足度にかかっていることを知っていた。場合によってはそれがうまく機能することもある；ロッシーニの《湖上の美人》はハッピーエンドであるし、ドニゼッティの《アンナ・ボレーナ》は悲劇的な結末で、いずれもその好例だ。ドニゼッティの《ルクレツィア・ボルジア》のオリジナル版（1833）では、ルクレツィアが、自分が毒殺した息子をどれほど愛していたかを〈それは私の息子でした Era desso il figlio mio〉という大掛かりなロンドで歌っている。でも、数年後（1840、ミラノ）、ドニゼッティはこのオペラを再演する際、オリジナルの結末を、より劇的で適切な結末に置き換えた。作曲家が主義主張を貫くこともある。ソプラノのソフィア・レーヴェは、《エルナーニ》が彼女一人のためのロンドで締めくくられることを期待していたが、ヴェルディはこのオペラ作りの初期の段階でピアーヴェにこう書き送っていた、「頼むからロンドではなく三重唱を書いてくれ。このトリオはオペラの中で最高の曲でなけ

54　第Ⅰ部　楽譜を知る

ればならない」と彼は譲らなかった[22]。また、複数のプリマドンナは、《ラン
メルモールのルチア》のルチアの出番の配置に激しく抗議した。なにせ、彼女
はテノールより先に死ななければならないのだから。ただ、残念なことに、物
語はそれ以外の結末を許さず、ヒロインたちは最後の〈狂乱の場〉で決着をつ
けるか、場面を逆転させてドラマの構造を破壊するしかなかったのである。

　しかし、台本を編成するということは、オペラ全体の質よりも自分の役柄の
大きさや出番の範囲にこだわる歌手たちの感性を和らげる以上に、多くの事柄
が関係するものであった。《エルナーニ》は、1844 年のカーニヴァル・シー
ズンの終わりに、ヴェネツィアのフェニーチェ座で初演された一作である。本
作は、台本作家と作曲家が、フランス・ロマン派劇の革命的作品であるヴィク
トル・ユゴーの『エルナニ』（初演：1830）に基づく台本を成立させるために直
面した問題を呈する、特にわかりやすい例となった。《エルナーニ》は、後に
《リゴレット》や《椿姫》などのオペラでヴェルディを支えたピアーヴェと、
そのヴェルディ当人の初めての共同作業であっただけでなく、台本作家にとっ
ても、初めての取り組みの一つであった。1843 年までヴェルディは、かなり
の経験を劇場で積んでいた。彼は熱心なオペラ愛好家【訳者註：作曲するだけでな
く自分でもひっきりなしにオペラを観に行っていたということ】としても、作曲家とし
ても、自らの「形成期」をミラノで送っていたのである（彼はスカラ座のために
それまで 4 作のオペラを書いたが、そのうちの最後の 2 つ、《ナブッコ》と《第 1 次十字軍
のロンバルディア人》が大好評を博した）、そのため、彼はピアーヴェが提案した台
本の重大な問題点を指摘する一方で、ピアーヴェの詩（この作曲家は実のところ、
ドラマティックなアクションやタイミング、構成といった事柄は二の次と考えていた）を褒
め称えなければならないと感じていた。

　ピアーヴェがヴェルディの批判に気持ちが逆立ち始めたとき、作曲家はフェ
ニーチェ座の管理者のひとりであるグリエルモ・ブレンナに直接に手紙を書
き、その動機を説明している。彼の手紙には、台本を企画する際に考慮しなけ
ればならないことが明確に記されている：

　　私としては、詩人に対して、自分のために詩句を変えてもらうようなこと
　は決してしたくない。ソレーラ［《オベルト》（1839）、《ナブッコ》（1842）、《第 1

第 2 章　ステージの設営　　55

次十字軍のロンバルディア人》(1843) の台本作者] の３つのリブレットに曲をつ
けたが、私が保管しているオリジナルと印刷されたリブレットを比べると、
ごくわずかな行数だけが変更されていることがわかるし、それらはソレーラ
自身が望んだことでもあったのだ[23]。

　しかし、ソレーラはすでに５〜６作のリブレットを書いており、演劇性
や劇的効果、音楽の形式を熟知していた。でも、ピアーヴェ氏はオペラの台
本をまだ書いたことがないのだから、そのようなことができないのは当然で
ある。実際、この《エルナーニ》第１幕のように、三重唱として締め括ら
れる大掛かりな二重唱のカヴァティーナや、フィナーレ全体を次々と歌える
女声歌手がいるだろうか？ ピアーヴェ氏には前進する正当な理由があるだ
ろうが、私には他にも指摘する理由があるし、何しろ、こんな取り組みのも
とでは肺が持たないだろうと思うのだ。また、この第３幕のように、100
行ものレチタティーヴォを、聴衆を退屈させることなく音楽化できるマエス
トロ（作曲家）も果たしているだろうか？《ナブッコ》や《ロンバルディア
人》の４幕構成で、レチタティーヴォの総数が 100 行を超えることなどな
いだろう。

　同じことが、他の多くの細部にも言える。私に親切にしてくださった皆さ
ん、どうかピアーヴェにこれらのことを理解させ、説得してくれたまえ。私
はどんなに経験が浅くても、一年中、歌劇場に足を運び、細心の注意を払っ
ているのである：作品の配分（曲構成）がもっと上手くいっていれば、劇的
効果がもっと注意深く計算されていれば、音楽形式がもっと明確であれば
……要するに、台本作家（詩人）や作曲家がもっと経験を積んでいれば、こ
れほど多くの作品が失敗することはなかっただろうと、私は自分自身の目で
見てきたのだ。長すぎるレチタティーヴォや、本や口語劇では最高に美しい
フレーズおよび文章が、歌劇では観客の笑いを誘うだけということもよく起
きている[24]。

曲順、歌手の能力に対する適切かつ物理的に妥当な要求、簡潔さへの配慮、
口語劇とオペラが要求するものの違いへの認識、個々のナンバーの構成の明確
さ……これらはすべて、適切なレイアウトの基本事項であった。

音楽劇の詩学

　はじめに言葉ありき。少なくとも、ほとんどの場合はそうであった。時折り、確かに、作曲家が古いオペラのために書かれた音楽を新しいオペラで再利用することを決めた場合は、従順な台本作家がそれに対して適切な詩を書くよう求められた。

　この習慣はロッシーニ以外にも広がっていたが、彼は、キャリアのある時期には確かにこの習慣を十分に活用していた。ロマーニでさえ、ベッリーニが《カプレーティとモンテッキ》を作曲する際に、失敗作の《ザイーラ》の廃墟から音楽を救い出そうとして、こういった【訳者註：すでにできている音楽に、あとから詩を付けるという】ゲームをするよう求められた。しかし、そのベッリーニはまた、朝の時間に歌詞のない抽象的なメロディを作曲するのが好きであり（彼はそれを「日々の練習」と呼んでいた）、後にそれをオペラに取り入れようとした。これらの「練習として作ったメロディ」は多くのページが残されている；そして、そうしたメロディの中で、彼が（後でオペラに取り入れるなど）居場所を見つけた曲にはきちんと消し線が上から引かれているのである[25]。他の作曲家も、何らかの理由で、テキストが手元にないうちに、あるいは気に入らないテキストに直面したときに、オペラの特定の場面のためにメロディを準備することがあった。ドニゼッティとヴェルディの２人から台本作家に宛てた手紙には、すでに音楽が書かれていたことを示す、正確な行数の「ある特定のメーター（韻律）の詩」を要求している場合がある。しかし、このような反例は比較的少ない。一般的には、リブレットが先である。

　19世紀前半のイタリア・オペラの性格を理解するためには、台本の歌詞がどのように構成されたか、それを理解することが不可欠である。このことは、作曲家や台本作家にとっては自明の理であり、彼らが手紙の中でコメントする必要はほとんどなかった。印刷されたリブレットは上演ごとに作成されているので、上演の内容を反映したものになっている。

　そのため、同時代の観客は（上演中であれ、劇場から離れた場所であれ）ドラマと詩の構造を容易に追うことができた。（現代の）台本の編集者や、リブレットを

第2章　ステージの設営　57

「パッケージ」に含めるレコード会社の多くが、テキストの構造を不明瞭にするという非道な行為を行わなければ、現代の聴衆はその点をもっと明確に理解できただろう。彼らは、オペラの「典型的な聴き手」を、コンパクトディスクとリブレットを持ち、ほとんど知性のない、家で丸くなっている人たちだと考えている。また、レコード会社の担当者は、イタリア語の知識が乏しいリスナーなら、その繰り返しがきちんと記されていない限り、「単語の繰り返し」を認識できないだろうと推測する。そのため、担当者は、台本内の「詩」を書かれた通りに読むのではなく、単語やフレーズを何度も何度も繰り返して記す。彼らはさらに、登場人物それぞれの場面への現れ方を、（文字の休裁を整える）タイポグラフィ的に押しつけがましい方法（例えば、各登場人物の最初の単語を左に流すなどして、詩の構造がわからなくなるようにする）を取ることで、他の登場人物の歌詞から、ある登場人物が歌う詩を思いきり切り離さない限り、リスナーは、登場人物間の対話を追うことができないと仮定しているのである。そのため、詩の構成は、「わかりやすさの犠牲」になっている。この"無秩序化"と余分なテキストの繰り返しを載せることにより、文章を楽しく読むことも、理解しやすくすることもほとんど不可能になる。何世代にもわたって、オペラを愛する人々がその結果に苦しんできた。しかし、作曲家がどのようにオペラを書いたかを理解し、そのオペラを私たちがどのように編集し、上演すべきかを考えるためには、リブレットの構造をよく理解する必要がある。

　イタリア語のリブレットは、19世紀後半に至るまで、散文ではなく韻文のみで書かれていた。　詩はかなり特殊な規則に支配されていた[26]。リブレット（したがってオペラ）は、個々の音楽の「ナンバー」、アリア（または独唱者をフィーチャーした曲を指定する、他の様々な名前）【訳者註：例えばロマンツァ、バッラータなど】、デュエット、トリオ、導入部（オペラの最初のナンバー、または時折、後の幕の最初のナンバー）、および1つまたは複数の幕のフィナーレと呼ばれる構成に分けられていた。それぞれのジャンルには、内部の構造に関する一定のルールがあった。このルールは守られることもあれば、曲げられることもあり、また破られることもあるが、作曲家や台本作家はそれを認識していた。これらの形式的なナンバーの間には、レチタティーヴォとしてセットされることを意図した対話のシーンやモノローグのシーンがあり、通常、19世紀初頭には鍵盤楽器が伴

58　第Ⅰ部　楽譜を知る

奏を担当することが多かったが、1830 年代までにはオーケストラが伴奏することがほとんどになった。詩の性質は、劇的な状況や潜在的な音楽的意義によって異なるが、最も基本的な区分は、レチタティーヴォを目的とした詩と、形式的なナンバーを目的とした詩の間に存在した[27]。

イタリア語の詩を説明する用語を、単純な英語と等価に見えるものに置き換えたら、大きな誤解を招く。例えば、イタリア語のセッテナーリオ (settenario) は、行によって、6 音節、7 音節、または 8 音節の場合があるため、実際には「7 音節」の詩行ではないのだ:

（a）トロンコ（アクセントのある音節で終わる、いわゆる男性的語尾、したがって 6 音節である）；

（b）ピアノ（詩的韻律に従った形式、アクセントのある音節とアクセントのない音節で終わる、いわゆる女性的語尾、したがって 7 音節である）；

もしくは（c）ズドルッチョロ（アクセントのある音節と、2 つのアクセントのない音節で終わる。つまり 8 音節である）。

以下は、《リゴレット》の二重唱から、6 音節目にアクセントのあるセッテナーリオ 3 種類の代表的な例である:

1　2 3 4　　5 6　7
Tut-te le fe-ste al tem-pio (*settenario piano*)
［いつも祝日に教会で］

　1 2　3 4 5 6　7 8
Se i lab-bri no-stri ta-cque-ro, (*settenario sdrucciolo*)
［私たちの唇は沈黙していましたが、］

　1　2　　3 4 5 6
Da- gl'oc-chi il cor par-lò. (*settenario tronco*)
［目を通じて心では話していました。］

第 2 章　ステージの設営　　59

イタリア語の詩では、ある単語の最後の母音と次の単語の最初の母音がくっついて省略され、1つの音節とみなされることに注意：したがって、"[fe]-steal"、"Se i"、"[gl'oc]-chi il" は1音節とみなされる。

同様の配慮は、セナーリオ senari、オットナーリオ ottonari、デカシラボ decasillabi、エンデカシラボ endecasillabi（それぞれ「6」、「8」、「10」、「11」音節だが、通常はトロンコ tronco、ピアノ piano、ズドルッチョロ sdrucciolo の形で存在）の形で存在する。この混乱を避けるため、本書ではイタリア語の韻律用語を適宜使用する【訳者註：原著は、この辺りの単語を複数形で記すことが多いので注意】。

レチタティーヴォのための詩は、ヴェルシ・ショルティ（*versi sciolti*：無韻詩）と呼ばれるが、これはエンデカシラボ（*endecasillabi*）とセッテナーリオ（*settenari*）が自由に混ざった詩で書かれ、時折り韻が踏まれるだけである。詩の一行は一人の登場人物に割り当てられることもあれば、複数の登場人物に分割されることもあり、文法単位は一つの詩節から次の詩節まで続くこともある。もし詩が正しく印刷されていて、台本作家が意図した印刷レイアウトや19世紀に印刷されたやり方であれば、詩の構造はほとんどの場合、きわめて厳格なものとなる。以下は《リゴレット》最終幕の冒頭のレチタティーヴォにおける最初の3行である。リゴレットとジルダの対話であり、ジルダは自分がまだ公爵を愛していると主張する。ピアーヴェによって書かれたこの詩は、セッテナーリオに続く2つのエンデカシラボで構成される。各節の冒頭は、フラッシュレフト（左に揃える形）で書かれている；一つの行が複数のキャラクターに分かれている場合、行の続きは一字下げされる：

Rig. *E l'ami?*		それでお前は彼を愛しているのか？
Gil.	*Sempre.*	常に
Rig.	*Pure*	それでも
Tempo a guarime t'ho lasciato.		わしはお前に癒しの時間を与えた
Gil.	*Io l'amo!!*	私は彼を愛しています！
Rig. *Povero cor di donna! Ah il vile infame!..*		女心は哀れだ！　ああ、卑劣

な悪党め！

　一行の詩を登場人物ごとに分けること、行の長さを不規則に（無計画ではない
にしても）変えること、時折りではあっても韻を踏むこと。それらはすべて、
より自由で宣言的なスタイル、つまりはレチタティーヴォの音楽的設定を示唆
するものである。このようなテキストを前にすると、作曲家たちは通常、その
内容に従って作曲するのだ。しかし、だからといって、レチタティーヴォのた
めのテキスト（ヴェルシ・ショルティ）が、（メロディを持つ）歌のようには作曲で
きないというわけでは決してない。実際、ベッリーニやドニゼッティの世代の
オペラが、ロッシーニや同時代の作曲家たちのオペラと異なる点のひとつは、
後代の作曲家たちが、レチタティーヴォの場面に、どこまで歌に適した楽節を
ちりばめているかによる。詩の形式がこの慣習に簡単には適さない場合であっ
ても。ドニゼッティの《アンナ・ボレーナ》のロマーニの台本では、第２幕
はレチタティーヴォで始まる。それは、王妃アンナとエンリーコ王の新しいお
気に入り、ジョヴァンナ・シーモアとの対話である。アンナは一人で、自分が
感じる恥ずかしさについて独り言をつぶやいている。そこにジョヴァンナが
入ってきて、アンナの状態を哀れんでから彼女に話しかける。以下は、最初の
８行のレチタティーヴォであり、そのうちの１番目と７番目はセッテナーリ
オ（settenari）、残りはすべてエンデカシラボ（endecasillabi）である：

Anna *Dio, che mi vedi in core,*	神よ、我が心に何が見えますか？
Mi volgo a te... Se meritai quest'onta *Giudica tu.*	私はあなたに向き直ります…もしこの恥辱が私に値するなら私を裁いてください
Gio. 　　　*Piange l'afflitta... Ahi! come* *Ne sosterrò lo sguardo?*	苦しむ者が泣いています。ああ、どうやって彼女の眼差しに耐えましょうか？

第２章　ステージの設営　　61

Anna	*Ah! sì, gli affanni*	ああ、そうです、哀れな
		アラゴンの
	Dell'infelice Aragonese inulti	女性の悲しみは報われな
	Esser non denno, e a me terribil pena	いままには終わらないで
	Il tuo rigor destina...	しょう、そして貴方の厳
		しさは私に恐ろしい運命
		をもたらすことを意図す
		るもの
	Ma terribile è troppo...	でもそれは余りに酷い
Gio.	*O mia regina!*	王妃様！

　この8行のレチタティーヴォは、最後の2行（"destina" と "regina"）の間に
韻を踏んでおり、それは、ジョヴァンナがアンナに自分の存在を示す瞬間を表
すもの。この種の結びの韻文は、シェイクスピアにおける場面の終わりの韻文
連句とほぼ同じ機能を持つ：つまり、一瞬の終結をもたらすのである。しか
し、この場面の冒頭で、ドニゼッティはアンナに叙情的な瞬間を提供すること
を選んだ。この不規則なレチタティーヴォの詩を、均整の取れたフレーズを持
つ、規則的な音楽の纏まりにふさわしい詩にするために、作曲家は、言葉の側
が難色を示しているにもかかわらず、それらを押したり突いたりすることを余
儀なくされ、最終的に次のような、セッテナーリオ風の詩的な「スタンザ」【訳
者註：定型詩において、数行の詩をまとまりとして捉えるための単位】のようなものに
たどり着いた：

<blockquote>
Dio, Che mi vedi in core,
Mi volgi a te, o Dio...
Se meritai quest'onta
Giudica tu, o Dio.
神よ、私の心をご覧になる貴方
私を貴方のもとにお返しください、おお神よ
もし私がこの恥辱に値するのなら
</blockquote>

62　第I部　楽譜を知る

私を裁いてください、おお神よ

　ドニゼッティは、詩のテキストの配置がぎこちないにもかかわらず、それで
も感動的な歌の瞬間を創り出し、主人公の感情の世界を満たした。つまり作曲
家は、台本作家から提示されたテキストに大きく依存しながらも、その奴隷で
はなかったということなのだ。ただ、形式的なナンバーを意図した詩はまった
く異なる。最も単純なケースであるソロ・アリアでは、一つの韻を踏んだ詩の
スタンザで構成されるか、もしくは最初は一つの韻で、次に別の韻を踏んでい
る。以下は《アルジェのイタリア女》のリンドーロの登場のアリア（カヴァ
ティーナ）のテキストである。彼はまず、最愛の人から遠く離れていることを
嘆く。彼女を思っていられさえすれば、彼の魂は落ち着くのだと：

Languir per una bella	美しい女に恋い焦がれ
E star lontan da quella,	そして彼女から遠ざかること
È il più crudel tormento,	それは最も残酷な苦しみだ
Che provar possa un cor.	心が感じることのできる
Forse verrà il momento:	おそらくはその時は来るだろう
Ma non lo spero ancor.	しかし、私はまだそうは願っていない
Contenta quest'alma	この魂は幸せだ
In mezzo alle pene	悲しみの中で
Sol trova la calma	彼女はただ落ち着き
Pensando al suo bene,	自分の善を思い
Che sempre costante	いつも絶え間なく
Si serba in amor.	愛の中に身を置いている

　このアリアには６行のスタンザが２つあり、１つめはセッテナーリオ、２つ
めはセナーリオを使っている。スタンザ間の拍子の変化は、異なる声部のリズ
ム、異なるテンポ、異なる韻律で、２つのセクションに分かれたアリアを創り
上げるようにと、作曲者を具体的に誘うものである。作曲家が曲作りに取りか
かる前から、台本作家の詩人はリンドーロのカヴァティーナを「２つの音楽

第２章　ステージの設営　　63

パートからなる曲」と定義していた。ロッシーニも、台本作家と同じようにこの慣例に馴染んでいた。彼は、8分の6拍子の最初のアンダンティーノと、それに続く同じ拍子のアレグロで曲を構成した[28]。

　固定された韻律 meters の詩は、抒情的な部分だけでなく、楽節内のテキストにも用いられた（曲と曲の間の対話に用いられたヴェルシ・ショルティとは対照的）。その違いは大きく、両方の種類の音楽を無差別に指すために「レチタティーヴォ」という用語を使用することは、問題のパッセージをどのように聴き、演奏するかについての重要な相違点を隠してしまう。オペラにおける音楽ナンバーの中では、対話の部分（19世紀にはパルランテと呼ばれることが多かった）は、より規則的なリズムの単位に編成されることが多く、その場合はオーケストラが継続性と曲構造を支え、一方で、歌声のラインは、劇的状況の意味に従って、より自由な形でテクスチュアに適合するのである。例えば、《イル・トロヴァトーレ》第3幕終わりのシェーナとアリアの間では、オーケストラがリズムを刻み続け、マンリーコは、自分の母親だと信じるロマの女アズチェーナが、ルーナ伯爵の手で捕らわれ、火あぶりにされようとしていると知る。この箇所のカムマラーノのテキストには、レチタティーヴォの詩の特質がいくつか見られるが（特に、一行の詩を、複数の登場人物に分割して使用し、文法的な単位が一つの詩から次の詩へと続いているところ）、歩格と脚韻を使うことで、ヴェルシ・ショルティには通常出てこない迫力を与えている[29]。私は、いくつかの行の間にスペースを入れた。スタンザの構造を視覚的に明確にするためである。

Ruiz	*Manrico?...*		マンリーコ？
Man.		*Che?...*	なんだ？
Ruiz			*La zingara,* ロマの女が、
		Vieni, tra ceppi mira....	囚われました
Man.	*Oh Dio!*		おお、神様！
Ruiz		*Per man de' barbari*	火あぶりの刑です
	Accesa è già la pira....		火がつけられました

Man. *Oh ciel!.. mie membra oscillano....*　しまった！ 体は慄（おのの）き

64　第I部　楽譜を知る

	Nube mi cuopre il ciglio!	眼は眩む！
Leo.	*Tu fremit!..*	震えていらっしゃるわ！
Man.	*E il deggio!... Sappilo,*	その理由は　素性を知ったら
	Io son....	僕の
Leo.	*Chi mai?*	何をおっしゃるの？
Man.	*Suo figlio!...*	僕はあの女の息子だ！

Ah vili!.. Il rio spettacolo	卑劣な奴め！　僕の呼吸は
Quasi il respir m'invola....	止まりそうだ
Raduna i nostri... affretati,	皆を集めてくれ　すぐに
Ruiz.... va..... torna... vola!	ルイスよ　行け、すぐに戻ってこい

　実際のところ、この詩的構造（3つの4行のスタンザからなるセッテナーリオ、韻を踏んだ2行目と4行目）は、カムマラーノがプリモ・テンポ（第1部）【訳者註：アリアの前半、カヴァティーナの部分を指す】で採用した構造と同じであり、それで始まる。

Ah! sì, ben mio, coll'essere	ああ、愛しい我が恋人よ
Io tuo, tu mia consorte,	貴女こそは、私の力の泉であり
Avrò più l'alma intrepida,	我が心に闘志を与え
Il braccio avrò più, forte.	それが強い力をもたらすのだ

　マンリーコ、ルイス、レオノーラのこの対話の後、カムマラーノはついに詩の構造を変える。マンリーコのアリアの有名な結尾の部分に、イタリア人がクイナーリオ・ドッピオ *quinari doppi* と呼ぶ「複合韻律」を用いるのだ。クイナーリオ・ドッピオでは、詩の各行は2つの別々のクイナーリオで構成され（その場合、多くのケースでは、行と行の間にスペースが追加されて印刷されている）、それぞれの半行が、トロンコ（「spe-gne-rò」、アクセントは「-rò」）、ピアノ（「pi-ra」、アクセントは「pi-」に）またはズドルッチョロ（「spe-gne-te-la」、アクセントは「-gne-」）に置かれる：

第2章　ステージの設営　　65

Di quella pira l'orrendo fuoco   燃え盛る炎が

    Tutte le fibre m'arse, avvampò!...   僕を焼き尽くすような

    Empi spegnetela, o ch'io, tra poco,   奴め！ 炎を消さないか

    Col sangue vostro la spegnerò!....   さもないとお前の血で消させるぞ！

　作曲家にとって、熱狂的なカバレッタを作れと言ってくるような「ここまで切迫した誘いの文」もないだろう[30]。

　ヴェルディは、保守的な姿勢を示すカムマラーノを刺激して、珍しい詩型や連続的な構造を提供させようとした。彼は台本作家に対して、こんな風に手紙に書いた「もしオペラにカヴァティーナ、デュエット、トリオ、合唱、終曲などが無くて、作品全体がひとつの曲で構成されていたら、私はその方がより正しく適切だと思うだろう」[31]。同様の嘆願は、作曲家の手紙の中で何度も何度も繰り返された。その何年も後、歴史的な状況もまったく異なる中で、彼はアッリーゴ・ボーイトという人物に、「半分ぐらいしかこれまでは理解されていなかった自分の望み」をすべて理解し、受け入れてくれる台本作家の姿を見出したのである。その結果、《シモン・ボッカネグラ》の改訂（1881）、《オテッロ》（1887）と《ファルスタッフ》（1893）におけるこの二人の共同作業は、ヴェルディのこれまでの業績に根ざしたものではありながらも、また異なる美的次元に属する水準へと至った。しかし、それ以前にも、カムマラーノは、ピアーヴェやアントニオ・ギズランツォーニ（1871 年という、比較的後期のヴェルディの作である《アイーダ》の台本作者）と同じようにヴェルディに、ほとんどのナンバーが伝統的な手法で注意深くレイアウトされた台本を提供している。それが、19 世紀初頭から 1860 年代までのイタリア・オペラを支配していた様式なのだ。もしそれ以外の方法をとっていたなら、作曲家の方も、芸術的チャレンジに挑めなかったかもしれない。

　純粋に詩的な手段（異なる韻律を使うこと、一人の登場人物に詩のスタンザを使うこと、台詞を使うこと等）において、台本作家は、多くの場合、作曲家と相談しながら、オペラ全体と個々の曲の構成や性格に影響を与えてきた。彼らは作曲家にレチタティーヴォのテキストや形式的なナンバーを提供し、その詩によって音楽上の重要な決定がなされた。

ほとんどの場合、作曲家たちは詩が暗示する構造的なパラメーターを受け留めて、それに従って各曲を構成し、そのパラメーターからオペラ全体の形を発展させていった[32]。

作曲家の私文書、スケッチ

完成したリブレットが作曲家に予定通りに届けられることもあれば、バラバラに届けられたことで、オペラのドラマを何幕立てにするかさえも決められず、苦悩することもある。同時代の文献によれば、チェーザレ・ステルビーニとロッシーニが共同作業するはずであったオペラのテーマが直前になって変更されたとき、ステルビーニは作曲家に《セビリャの理髪師》の台本を分割して渡し続け、ロッシーニの側も、出来上がった台本が手渡されるたびにそれぞれの曲を作っていったという。ベッリーニは、ロマーニが《ベアトリーチェ・ディ・テンダ》のためのテキストを適切な時期に提供しなかった（締め切りに遅れた）ことで計りしれない苦しみを味わった結果、ヴェネツィアのマスコミを通じての醜い争いが起こり、2人はそこで正式にたもとを分かった。ドニゼッティは、ロマーニが《パリジーナ》のために制作中であったはずの台本が届かない間、フィレンツェで1ヶ月近くも待ちぼうけを喰らった。ちなみに、ベッリーニもドニゼッティも、ロマーニがひどく働き過ぎであり、遅刻癖で有名であったことを知ってはいたが、それでもロマーニは当代で最も優れた台本作家であるとみなされていた[33]。ヴェルディは、オペラの形式や内容を決めるにあたって、詩人たちと密接に協力していた。台本を受け取り始めると、彼は書き手の作家たちを苦しめるがごとく、送られてきたテキストの大幅な変更を要求した。ちなみに、ヴェルディは台本作家たちの住む街とは別の都市で仕事をすることが多く、また、リハーサルが始まるまでそのオペラの初演地を訪れることもほとんどなかったため、作曲家と詩人との間には膨大な書簡が残された[34]。このような資料は、ヴェルディ以前の作曲家と台本作者の間ではそれほど多くないが、でもそれを参照すると、オペラのドラマトゥルギーや詩の構成を練る際に、作曲者と台本作家が互いに相談し合っていたことが窺えるのである。リブレット（あるいは少なくともその一部）を手にした時点で作曲家は仕事

に取りかかったが、その場合、最良の状況であっても、時間は限られていた。最悪の状況下になると、よく訓練された「創作性」【訳者註：つまりは、作曲家が日ごろから積み上げた経験に基づく即時の対応力とでもいうべきもの】が圧倒的な勢いで発揮されたに違いない。でも、作曲家の手による資料、スケッチや自筆譜といったものを通じて、作曲家が新作を生み出す際の複雑な精神的プロセス（意識的または直感的なもの）を知るには、現存する文書だけでは不十分である。これらの資料類を理解することはきわめて重要なものだ。なぜなら、手書きや印刷された19世紀イタリア・オペラの普及（以下、「トランスミッション：伝達」と呼ぶ）は、そういった資料類から始まるからである。オペラの楽譜の版を作ったり、そのオペラを上演したりする際の困難の多くは、こうした最初期の自筆資料に内在する問題からじかに起きていることなのである。

　スケッチ【訳者註：楽譜の試し書き】とはあくまでも私的なものであり、作曲家以外の誰の目にも触れるものではなかった。ロッシーニのスケッチで知られるものはごくわずか。《マオメット2世》の三重唱、《セミラーミデ》の2つの大曲（第1幕のフィナーレと第2幕のアルサーチェのためのグラン・シェーナとアリア）、《オリー伯爵》の三重唱〈暗い夜のお愉しみに A la faveur de cette nuit obscure〉、フランス語改作版の《モーゼ（モイーズ）》で追加された第2幕のフィナーレなどである。しかし、作曲家が書き留めるのを選んだ部分とは、しばしば、「細部」と呼ばれるところである：《セミラーミデ》と《オリー伯爵》のスケッチだけが、長大な部分の音楽的な内容を確立するものになっている。それでも、ロッシーニがほとんどのオペラの作曲中に、大規模なスケッチを常用していたことを示唆する資料はない[35]。ロッシーニはおそらく、イタリアにおけるキャリアの最後の作品群（1820年から始まった）と、それ以降に再びオペラ座（1826-1829年）のための作品を準備する際に、こうしたスケッチを主に参照したのだろう。同様のパターンはドニゼッティにも当てはまるようだ。一方、ベッリーニは、これまで見てきたように、リブレットができる前にメロディを何ページも何ページも書き留めていた。その後、ベッリーニはそれらのページに戻って、そこに書き留めたものからオペラの曲として作り上げるべく、それを、「音楽的資本を引き出すアイデアの銀行」にしたのである。

　なお、19世紀前半に活躍したイタリアの4大オペラ作曲家のうち、ヴェル

ディだけがスケッチを多用した。1941年以来、ヴェルディ家がカルロ・ガッティに《リゴレット》のスケッチをファクシミリ版のかたちで出版することを許可して以来、研究者たちはこの資料に興味をそそられてきた[36]。《リゴレット》のスケッチには、個々のメロディのアイデアに関する雑多なメモがいくつか含まれているが、そのほとんどは作品全体の草稿で構成されており、マントヴァ公爵の宮廷での祝祭的な雰囲気から始まり、ジルダの悲劇的な死とリゴレットの絶望で締め括られているのである。ヴェルディは、オペラを番号順（曲番順）に、主要な声のパートと低音楽器のパート、重要な管弦楽の旋律を含む形で書き上げた。このようなスケッチは、一般にオペラの「継続的草稿」と呼ばれるものである。ガッティによれば、同様のスケッチは、1849年の《ルイザ・ミラー》から1893年の《ファルスタッフ》まで、すべてのオペラと、1874年の《メッサ・ダ・レクイエム》のようなオペラ以外の主要な作品のそれぞれに存在し、サンターガタのヴェルディの自宅にあるという。

ガッティの著作『Verdi nelle immagini』には、他のオペラからかろうじて判読できるサンプルをいくつか提供しており、それは、ヴェルディの音楽を研究するすべての人の食欲をそそるものとなっている[37]。《リゴレット》のスケッチを研究してみると、ヴェルディが台本の変更を繰り返し要求していた時期は、ほとんどすべてスケッチの過程で作業を練り上げていたときのものであることがわかる。ヴェルディは、台本作家から提供されたテキストを使い、オペラの各曲の基本的な音楽構造を定めるために、継続的草稿を使用した。その際、歌詞に問題が生じると、即興で解決策を考えたり、テキストなしのパッセージを書き留めたりもした。また、即座に台本作者に手紙を送り、特定の表紙やアクセントのパターンに関する箇所で修正を依頼したり、まったく新しい詩を要求したりもした[38]。

ヴェルディのスケッチに関する我々の知識は、ガッティの出版物が出て来てから、大幅に増えた。最近、ヴェルディの遺族は、国立ヴェルディアーニ研究所の厚意もあって、『ジュゼッペ・ヴェルディ作品集』の編集者たちに、《スティッフェーリオ》《椿姫》《仮面舞踏会》《運命の力》のスケッチを提供してくれた。これらの手稿には通常、個々のナンバー、あるいは全幕の継続的草稿があり、それらは《リゴレット》のスケッチで知られる内容と同じものであ

る。しかし、《リゴレット》のケースよりもさらに広範囲にわたっており、オペラの予備譜や大きく異なる初期版といったものも残されている。《スティッフェーリオ》のスケッチには、独唱曲のための多くの初期のアイデアが遺されているが、それらは、どの継続的草稿からも独立した楽想のアイデアなのだ [39]。《仮面舞踏会》の継続的草稿には、第2幕の冒頭を飾るアメーリアのアリアに付けられた、現行版とはまったく異なる管弦楽の序奏が存在する。また、ヴェルディは《椿姫》のために、ピアーヴェからテキストをもらう前に、また、登場人物のイタリア語の名前を把握する前に、「第1幕全体の基本構造」を簡素化した形で書き出してもいる。彼は言葉といくつかのテーマを選び、ドラマがどのように形作られるかという自分の考えを書き留めた [40]。こういった、興味をそそるページから我々を見つめてくるような「歌詞（言葉）のないテーマ（楽想）」の中には、〈ブリンディジ（乾杯の歌）Libiamo ne'lieti calici〉や、〈ああ、そは彼の人か Ah forse è lui〉〈花から花へ Sempre libera〉など（の原型）が存在している。しかし、これらのページがたまたま残されたものなのか、それともヴェルディが台本を手にする前でも定期的にオペラのアイデアを書き留めていたからの結果なのか、その辺りのヴェルディの作業習慣について、我々はまだよく知らないのである。

　ヴェルディは、成熟期のオペラのすべてに、広範にわたる「独立したスケッチ（通常は継続的草稿）」を用意することで、19世紀のイタリア・オペラの作曲家たちがほとんど採用しなかったような、事前の計画的な作業を行い、それをオペラ作曲のプロセスに組み込んでいる。また、このような継続的草稿を準備した後に初めて、彼はオペラの自筆稿を書き始めるが、それは、その後にコピイストや編集者たちが使うことになる、いわば「公文書」なのだ。初めに、「スケルトン・スコア（骨組み状態の楽譜）」と呼ばれるものを彼は用意し、基本的に、継続的草稿に盛り込まれたものと同一の素材（声部、低音楽器のパート、重要な楽器による楽想）を、より完全な形で、各要素が適切な位置になるように書き入れる。その後にヴェルディはオーケストレーションを完成させることで、いわゆるスケルトンを肉付けしてゆくのだ。

　時折り、継続的草稿と最終的な成果との間には、かなり大きな違いが出てくる場合もある。これは特に《仮面舞踏会》のようなオペラに当てはまり、本作

は 2 つの都市（ナポリ、次いでローマ）の検閲官との 15 ヶ月にわたる戦い（1857 年 11 月から 1859 年 1 月まで）によって、作曲家は、以前にスケッチした音楽を考え直すべく、通常よりも長い時間を費やすことになった[41]。また、同じケースは《運命の力》にも言えることである。本作は、プリマドンナの病気が原因で、ロシアのサンクトペテルブルクでの初演が 1862 年の初めから同年 11 月に延期されている[42]。しかし、ほとんどの場合、ヴェルディの楽曲ナンバーの継続的草稿は、最終版とかなり似ており、その草稿から声のライン、低音楽器のパート、オーケストラによる重要なメロディを自筆譜にコピーする作業は、ほぼ機械的に行われていた。もちろん、この時代の作曲家で、音程やリズムの細部に手を加えずに、自分の曲をそのまま「コピー」した人はいないだろう。こうしたスケッチにアクセスできたなら、ヴェルディのオペラのために書かれたソースを可能な限り完全に確認したいと願う学者や演奏家にとっては、大きな助けとなることがわかったのである。

　ヴェルディが独立した継続的草稿として準備し、それを「スケルトン・スコア」として書き写したものは、ロッシーニ、ベッリーニ、ドニゼッティなら、自筆譜にそのまま書き込んでいた内容である。この 3 人は鍵盤の上で確かにアイデアを練り、紙に考えを書き留めることもあったが、これらの作曲家にとって「スケルトン・スコア」自体が、彼らの継続的草稿になっていた。彼らは音楽の骨格（声のパート、低音部、オーケストラの重要なアイデア）を自筆譜に直接書き込んだのである。ヴェルディの自筆譜とロッシーニ、ベッリーニ、ドニゼッティの自筆譜の物理的な相違点の多くは、こういった「作曲法の違い」によって説明できる。また、彼らの完成したオペラを研究したり上演したりするときに現れる矛盾や問題の多くも、こうしたやり方の違いが説明するのである。

作曲家の公文書：自筆譜

　まずは紙。イタリア・オペラの作曲家は、「楽譜用紙」を入手するまでは、自筆譜づくりに着手することができなかった。これは些細な問題ではなかった。紙の質、物理的な寸法と形式（縦長か横長か）、それから、各ページに罫が

第 2 章　ステージの設営　　71

引かれている五線譜の段数（紙を購入した時点ですでに存在していた）、そしてその構造（単ページ、二つ折り、綴じたもの）である。この段階で作曲家がどういった選択をするか、それは、そのオペラがどのような状態で音楽界に伝えられるか、その点からも重要であった。19 世紀前半のほとんどの作曲家は質の良い紙を使っているので、自筆稿は模範的な状態で残っている。紙漉きに常用される材料の品質が悪化したのは、19 世紀後半になってから。その点で図書館員、収集家、学者を失望させている。しかし その世紀の初めでさえ、用紙には深刻で不運なる「不一致」が生じる可能性があった。例えば、《イングランドの女王エリザベッタ》(1815)、《エジプトのモーゼ》(1818)、《湖上の美人》(1819)を作曲したロッシーニは、楽曲のナンバーには上質の紙を使ったが、間に挟まれたレチタティーヴォには、オーケストラの伴奏が付いているにもかかわらず、質の悪い紙を使っていた。その結果、インクが紙に滲み、しばしば楽譜を読みにくくしている。また、ロッシーニが作曲したと思われるレチタティーヴォのパッセージや、ロッシーニが確かに作曲したレチタティーヴォの全体が、別のひとの手で書き写され、それが自筆譜の中に挿入されてもいる [43]。

　《湖上の美人》では、こういった「協力者の手書きのレチタティーヴォ」の部分が特に残念である。本作では、ダグラスのための第 1 幕のアリア（〈黙って言う通りにせよ Taci, lo voglio〉）の作曲にも匿名の助手を起用している。その結果、どのレチタティーヴォがロッシーニによって作曲され、どのレチタティーヴォが彼の助手が作曲したものなのか、そこがはっきりとしていない場合も生じている。こうした知識は、理論的な意味以上に意義を有するものだ。1981年にヒューストン・グランド・オペラが《湖上の美人》を上演したとき、総支配人のデイヴィッド・ゴックリーは、ドレス・リハーサルの最中に、オーケストラの残業代が 2 倍になるという大問題に直面していると気づいた。なので、彼は、楽譜から 5 分ぶんをカットする必要があると私に告げ、実際に 5 分間に相当する量のカットが行われた。しかし、このようなきわめて実際的な決断を下すにあたって、どのレチタティーヴォがロッシーニ自身の手によるものなのかを知ることができればよかったのだが [44]。

　19 世紀前半のオペラの楽譜では、管弦楽がより複雑になり、大編成のアンサンブル・シーンがより頻繁に使われるようになったが、それらの楽譜に使わ

72　第 I 部　楽譜を知る

れる原稿用紙の大きさも、徐々に変化していったとはいえ、決して一様ではなかった。1810 年代のロッシーニのナポリのオペラに使われた原稿用紙は長方形であり、幅 23 センチ、高さ 28 センチほどであったが、1829 年の《ギヨーム・テル》では 33 センチ× 25 センチと、はるかに大きな用紙が必要になった。これは、ヴェルディが 1840 年代にほとんどのオペラで使用したものとほぼ変わらない。しかし、ヴェルディの楽譜は、ほとんどが縦に長く、横 24 センチ、縦 33 センチほどの紙に書かれていた。時折り、この比率に極端な差異が生じることもあった。1820 年代から 1840 年代にかけてイタリア・オペラの世界で侮れない存在であった作曲家サヴェーリオ・メルカダンテは、1840 年頃になると視力の衰えが進み、ますます大きな原稿用紙を必要とするようになった。ただ、紙の大きさの変化よりも重要なのは、その形式の変化である。19 世紀の初頭、作曲家たちは横長の楽譜用紙でオペラを書いた。でも 1840 年代には縦長が標準となった。その縦長の用紙は、作曲家が 1 ページあたりに書く小節数を少なくさせたが、オーケストラを拡大した複雑なアンサンブルや舞台上のバンダ、ソリスト、合唱が併載される場合には、十分な段数を提供した。

　例えば《リゴレット》では、ヴェルディは 1 ページに 30 段の五線譜がある縦長の紙を、巨大な「導入部 Introduzione」を書くために使った。それは、マントヴァ公爵の館の宴会の場であり、開幕冒頭のシーン全体を構成するものだ。横長の紙であれば、1 ページにより多くの小節を書くことが可能になったが、使用できる五線の数は限られていた。チマローザやパイジェッロのオペラでは、ロッシーニの初期のオペラと同様、横長の紙で十分であったが、しかし、ある時点から、標準的な横長の紙に快適に描ける五線譜の数が、多くの作曲家のニーズには足りないものとなってしまい、そこでさまざまな妥協を強いられるようになった。例えば、《海賊（イル・ピラータ）》第 1 幕フィナーレのアンサンブルでは、ベッリーニはまだ横長の用紙を使っていたので、声楽パートは原稿のある部分に書き出し、楽器パートは別の場所に書き出したが、それでもまだ混乱が収まらず、最後の合奏（〈ああ、行きましょう、私の苦しみを Ah! partiamo, i miei tormenti〉）の声楽パートはハ短調からハ長調であり、器楽パートは別の調（変ロ短調から変ロ長調）で記譜されている。これはすなわち、声楽

第 2 章　ステージの設営　　73

パートを準備してからオーケストレーションを完成させるまでのある時点で作曲者の気が変わったということだが、その経緯はまだ解明されていない[45]。

　なお、ロッシーニが自筆譜に選んだ横長の楽譜用紙だと、そのような特別なことをしなかったとはいえ、彼が書いたほとんどの大編成のアンサンブルは収まらないのだ。そのため彼は、作曲家たちがスパルティティーニと呼ぶ「小さな楽譜」も使わざるを得なかった。例えば、「最後にトロンボーン、ティンパニ、バスドラム "Tromboni, Timpani e Gran Cassa in fine"」というように指定して、スペースの関係で楽譜本編に収まらない楽器パートをそこに集めたのである。しかし、このようなオリジナルの形での「小さな楽譜」スパルティティーニはしばしば紛失しているから、その場合、二次資料には複数のヴァージョンが残されてしまった。例えば、ロッシーニの《セミラーミデ》の自筆譜には、いくつかのスパルティティーニが記されているが、写譜には1つもない。こうした、二次資料の混乱し矛盾した状況は、これらのスパルティティーニが、ほとんど一斉に、誤って配置されたことを示唆するものでもある。1990年、メトロポリタン歌劇場での初披露に向けたこのオペラのクリティカル・エディションの準備中に、ロッシーニ財団の私の同僚であるパトリシア・ブラウナーとマウロ・ブカレッリの手で、オリジナルの管弦楽パート譜が綿密に調査された。すると、《セミラーミデ》の自筆のスパルティティーニが見つかった。それは、様々なコピイストの手に渡った何千何万ものページの中に隠れていたのである。そこで、1823年以来初めて、ロッシーニのオリジナルのオーケストレーションを復元することが可能になったのだ[46]。

　オペラで使用される楽譜の紙が一般的に同じサイズで同じフォーマットであったことは驚くにはあたらない；また、用紙の大きさがさまざまである自筆原稿を製本して保存する際に起こりうる（そして実際に起こった）問題を想像することも難しくはない。

　しかし、オペラの全曲に同じ五線譜の紙を使わなければならない理由はない。実際、読みやすさを最大限に得るためには、作曲家にとって、声楽やオーケストラの要求に合致した、できるだけ五線の少ない原稿用紙を選ぶことが有利であった。というのも、五線譜が大きければ大きいほど、また五線譜と五線譜の間のスペースが広ければ広いほど、作曲家はアーティキュレーションの記

74　第Ⅰ部　楽譜を知る

号、音符、テキストをはっきりと書きやすくなるからである。そのため、ヴェルディの《アルツィーラ》では 16 ～ 24 段の五線譜が使われ、第 2 幕と第 3 幕のフィナーレにはスパルティティーニが加えられている[47]。一方、《ギヨーム・テル》では、ロッシーニが使用した大きめの横長の紙は 12 ～ 22 段であり、第 1 幕、第 3 幕、第 4 幕のフィナーレにそれぞれスパルティティーニが加えられている[48]。

　このような紙の物理的な種類は、音楽的にも絶妙な意味を持つ。ロッシーニの《タンクレーディ》では、第 2 幕のアメナイーデの祈りのアリア〈公正なる神よ、私が恭しく崇め奉る Giusto Dio, che umile adoro〉[49] のために、作曲者は 10 段の五線紙を選んだ。これらの五線譜は以下の楽器および声に割り当てられている：

第 1 ヴァイオリン	2 クラリネット
第 2 ヴァイオリン	2 ホルン
ヴィオラ	2 トランペット
1 フルート	アメナイーデ
2 オーボエ	チェロとコントラバス

（19 世紀の典型的な楽譜のレイアウトに注目してほしい。高い弦が一番上にあり、管楽器と金管楽器、声楽パート、低い弦の順になっている）余白には「バスーンも低音を奏でる I Fagotti nella riga del basso」と書かれており、バスーンがチェロとコントラバスに加わることを示唆している。しかし、状況はもっと複雑で、アリア内の 6 小節では、通常はトランペットに割り当てられる五線譜に、バスーンのパート譜が明確に記譜されているのだ（この時点では無音）。

　ロッシーニは本当に、バスーンが弦楽器の低音とどこでも一緒に演奏できるようにしたかったのだろうか？ ピツィカートを奏でる弦楽器だけのパッセージでさえもそうなら、バスーンの存在が怪しげな効果を生むことになるのだろうか。もしロッシーニが 12 段の五線譜の紙を選んでいたなら、推測する必要はなかっただろう。しかし、ロッシーニが 10 段の紙を選んだために、あらゆる世代のコピイスト、演奏者、編集者が対処しなければならない曖昧な問題が

第 2 章　ステージの設営　　75

生じた。おそらく、彼がこの曲を起草し始めたときには、そういった問題が起こるとは知らなかったのだろう；また、問題が出てくることに気づくのが遅すぎたため、彼は楽譜全体を書き直したり、楽譜を編集したりするのではなく、その場の思い付きによって「十分ではない解決策」を講じた――楽譜全体を書き直したり、バスーンのためのスパルティティーノを用意したりするのではなく。

　ヴェルディの自筆譜もこのような問題とは無縁ではない。エルヴィーラのカヴァティーナ〈エルナーニ、私を連れて逃げて Ernani, Ernan, involarmi〉は、16段の縦長の紙に書かれており、次のように構成されている：[50]

第1ヴァイオリン	2 ホルン（B♭）
第2ヴァイオリン	2 トランペット（E♭）
ヴィオラ	2 バスーン
1 フルート	3 トロンボーン＆チンバッソ
1 ピッコロ	エルヴィーラ
2 オーボエ	女声コーラス
2 クラリネット	チェロ
2 ホルン（F）	コントラバス

　作曲家が2つの楽器のパートを同じ譜表の上に配置する場合は常に（2つのオーボエのように、同じ楽器であっても）、一つだけのメロディラインが存在する小節のどの瞬間に、いくつもの楽器が演奏されるべきかを明確にしない限り（今回の議論された作曲家の中にはほとんどいないけれども）、問題が生じる。しかし、この《エルナーニ》の例では、ヴェルディが1つの五線譜に3本のトロンボーンと1本のチンバッソを記譜しているため、問題は実に困難なものとなる。

　ヴェルディが4つの音符を書いた場合、その点は明確になる；
　ヴェルディが3つの音符を記譜した場合、その点は曖昧になる。
　エルヴィーラのカヴァティーナでは、「チンバッソのソロ」と指示した箇所があるが、その後のパッセージでは単に「ソロ」と書かれている。しかし、こ

76　第I部　楽譜を知る

の場合、トロンボーンとチンバッソ、どちらの楽器がソロを演奏するのだろうか？ ヴェルディの記譜にはそれ以上の情報はない。古いリコルディ社の演奏パート譜では、このパートは第1トロンボーンに割り当てられているが、音楽的状況の論理からすると、チンバッソが演奏すべきなのだ。こういう場合、作曲者が18段の五線譜の紙を選んでいれば、推測する必要はなかっただろう[51]。

　作曲家が使用する楽譜用紙の構造も、作品の伝達に重大な影響を及ぼすことになった。楽譜用紙は、一枚一枚のリーフのままではなく、バイフォリオ（各々のバイフォリオには、2枚のリーフまたは4枚のページが添付されている：例2.1参照）の集合体として作曲家に供給された。ロッシーニ、ベッリーニ、ドニゼッティのように、事前に大規模なスケッチを行わなかった作曲家については、1枚のバイフォリオの連なりか、もしくは、せいぜい2枚のバイフォリオの小さな連なりを用いる傾向があった。でもヴェルディは、事前にスケッチをすることで、オペラの各楽章の長さを正確に予測することができたので、5個、6個、あるいは10個や12個の入れ子状のバイフォリオ（つまり、1つのバイフォリオが他のバイフォリオの中に入っている）を使った、もっと大きな連なりを使うことができた。《ルイザ・ミラー》に先立つ作品群においても、彼はこのような大きな連なりを使っていた。《ルイザ・ミラー》は、ヴェルディのサンターガタの自宅に完全なスケッチが残っていると思われる最初のオペラであるが、それによるとヴェルディは1840年代を通してスケッチを使用していたことがわか

(例2.1) 横長の紙のバイフォリオの図

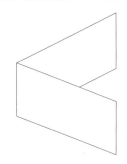

第2章　ステージの設営　　77

る[52]。さらに一歩進んでみると、オペラの各曲の正確な長さをあらかじめ知っていたコピストは、可能な限り、それぞれの曲を一つにまとめようとした。

このような選択の背後にある理由に気づくことは難しくない。曲の長さを予測できる作曲家やコピストは、原稿を整理して綴じる作業を簡略化するために、大きな集まりになるような構造を用いたのである。例えば、10枚のバイフォリオが入れ子になっている1つの集まりよりも、10枚の連続したバイフォリオを見失わないでいる方が明らかに難しいのだ。しかし、独立した継続的草稿ではなく、自筆稿で直接、正確な寸法を割り出していた作曲家たちには、1つのバイフォリオや2つのバイフォリオの集まりを使用するに十分な理由があった。というのも、各曲の長さが不確かであっただけでなく、下書きをしているうちに曲についての考えも変わる可能性が高かったからだ。うまくいっていない曲が入っているバイフォリオ1枚を取り除くのは、大きな集まりを解体するよりもずっと簡単であったのだ。例えば、ドニゼッティの《ドン・パスクワーレ》の自筆譜では、作曲者は、1つのバイフォリオ構造の利便性を使って、作曲の過程で様々な修正箇所を導入している。

ドニゼッティは、第1幕の結末となる主題（〈急いで大仕事にかかりましょう Vado, corro al gran cimento〉）を試し書きした後、必要に応じて新しいバイフォリオを追加することで、完全に変更することを決定した。通常の場合なら、彼は、改稿部に関連する音楽がもはや含まれていないバイフォリオを削除したであろう。しかし、この場合、彼は再び考え直して、最終的に、以前の両方のヴァージョンから要素を組み合わせ、適応させることによって、このパッセージの決定稿を作り上げた。改訂の過程で手稿から移されたものが何もないので、ドニゼッティのこうした操作はすべて、詳細に追うことができる[53]。別の選択肢は、このカバレッタ全体を一から書き直すことであったが、それはドニゼッティが選んだ解決策ではなかった。

楽譜の製本と保存のためには、もちろん、一冊のバイフォリオ（二つ折り）や、もしくは、小さな綴じとなると、大規模な綴じよりも著しくリスクが高くなる。ベッリーニの自筆譜では、作曲者のオリジナル・スコアの個々のバイフォリオが欠落していることが多い；あるものは写譜に置き換えられ、あるものはただ消えてしまっている。でも、その欠落が偶然の産物なのか、それと

も、作曲家が実際に望んだカットなのかは、必ずしも定かではないのだ。ベッリーニのオペラの場合、常日頃から新しい歌手や新しい劇場のために改訂を加える用意があった。例えば、《ノルマ》の〈戦争だ！ 戦争だ！ Guerra, guerra〉の合唱の結びのイ長調の部分は、ベッリーニの自筆譜では欠落しているが、その欠落が、作曲者が認めたカットと関係があるのかないのか、そこがわからないのである[54]。

このほか、一連のバイフォリオが、救いようのない形で混同されることもある。ローマのサンタ・チェチーリア音楽院図書館に所蔵されているロッシーニの《ランスへの旅》の未完成な自筆譜の目録作成においては、このような事態が、より深刻になった。というのも、それらのバイフォリオがどのような順番で遺されたのかがわからないので、作業がより困難になったのだ。

オペラを書きおろす：スケルトン・スコアとパルティチェッラ

自筆譜を書くための用紙を前にして、作曲家は何から始めるのだろう？ 歌手の病気や、シーズン中の他のオペラの失敗など、予期せぬ事態が起きない限り、通常の（初演前の）リハーサル期間は3週間と見込まれていた。その間に、歌手は新作で歌う自分のパートを覚えなければならないし、舞台づくりをする側は初歩的な段階ではあっても演出プランを練り、オーケストラの素材を準備し、リハーサルをし、舞台装置の構想を描き、それを組み立てながらオペラ全体を音楽劇として実現させなければならない。作曲家は、このような緊密でもあり具体的でもある「締切日」に向けて、作曲と制作においては何が優先されるか、その順序をしっかりと心に留めおいた――少なくとも、最終段階の時点で、リブレットを断片的に渡されてくるのでなければ。また、作曲家は、合唱を準備する際の特別な必要性に敏感になっていた。たとえ、合唱が入ってくるところが比較的単純なものであり、舞台の動きに対する要求が最小限であったとしても、合唱団という存在は訓練不足になりがちで、音楽の面でも鈍くなる傾向があった。したがって、コーラスが登場するナンバーを作曲するには、ある程度の優先順位が必要となった[55]。しかし、ソリストのもとに楽譜を届けることも同様に重要ではあった。比較的安定している慣習の中で仕事をする

ならば、ほとんどの歌手は、音楽を自分の声と記憶に素早く落とし込むことができた。作曲家たちは、そのプロセスを支援すべくできる限りのことをしたが、ソリストたちの側としては、必ずしも、最初から重要な部分の楽譜を与えられるわけではなかった。

　結局のところ、作曲家があるプリマドンナの能力に不慣れであったり、かつては輝いていた喉が時間の経過によってボロボロになってしまうことを恐れたりした場合、そのプリマドンナが出演するアンサンブルを先に準備し、リハーサルが始まってからソロ曲を完成させることになるかもしれない。

　我々は、19 世紀の歌手たちの驚異的な記憶力に驚嘆してもよいだろうが、現代のオペラハウスでの経験は、我々のその「驚嘆ぶり」をあらためて定義するのに役立つ。1996 年の夏、ロッシーニ・オペラ・フェスティヴァルは、ロッシーニの歌劇《マティルデ・ディ・シャブラン》の新しいクリティカル・エディションによる上演を初披露する予定であった。この《マティルデ》は規模が巨大であり、複雑なオペラ・セミセリアである。しかし、主役のコッラディーノを歌うはずであったテノールが初日の 3 週間前に病に倒れた。でも、別のオペラに小さな役で採用されていた若いテノール、フアン・ディエゴ・フローレスが、一晩で主要なアリアを覚えてしまい、そのアリアでオーディションを受け、コッラディーノ役を引き受けることになった。彼はこの役を完璧に歌い上げ、そこから素晴らしいキャリアをスタートさせた。その 8 年後、すっかり成熟したアーティストになった彼は、2004 年夏、デビュー作の役に見事に返り咲いた。マリオ・マルトーネ演出、リッカルド・フリッツァ指揮による、近年のこの音楽祭で最も印象的なプロダクションのひとつである《マティルデ・ディ・シャブラン》に、彼はデビューの時と同じ役で凱旋公演を行ったのである。

　なお、こういう時に最も緊急性が低かったのは序曲（シンフォニア）である。シンフォニアならもちろん、舞台リハーサルは必要なかった（現代の舞台演出家の意見とは正反対であるが）。オペラの歴史の中で、序曲が必ず最後に作曲されたのも不思議ではない。作曲家が初演の日に、まだリハーサルしていない序曲のオーケストラ・パートを、インクが乾かぬままに持参したといった類いの話は枚挙にいとまがない。また、ドニゼッティやロッシーニなら、初期の自分の失

80　　第 I 部　楽譜を知る

敗作からシンフォニアを借りてくることもあった。実のところ、世紀が進むにつれて、多くの作曲家が序曲のないオペラに満足するようになっていったし、ロッシーニの有名な序曲のほとんどは、彼の初期の作品に根ざすものである。また、1817年から1822年にかけて書かれた7つの最後のナポリ・オペラ・シリーズにおいて、本格的なシンフォニアを持つ作品は《エルミオーネ》ただ一作である[56]。ヴェルディが1845年に《アルツィーラ》にシンフォニアを追加したのは、ナポリの経営陣の強い要望によるものであったので、彼はそのために追加料金を要求した[57]。

　音楽のナンバーやレチタティーヴォごとに、作曲家は楽譜全体のレイアウトを考え、どの楽器が演奏されるかを示し、通常はそれぞれの楽器のために五線譜を割り当てるが、ヴェルディは、先述のようにスケルトン・スコアだけを書くことから始める。作曲の観点からは、この手順は完全に理にかなっている。主要な楽想を表し、旋律と和声の展開を決定する声部、低音部、主要な旋律線は、音楽がオーケストレーションされる前に考案されなければならなかった。このことは、他の場所（継続的草稿）で書き留めたものを自筆稿に書き写した場合（ヴェルディ）でも、自筆稿に直接書き込んだ場合（ロッシーニ、ベッリーニ、ドニゼッティ）でも同じである。また、この手順は実用的にも理にかなっていた。ソロであれ合唱であれ 声楽のパートはリハーサルで即座に要求されたのである。オーケストラのリハーサルは、オペラの初演の数日前に始まることが多かった。そのため、スケルトン・スコアの空白の五線譜を埋め、オーケストラの団員たちのためのパート譜を準備することは、そこまで急がれることではなかった。

　この時期のいくつかの重要な手稿譜は、オペラが企画され、広範にわたって追求された後に頓挫したものであり、作曲家の仕事のやり方を雄弁に物語っている。ベッリーニは1830年秋、ロマーニの台本によるユゴーの『エルナニ』を題材とするオペラに着手した。この作品は、ドニゼッティが《アンナ・ボレーナ》で幕を開けた1830-31年のミラノ・カルカーノ劇場のカーニヴァル・シーズンにおける2番目の新作オペラとして上演される予定であったが、《エルナーニ》はすぐ、オーストリアの検閲官との間で大きな問題となった。ロマーニとベッリーニは、自分たちのテキストを（検閲で）汚すよりも、別の

ジャンルの新しいオペラ《ラ・ソナンブラ（夢遊病の女）》で代用した。《エルナーニ》では多くのページが現存し、メロディのスケッチや完成したページもあるが、ほとんどがスケルトン・スコアになっている [58]（重要な点は、エルナーニの役が女性のズボン役で書かれ、ジュディッタ・パスタが歌うことになっていたということ。これは、ヴェルディが 1844 年に拒否した「声の使い方」でもあった）。

　また、ほぼ完成していた《アルバ公爵 Le Duc d'Albe》の第 3 幕と第 4 幕の大部分も同じような状態である。作曲者のドニゼッティは本作を、1840 年に、パリ・オペラ座に書いた 2 作目のオペラとして上演する予定であった。それは、《殉教者たち》（ナポリでの《ポリウート》の仏語改作版）に続くドニゼッティの大作であり、彼にとっては初めてのフランス語オペラの新作である。この作品は、フランスで最も重要な台本作家であるウジェーヌ・スクリーブとその同僚シャルル・デュヴェリエの共作のリブレットに合わせて書かれた；スクリーブは後に、それを基にして、ヴェルディのための別の台本《シチリア島の晩鐘》を書き上げている [59]。残念ながら、オペラ座の支配人レオン・ピエには、彼の愛人であるメゾソプラノのロジーヌ・ストルツが主役でない作品を上演するための心の準備がなかった。かくして、ドニゼッティは、《アルバ公爵》の第 1 幕と第 2 幕は基本的に完成させ、同じ作品の第 3 幕と第 4 幕はスケルトン・スコアで残した。その代わりに、ドニゼッティは別の作品に目を向けた。倒産してしまった劇場たるテアトル・ド・ラ・ルネサンスのために書いてあった《ニシダの天使》である。ドニゼッティはこの《ニシダの天使》から、ピエ自身のお気に入り（寵姫 La favorite）であるストルツ嬢の才能に完璧にフィットしたレオノールという秀逸な主人公を有す、彼の最も優れたオペラのひとつ、《ラ・ファヴォリート La favorite》を作り上げた [60]。

　ロッシーニも、このスタイルで作品全体を残している。ソフォクレスの悲劇『オイディプス』からの合唱曲である：これは、ボローニャの詩人ジャンバッティスタ・ジュスティによるイタリア語訳（Edipo Coloneo）によって、ソフォクレスの悲劇『コロヌスのエディプス』のための合唱曲を作ったもの。ジュスティが作曲家にこの合唱曲の作曲を依頼したのは、おそらく 1815 年のことだろう。当時、具体的な上演は予定されていなかったようだが、ロッシーニはその頼みを承諾し、完全なスケルトン・スコアを用意した。彼はまず、声部（合

82　第 I 部　楽譜を知る

唱のリーダーと男声合唱のためのパート：ただし、必ずしも低声部の合唱パートを含むわけではない）と、低声部の一部（特に大きな転調のあった個所）、重要な楽器のソロを書き、いくつかの箇所、例えばシンフォニアの部分にはより充実した楽器パートも書き加えた──この状態でロッシーニは原稿をジュスティに渡したのである。しかし、これらの合唱をとても大切にしていたジュスティは非常に怒った。1817年に出版された、ジュスティがイタリア語に訳した翻訳版（パルマ、1817年）の注釈内で、彼は、この合唱曲のために特別な詩的スタイルを採用したと説明し、だから（古代ギリシャの劇場にいるかのように）コーラス隊も歌えるのだと主張した[61]。

　ジュスティ曰く「したがって、我々にとっては、この実験を試みることは賞賛に値するものと思われ、コーラスを付けたいと考えた。一方、この作品を舞台で上演すべく好機を待つ間、私たちはこの翻訳をスタイルの点からも公けにしたいと考えた。公平な読者なら、歌詞の文体、特に合唱の文体から、コーラスがもたらすであろう効果に気付いてくださるだろう。また、その効果は、経験によってさらに明らかになるだろう──経験を積むことが可能になれば」。

　また、注釈として、ジュスティはこうも付け加えた：

　「ある有名な音楽監督が私のコーラスに曲をつけてくれた。私は彼に報酬を惜しみなく支払った。でも、その直後、私は多くのページで伴奏部が欠けていることに気づいた。なので私は音楽監督のところに戻り、それらのページを返した。しかし、それから1年間、何度お願いしても、私はそのページを返してもらえなかった。音楽監督の友人たちは、それがその人一流のジョークだと言うが、この種の冗談は、ある有名な道化師のジョークである、祝宴の最中に王の面前で（王様はその行為を楽しんでいた）彼は、驚いた廷臣たちのポケットから見事な手際で金の箱を抜き取ったという逸話に似ている」。

　ロッシーニがジュスティをからかったとは思えない。むしろ、彼は19世紀前半のイタリア・オペラの作曲家たちが振る舞ったのと同じく、そうしただけのことである。ロッシーニにしてみれば、主要な曲作りの作業は終わっており、演奏が行われるときにオーケストレーションを完成させる準備をしていたはずだ。しかし、この場合、ロッシーニが当該の楽譜に戻ることはなく、ジュスティが報酬を取り戻したかどうかもわからない。ただ、手稿譜は1840年代

初頭に、ロッシーニの親友であったボローニャの作曲家ヴィンチェンツォ・ガブッシがパリで売りに出したことで、世の中に再び姿を現した。少なくとも、ロッシーニがガブッシにそのスコアを贈った可能性はあるのだ。結果、《エディポ・コロネオ》の楽譜は最終的にフランスの出版社トルペナスが入手し、そこからエディプス王のための「アリア」（実際には、合唱団の導入部のことを指し、ロッシーニが合唱団の中からのソリスト用に用意した一曲である）を取り出し、それに加えて、2つの女声合唱曲も派生させた（ロッシーニがそれぞれ「信仰」「希望」と名付けている）。なお、トルペナス社は、この2つの合唱曲に3つめの合唱曲を加えるよう作曲家を説得し、1844年には「3つの宗教的合唱曲《信仰、希望、慈愛》」が出版された。

　しかし、パリで見つかった原稿は、いまや、様々な旅路を経て、現在はニューヨークのピアポント・モルガン図書館に所蔵されているが、その手稿譜は、完全にオーケストレーションされたものなのである。おそらくは、別の作曲家（多分《湖上の美人》のダグラスのアリアを作曲した人物と同じと思われる）が「空白を埋めるべく働いた」、つまりはオーケストレーションを完成させたのだ。なお、楽譜の層が異なる人の手に渡っているため、ロッシーニのスケルトン・スコアに何が書かれていたか、我々は正確に特定することができる。通常、これほど正確にレイヤーを分けることはできないのだが、ロッシーニの自筆譜がすべてこのようにして作成されたことは明らかだ。この珍しいケースで、スケルトン・スコアがどのようなものであったかを例示すべく、例えば、《エディポ・コロネオ》のクリティカル・エディションでは、追加のオーケストレーションが灰色の紙に印刷されている。そのため、作曲の段階が一目瞭然なのである。

　ヴェルディも同じように仕事をしていたので、時には彼の足跡をたどることができる。1851年2月5日、彼はサンターガタの自宅から、前奏曲を除いた《リゴレット》第1幕と、最後の（復讐の）二重唱を除いた第2幕のスケルトン・スコアをヴェネツィアに送った。この原稿には声楽のパートと、いくつかの部分のオーケストレーションが入っており、ヴェルディはヴェネツィアのコピイストに、声楽パートを抜き出して歌い手にそれを委ねるよう指示した。また、「オペラの残りの譜面は私が持っていくから。リハーサルの間に私がオー

84　第Ⅰ部　楽譜を知る

ケストレーションをする」と付け加えている[62]。ヴェルディが実際にヴェネツィアに到着したのは2月19日であった：だから、その時点で歌手たちが第2幕の最後の二重唱を目にしたとは思えない。そして、《リゴレット》の世界初演は3月11日に行われた。この3週間の間に、ヴェルディはオペラの大半をオーケストレーションし、その間、歌手たちはそれぞれのパートを学び、結果として、作品全体が初演された。ヴェルディがオーケストレーションを終えると、管弦楽パートが準備され、オーケストラのリハーサルが行われ、上演に組み込まれたのである。

　これほどまでにタイトなスケジュールで仕事をするのだから、作曲家たちが先述の方法で仕事を進めたのは驚くにはあたらない；声楽パートをできるだけ早く歌手の手に渡す必要があったからだ。ただ、イタリアで書かれたオペラの場合、ほとんどの作品において、こうしたオリジナルの歌手のパート譜（パルティチェッラと呼ばれる）を入手できていない。それらは、時の流れや、次々と変わる興行主の管理下にオペラのシーズンを置く社会制度、あるいは火事やハウスクリーニングなどの「破壊的な力」の犠牲になってしまったのだ。しかし、フェニーチェ座の《セミラーミデ》のように、オリジナルのパート譜が残っているものもある（1996年に劇場が再び焼失する前に、これらのパート譜はヴェネツィアのレヴィ財団に移されていた）。パリの劇場のために書かれた作品については、もっと恵まれている。オペラ座には、歌手に渡された膨大な数のパート譜が存在し、作曲家の手による注釈がそこに添えられていることもあるのだから。ヨーロッパの北部にそれらのレパートリーが広まるのに重要な役割を果たしたパリの劇場であり、フランスの作家や芸術家（ドラクロワ、バルザック、スタンダール）がイタリア・オペラを知るきっかけとなったテアトル・イタリアンのアーカイヴにも、多くのパルティチェッラが現存している。中でも、《ランスへの旅》に関するものは、きわめて重要な資料である。現存する個々の歌手のためのパート譜は、すべて同じ図式を示している：一つの曲ないしは一つの幕にソロのヴォーカル・ラインが書かれ、それと一緒に、アンサンブル内では1人や2人もしくはそれ以上の登場人物たちが付いてくるので、他の歌手たちのパートから、自分が歌い出すべきキューを送ってもらえたりもする。管弦楽曲の場合、低声部のラインだけが存在し（完全なものはほとんどない）、歌手を援

けるための重要な楽器の合図もいくつかある。このようなパルティチェッラ
は、スケルトン・スコアからも容易に準備できただろうし、オペラの初演のた
めに作られたものであることは間違いない。例えば、ヴェルディの《マクベ
ス》の場合、出版社リコルディが、1847年に作曲者のスケルトン・スコアか
ら直に譜刻したオペラの合唱パート譜を作成したことは確かである[63]。

オペラのオーケストレーション

　歌手たちが楽譜を手にしたら、コピイストたちは自筆譜をスケルトン・スコ
アのまま作曲家たちに返すことになる。ドニゼッティとヴェルディは手紙の中
で、オーケストレーションは歌手たちとリハーサルをしている間に仕上げたと
繰り返し述べている。ロッシーニの手紙は残っていないが、原稿のインクの濃
淡の違いからも、彼もまた同じような手順を踏んでいたことが窺える。リハー
サルの合間に、作曲家たちはオーケストラのパートを完成させていた；全部の
楽器が通常の原稿用紙に収まりきらないような大編成のアンサンブルになる
と、作曲家は必要なスパルティティーニを追加した。19世紀には、作曲家は
自分のオペラを最初から最後までオーケストレーションするのが普通であっ
た。

　ロッシーニは、レチタティーヴォやアリア・ディ・ソルベット（シャーベット
のアリア）を作曲する際、協力者を起用することはあったが、スケルトン・ス
コアを書いたオペラ・ナンバーのオーケストレーションを他の作曲家に許可し
た例は2、3例しかない[64]。イタリアのオペラ作曲家たちは、アメリカのミュー
ジカル劇場のような条件の中で仕事をしていたのかもしれないが、ブロード
ウェイの有名なロバート・ラッセル・ベネットのように、彼らの楽譜をオーケ
ストレーションする別の人物が控えているという考えを持っていたならば、そ
れは忌み嫌われただろう。急がなければならないからといって、無頓着にク
ローンを作ったわけではない。

　実際、最も印象的なオーケストラの効果といえば、それはおそらくは考え抜
かれたものであり、完全ではないにしても、声のラインと一緒に書き留められ
ている。また、オーケストレーションの残りの部分は、よく理解された原則に

86　　第Ｉ部　楽譜を知る

従うものであり、発明やひらめきの技というよりは、むしろ、作曲技巧の問題であった。ロッシーニ、ドニゼッティ、ヴェルディの自筆譜を見ると、管弦楽曲の書き方を簡単にマスターしていることがわかる；ベッリーニについては、もっと躊躇しているようだ。しかし、リハーサルでオーケストラと直接触れ合った経験をもとに、ベッリーニは常に、効果的な解決策を導き出した。それでも作曲家たちは、可能な限り、オーケストレーションを完成させる作業を簡略化すべく、さまざまな近道を自分に認めていた。

　ベッリーニとドニゼッティは、音楽の構造上、あるセクションの反復が必要な場合（例えば、カバレッタの主要テーマの再現）には、小節を並べることすらせず、楽譜に「Dall'A al B」（「A から B へ」）と書くことを好んだ。これはつまり、次の小節は「A」と「B」の間の小節を同じように繰り返すということである。ロッシーニとヴェルディは、もう少し詳しく、必要な小節は譜面に記し、声部と低音部だけを記した（大編成の場合、空白の部分を残すこともあった）。ただし、彼らもまた繰り返しをするパッセージの冒頭で、「Come Sopra」（ロッシーニの典型的な「上記のように」）か「Dall'A al B」（ヴェルディの典型的な「A から B へ」）のどちらかを書き、完全に書きこまれていない内容はすべて、そのパッセージの最初の出現時から派生したものであると指定した。いくつかの自筆譜では、コピイストが空白の小節を埋めていた。

　作曲家がオーケストレーションを完成させるために他の音楽家に頼ったケースは、ある一つの場合のみである：それは、あるオペラで舞台上 (*sul palco*) に登場する吹奏楽団（バンダ：地元の軍隊から頻繁に人を供給してもらう）のために、フルスコアを用意しなかったことである。ロッシーニが 1818 年の《リッチャルドとゾライーデ》で初めてこうしたバンダを起用して以来、イタリアの本格的なオペラにおいて、それはますます重要な役割を果たすようになった。通常、バンダが演奏するための楽譜は短いものとして、ピアノのスコアのように 2 段の五線紙に書かれていた。地元の楽団長は、市当局や軍当局から提供される楽器演奏者のために、このスコアをアレンジするが、その手順は、《セミラーミデ》におけるロッシーニにも当てはまり、ヴェルディの《ナブッコ》と《仮面舞踏会》にも当てはまる [65]。ロッシーニ自身がバンダのパートを作りあげたのは一度きりであり、それは非常に特殊な状況下でのことであった。彼が

第 2 章　ステージの設営　　87

1819 年に《エジプトのモーゼ》を改稿した際、第 3 幕の名場面〈祈り〉を追加した。この〈祈り〉の伴奏部には、(ピット内)のオーケストラと(舞台袖からの)バンダの両方が使われ、ロッシーニ自身がバンダのパートも作曲しているのである[66]。ただ、ロッシーニは、バンダのパートを直接書かない場合でも、バンドマスターとは綿密に相談していた。また、《湖上の美人》の第 1 幕フィナーレでは、9 本のトランペットと 4 本のトロンボーンが、勇士マルコムの入場シーンを支え、その後に通常の編成のバンダが加わるので、総勢約 35 名のバンダが舞台上に現れるのである。しかし、フランス人はこの音響効果に耐えがたいと思ったようで、本作が 1824 年にパリで初披露された後、ロッシーニは、より控えめな楽器編成のもとで、バンダの新たな縮小版スコアを用意することを余儀なくされた[67]。

　19 世紀前半からのイタリア・オペラの、現代まで続く楽譜のヴァージョンに残る多くの特殊性は、楽器奏者、歌手、指揮者を混乱させた。それは、自筆稿がどのような段階を経て生成されたかを検証し、作曲家が用いた略語を解釈することによってのみ、理解できるのだ。ちなみに、作曲の段階に由来するいくつかの矛盾は些細なことではある。例えば、チェロとコントラバスの音価は、他のすべての楽器パートの音価と同じではないことがよくある。ロッシーニの《泥棒かささぎ》第 2 幕の少年ピッポとヒロインのニネッタの美しい二重唱(第 12 曲)では、カバレッタの主題の繰り返しを準備する部分が、オーケストラと声楽の全体をト長調の和音で締め括っている。このとき、チェロとコントラバスの音符は 2 分音符だが、他のオーケストラのパートはすべて 4 分音符で書かれている。それは、ロッシーニが他の管弦楽のパートを書く前に、チェロとコントラバスの音符を楽譜に書き込んだからこのような矛盾が生じただけのこと。それゆえ、この楽譜は、作曲家がチェロとコントラバスだけの響きを長持ちさせたかったということを示しているわけではないのである[68]。

　しかし、この種のケースがすべて些細なこととは言えない。ヴェルディがリゴレットのモノローグ〈二人は同じだ Pari siamo〉の結尾に書いた継続的草稿をここで紹介しよう。このシーンで、リゴレットは、自分自身を殺し屋スパラフチーレと比較している(例 2.2)。

　2 小節目の和音は、リゴレットが高音の E を歌った直後の 2 拍目に現れる。

この部分を、ヴェルディの《リゴレット》の自筆譜と比較してみよう。譜例では、声のパートと弦のパートのみを挙げてあり、(例2.3)では、高弦のパートが1本の五線譜に凝縮されている。ヴェルディは、このように低弦が2拍目に、高弦が3拍目に入ることを望んだわけではないだろう。これはむしろ、自筆譜の連続的な段階を反映した典型的な誤りなのだ。

ヴェルディは継続的草稿をスケルトン・スコアに写し取り、草稿にある通り、低弦パートに音符を書き込んだ。そして、オーケストレーションを完成させ（そして、その前の小節に正しく書かれた和音に影響され）、彼は3拍目の高弦にその和音を置いた。以前に書き留めたものとの矛盾には気づかずに。ヴェルディの支離滅裂な記譜法は、高弦が上の3つの五線を埋め、低弦が下の2つの五線を埋め、管楽器、金管楽器、打楽器、声楽パートで区切られているという原

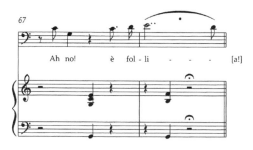

(譜例 2.2) ジュゼッペ・ヴェルディ《リゴレット》シェーナとデュエット
（第4曲）小節番号 67-88 　継続的草稿の譜例

(譜例 2.3) ジュゼッペ・ヴェルディ《リゴレット》シェーナと二重唱
（第4曲）小節番号 67-68 　自筆譜より

第2章　ステージの設営　　89

稿のレイアウトによって促進された。リゴレットのパートと低弦パートを書いた時、ヴェルディは隣接する五線譜を使っていた。ヴェルディはここで何を意図したのだろう？ 楽譜の編集者と演奏する者はそこで判断を下さねばならないが、その判断とは、美的な面からの考慮と、《リゴレット》が記譜された際のプロセスへの理解といった2点で下されることになる。同時代の楽譜のほとんどは、原典に盲従するものだ。リコルディ社が発行したオーケストラ・パート譜や声楽譜など、この問題を十分に認識していた数少ない二次資料は、多数決の原則を採用し、高弦のヴァージョンを選択した。

しかし、低弦楽器のように、2拍目にリズミカルに印象的な和音を配置すること（継続的草稿とスケルトン・スコアの両方に書かれており、ヴェルディは和音とヴォーカル・ラインの関係についてより綿密に考えていた）を、3拍目のより平凡な配置（作曲家がオーケストレーションを猛烈な勢いで完成させている最中に書かれた）よりも好むといったことには十分な理由があるのだ[69]。ただ、どのような選択をするにせよ、ヴェルディが何を意図したか、それを確かめる方法はない。確定的なのは、彼が書いたものは彼が意図したものではないので、印刷譜と演奏面の両方で問題を修正しなければならないということである。

楽譜における多くの謎や矛盾は、作曲家がオーケストレーションの際に使用した略語を反映したものである。ある作曲家が "Come Sopra（上述の通り）" と記したオーケストラの行を、コピイストが補筆した可能性があると理解すれば、このような補筆に対して、作曲家自身が記譜した内容と同じ重みで扱うことは避けられる。これは、19世紀の二次資料の多くに見られるまちがいである。もちろん、二次資料を見ても、自筆譜のすべてが作曲家の手によるものなのかどうか、それを知ることはできない。したがって、コピイストの手で書き入れられたヴァリアンテは、作曲家自身の記譜と同じ重みを持つように見える[70]。

さらに、ある作曲家が、オーケストレーションが「Come Sopra 上述の通り」と派生している部分を省略して表記していたことを理解すると、そのような部分のベースラインの自筆譜の違いさえも、おそらくは記憶を頼りに書いていた作曲家によって、不注意に導入された可能性があることがより理解できる。最後に、これらの自筆譜の体裁を念頭に置けば、「Come Sopra」の一節

の後に新たに書き始めた状況を敏感に察知することができるのだ。直前の小節を実際に参照せずに書いたりするから、作曲家はしばしば、楽器編成の凡庸な誤りや、楽器の奏法に不正確な点を持ち込むのである。

　ある楽器パートを別の楽器パートから派生させるという言葉による指示も、同様に危険なものだ。ヴィオラが低弦に加わる傾向があった18世紀の慣習に倣い、ロッシーニとドニゼッティ（時にはベッリーニとヴェルディも）は、ヴィオラの五線譜に"col basso"と記すことがあった。これは、ヴィオラが低弦のパートを倍加するという意味である。しかし、この指示をその通りに実現するのはそう簡単ではない。チェロとコントラバスは通常、同じラインで楽譜を読み、同じ音楽を演奏する（コントラバスはチェロより1オクターヴ下の音を出すがそれも明確ではない。というのも、19世紀の楽器で使用可能な音符は、どの地域でも同じというわけではなかったからだ）。しかし、真ん中のハ音（C）の下のCを最低音とするヴィオラが、自分よりも1オクターヴ下のハ音を最低音とするチェロと一緒に演奏する場合、チェロと同じ音を出すべきか、それとも1オクターヴ上の音を出すべきなのか。ある音域から別の音域に切り替えるべきか、切り替えるとしたらどこで切り替えるべきか。作曲家がヴィオラをどこで演奏させたかったのか、それをどうやって正確に把握すればいいのか。作曲者はその問題を考えたのだろうか？——という風に考えられるのだ。しかし、文脈から明確な全体像が得られることはよくあるとはいえ、編集者や楽器奏者が自分たちのリソースを使い直すことになる場合も多い。それもまた、これらの自筆原稿の書き方の結果なのである。

　これらの点は、19世紀前半のイタリア・オペラの伝播に、直接的にも長期的にも影響を及ぼした。そして、作曲家が何を意図していたかを判断しようとする音楽家や研究者たちに影響を与え続けている。しかし、ここで説明したようなプロセスは、作曲家たちが後世のことを考えるきっかけには、ほとんどの場合、ならなかった。というのも、彼らが自分たちの芸術的地位を自覚し、真剣さと自信をもって仕事に取り組んでいたことを示す十分な証拠類があるからだ。ただ、彼らが働いていたシステムの性質上、彼らの注意力、つまりは全注意力は、急速に現実味を帯びてきた公演の方に集中させざるを得なかったといえる。初日を3日後に控え、ソプラノは恋人役（テノール）と喧嘩し、バスは

楽譜を覚えることができず、ファースト・オーボエはクラリネット奏者が変装したものであることが判明し、ヴィオラ・セクション全員（2人とも）が病気であった、など[71]。1816年当時のロッシーニに、《セビリャの理髪師》が21世紀になってもまだ大衆を楽しませているだろうと言う人がいたとしたら、彼は大喜びしたに違いない。何しろ、1816年の時点では（オペラ界に）「活発なレパートリー」はほぼなかったのだから。グルック、モーツァルト、パイジエッロ、チマローザ（いずれもまだ存命か、死後30年も経っていない作曲家）の一握りのオペラを除けば、上演されていたオペラの大部分、もしくは定期的に上演されていたオペラは、すべて新しく作曲されたか、つい最近に作曲されたばかりのものであった。

　完全にオーケストレーションされたオペラについては、作曲家の自筆原稿がコピイストの手に渡り、そのコピイストがオーケストラの各メンバーのパート譜を作成する。そこでようやく、オーケストラのリハーサルが可能になった。《リゴレット》の場合、最初のオーケストラ・リハーサルは1851年3月4日に行われた。初演の1週間前である。

【原註】

1）イタリア・オペラが花開いた社会的環境については、序文で述べたロッセッリ、バンティ、ソルバによる寄稿のほか、ビアンコーニとペステッリ編 ed. Bianconi and Pestelli, *Storia dell'opera italiana* の特に第4巻 *Il sistema produttivo e le sue competenze*（コクラン訳 trans. Cochrane, *Opera Productive Resources*）に豊富な文献とともに収められている。デッラ・セタは Della Seta, *Italia e Francia nell'Ottocento* の中で重要な概観を示している。また、de Angelis, *La carte dell'impresario* も有用である。

2）*Il Teatro di San Carlo, 1737-1987.*

3）Cametti, *Il teatro di Tordinona poi di Apollo* は、一つの劇場史を語る模範的な一冊となっている。

4）Girardi and Rossi, *Il Teatro La Fenice.*

5）正確なタイムテーブルについては、《セビリャの理髪師》自筆稿のファクシミリ版（英語、12-26; 伊語、63-79）と《ドン・パスクワーレ》（英語、86-90; 伊語、15-20）の紹介を参照。

6）ヴェルディは1858年5月12日、友人クララ・マッフェイに宛てた手紙の中で「anni di galera」というフレーズを使っている。ed. Cesari and Luzio, *I copialettere di Giuseppe Verdi*, 572.

7）ベッリーニの伝記としては、Rosselli, *The Life of Bellini* を参照。最も重要な全体的研究は、Pastura, *Bellini secondo la storia* に引き継がれている。その出版以来、多くの新しい書簡や文書が登場しているが、Cambi, *Bellini: Epistolario* が最も重要であり、最も注釈の多いコレクションであることに変わりはない。ドニゼッティについては、Ashbrook, *Donizetti and His Operas* を参照。また、Bini and Commons, *Le prime rappresentazioni delle opere di Donizetti nella stampa coeva* も重要である。ベッリーニの場合と同様、最も重要な書簡・文書集は、1940年代に印刷された Zavadini, *Donizetti* である。本書はより最近の論文やモノグラフ（専攻論文）によって補完されている。

8）Piperno, "Il *Mosè in Egitto* e la tradizione napoletana di opere bibliche" および同じ著者の "'*Stellati sogli*' e '*immagini portentose*'" を参照。

9）例えば、ヴェルディとフェニーチェ座の《椿姫》に関する契約書（ヴェルディ《椿姫》クリティカル・エディション　デッラ・セタ編、1994）を参照されたい。

10）ロッシーニのナポリ・オペラを総合的に扱った最良の書物は、やはり Cagli, "All'ombra dei gigli d'oro" である。また、Kimbell, "Rossini in Naples" という優れた章も参照されたい。

11）これらのオペラに関する歴史的な情報については、《アルジェのイタリア女》クリティカル・エディション　コルギ編および《セミラーミデ》クリティカル・エディションゴセット、ゼッダ編の序文を参照のこと。

12）この後の伝統の最も重要なリブレットの研究については、Black, *The Italian Romantic Libretto* および Roccatagliati, *Felice Romani librettista* を参照のこと。それ以前の伝統的な台本作家については、これらに匹敵する研究はないが、重要な論文として Castelvecchi, "Walter Scott, Rossini e la *couleur ossianique*" がある。

13）Zavadini, *Donizetti*, 246-47 に掲載されている1826年6月15日付のシモーネ・マイール Simone Mayr 宛書簡を参照。

14）ロッシーニが1819年8月31日にロマーニに宛てた、主題の選択を承認する手紙（Rossini『*Lettere e documenti*』1: 393頁）を参照のこと。

15）このページは *I copialettere* の422と423の間にファクシミリで掲載されている。

16）ヴェルディの作曲過程に関連する様々な要素に対する言葉は、Folena, "Lessico melodrammatico verdiano" によって研究されている。

17）この手稿は、サンターガタのヴェルディ荘にある作曲家の書類の中にある。私はアメリカのヴェルディ研究所のマイクロフィルム・コピーでそれを調べることができた。現存しているのは第2幕のセルヴァ *Selva* のみであるが、ヴェルディと台本作家ピアーヴェとの往復書簡によれば、作曲家は各幕ごとに同じような原稿を用意していたようである。

18）ピアーヴェはヴェルディの指示に忠実に従い、セナーリオ *senario* の韻律（本章の後半で説明するように、基本的に1行に6音節がある）を採用する。

19）ヴェルディのリブレットの起源に関する最も精巧な研究は、《マクベス》の初版（1847）に関するものである。[Folena], "Il *Macbeth* verdiano" および Degrada, "Observations on the Genesis of Verdi's *Macbeth*" および "The 'Scala' *Macbeth* Libretto" を参照のこと。

第2章　ステージの設営　93

20) ドニゼッティの《劇場的都合不都合 Le convenienze ed inconvenienze teatrali》の作曲史は、2002 年のクリティカル・エディション　パーカーとヴィクルント編で模範的な整理がされている。

21) Beghelli, "Tre slittamenti semantici" を参照。

22) 1843 年 10 月 2 日ピアーヴェ宛書簡、Conati, La bottega della musica, 91-92 に掲載。このオペラの作曲史については、《エルナーニ》クリティカル・エディション　ガッリコ編の序文を参照。

23) 我々の知る限り、ソレーラのオリジナルのリブレットは現存していない。

24) 1843 年 11 月 15 日のブレンナ宛書簡、Conati, La bottega, 102-3 に掲載。

25) Pastura, Bellini, 385 に、その後《清教徒》で使われたいくつかのメロディが記された興味深い楽譜が掲載されている。

26) コミカルな台詞が散文で書かれた珍しい例もある：これは特に、1816 年のロッシーニの《ラ・ガゼッタ La gazzetta》のドン・ポンポーニオ Don Pomponio のように、ナポリ方言で歌う登場人物がいるオペラの場合である。

27) イタリアの 19 世紀オペラにおける音楽形式に関する基本的な研究としては、Gossett, "Verdi, Ghislanzoni, and Aida"；Powers, "'La solita forma' and the Uses of Convention", Balthazar, "Rossini and the Development of the Mid-Century Lyric Form" などがある。

28) 実際、ロッシーニは、移行のパッセージにおいて、セナーリオ（6 音節）による新しい歌の部分を導入している。移行のパッセージですでにアンダンティーノのセッテナーリオ（7 音節詩句）を使い続けているのと同時期に。

29) この例では、ヴェルディが音楽を付けたテキストではなく、カムマラーノ Cammarano のリブレットの原本に印刷されたテキストを引用している；作曲家はいくつかの修正をそこで施している。

30) 表向き、それぞれの詩のパターンには「10」の音節があるが、ドッピ・クイナーリ（複5 音節詩行）は、第 3、第 6、および第 9 音節に特徴的なアクセントがあるため、デカシラボとは異なる。イタリア・オペラにおけるデカシラボの典型的な例は、ヴェルディの最も有名なオペラのソンマのテキスト。10 音節のドッピ・クイナーリはデカシラボとは異なり、第 3、第 6、第 9 音節にアクセントがある。

　　ちなみに、イタリア・オペラにおけるデカシラボの典型的な例は、ヴェルディの最も有名な合唱曲のためのソレーラのテキストである（アクセントのある音節は太字で印刷）：

　　"Va pen**sie**ro sull'**a**le do**ra**te, / Va ti **po**sa sui **cli**vi, sui **col**li / Ove o**lez**zano **te**pide e **mol**li / L'aure **dol**ci del **suo**lo na**tal**!"

　　このテキストは、ヴェルディ作曲の《ナブコドノゾール（ナブッコ）Nabucodonosor》クリティカル・エディション　パーカー編から引用したものである。【訳者註：原書では台本作家ソレーラの名前を Somma と誤記】

31) 1851 年 4 月 4 日付のカムマラーノ宛書簡、Carteggio Verdi-Cammarano (1843-1852), ed. Mossa, 188-89 に掲載。

32) 詩の構造が作曲家の活動に及ぼす影響は、フリードリヒ・リップマン（Friedrich Lippmann）によって広く研究されている。特に、彼の Versificazione italiana e ritmo

musicale, trans. Bianconi を参照されたい。

33)《セビリャの理髪師》に関する資料類については、ファクシミリ版への前書き、12-19（英語）と 63-70（伊語）を参照；《ベアトリーチェ・ディ・テンダ》の作曲については、Rosselli, *Bellini*, 105-15 を参照；《パリジーナ》については、ドニゼッティ《パリジーナ》クリティカル・エディションに寄せた著者の序論を参照。

34) ヴェルディはその生涯を通じて膨大な書簡を残しており、それが彼の活動や意見を知るための主要な情報源となっている。ヴェルディアーニ研究所は、何十年もの間、これらの書簡のコピーを丹念に収集し、ヴェルディの生涯における重要人物と交わされた手紙に 1 巻もしくは 2 巻を割いて、この書簡の一部を出版し始めた：例えば、ボーイト、カムマラーノ、リコルディ社、ソンマなど。*Copialettere* と Conati, *La bottega* の他に、重要な書簡集は Abbiati, *Giuseppe Verdi* や Alberti, *Verdi intimo*、そして Luzio, *Corteggi verdiani* にある。ヴェルディのオペラに関する最も重要な一連の書物は、Badden, *The Operas of Verdi* 全 3 巻である。

35) これらの資料の概要については、Gossett, "Compositional Methods" を参照のこと。《セミラーミデ》のスケッチは、このオペラのクリティカル・エディション 1421-41 の付録 1 として完全に書き写されている。《モイーズ》のスケッチはファクシミリで出版され、Gossett, "Gioachino Rossini's *Moïse*" で論じられている。

36) Gatti, *L'abbozzo del Rigoletto di Giuseppe Verdi* を参照。ヴェルディのスケッチについては、Gossett, "Der kompositorische Proceß" を参照。また、Petrobelli, "Remarks of Verdi's Composing Process" と "Thoughts for *Alzira*"、Gossett, "Verdi the Craftsman" も参照のこと。

37) Gatti, *Verdi nelle immagini*. ヴェルディがそれ以前のオペラも、少なくとも部分的にはスケッチしていたと考える十分な根拠があり、《二人のフォスカリ》《アルツィーラ》《イェルザレム》の重要な手稿が確認されている。

38)《リゴレット》の第 2 幕冒頭【訳者註：原著の「第 3 幕」を誤植として修正】の公爵のアリアに附属するカバレッタについての素敵な例は、マーティン・クーシッドによるクリティカル・エディションの序文、xviii（英語）および xlii（伊語）を参照のこと。

39) このスケッチは、Gossett, "New Sources for *Stiffelio*" と Hansell, "Compositional Techniques in *Stiffelio*" で研究されている。

40) 1901 年のヴェルディ没後 100 年を記念して行われた祝典から誕生した最も重要な出版物は、Veldi, *La traviata: Schizzi e abbozzi autografi* である。これは《椿姫》のスケッチをファクシミリ化したもので、豊富な序文、写本、分析が付されている。2002 年に解説書 "Commento critico" が出版された。

41) 1858 年 1 月当時の音楽については、第 14 章（下巻）を参照。

42) サンクトペテルブルクの写譜に基づき、ホルムズは Holmes, "The Earliest Revisions of *La forza del destino*" の中で、いくつかの変更点について論じている。このエッセイを書いた時点では、スケッチを入手できなかった。

43) ロッシーニ《湖上の美人》クリティカル・エディション スリム編の序文を参照。また、『ロッシーニ《イングランドの女王エリザベッタ》、ロッシーニ《エジプトのモーゼ》——自筆稿のファクシミリ版 *A Facsimile Edition of Rossini's Original Autograph*

Manuscript』への序文も参照されたい。

44) 同様の問題は《エジプトのモーゼ》にも生じており、その自筆稿には第 2 幕に 5 つのレチタティーヴォのパッセージがあるが、その由来はいまだ解明されておらず、作者も不明である。これらの問題は、ロッシーニ《エジプトのモーゼ》クリティカル・エディション　ブラウナー編の序文と註において論じられている。

45) ベッリーニ《海賊》クリティカル・エディション　ゴセット編。この最終部の声楽パートはフォリオ 162-65 に、オーケストラ・パートは 173-78 にある。

46) 《セミラーミデ》のこれらの形式は第 6 章の主題である。

47) 詳細については、ヴェルディ《アルツィーラ》のクリティカル・エディション　カステルヴェッキ&チェスキン編を参照のこと。

48) ロッシーニ《オテッロ》のクリティカル・エディション　コリンズ編と、《ギヨーム・テル》クリティカル・エディション　バートレット編の解説文を参照。

49) ロッシーニ《タンクレーディ》のクリティカル・エディション　ゴセット編を参照。

50) ヴェルディ《エルナーニ》クリティカル・エディションのエルヴィーラのカヴァティーナ (N. 3) への注釈を参照、35-40。

51) 20 世紀のオーケストラは、チンバッソが姿を消したことに対処しなければならなかったため、このような問題に関する現代の判断は、通常、ヴェルディが意図した音とはまったく異なるチューバの音を念頭に置いて、なされている（第 12 章 [下巻] 参照）。

52) この仮説は、今では一般的に受け入れられているが、著者は自らの論文 "The Composition of *Ernani*"（特に第 33-35 節）で初めて述べた。

53) ドニゼッティ《ドン・パスクワーレ》ファクシミリ版への序論、37-45 頁（伊語）、108-15 頁（英語）を参照）。

54) この合唱の構造に関連する問題については、ベッリーニ《ノルマ》クリティカル・エディションへの序論で述べている。

55) 1816 年のサンカルロ劇場の標準的な合唱団は、男女合わせて 30 人であった（Rossini, *Lettere e documenti*, 1: 142 の 1816 年 2 月の経費の記述を参照）。フィレンツェでの《マクベス》の魔女のために、ヴェルディは 3 つのグループからなる 18 名の女性を要請した。彼自身、これを異例の要請とした。彼のアレッサンドロ・ラナーリへの書簡　1847 年 1 月 21 日付を参照のこと。Rosen and Porter, Verdi's *"Macbeth"* の 33 頁に掲載。

56) Gossett, *Le sinfonie di Rossini* の特に 56-68 頁を参照。ロッシーニはグルックの《トゥーリードのイフィジェニー》(1781) の序曲を知っていたかもしれない。この曲は最初は厳格なる管弦楽曲で始まるが、やがて手ごわい歌のアンサンブルと化す。

57) ヴェルディ《アルツィーラ》クリティカル・エディションの序文、xvi（英語）および xxxiv（伊語）参照。

58) この不完全なオペラについての最良の論考は、Pastura, *Bellini*、245-76 頁である。カターニアのベッリニアーノ美術館所蔵の自筆譜 2 ページが、Andò, De Meo and Failla ed., *Bellini*, 212 に再掲されている。

59) 台本はロ・プレスティ Lo Presti によって編集され、《アルバ公爵（ル・デュク・ダルブ）》：スクリーブとデュヴェリエの共作によるリブレットになった。AshBrook, *Donizetti and His Operas*, 434-36 も参照。

60)《ニシダの天使》については、アルフォンス・ロワイエとギュスターヴ・ヴァエズの台本のエディションとともに、『ドニゼッティ協会誌』第7号（2002）に2つの記事がある：Lo Presti, "Sylvia prima di Léonor (con interferenze di un duca)" と Desniou, "Donizetti et L'Ange de Nisida" を参照：台本の転載はロ・プレスティとデニウによる。また。ドニゼッティ《ラ・ファヴォリート》のクリティカル・エディション　ハリス＝ウォリック編も参照のこと。ストルツと彼女の芸術に関する初期の記述に対する重大な是正については、Smart, "The Lost Voice of Rosine Stolz" を参照のこと。

61）これらの文献はすべてロッシーニ《エディポ・コロネオ》クリティカル・エディショントッツィ＆ワイス編の序文に引用されている。

62）Conati, La bottega, 250-51 に掲載の1851年2月5日付け、ピアーヴェ宛の書簡。

63）1847年版の最終幕冒頭の合唱〈抑圧された祖国よ Patria oppressa〉（第12曲a）については、ヴェルディ《マクベス》クリティカル・エディション　ロートン編の序論と解説を参照。

64）ロッシーニは、ポルトガル貴族の依頼で準備したオペラ《アディーナ》のヒロインのためのカヴァティーナ〈幸運なるフラゴレット〉において、最初の19小節をフル・スコアで書いた。そのため、残りの部分（小節番号20～118）では、彼はスケルトンのスコアのみを記譜し、オーケストレーションは別の音楽家に任せた。ロッシーニ《アディーナ》クリティカル・エディション　デッラ・セタ編。

65）《セミラーミデ》のための現代のバンダの楽譜は、このクリティカル・エディションの第4巻として印刷されている。

66）《エジプトのモーゼ》自筆稿のファクシミリ版、第2巻、289-291頁、およびクリティカル・エディション、786-96頁参照。

67）詳細は、《湖上の美人》クリティカル・エディション第3巻の序文を参照のこと。しかし、19世紀には誰も想像しえなかったことだが、武骨なトランペットの代わりにホルンが不適切に使われるという譜面は、まさに2001年の夏期講習中にロッシーニ・オペラ・フェスティヴァルの聴衆が《湖上の美人》の特に残念なる上演で耳にしたものである。

68）ロッシーニ《泥棒かささぎ》クリティカル・エディション　ゼッダ編；小節番号172（p. 741）に問題がある。

69）《リゴレット》のクリティカル・エディション　クーシッド編。クーシッドは和音を2拍目に置いている（p. 81参照のこと）。

70）典型例としては、《エジプトのモーゼ》自筆稿のファクシミリ、ff. 34v-37v の五重唱では、ロッシーニは当初、カバレッタの主題である〈Voce di giubilo〉の繰り返し部分を「Come Sopra」と指示していた。声楽パートに1小節、伴奏部に2小節だけ書かれている。この47小節のパッセージは、ff. 28-31v. にある以前のパッセージと同一であることを意味していた。

のちにコピイストが「Come Sopra」の部分を消し、声楽パートと管弦楽パートを書き加えた。しかし、彼の読みは言語学的に意味あるものではない：クリティカル・エディションは、ロッシーニの当初の指示を自主的に実現しなければならない。

71）ベルリオーズが『Memoirs of Hector Berlioz』の中で旅先でのリハーサルについて述べているのを思い出してほしい。H. ホルムズおよび R. ホルムズの訳：「第1クラリネッ

トは病気、オーボエの妻は入院したばかり、第1ヴァイオリンの子供はクループ【訳者註：ひどい咳が出る喉頭炎】、トロンボーンはパレード中——彼らは今日の兵役免除を願い出るのを忘れたのだ；ケトルドラムは手首を捻挫しているし、ハープは自分のパートを勉強する時間が必要なので、リハーサルには来ない」（p. 267）。

第3章

「伝達すること」と伝統

コピイストの仕事が早すぎる：もし彼らへの支払いがページ単位なら、時間単位で払うなり、給料を増やすなり、好きなようにするがいい。でも、この混乱ぶりは改善させたまえ。

ジュゼッペ・ヴェルディ、ティート・リコルディ宛、1863 年 1 月 17 日

リハーサルと初演

準備期間がいかに慌ただしかったとしても、リハーサルはもっと激しいものであった。完成したオペラのリハーサルはせいぜい 1 ヶ月ほど。悲惨な状況に陥った場合など、最後の幕の草稿が出来上がる前からリハーサルが始まることもあった。作曲家と舞台監督（通常は台本作者が担当）はまず歌手たちと仕事をするが、そのうちの何人かは、事前に楽譜の一部でも受け取っていたかもしれない。フル・オーケストラとのリハーサルが始まるのは初演の数日前になる。その初演の夜は恐ろしい速さで近づいてきた。だから、初演がリハーサル不足であり、暫定的なものであり、失望させられることが多くても驚くにはあたらない。《セビリャの理髪師》や《ノルマ》の伝説的ともいえる初日の大失敗は、上演時の状況に負うところが大きかった。作曲家たちは確かに、大衆にすぐに支持されることを望んだし、時にはその支持を手にすることもあった。でも、作曲家はみな、シーズン中に上演の精度が改善されるものとわかっていた。

批評、手紙、日記、同時代のレポート、そして音楽資料などのヒントから、我々は作品のリハーサルや初演について多くを学ぶ。そして、こうした活動状況の特徴を捉えることで、我々が直面し続ける問題を解決する方向付けに役立

たせるのだ。例えば、作曲家はしばしば歌手の能力に合わせて楽譜を書いていった。1847年、ヴェルディがマクベス役とマクベス夫人役を演じるフェリーチェ・ヴァレージとマリアンナ・バルビエリ＝ニーニに声楽パート譜を送ったとき、リハーサルの前に、ヴェルディは彼らにこう促した「もしあなた方にとって歌いにくいパッセージがあれば教えてくれ」。そうすれば、オーケストレーションの前に、ヴェルディは修正を加えることができるからである。マクベスの役に関しては他にも、ヴェルディはあるパッセージに関して別のヴァージョンも用意し、バリトンに「より自分に合う方を選ぶように」と頼んでいる[1]。

　1847年の夏、ロンドンで《群盗》初演の準備を手伝っていたヴェルディの弟子、かつ協力者でもあったエマヌエーレ・ムツィオは、この旅にも同行し、ブッセートのヴェルディの義父アントニオ・バレッツィに宛てて頻繁に手紙を書いていた。ムツィオは、彼女たちの主役である「スウェーデンのナイチンゲール」たるジェニー・リンドのいろいろな芸術的資質を賞賛しながらも、彼女の歌のスタイルについては軽蔑していた。「リンドの敏捷さは比類ないもので、しばしば歌の巧みさを誇示するために、彼女はフィオリトゥーラ【訳者註：声の装飾技術を指す言葉。「音符が花開く」イメージから歌の用語として定着している】、ターン、トリルといった、前世紀には喜ばれたものの、1847年の時点では喜ばれなかったような歌いぶりを示すのです。でも、我々イタリア人はこのような歌い方に慣れていない。もしリンドがイタリアに来たら、彼女は装飾マニアの姿勢を捨てて、もっとシンプルに歌うでしょう」[2]。ムツィオの意見はおそらくヴェルディのそれを反映したものではあったが、作曲者自身はリンドの特別な才能を無視するつもりはなかった。《群盗》の自筆稿と、それに由来する歌手のパート譜には、（ソプラノの役である）アマーリアの声部に多くの変更が加えられている；その変更は、リンドのスタイルに合わせるためにリハーサル中に導入されたもの。アマーリアのカヴァティーナ〈その眼差しには天使がLo sguardo avea degli angeli〉では、ムツィオが手紙で嘆いたようなフィオリトゥーラ、ターン、トリルがよく表現されている[3]。もちろん、リンドがリハーサルやオペラの上演中にどのような装飾を加えたかはわからないが。

　作曲家は、歌手個々人の好みとは無関係に、芸術的な理由から、楽譜に多く

の修正を加えた。スコアの修正と細部の磨き上げはリハーサルの期間中もずっと続き、しばしばその後のオペラの伝達【訳者註：後世に決定稿の楽譜を伝えてゆくという意味】に混乱を生じさせる。そこには、《リゴレット》の〈慕わしきみ名 Caro nome〉のように、ひとつの音符が関係することもある。劇中で、リゴレットの娘ジルダが歌う美しいパッセージ〈グワルティエール・マルデ〉は、マントヴァ公爵がジルダとの二重唱の中で伝えた自分の偽名であるが、ジルダはその歌の最中にこの名前を呼び起こし、2度口にする。このオペラの印刷譜では、ジルダは最後の音節をB【訳者註：ロ音——「Gualtier Mal-[dè]」】からトニックのE【訳者註：ホ音——「[Gualtier Mal]-dè」】まで2回とも上昇する。しかし、ヴェルディの自筆譜を見ると、最後のEがはっきりと違っていて、それより低いBのまま声を保持することを選んでいるとわかる (例3.1)。この変更の理由とその魅力を理解するのは難しくない。上昇音は終止形をもたらす強いジェスチャーとなり、音程を変えないことから想起される「夢見るような心地での名前の反復」とは正反対の効果をもたらすものなのだ。さらに、続く主題の「Caro nome」への回帰は、同じE音から始まる：となると、もし声がそこですでに上昇していたならば、この再帰のパッセージの新鮮さは損なわれてしまう。ではなぜ、印刷された楽譜にヴェルディの変更が盛り込まれなかったのだろう。

　ヴェルディの出版社リコルディは、一刻も早く声楽用の楽譜を印刷したいと考え、リハーサル中のヴェネツィアに、ミラノからコピイストを向かわせたの

（譜例 3.1）ジュゼッペ・ヴェルディ《リゴレット》、ジルダのアリア
　　　　　（第6曲）小節番号 63-71

である。

　結果、リコルディ社の写譜は〈慕わしきみ名〉の初期ヴァージョンとともに完成し、初日前にミラノに送られた。また、同社が出版したヴォーカル・スコア（および他の出版社がリコルディ社のスコアから派生させたヴォーカル・スコア）、およびミラノで複写されたその後のすべての手稿は、この以前のヴァージョンのメロディを踏襲している。実際、自筆譜を除けば、ヴェルディの改訂版が残っている唯一の資料は、初演後にフェニーチェ座が作成した《リゴレット》の写譜である。したがって、ヴェルディがジルダの旋律線を変更したのは、リコルディ社の写しが作られた時期（1851年2月末頃）とフェニーチェ座の写しが作られた時期（3月初め）の間であることが確かになる[4]。

　作曲家が初演の直前や直後にスコアに重要な修正を加えることはよくあるが、後にオペラが上演される際に使われる楽譜に反映されるのは、こうした修正箇所の一部のみであった。ロッシーニは《ギヨーム・テル》の〈パ・ド・トロワ〉とチロルの人々の合唱（〈鳥が追いかけようとしない貴方 Toi que l'oiseau ne suivrait pas!〉）を修正し、合唱をお終いにもう一度歌わせて盛り上がる結末にしたが、ロッシーニのフランスの出版社トルペナスはこの変更を楽譜に盛り込まなかった[5]。ドニゼッティの《アンナ・ボレーナ》第1幕におけるペルシとアンナの二重唱〈彼が貴女を嫌っていても私はまだ貴女を愛す S'ei t'abborre, io t'amo ancora〉が失敗に終わると、ドニゼッティはこれを新しい二重唱〈そう、君のもとへ帰るのは僕だ Sì, son io che a te ritorno〉に差し替えたが、印刷された楽譜には前者のみが載っていた[6]。ドニゼッティはまた、《ドン・パスクワーレ》第2幕のドン・パスクワーレと医師の二重唱の結末に不満を持ち、リハーサル中もその後も、そこに何度も変更を加えた。その一例は、1843年1月3日の世界初演（パリにて）の数ヶ月後、ウィーンでの再演のために追加された「笑いの終結部」である。リコルディ社の楽譜は、最終的にこの点を修正したが、1840年代に出版された他の版はそこが混沌としているのである[7]。

　新しいオペラの幕が上がるとき、作曲家は通常、最初の3回の上演の間、オーケストラと共に、観客の目の届くところにいなければならなかった。（劇場側と作曲者との）契約ではしばしば、作曲家が「チェンバロから」演奏を指揮

するよう記された。これは、彼が演奏の合図を出し、テンポを決め、自らレチタティーヴォ・セッコの伴奏をすることまでを意味している。

しかしこの契約文言は、チェンバロや、チェンバロと結びつくレチタティーヴォ・セッコが【訳者註：オペラ史の発展につれて】姿を消した後も、使われ続けたのである。ロジーナ役の初演メゾソプラノ、ジェルトルーデ・リゲッティ＝ジョルジが伝えたという、よく引き合いに出される逸話によると、ロッシーニは 1816 年に《セビリャの理髪師》の大失敗の初演を行った際、第 1 幕の終わりで、歌手たち（そして暗黙のうちに彼自身の音楽）に対して仰々しく拍手を送っていたという。そのため、彼に対して、怒った客席からさらに罵声が飛んだのだ[8]。

世紀が進むにつれて、「チェンバロ」での作曲家の出席は契約に明記されなくなったが、それでも初演からの 3 夜は劇場にいることが求められた。例えば、ヴェルディとフェニーチェ座との《椿姫》の契約には次のような条項があった。これは標準的なものであったようだ：

「マエストロ・ヴェルディは、少なくとも新作オペラの 3 回目の上演が終わるまでヴェネツィアに留まり、大小を問わず、すべてのリハーサルと初演そのものに立ち会わなければならない」[9]。

最初の妻マルゲリータ・バレッツィの死後（彼女とヴェルディの間に生まれた 2 人の幼子も、それまでの 3 年間の中で亡くなっていた）間もなく、1840 年 9 月 5 日に初演されたスカラ座のための 2 作目のオペラ《一日だけの王様》の大失敗に対するヴェルディの苦い思いは、劇場に——おそらくはチェンバロのところに——居続けねばならないということで、より痛いものになったのだろう。このオペラ・ブッファにはまだレチタティーヴォ・セッコが設けられていたからである。それから約 20 年後、彼は出版社主のティート・リコルディに宛てた有名な手紙の中でこう書いている：

「その時以来、私は二度と《一日だけの王様》を見ることはなかったし、この作品はおそらく悪いオペラなのだろう。ああ、もしあの時、大衆がただ——拍手喝采せずに——黙ってあのオペラに耐えていただけだとしたら、私には、彼らに感謝する十分な言葉もなかっただろうが！」[10]

第 3 章 「伝達すること」と伝統　　103

成功であれ失敗であれ、作曲家は聴衆の反応を直接受け取るために、そこ（つまりはチェンバロのところ）にいた。

　だから、演奏の調整（テンポの設定、ダイナミックレヴェルの調整、パート譜の間違いの修正）でどんな問題が生じたとしても、そこからの一言、そこでのジェスチャーで対処できただろう。歌手とオーケストラの間のコミュニケーションはより直接的であった。ワーグナー流のオーケストラ・ピットもなければ、楽器奏者が隠れている「神秘の溝」もなかったからだ：オーケストラは観客と同じ高さに座っていたからである [11]。当時は、同様に、時間を刻むタクトを持つ指揮者はおらず、3 回の演奏が義務付けられる作曲家と、物事をまとめる責任を負う第 1 ヴァイオリン群のリーダーだけであった。このヴァイオリニストは、オペラの完全なオーケストラ・スコアではなく、「ヴィオリーノ・プリンシパル」と呼ばれる、主要な声部と楽器部を含む「特別な第 1 ヴァイオリン・パート譜」をもとに演奏していたので、必要なキューは彼から楽団員たちにおくられたのである。

　イタリアで指揮者が立場として確立するのは、1850 年代までは一般的なことではなかった。しかし、ロッシーニがパリ・オペラ座で活動していた 1826 年から 1829 年までは、すでにこの歌劇場では、指揮者が定期的に起用されていた [12]。

　我々は、イタリアの歌劇場において、この種の初演時の状況がどのように準備され、実行されていたかをまず理解しなければならない。というのも、19 世紀前半の時点では、イタリア・オペラの楽譜作りについては、個々の楽器のパート譜を確認したり、誤記や不正確な箇所を取り除いたり、アンサンブルの細部を修正したりする時間は与えられなかったのだ。最も明白な誤り、つまり作曲家が耳で聴いてすぐに気づくような誤りだけが、その場で修正された可能性がある。実際、劇場で実際に使われた 19 世紀の演奏資料（楽譜）は間違いだらけであり、演奏者たちはどうやって一晩を乗り切ったのだろうと不思議に思うほどなのだ。しかし、もしその器楽奏者勢が優れた音楽家であったなら、自分たちが和声の面から見てどこにいるのか、どこに行きそうなのかという状況をある程度は把握し、難局を賢く切り抜けていたはずである。

　一方、パリではリハーサルの時間はかなり多かったが、終わりのない変化

104　第 I 部　楽譜を知る

【訳者註：楽譜の音符のことに限らず歌詞その他、出演者の変更なども含む】と、そのプロセスをコントロールしようとする多くの人間の存在が、何を演奏すべきかについて混乱を招いた結果、歌劇場はすぐに、理解不能かつ矛盾した指示で溢れ返ることになった。口伝えの情報が曖昧になってゆくと、オペラ座は、理解しやすい演奏情報を見つけるべく、ロッシーニの《ギヨーム・テル》の印刷譜に戻らなければならなかった。でも、その過程で、リハーサルの期間中にロッシーニが行った多くの修正情報が失われてしまった[13]。ヴェルディがパリ・オペラ座という営利団体に対して、愛情を込めて「どでかいブティック la grande boutique」と呼んだのは、イタリアの作曲家勢に共通する感覚を反映したものであった。楽譜の上演使用料の高さ、凝った演出に潜む魅力的な可能性、オーケストラの優れた質【訳者註：19世紀のパリ・オペラ座は世界で最も稼働率の高い歌劇場であり、オーケストラ団員の演奏技術も、その演奏回数に応じて伸びたとみなされる】リブレットの文学的な質へのこだわりにもかかわらず、実のところ、フランスのために書かれたオペラには、統一された芸術的ビジョンが欠けていた。ヴェルディは委員会方式【訳者註：当時のパリ・オペラ座のステージングは組織によって決定されていた】によるオペラを好んでいたわけではなかった[14]。

　なお、最初の3回の上演の後、作曲家はいつでも自由に旅立つことができた。19世紀に上演のために使われた素材（上演譜）を理解するには、それがどのように生まれたかだけでなく、今日でも使われているそうした素材について多くを知らなければならない。さらには、それらが初演から現在に至るまでどのように伝えられてきたかを知らなければならないのである。伝達するためのプロセスは1810年から1865年の間に根本的に変化してしまい、その変化は作曲の経済的な変容とも関連した。ロッシーニは、歌劇場とそこの興行主（オペラを委嘱し、作曲家に作曲料として報酬を支払う）、そして劇場のコピイストを中心とした、以前のシステムの典型例の作曲家であった。（コピイストに関しては、作曲家に追加の支払いをすることなく、その歌劇場で上演されたオペラの筆写譜を配布する権利を認める契約を結んでいる場合が多かった）。

　一方のヴェルディは後者のシステムに根ざす作曲家であった。歌劇場が作品を委嘱し（その対価として作曲家に報酬が支払われる）、出版社が作曲家から直接その後の楽譜の版権を得る（さらなる報酬やロイヤリティの支払いを条件とする）とい

第3章　「伝達すること」と伝統　　105

うシステムに則っていた。そして、ベッリーニとドニゼッティの世代の作曲家たちは、この2つの経済システムの過渡期に属していた。すなわち、本章の主題である文字資料（写譜であれ、印刷譜であれ、上演用のパート譜であれ）を通じてオペラが伝達される方法と、同じオペラ一作に関連する上演の伝統（歌い手による声部の変更、カデンツァや高音の追加、カットや挿入、同時代の作曲家による楽器編成の変更など）を通じてオペラが伝達される方法があるということだ。書かれた資料を通して伝えられる上演の在り方は、それがどんなに問題のあるものであっても、私が演奏の伝統として述べるものを体現するわけではない。後世の演奏家たちによるオペラの特定の再演が、継続的に文書化された記録の一部となることは稀である（リコルディ社が19世紀後半に再オーケストレーションした《セビリャの理髪師》やロッシーニのほかのオペラ・ブッファを半世紀にわたって流通させていたことはその稀な一例である）。

　一方、個々の歌手による楽譜の修正やカットは、ある一つの写譜の中に例証される傾向があるので、作品の手書き譜や印刷譜から別のソースへと伝達されることはない。例えば、世間に好まれた「歌手独自の装飾」を施したアリアのスコアが出版されることがあるが、そのアリアが入っているオペラの元の演奏資料にそれが影響を与えることはほぼない。だから、我々は、写譜や印刷譜によって伝えられるオペラの在り方と、長い時間をかけて発展し、世代を超えて受け継がれていく演奏慣行を区別しておく必要がある。このように、「伝達」と上演伝統を切り離すことができないという状況が、イタリア・オペラについて明晰な思考をもたらそうとする我らの努力を妨げ続けているのだ。

ロッシーニと彼の手稿譜について

　まずは、ロッシーニのオペラと、彼の同時代の作品群の伝達法から始めよう。ロッシーニは、新作上演への立ち会いが3回義務づけられた後、通常は、次の依頼を受けた都市に向けて出発するか、あるいは、ボローニャの家族を訪ねるために帰郷することにしていた。

　ナポリに滞在していた時期（1815-22年）でも、大作の初演が終わるとナポリを離れることが多かった、となると、作曲したばかりのオペラの将来は、

ロッシーニがその作品を委嘱された歌劇場との契約に左右されるのである。

　ところで、1822年2月16日、ロッシーニのナポリ最後のオペラ《ゼルミーラ》が初演された後に、彼とナポリの興行主バルバイヤの間に生じた論争から、このような契約の意味するところについて、重大な意見の相違がありうることが浮かび上がってくる。このオペラは、バルバイヤの一座が春のシーズンからウィーンに移る直前に書かれたものであり、ケルントナートーア劇場での上演は、ウィーンの大衆や多くの知識人（歓喜するヘーゲルを含む）から好評を得たが、地元の音楽家たちからは反感を買った。ベートーヴェンもその一人であった。ロッシーニとバルバイヤの争いは、1822年にロッシーニがナポリを離れるだけでなく、イザベラ・コルブランとの結婚によってバルバイヤから一座のプリマドンナ（おそらくはバルバイヤのかつての愛人）を奪おうとしたことに端を発するもの。この論争から、1820年代前半のイタリア・オペラの伝わり方がよくわかるのだ。

　1823年4月17日、《セミラーミデ》の初演後、パリとロンドンを巡る旅に出る前のこと、ロッシーニはウィーンから、サンクトペテルブルクに住むナポリ人の友人カルロ・デ・キアーロに次のような手紙を書いている：

　「親愛なる友へ：あなたが私に関心を寄せてくれていることに感謝するほかはありません。しかし残念なことに、貴殿の善良な心と正義感とは裏腹に、貴方は、あなた自身に不利になる任務を引き受けてしまいました。バルバイヤからの最後の手紙に私が返事をしなかったのは、断固とした返事をさせてもらうほどの品格を私が持ち合わせていないからです。ただ、もしバルバイヤからの預かり金があり、それを私が彼に返すことができない、あるいは返したくないのなら、少なくとも、利息を払うくらいの気概は私だって持っている、とだけ言っておきます。彼は手元に6000ドゥカートを有しており、一座と私の契約が終わってから1年が経つが、彼は利息を払うことも払おうと提案することもなく、ただ復讐のために、利息の支払いに反対すべく愚かな理由を述べるだけなのです。

　私は手稿譜の原本をすべて所持しています。オペラが初演されてから1年後には、作曲者は自筆譜を返してもらう権利が生ずるというのが慣習であ

第3章　「伝達すること」と伝統　107

り、法律です。私がバルバイヤの書庫から原本を盗んだとでもいうのだろうか？　私がバルバイヤにそれを求め、バルバイヤはそれを私に与えました。なのに、なぜ彼は今になってそれを取り戻そうとするのだろう。

　彼は、私が《ゼルミーラ》全曲譜の配給契約を結んだと偽っている［ロッシーニはどうやら、《ゼルミーラ》のフル・オーケストラ・スコアの流通について言及しているよう］が、私自身はウィーンとの契約以外はどんな契約も結んでいないのです［ウィーンの音楽出版社アルタリアからピアノと声楽用のリダクション譜を出版するという契約以外は——つまりはピアノ・ヴォーカル・スコアをウィーンから出すという契約のこと］。彼はそのことをよく知っている；もしバルバイヤが、私が《ゼルミーラ》のフルスコアを供給するという契約書を見つけたなら、私はいかなる違約金も支払うつもりです。でも、彼が有している証拠は言葉であって文書ではない。ナポリで私が書きましたオペラはどれも、バルバイヤに対しては、「頒布権」という形では一銭の利益ももたらさなかったのです。でも、《ゼルミーラ》だけが、その例外となるべき作品なのでしょうか？」[15)]

ロッシーニがナポリを去るのは幸せな状況のもとではなかった。バルバイヤは、ロッシーニが共同経営者であった企業（おそらくは、サンカルロ劇場での賭博の利権を管理していた会社）に投資した金を預かっていたようだが、その返済も利子の支払いもしなかった。作曲家の要求に直面したバルバイヤは、自分の書庫から《ゼルミーラ》の自筆譜を盗んだロッシーニが悪いといい、それゆえに、このオペラの配給【訳者註：作品の流通】を管理し、作曲を依頼したときに手に入れたものを販売し、他の歌劇場のために複製譜を作ることで得られるはずであった収入を奪ったのだと主張した。
　ロッシーニは、この、経済面に関するバルバイヤの主張における正確さを否定する。彼によれば、興行主には、彼の劇場で初演されたオペラを、その後もさらに商業的に利用する権利は全くなかった。むしろ、作曲家は作品の初演から１年後には自筆譜を返却してもらう権利があり、ロッシーニは自筆譜のすべてを所有していると主張した：バルバイヤが《ゼルミーラ》を他の作品と区別する正当な理由はなかった。本作の自筆譜の筆写譜は、劇場付きのコピイス

108　第Ⅰ部　楽譜を知る

トによって作られたはずであり、さらにその筆写譜を作る権利とは、興行主ではなく、コピイスト自身に属していたからだ。ロッシーニは、1815年から1822年の間にナポリ用に作曲した9つのオペラ・セリアのうち、少なくとも8つの自筆譜を生涯にわたって保管していた。彼の2番目の妻オランプ・ペリシェの死後、そのうちの5作（《イングランドの女王エリザベッタ》《オテッロ》《アルミーダ》《湖上の美人》《マオメット2世》）は、ロッシーニの生まれ故郷ペーザロに渡った。同地では、ロッシーニ財団が、作曲者の遺産を管理し、音楽院を設立するために創設された。また、現在ではパリの図書館に所蔵されている別の3作（《エジプトのモーゼ》《エルミオーネ》《ゼルミーラ》）は、オランプが個人的な贈り物として、おそらくは現金の代わりに、彼女の医師や弁護士などに贈ったものである。幸いなことに、これらの手稿譜はやがて、公的なコレクションとして収蔵されるようになった。ナポリにある《リッチャルドとゾライーデ》の自筆譜（現在は音楽院図書館に所蔵されている）だけが、1818年に作曲されて以来、おそらくはナポリに保管されているのである。

　このように、ナポリで作られた楽譜の筆写譜、次いでそのコピー、さらにはそのコピーのコピーが、オペラが広まるにつれて作られていった。イタリアでもヨーロッパのどこでも、ロッシーニのナポリのオペラの上演に使われた楽譜とは、ナポリで作られた楽譜の複製譜なのである。自筆譜は作曲者の手元に残ったのだ。したがって、最初の写譜の正確さがきわめて重要な問題になり、また歴代のコピイストたちが順番に正確な写しを作れるかどうかも重要な問題になった。しかし、後述するように、それこそが「問題」であったのだ。

　ただし、ロッシーニは、カルロ・デ・キアーロ、ひいてはバルバイヤに対して、正直ではなかった。彼はナポリとの契約で自筆譜の処分を指定していたのかもしれないが、ひとつの歌劇場内でも、イタリア半島の全体でも、「標準的な」手続きは当時存在しなかった。一般化できる慣習や法律よりも、むしろ、個々の契約が個々の慣習を決定していたのである。1810年から1813年にかけて、ロッシーニはヴェネツィアのサン・モイーゼ劇場のために5つの1幕立てのファルサ（笑劇）を書いたが、ロッシーニの手元には、これらのファルサの自筆譜は一ページも残っていない。2作は消失してしまい（《結婚手形 La cambiale di matrimonio》と《幸せな間違い L'inganno felice》）、1作は最近、ス

ウェーデンのコレクションで蘇った《絹のはしご *La scala di seta*》である——第 1 章で見たように——また、他の 2 作はロッシーニの友人たちの手に渡っており、それらはおそらく以前の所有者から購入されたものと思われる。1850 年代、こうした友人たちは、老齢のロッシーニを探し出して、自分たちが手に入れた宝物を鑑定してもらおうと、急いでパリに向かったものだ。《なりゆき泥棒 *L'occasione fa il ladro*》の自筆譜には、1855 年か 1858 年（最後の数字は読みにくい）にロッシーニが「この楽譜は私の自筆譜だ」と書いている。また、1858 年 2 月 10 日、アマチュア音楽家でありオペラの作曲家でもあった、ジュゼッペ・ポニャトフスキ公爵が所有していた《ブルスキーノ氏 *Il signor Bruschino*》の楽譜について、ロッシーニはさらに気合いの入った調子でこう記している。

　「この若き日の過ちの作が、私の素晴らしい友人でありパトロンである G. ポニャトフスキ公爵の手にあるとお伝えできることを嬉しく思います」[16]。

　世界初演ののち、これらのヴェネツィアのファルサの手稿譜は、サン・モイーゼ劇場のコピイスト、ジャコモ・ザンボーニの所有物となった。実際、《なりゆき泥棒》の自筆譜の最初のページには、2 箇所、ザンボーニの印が押されてあり、そこにはザンボーニの手で「マエストロ・ロッシーニのオリジナル」と書かれてあり、「カットやその他の変更を加えるときは、インクなどで台無しにしないでください」とも記されている。彼は自分の名前をサインする際はこう書いた：「G. F. Zamboni 所有者 [*proprietario*]」。となると、サン・モイーゼ劇場のコピイストは、オペラの楽譜を頒布する権利だけでなく、作曲者の自筆譜を保管する権利も持っていたようだ。この権利は、リコルディ社の社主ジョヴァンニ・リコルディがミラノの歌劇場群から徐々に奪い取っていった権利の在り方とよく似ているもの。彼の名は、過去 2 世紀にわたるイタリアの音楽の歴史に深く関わっている。なお、この話は本章の後半で取り上げよう。

　ちなみに、ローマにおける状況はそれほど明確ではなかった。ロッシーニがローマの 3 つの歌劇場のために書いた 5 つのオペラのうち、彼が自筆稿を残しているのは最後の 1 作、テアトロ・アポッロのために 1821 年に作曲したオペラ・セミセリア《マティルデ・ディ・シャブラン》だけである。本作の初演は、イタリアの偉大なヴァイオリニストであり作曲家でもあったニコロ・パ

ガニーニが、「首席ヴァイオリン奏者」を務めたので【訳者註：事実上の指揮者として】その時に手稿譜が使用され、おそらくはその手稿譜がロッシーニからベルギー人の若き友人エドモン・ミショット【訳者註：『ワーグナーとロッシーニ　巨星同士の談話録』（岸純信監訳）の著者】に受け継がれたようであり、現在はブリュッセル音楽院に所蔵されている[17]。また、ロッシーニの最初のローマのためのオペラ《トルヴァルドとドルリスカ》は、1815年から16年にかけてヴァッレ劇場のカーニヴァル・シーズンの幕開けを飾るために書かれたものであるが、その手稿譜は、フランスのコレクター、シャルル・マレルブから受け継がれた宝物のひとつとして、パリの音楽院（コンセルヴァトワール）図書館に所蔵されている。ただ、それ以前の来歴は不明である。そのほか、ロッシーニがローマのために書いた唯一のオペラ・セリア《ボルゴーニャのアデライーデ》（1817年12月27日、アルジェンティーナ劇場で初演）の自筆譜は失われてしまったようだ。

　特に興味深いのは、ロッシーニがローマのために書いた2つのオペラ・ブッファ、《セビリャの理髪師》（アルジェンティーナ劇場、1816年2月20日）と《ラ・チェネレントラ》（ヴァッレ劇場、1817年1月25日）の自筆譜である。どちらの楽譜も最終的にはロッシーニのボローニャの友人である弁護士リナルド・バジェッティのコレクションに入り、1862年にバジェッティが亡くなると、それぞれボローニャ音楽院（ロッシーニが1806年に入学）とアカデミア・フィラルモニカ（ロッシーニも入会）の図書館に寄贈された[18]【訳者註：このくだりは、原書の記述に混乱が見られるため修正した】。《セビリャの理髪師》の自筆稿が、オペラの初演からバジェッティの手に渡るまでの間にどのような歴史をたどったのか、我々は知ることができない。《ラ・チェネレントラ》については、初演時の契約条項により、自筆譜はヴァッレ劇場の興行主ピエトロ・カルトーニが保管することになっていた（「楽譜はカルトーニ氏の完全かつ絶対的な所有物であり、マエストロ本人の側は、1年後に主張すれば自筆譜の返却を求めることができる」）[19]。

　第1章のニューヨークとペーザロでの上演に関する考察で見たように、《ラ・チェネレントラ》は、ロッシーニがローマの音楽家ルカ・アゴリーニという協力者を大々的に利用して作ったオペラである。アゴリーニは彼の特徴的な足の不自由さでもって、ルカ・「ロ・ゾッポ　跛行の男」の名で知られている。アゴ

リーニは、全編のレチタティーヴォと、王子の家庭教師（アリドーロ）のアリア
と義姉の一人（クロリンダ）のためのアリア、それから、第2幕冒頭の短い合唱
曲を提供した。ロッシーニの自筆稿には、レチタティーヴォとクロリンダのア
リアに関しては、すべてアゴリーニの手稿譜が含まれて遺っているが、合唱の
一曲は欠落している[20]。

　しかし、第1幕のフィナーレの直前、アリドーロのアリアが歌われるはずの
の箇所では、自筆稿には、次のどちらの曲も記されていない。一つは、アゴ
リーニが書いた〈世界とは広大なる劇場だ Vasto teatro è il mondo〉、もう
一つは、1821年にローマのアポッロ劇場での再演の際に、ロッシーニが差し
替えた自作のアリア〈奥深く不可解なる天空のそこに Là del ciel nell'arcano
profondo〉である。この後者のロッシーニの自作アリアは、その規模の大き
さと難易度から、アリドーロという役柄に、（アゴリーニのアリアを使った場合とは）
まったく異なる重みを与えている。その代わり、実は、手稿譜には別の者の手
になるアリアが含まれており、そのタイトルは〈静かにしておくれ、物音が聴
こえるぞ Fa silenzio, odi un rumore〉と書かれているのである。

　このアリア〈静かにしておくれ〉は、1818年にローマのアポッロ劇場にお
ける《ラ・チェネレントラ》の再演で披露されたもの。このときは、ナポリ国
王と王室のメンバーが、国賓として来訪したのでそれを祝っての公演であっ
た。当時、ロッシーニの自筆稿はまだローマの興行主の手にあり、作曲者の知
るところなく、また彼の承認もなく、この曲の披露が行われたのである。ちな
みに、ロッシーニは、1821年の上演時のアリドーロのために〈天空のそこに〉
を準備した際、その自筆稿を自分で保管していたので、その楽譜は彼がロッ
シーニ財団に遺贈したコレクションの一部となった。つまり、ロッシーニと
《ラ・チェネレントラ》の楽曲との関わりの歴史を再構築するには、さまざま
な図書館にある自筆譜（およびその写譜）を把握し管理する必要があるのだ。

イタリア・オペラの手稿譜の写しについて

　オペラ一作の世界初演、および一連の興行が終わると、イタリアで作曲され
たオペラの自筆譜ならば、ほぼその役目を終えたと言ってもよい。しかし、フ

112　　第Ⅰ部　楽譜を知る

ランスでは事情が違う。新作オペラの初演地はパリに集中した。同地では音楽出版社が、作曲家から提供された新作の自筆稿やその他のソースを使って、首都で初演されたオペラのフルスコアやピアノと声楽のためのリダクション【訳者註：つまりはヴォーカル・スコア】を印刷するのが常であった[21]。こうした楽譜類は、各地の小都市に点在する歌劇場で使用されるもの。歌劇場は出版社からオーケストラのパート譜を購入したり、レンタルしたりしていた。通常、こうした出版社は商業的な企業体であったが、19世紀の初頭に作曲家のグループが力を合わせて、自分たちのオペラの楽譜出版のための協同組合を結成した[22]。

　しかし、19世紀の最初の数十年間、イタリアには音楽的・文化的生活の「中心地」というものがなく、半島全体の市場を支配するまでの強力な音楽出版社も存在していなかった[23]。「主要な歌劇場」はいくつかの都市に存在した。ただし、「イタリア」は政治的な実体を取ってはおらず、地理的な見地から観た「地域」であったことを忘れてはならない。ナポレオンが敗北し、1815年に王政復古が行われた後、ナポリは両シチリア王国の領土になり、スペインのブルボン家が統治していた；ミラノはハプスブルク家のウィーンの帝国に属していて、1797年にナポレオンがカンポフォルミアでウィーンと講和条約を結んだ後、独立地域のヴェネツィアもそこに併合された；ローマと教皇領は教皇が統治し、教皇の主張はさまざまな政治勢力によって支えられていた。当時の通信手段は乏しいものであり、法律は州によって異なり、その中で歌劇場は最善を尽くしていた。イタリアの主要劇場のそれぞれは、楽譜や管弦楽のパート譜を丸ごとコピーするという写譜所（歌劇場ごとに一社もしくはそれ以上の数が存在した）と密接な関係にあった。例えばローマでは、レオポルド・ラッティとジャン＝バッティスタ・チェンチェッティが地元の写譜所を経営しており、彼らは後に一緒に出版社を設立した[24]。オペラが成功すると、（ロッシーニが指摘したように）通常、作品を頒布する権利を持っていたコピイストたちは、他の歌劇場に譜面を貸したり売ったりすることで追加の収入を得ようとして、何部かの複写譜を用意することがあった。フィレンツェのペルゴラ劇場が、大成功を収めた作品をすぐに上演しようと決めたとき、おそらく同じキャストでそのまま上演するとしても、歌劇場はラッティとチェンチェッティに連絡する必要があっ

た。もちろん、別の音楽家が、作曲家の自筆譜や歌劇場のアーカイヴにある楽譜の複写をこっそり用意していた場合は別の話だが。厳密に言えば、もちろんこの場合、コピイストはそんなことをする権利を持っているわけではないが、管理は緩かった。そして、優秀な資本家のごとく、おそらく、その「別の音楽家」はラッティやチェンチェッティにその複写代を値引いて売り捌くことができた。こうして、違法なる写譜がより安い価格でフィレンツェに渡ったのだろう。そこから他の複写譜が派生して、際限なくネットワークが広がっていったのかもしれない[25]。

　写譜所はまた、オペラの抜粋、あるいは（1820年代には）オペラ全曲の楽譜を、ピアノと声楽のための、あるいは声楽のための縮小版【訳者註：声楽パートだけを抜き出した楽譜】として用意することも多かった。これらは歌手のニーズにも応えるものであったが、彼らにとって最も重要な顧客層は成長しつつあった中産階級層であった。というのも、オペラハウスで喝采を浴びた作品の最も人気のあるナンバーを、観客たちが、そういう楽譜を使って自宅で楽しむ（演奏する／歌う）ことができたからである。19世紀の最初の数十年間は、抜粋の楽譜の市場が大きかったが、彫版、石版など印刷の新しい技術によって複写譜の値段が下がり、19世紀のイタリア・オペラの人気がますます高まるにつれて、写譜するよりも経済的に良い状況で出版することが可能になった。それでも、抜粋の印刷版がいかに早く出版されたか、その点は注目に値する。例えば、ロッシーニの《エルミオーネ》から、第1幕フィナーレの二重唱の人気曲が、1819年のナポリでの世界初演から1週間も経たないうちに出版されている。そして、（テノールの主要な役である）オレステのための有名なカヴァティーナ〈悲しい叫びには耳も聴こえないことか Che sorda al mesto pianto〉も、その数日後に続いた[26]。しかし、19世紀の中盤、1826年から50年頃になると、声楽パートの全曲楽譜でさえ、数ヶ月で入手できるようになった[27]。

　しかし、こうした印刷譜、特にオペラ全曲の印刷譜は、賢い企業家たちに新たな可能性をもたらした。そのためだろうか、イタリアの楽譜出版社は長い間、オペラ全曲（たとえ声楽譜であっても）の譜面を印刷することには抵抗していた。実際、ロッシーニのイタリア・オペラの印刷譜の初版はほとんど、アルプス以北で印刷されていた。イタリアの出版社がこの習慣に屈するのは、フラン

ス、ドイツ、オーストリアで印刷された縮小版のスコアがイタリアに輸入されるようになってからである。

　もしあなたが自分のヴォーカル・スコアを持って劇場に行き、楽器の効果について少し観察してみたならば、オリジナルのオーケストレーションについて相当に良い考えが得られるだろう。有能な音楽家が楽譜全体をオーケストレーションし直し、それをオリジナルとして、あるいは安価な模倣品として別の歌劇場に販売することを、妨げるものがあるだろうか？　我々はしばしば、不正な行為や不確実な状況を最大限に利用しようとする「おかしな事例」を再現することができるのだ。

　例えば、ロッシーニ自身は《タンクレーディ》を何度も改訂している。彼は、1813 年末のミラノでの再演のために、テノールが歌うアルジーリオ役のために 2 つの新しいアリアを書いた。ミラノでの第 1 幕のアリア〈それでも頑なに居るのなら諦めずに Se ostinata ancor non cedi〉は、1813 年 2 月のヴェネツィアでの世界初演時の〈私の娘だと思ってくれ Pensa che sei mia figlia〉に代わるものである。この新曲は元のアリアとは音楽的には無関係であるものの、ドラマトゥルグ的には類似している（アルジーリオが、娘のアメナイーデに対し、傲慢なオルバッツァーノとの政略結婚を受け入れさせようとするというもの）[28]。ちなみに、現代に残っているソースではその扱いが分かれており、あるソースは片方のアリアを持ち、別のソースはもう片方のアリアを入れている。しかし、最も面白いのはフィレンツェでの写譜であり、おそらくは同地での上演用と思われる。そこには〈それでも頑なに居るのなら諦めずに〉があるが、そのオーケストレーションは、他のすべてのソースで知られるものとはまったく異なっている；声楽パートは基本的に同じだが、でも、多くの小さな相違点がある[29]。このフィレンツェ独特の〈それでも頑なに居るのなら諦めずに〉については、どう説明すればいいのだろう。

　考えられるシナリオはこう。《タンクレーディ》を上演しようと決めたフィレンツェの歌劇場が、正規のものか否かにかかわらず楽譜を入手し、出演者を集める。リハーサルが始まる。第 1 幕のテノールのアリアの番になり、アルジーリオが前に出るが、ピアニストが〈私の娘だと思ってくれ Pensa che sei mia figlia〉を弾き始めると、歌手は驚いて口をポカンと開けてしまう。

第 3 章　「伝達すること」と伝統　　115

「すみません、マエストロ、この曲は何ですか？」「アルジーリオのアリアです」。すると、「でも違いますよ！」とジェノヴァで初めてこの役を歌ったばかりのテノールが言う。「この曲は自分が知っているのとは違います。自分が知っているのはこんな曲ですよ」。

その時点で、テノールは〈それでも頑なに居るのなら諦めずに〉からいくつかのパッセージを歌うことだろう。そして、ジェノヴァで使われていた楽譜はミラノから来たものだと説明し、同地ではロッシーニが昨年公演を指揮していましたと語るのだ。「いずれにせよ、これが私の知っているアリアであり、歌うつもりでいるアリアですぞ」と彼は締めくくり、嵐のように去っていった。フィレンツェの劇場はパニックに陥った。

そこで、簡単な話し合いの後（この舞台が 1 週間後に披露される予定であることを忘れてはならない）、アルジーリオは呼び戻される。彼はチェンバロのマエストロから「メロディを歌いなさい」と言われ、マエストロはそれを譜面に一所懸命書き起こす。それから、「オーケストレーションについて何か覚えていますか？」とマエストロは尋ね、楽器のソロの部分についての情報を受けると、出かけていった。数時間後、彼は〈それでも頑なに〉の【訳者註：チェンバロのマエストロ自己流の】オーケストレーションを持って戻ってきた。彼はテノールに「大体こんな感じですか？」と訊ねると、アルジーリオ役は「それでよいです」と満足げに答えたので、そこで〈それでも頑なに〉の新しいオーケストレーションが完成したのである（この場合、この新ヴァージョンの曲は、フィレンツェのみに留まったようではあるけれど）。

しかし、ドニゼッティやベッリーニのような作曲家たちが、ミラノのリコルディ社のような出版者たちと、作曲のために金銭的な契約を結ぶようになった 1830 年代においても、明らかなる泥棒行為が横行していた。ドニゼッティの手紙には、リコルディ社が版権を所有しているはずのオペラに海賊版の楽譜が出回っており、しばしば再オーケストレーションされていることへの不満が綴られている。1826 年、ドニゼッティが音楽監督として 1 年間過ごしたパレルモのカロリーノ劇場付きの音楽家であり、友人でもあるアンドレア・モンテレオーネに宛てた手紙の中で、ドニゼッティはこう書いている（1834 年 10 月 12 日付）：

116　　第 I 部　楽譜を知る

「君の長い沈黙のせいで、私という存在は君にとってあまり重要でないと私は思っていたのかもしれない。でも、私は間違っていた。そして、その方が私にとっても良いことである。なぜなら、友人を失うことは非常に悲しいことだし、《愛の妙薬》もその面目を失うことになるだろうから。ミラノでは今、ベッリーニの作品と私の作品が偽物の形で出回っている。いつか《パリジーナ》がパレルモの興行師の手に渡ったら、リコルディ社から売られたものでない限り、私の名にかけて、あらゆる手段を使って上演を妨害するように、と君に警告しておく。この作品の売り手はアルタリア社とルッカ社、そして彼らの取引相手である。なにせ、偽の《愛の妙薬》、偽の《ノルマ》、偽の《アンナ・ボレーナ》、偽の《パリジーナ》が存在するのだ。正義の擁護者となり、友人たちの名誉を守ってくれ。なぜなら、君はすぐに（こうした偽のアレンジものの）オーケストレーションが全く理解できないと（イタリア語で arciarabo と表現）気づくだろうから」[30]。

ベッリーニも、同じ案件については熱くなることがあった。実際、1831 年 3 月 6 日にミラノのカルカーノ劇場で初演された《夢遊病の女》のスコアが改竄されたヴァージョンで出回り始めると、彼は 1831 年 12 月 1 日、ミラノの新聞に「Avviso musicale（音楽的な警告）」を発表した：

「劇場の監督、興行主、楽譜を売る人たちに警告しておく。劇場の関係者が、私のオペラ《夢遊病の女》をピアノ・ヴォーカル・スコアから（勝手に）オーケストレーションし、その楽譜が、前回のカーニヴァル・シーズンにミラノのカルカーノ劇場のために私が書いたものであるかのように装っている。このような捏造が、芸術家の経済的利益を損なうだけのものなら、私は抗議する気にもならないだろう。しかし、それは、芸術家たちの評判を損ない、不完全な作品を広めることになり、それを善意で入手した人々にとっても、特に歌劇場で使用する目的で（その偽楽譜を）入手した人々にとっても、壊滅的な損害を与えることになる。そのため私は、歌劇場の監督、興行主、楽譜販売業者に対し、私またはジョヴァンニ・リコルディ氏のサイン入りの楽譜以外は、（誰かから）提供された《夢遊病の女》の楽譜を偽物とみなすよ

第 3 章 「伝達すること」と伝統　　117

う、お願いする。リコルディ氏は本作のオリジナルの楽譜の所有者である。これによって、私の名誉と彼ら自身の利益が守られ、捏造者たちは『創作者の権利を尊重し、彼らの名声と尊厳を損なってはならないこと』をそこで教えられるだろう」[31]。

でも、この警告はほとんど効果がなかった。1年以上のちの1833年2月17日、ベッリーニは友人のナポリ音楽院司書フランチェスコ・フローリモに次のような手紙を送っている。

「彼らが私の《ノルマ》に取り組んでいるというが、その楽譜は誰から手に入れたのか? [……] そして、我々の劇場主が、あなた方の苦情（貴男は私の名前で苦情を言うことができる。必要ならば、この手紙さえも彼に見せることができる）、私のオペラをこのように上演することに固執するのであれば、貴男には所轄官庁に次の文言のポスターを貼るよう求める権利があると私は信じている：

『《ノルマ》、ベッリーニが声のパートを書いたが、他の人のオーケストレーションによる上演』。私は、私の国ではこの正義が否定されることはないと自慢したいのだ」[32]。

こうした「偽者によるオーケストレーション」の悪影響は、現代まで続いている。2001年の3月、ファビオ・ビオンディがパルマのヴェルディ音楽祭で《ノルマ》を指揮したとき、彼はこのオペラの第1幕フィナーレを原典版スコアで演奏することにした。それは、ノルマ、アダルジーザ、ポリオーネという3人の主人公を均等に際立たせる造りであり、このヴァージョンは、本作のもっとも古いヴォーカル・スコア（リコルディ社版）で読むことができる[33]。しかし、ベッリーニは後に、自筆譜のそのパッセージを修正し、いくつかの小節を消し、いくつかのページを移動させた。音楽家も学者もこの修正には難色を示したが、それはミラノでの世界初演（1831年12月26日、スカラ座）での不評を受けて、作曲家が神経質になっていた状況を反映しているものでもある[34]。

ファビオの弟であるファブリツィオ・ビオンディは、このパッセージを元の

形に戻そうと思い、ナポリとミラノの音楽院にある《ノルマ》フルスコアの写譜から、該当する小節を探し出した。しかし、現在の所有地とは裏腹に、そのどちらの写本もがナポリで作成されたものであり、ベッリーニが抗議していたような（第1幕フィナーレだけでなく）オペラ全体のオーケストレーションが「偽造された写本」の一例であることがすぐに明らかになった。幸いなことに、ファブリツィオと私はこの問題に気づき、パルマでの公演のために、欠落していた小節について、より妥当なオーケストレーションを編み出すことができた。

　そしてもちろん、この我々が編み出したオーケストレーションは、ベッリーニ自身の作とみなすことはせず、演奏家自身が成功したかどうかを判断できるようにするものだとして認定されていた。

　なお、（昔の）不謹慎な模倣者たちによって行われた不正は、再オーケストレーションだけではなかった。ドニゼッティは、パリの音楽界に初めて触れた1834年の早い時期に、その翌年、テアトル・イタリアンのために新しいオペラを書くようにと依頼を受けた。当時ナポリに住んでいたドニゼッティは、地元の詩人エマヌエーレ・ビデラに《マリーノ・ファリエーロ》の台本を書かせた。1834年12月26日、ミラノ・スカラ座のカーニヴァル・シーズンの幕開けを飾る《ジェンマ・ディ・ヴェルジ》のためにドニゼッティはミラノに出発したが、その前に、ドニゼッティはパリのための新作オペラのほとんどを作曲していた。

　彼はミラノからパリに向かった。しかし、パリに着くと、問題が起こった。ビデラのリブレットに様々な問題が明らかになっただけでなく、ドニゼッティは、1830年代前半のテアトロ・イタリアンの重鎮であり、自分に作品を委嘱した責任者でもある巨匠ロッシーニからも音楽的な忠告を受けたのだ。さらにドニゼッティは、テアトル・イタリアンだけでなく、オペラ座やオペラ・コミック座といったパリならではの歌劇場でも、初めて音楽を聴く機会を得た。その結果、彼は新作オペラに多大な変更を加えた。1835年3月12日、改稿された《マリーノ・ファリエーロ》は上演され、それなりに成功したが圧倒的な成功とまではいえなかった。ドニゼッティにとっては、その（改稿済みの）楽譜だけが《マリーノ・ファリエーロ》であった[35]。

第3章　「伝達すること」と伝統　　119

でも、彼がこのオペラの複写譜に、自分がお蔵入りにしたと思っていた《ファリエーロ》の旧稿が使われているのを発見したときの、本人の困惑ぶりを想像してみてほしい。その犯人は、ナポリのコピイスト、ジェンナーロ・ファブリカトーレであった。ドニゼッティの楽譜に自由に触れることができる別のコピイストは、《マリーノ・ファリエーロ》全曲を一部だけ写すことを誓っていた。しかし、その男は代わりに2部作り、そのうちの1部をファブリカトーレに、1ページにつきカルリーノ貨1枚で譲っていたのである。この筆写譜から、ファブリカトーレはすぐに複写譜を作り、他者にも楽譜を提供した結果、再オーケストレーションの必要すらない「違法コピーの楽譜」が出回ることになった。ドニゼッティは、1835年10月20日付の手紙でリコルディ社にこう伝えている：

「幸いにも、私はパリで多くの新しいページを作曲し、非常に多くのことを書き加えた。そして、書き替えられた台本と新しい音楽が、彼らが悪党であることを証明したというわけだ」[36]。しかし、問題は解決しないのである。1836年11月2日、ドニゼッティはメッシーナの友人ルイジ・スパダーロ・デル・ボッシュに手紙を書いた：

「メッシーナでは《ベリザーリオ》と《マリーノ・ファリエーロ》を上演していると聞いている。私はその2つの楽譜がどちらも偽物であると確信している。なので、どうか、インプレサリオたちに、それぞれのオペラの楽譜を1部ずつ、私に送ってもらうようお願いしてほしい。そうすれば私はすぐに速達で、イエスかノーかの返事を差し上げよう。

いずれにせよ、《マリーノ》が変ロ調で歌われるイントロドゥツィオーネで始まるかどうか調べてみよう。フィナーレのストレッタが変ホ長調でテノールのアリアや最初のシーンがハ短調であれば、ストレッタにおける2人のバスのための二重唱のテキストが〈震えるのか、おお、ステーノ、震えるのか誇り高き者よ Trema o Steno, tremate o superbi〉であれば、など。これらのすべてがそうならそれは本物の楽譜かもしれないが、そうでないなら、パレルモで起きたように監督署に行って上演を中止させてもらえないだろうか」[37]。

詐欺や泥棒行為：そのすべてが（オペラ一作の）伝達の問題を複雑にしていた。

不正行為がなかったとしても、欺く意図はなしに写譜が作られたとしても、

ある作品が人気が高ければ高いほど、またレパートリーに長く残れば残るほど、その伝達はより複雑で混乱したものになった。ロッシーニの《アルジェのイタリア女》は、1813年5月22日にヴェネツィアのサン・ベネデット劇場で初演され大成功を収めた。そして、1814年にはミラノでロッシーニ自身の監督のもと再演され、1815年にはナポリで再演された[38]。

ロッシーニは本作の自筆譜を、1814年4月初旬のミラノ、テアトロ・レでの再演まで保管していたが、同地で、この作品は劇場付きのコピイスト、ジョヴァンニ・リコルディの持ち物となった。なお、我々はそこでのジョヴァンニ・リコルディの活動については、まもなく調査を始める予定である。

ところで、楽譜がリコルディの手に渡るまでに、ロッシーニはオペラに重要な変更を加えていた。特に興味深いポイントを挙げると、ミラノのために彼は、第2幕のイザベッラのためのカヴァティーナ〈大好きな彼のために Per lui che adoro〉を大幅に修正した。その曲は笑いと優しさが交互に現れるもの。イザベッラは、リンドーロ、タッデオ、ムスタファという自分の3人の求婚者が、それぞれ隠れて見ていることを知りながら、鏡の前で化粧の準備をするが、ヴェネツィアでのもとのアリアでは、オーケストラの序奏にチェロの美しいソロが存在する；しかし、テアトロ・レのために用意された、ロッシーニの自筆譜に唯一残る改訂版の楽譜では、そのソロがフルートになっている。おそらくは、ロッシーニがこのような変更を行ったのは、同時代の批評家たちから「オーケストラの編成が不十分」と評された小さなテアトロ・レでは、適切なチェリストが確保できなかったからに違いない[39]。ところが、私が個人的に調べた25冊ほどの手稿譜のうち、フルート・ソロのヴァージョンが入っているのはパルマ音楽院の図書館にある1冊だけであった；他のすべての楽譜にはチェロ付きのページがあり、それはジョヴァンニ・リコルディがロッシーニの自筆譜を入手する前から存在していたものである。つまりそれは、ヴェネツィアでの初演から11ヶ月後の1814年4月以前にも、このオペラがミラノのコピイストや出版社に依存することなく、「上演されることが可能になる」だけの楽譜が流通していたということなのだ。要は、19世紀の終わりから20世紀にかけて初めて、リコルディ社がオペラの伝播を効果的にコントロールするようになったということなのである。そして、《アルジェのイタリ

ア女》では、その間にチェロ付きのヴァージョンはほとんど消えてしまった。

　しかし、リコルディ社の楽譜があまり普及していなかったロシアで録音されたザラ・ドルカーノワ歌唱のアリアでは、オリジナルのチェロが使われていたと私は聞いている[40]。もちろん、アツィオ・コルギが編集した楽譜のクリティカル・エディションでは、両方の版が入手可能である。20世紀になって、初めてアメリカでチェロ付きのヴァージョンが上演されたのは、1984年のメトロポリタン歌劇場において。ジェイムズ・レヴァインが指揮し、マリリン・ホーンが忘れがたいイザベッラ役を演じた。こうした場合においては、筆写譜は、自筆稿がもはや保存していないと示す証拠にもなる。

　要するに、19世紀初頭のイタリア・オペラの伝来をたどることは、必ずしも単純なものではないが、オペラを上演しようとする我々の目の前にある音楽にしてみれば、この問題は基本的なものなのである。《アルジェのイタリア女》は、実のところ、有益なる研究例を提供してくれている。

《アルジェのイタリア女》の広がり方

　19世紀の最初の数十年間、オペラハウスは、写譜に基づくオーケストラのパート譜を使って上演していた。しかし、流通していたそれらの写本には様々な種類があり、この多様性は、オペラ、特にイタリア・オペラのような人気のあるジャンルの広がり方が、いかに不確かな（間違いの多い）ものであったかを明らかにする。この問題は、ナポリ音楽院の図書館に保存されている、4つの異なるオペラの筆写譜がよく例証してくれる。これらは、20世紀前半の4分の3が経過した現在でも使用され続けている楽譜が、どういった特殊な特徴を獲得したか、それを示している。

イボイボのコピー

　ナポリ音楽院の "Rossini 22-1-59, 60" と特定された複写譜は、ロッシーニが書いた《アルジェのイタリア女》の自筆譜をそのまま書き写したものである。その一例を挙げよう。このオペラは莫大な時間的プレッシャーの中で制作

122　　第I部　楽譜を知る

された。台本は 1808 年にスカラ座のために用意されたアンジェロ・アネッリによる既成品（ルイージ・モスカが音楽をつけてオペラ化した）から派生して、1813年に、ロッシーニの要求に合うように改稿された[41]。締め切りを守るために、ロッシーニは匿名の協力者を雇い、その協力者は、ハリーのアリア〈イタリアの女たちは Le femmine d'Italia〉、そしておそらくはリンドーロの第 2 幕のアリア〈歓喜の心よ Ah come il cor di giubilo〉、そして全編分のレチタティーヴォを作曲した。この共同制作者は、1808 年に印刷された元の台本をもとに、レチタティーヴォの個々のパッセージごとに、別の楽譜用紙（バイフォリオ）を使って作業した。

これらの、それぞれ別個のバイフォリオは、ロッシーニが用意していた音楽ナンバーの間に、正しい順序で配置することができる。以下は、ロッシーニのオペラの最初の叙情的なナンバーの最後の部分（の「導入部」）と、それに続くレチタティーヴォの冒頭のテキストである。テキストは 1808 年にアネッリが作成したリブレットと同一である。導入部はオットナーリオによる 4 行詩、レチタティーヴォのところは、いつものようにセッテナーリオとエンデカシラボの混合である。

SCENA1 (conclusion)

Tutti: *Più volubil d'una foglia*

  Va il mio/suo cor di voglia in voglia

  Delle donne calpestando

  Le lusinghe, e la beltà.

Mus.: *Ritiratevi tutti. Haly, t'arresta.*

Zul.: *(Che fiero cor!)*

Elv.:   *(Che dura legge è questa!)*

SCENA 2: Mustafà, e Haly

(beginning)

Mus.: *Il mio schiavo ltalian farai, che tosto*

  Venga, e m'aspetti qui... Tu sai, che sazio

第 3 章 「伝達すること」と伝統　*123*

Io son di questa moglie,

Che non ne posso più. Scacciarla... è male.

Tenerla... è peggio. Ho quindi stabilito

Ch'ella pigli costui per suo Marito.

第1場（結末部）

全員：

一枚の葉よりも気まぐれな

我が心は欲望から欲望へ

女たちのお世辞と美

を踏みつけて

ムスタファ：

全員退け。ハリーよ、お前は残れ

ズルマ：（なんという高慢な心！）

エルヴィーラ：　　　　　　　　（なんと厳しい法の定め！）

第2場：ムスタファとハリー（冒頭部）

ムスタファ：

わしのイタリア人奴隷を連れてこい

そしてわしを待たせておくのだ　　知っておろう

わしはこの妻にうんざりしている

もう我慢できないのだ　彼女を追い払え…それは悪いことだ

でも、彼女をここに留め置くのは…より悪い。わしは結果、決めた

わしの妻はあの奴隷男を自分の夫にする

ロッシーニの共同制作者は、その第1場が2行分のレチタティーヴォで終

わっていることに気づかなかった。

　Ritiratevi tutti. Haly, t'arresta. ／（Che fiero cor!）（Che dura legge è questa!）

の２行である。ここは、レチタティーヴォのスタイルのまま、ムスタファとハリーのための第２場に続く前の部分になる。そのため、共同制作者はこのレチタティーヴォを第２場の冒頭からにのみ設定した。すると、ロッシーニが書いた導入部の後に、写譜者の不完全なレチタティーヴォが続くわけだが、このオペラの写譜が組まれた後で誰かが、第１場の終わりの２行のレチタティーヴォがうっかりと省略されていることに気付いた。ロッシーニはその導入部を紙の表面（レクト recto）に書き終えていたため、レチタティーヴォを担当したマエストロは、その裏表紙に、欠落していた２行をそのページの裏面（ヴェルソ verso）に記入した。そこは以前は空白であったからだ。

　ロッシーニの自筆譜の構造におけるこの特異性は、音楽的にはまったく重要ではないが、（完全ではない）自筆譜がどのように纏められたかを垣間見ることができるものでもある。

　「ロッシーニ 22-1-59, 60」ページの忠実なるコピイストは、この物理的な構成を正確に写しとった。しかし、「ロッシーニ 22-1-59, 60」は、楽譜全体を通して見てみると、原曲のあらゆる「癖」や「誤り」をそのまま残している。ロッシーニ自身の手稿譜がもはや残っていない場合、このような筆写譜を見極めることは非常に重要なポイントである。その場合、（ロッシーニと）同時代の音楽家たちは、個人的な知性を働かせるのではなく、ただ目の前にあるものを再現することを目指した人々であり、我々は「彼らの目」を通して、失われた自筆譜（の内容）にアクセスすることができる。しかし、自筆譜が残っている《アルジェのイタリア女》の場合、我々は、この種の模写にはまったく興味を覚えないのである。

手　抜　き

　このような、筆写することに対して厳格な姿勢を示している写譜は稀である。より典型的なのは、ナポリ音楽院図書館に保存されているもので、「フィ

レンツェのフランチェスコ・ミナーティ・ダ・バッジャ」の写譜所で作成された「ロッシーニ 22-1-57、58」という手稿譜である。この楽譜は《アルジェのイタリア女》の本質的な特徴を備えており、楽曲の順序や内部構造に根本的な変更はないが、ロッシーニの楽譜の細部は尊重していない、と言えるもの。ほとんどの写譜者は、音程、テキスト、リズムを紙に書き留めることを第一に考えて素早く作業を進めた。でも、特にアンサンブルの箇所において、リズムが複雑であったり、矛盾していることが判明した場合、複付点のリズムを付点のリズムに置き換えるなどして、表記を簡略化した：でも、単純なリズムをより複雑なリズムに変える写譜師を見つけることなどきわめて稀である。そして、あるコピイストがロッシーニの記譜法を改竄したならば、もちろん、他のコピイストもそれに追随したり、さらなる簡略化を導入したりした。アーティキュレーションの記号（スタッカート、アクセント、スラー）や強弱記号（ダイナミックのレヴェル、クレッシェンド、ディミヌエンド）も同様の運命をたどった。自筆譜も、このような記号の表現に細心の注意を払っているとは言いがたいものではある。しかし、作曲家の手で記入された例があると、それは、編集者や音楽家にとって必要な情報を提供するには十分なのだ。一方、写譜の場合は、自筆譜にあるアーティキュレーションや強弱記号の 50％以上が保存されている例はほとんどない。また、保存されているものでさえ、誤読や誤読されるケースがあまりにも多い。例えば、19 世紀初頭の北イタリアでは「閉じた形の」クレッシェンド、ディミヌエンド、アクセントが広く使われていた。私はシモーネ・マイールとロッシーニの自筆譜でそういった記号を見たことがあるが、その種の記号がかなり広く使われていたと信じるには十分な理由が存在する（例 3.2）[42]。

　あるパートでは閉じたディミヌエンドやクレッシェンドが、別のパートでは

（例 3.2）「閉じた」アクセント記号、ディミヌエンド、クレッシェンド
すべてはロッシーニの自筆譜の特徴的な記号

ディミヌエンドに続くスフォルツァート（もしくは、突然の激しいアクセント）
や、スフォルツァートにつながるクレッシェンドが存在すると、そうした兆候
を解釈するのに役立つ：閉じたクレッシェンドは音量が大きくなって *sf* に繋
がることを示し、閉じたディミヌエンドは、*sf* のアタックを示すが、その後
にディミヌエンドが続く。特にローマやナポリでは、この表記法に不慣れなコ
ピイストたちが、必然的に、規則的な形のクレッシェンド、ディミヌエンド、
アクセントに置き換えてしまい、ロッシーニのスタイルとしての非常に特徴的
な記号群を書き写すことは放棄した。

　一方、閉じた記号が載っている筆写譜ならば、それらの内容が特に自筆譜に
近いことを示唆するわけである。《ひどい誤解》のような、ロッシーニの若い
頃の「自筆譜が存在しない作品」では、これらの記号を含む写譜が一つあった
としたら、（他の筆写譜に比べて）即座に優位に立つ。その写本はパリに保存され
ているが、1811 年にオペラが初演されたボローニャのものであり、ロッシー
ニのオリジナルからコピーされた可能性が高いと考えられる。というのも、現
存する他の写譜には閉鎖記号が含まれていないので、パリの写本はそうした他
の写譜に由来するものではない：わざわざそのような記号を付け加えるコピイ
ストはいないだろう。

　これは、《ひどい誤解》のパリ筆写譜が、現存する最良の資料であると判明
した理由のひとつにすぎない。例えば、この写本には、ボローニャ当局が禁じ
た結果、他のほとんどのソースにはない「明らかに色気のない表現」が数多く
見られる。そしてまた、本作の場合では、ヒロインが受け入れがたい求婚者を
避けるために変装して宦官のふりをするというリブレットに、ロッシーニは何
を考えて曲をつけたのか、その点をよく考えてみる必要がある[43]。「Rossini
22-1-57, 58」のような《アルジェのイタリア女》の写譜は、要するに、オペ
ラの骨組みをそのまま示すもの。19 世紀にロッシーニのオペラにおいて、普
通に流通していた写本の大部分に見られる手抜きなのである。

第 3 章　「伝達すること」と伝統　　127

「ファルサ（笑劇）」に変身した《イタリア女》

　ナポリでのロッシーニの楽譜には、さらに悪い運命が待ち受けていた。ナポリ音楽院図書館の「Rossini 22-1-62」という写本では、《アルジェのイタリア女》が「ファルサ（笑劇）」に変形されている。つまりは、ナポリの慣習に従って、レチタティーヴォ・セッコの代わりに「話し言葉の台詞」を入れた1幕ものに翻案されていたのだ。このような音楽ナンバーと台詞の組み合わせのスタイルは、ナポリの喜劇の劇場でよく知られていたものである。

　1831年6月18日にフォンド劇場で初演されたドニゼッティの一幕物ファルサ《小説好きの女の子と黒い男 La romanziera e l'uomo nero》は、まさにこのタイプの作品であった。また、印刷された台本を見てみると、ロッシーニの《セビリャの理髪師》や《ラ・チェネレントラ》が、ナポリでは、しばしば口語の台詞入りで上演されていたことがわかっている。《イタリア女》のファルサ版を準備するために、改訂者は次のような手仕事をやった。まずは多くの音楽ナンバーとすべてのレチタティーヴォを削除した。改変されたのは、口語の台詞で結ばれる一連の音楽ナンバーである。ある場合など、コピイストは実際に、音楽ナンバーの最後に"散文に従え Segue Prosa"と指定している。

　ちなみに、そのファルサの《イタリア女》がナポリを起源とすることは、典型的なナポリ風の名前「ポンペーオ」が、元の「タッデオ」という役名から置き換えられたことによって追認が可能である。1815年にロッシーニ自身の指揮でレチタティーヴォ付きの完全なスタイルでこの《アルジェのイタリア女》が上演されたときでさえ、同地では、「ポンペーオ」という典型的なナポリ人の役名が（タッデオの代わりに）使われていた[44]。

　しかし、この手稿譜で最も面白いのは、その冒頭に、全く別人の手によるレチタティーヴォ・セッコの一式が綴られていることである。ただ、それはオリジナルの台本ではなく、明らかに、この一幕もののファルサで語られるテキストと一致するレチタティーヴォなのだ。そこでは、台詞は大幅にカットされ加工されていたため、後世の音楽家が、この変更されたテキストに対して、ロッ

シーニのオリジナルの共同制作者とはまったく異なる音楽スタイルで新たに音符をつけている。

「Rossini 22-1-62」の中で、《アルジェのイタリア女》は2段階において変化した。まずはナポリ流の台詞付きファルサに改造されてから、次には、新しいレチタティーヴォ・セッコ付きの1幕もののオペラ・ブッファに改造されたというわけである。このような翻案ぶりは、ロッシーニのオペラにとっては悲惨なことだと文句を言う人がいるかもしれない。でもそれは、本質的な面で実用的かつ具体的な、明確に定義された目的を反映した翻案ものである。さらに、保存されているこれらの楽曲は、まさにロッシーニ自身の作であり、オペラの最も素晴らしい瞬間の多くを創り上げているものなのだ。現代では、「《アルジェのイタリア女》のハイライト盤」「ロッシーニ・グレイティスト・ヒッツ」といったアルバムがあるが、昔の人と同じような衝動が、CDを制作する人々とそれを購入する人々を今も動かしているからこその産物なのである。

《イタリア女》の変貌――検閲

トランスミッション（伝達）の最も陰湿なる側面は、検閲官の圧力に応えて、作品の元の構造を変更したり、後代の人々が認識する必要性に合わせて音楽を変更したりなど、作品を内部から変換するといったものである。それらは目に見えないからこそ陰湿なのであり、自分たちには何の権利もない「権威のオーラ」をまとっているのだ。ナポリ・コレクション「Rossini 22-1-61」に収められている《アルジェのイタリア女》の第4稿は、こうした問題をすべて例証する。もともとはジュリオ・チェーザレ・マルトレッリのローマの写譜所で作成されたものであり、楽譜のタイトルは《幸運な難破船 Il naufragio felice、すなわちアルジェリのイタリア女 L'Italiana in Algeri》であり「1814年から15年にかけてのローマ初演の際に」と題されている[45]。

この外観からすると、同時代の筆写譜の中で、この写本は標準レヴェルのもの。お金目当ての仕事レヴェルと言えばよいだろう。しかし、そこからさらに一歩進んで、検閲や歌手たちの気取り、音楽的嗜好の移り変わりを反映した改変箇所や付け足しがそこに盛り込まれている。

我々は今日でも、19世紀の検閲によってリブレットが変更されたオペラを上演している。多くの場合、原典を容易に再現できるにもかかわらず、そうはしない。《アルジェのイタリア女》の検閲版は広く出回らなかったので、このオペラはそうした運命を免れたが、複数の写譜がその検閲版から影響を受けたわけである。マルトレッリの写本は、演劇の検閲官が最も苛烈な基準を突き付けた年のローマでの慣行を反映している。同地では「la patria（祖国）」に関するくだりはすべて封じ込めねばならなかった。そのため、イタリア人奴隷の逃亡を促すイザベッラの有名なロンドは、本来の〈祖国を思え Pensa alla patria〉ではなく、〈逃亡を思え Pensa allo scampo〉となった。また、1819年のリブレットに記されたローマでの別の差し替えアリアの題名は、〈妻を思え Pensa alla sposa〉であったのだ[46]。ローマでは、どのような文脈であれ、「patria」は「dover」（義務）や「affetto」（感情）に置き換えられていた[47]。

　19世紀前半を通して、政治的、宗教的な検閲がイタリアオペラに与えた影響は、しばしば壊滅的なレヴェルに陥った。聖人の生涯をメロドラマの素材としたドニゼッティの《ポリウート》は、上演をナポリの検閲官が拒否したことで、作曲家はナポリから離れることになった（そのことは、タイトルロールを演じる予定であったテノール歌手、アドルフ・ヌーリが不調に陥る一因ともなった。彼はナポリのアパートの窓から投身自殺したのである）[48]。一方、ナポリで《清教徒》を上演するために、ベッリーニは最も成功した曲である愛国的二重唱〈ラッパを鳴らせ Suoni la tromba〉を省略せざるを得なかった[49]。また、ヴェルディが《スティッフェーリオ》《リゴレット》《仮面舞踏会》（それぞれトリエステで初演、ヴェネツィアで初演、最後はもとはナポリのために書かれた一作）で経験したことは、長い間燻（くすぶ）っていた問題のよく知られた事例にすぎない。《アルジェのイタリア女》は、その陽気な体裁とは裏腹に、検閲官にとっては、他の多くのロッシーニのオペラよりも問題が多かった。本作のこの時代のある手稿譜には、政治的な動機による興味深い改変が見られる。自由のために戦う用意があると宣言するイタリア人奴隷の合唱団はこう歌う：[50]。

Pronti abbiamo e ferri, e mani　武器と人手をご用意しています

130　第Ⅰ部　楽譜を知る

Per fuggir con voi di qua,   貴女と一緒にここから逃げるには
Quanto vaglian gl'Italiani   イタリア人たちが価値あるということは
Al cimento si vedrà.   試練の時でわかります

　これらの歌詞は、1808年に本作の元の台本が作曲家ルイージ・モスカのために書かれた際にすでに存在していたもの。最良の状況のもとでも、これらの行は危険だとみなされたかもしれない。でも、ロッシーニはこの歌詞をさらに強いものにした。最後の2節のオーケストラは譜例のようになっている。
　これは紛れもなくフランス革命の国歌〈ラ・マルセイエーズ〉（例3.3）からの引用である。この皮肉は辛辣なもの。1813年まで、フランスはイタリアで長居をしていて、愛国的美徳の模範とはなり得なかった。それにもかかわらず、ヴェネツィアとその周辺地域で作成された《イタリア女》の2つの初期の写本は、この合唱の音楽を再構成して、このような潜在的な引用に観られる「破壊活動分子」の在り方を回避している[51]。
　政治がタブーなら、セックスもタブーである、特に教皇領のローマでは。《アルジェのイタリア女》オリジナルのイザベッラは〈私はどんな男でも飼いならす術を知っている So a domar gli uomini come si fa〉と歌い、次のような

（譜例3.3）ジョアキーノ・ロッシーニ、《アルジェのイタリア女》、合唱、レチタティーヴォとイザベッラのロンド（第15曲）小節番号26-27、オーケストラが奏するメロディと〈ラ・マルセイエーズ〉からのフレーズ（の比較）

第3章　「伝達すること」と伝統　　131

四連詩で締めくくっている：

Tutti la chiedono,	すべての男たちがそれを求め
Tutti la bramano	すべての男たちがそれに憧れる
Da vaga femmina	美しい女性から
Felictà	幸せを得られることを

　しかし、（マリリン・ホーンの解釈もかなり色っぽいものではあったが）この示唆的な鼻歌でさえも、1819年のローマの検閲には受け入れられなかった。1819年、ローマの検閲官はこの詩をこう変えた；

Per noi sospirano,	私たちのために彼らは溜息をつく
Per noi delirano,	私たちにとって彼らは狂気の沙汰であり
Sol da noi sperano	彼らは私たちにただ期待しているだけです。
Felicità.	幸せを

この方がずっと道徳的ではある。

　もちろん、「検閲道徳」の軌跡といえば《リゴレット》だ。ヴェルディもわかっていたように、検閲官には頭を悩ませることが多かった[52]。ヴェルディとピアーヴェは一時期、ユゴーの戯曲（1832年11月22日に初演されたが、そのとき一回限りでパリの舞台から追放された）の中のあるシーンを取り入れるべく考えていた。そこでは、誘拐されたブランシュ（オペラのジルダ）は、廷臣たちから身を守ろうと、ある部屋に閉じこもるのだが、その部屋が王様の寝室であることが明らかになるのである。また、戯曲第3幕では、王が鍵を出して部屋のドアを開け、中に消えるところで終わる。このような筋運びは、フランス以上に、イタリアでは通用しない。ヴェルディは1850年11月25日付の手紙に砕けた筆致でこう書いている：

　「フランチェスコ（フランソワ1世／オペラのマントヴァ公爵）のアリアは、私たちにとっても（別の）場所で歌わせるべく、考えた方がいいと思う：私も

そうしようと思う。もっと上品な場所を見つけて、あのあまりに露骨な *fotisterio* [売春宿] の設定は取り除くべきだ。そして *chiavare* [性交する] などを連想させる *chiave* [鍵] の設定は外そう。ああ、なんてこった！ これらは単純で、自然なことなのだが、*patriarca* [家長、もしくは宗教関係者の意] は、こういうアイデアをこれ以上は喜べないのだ」[53]。

この点はピアーヴェとヴェルディが完全に解決することはできなかった問題である。もし《リゴレット》に弱点があるとすれば、それは、公爵のジルダに対するアンビヴァレントな感情のところだろう。公爵の第2幕のアリアは、その気持ちを感傷的に表現することには成功しているものの、それだけにすぎない。1852年、歌手テレーザ・デ・ジウリ・ボルシの夫が、ジルダのためのアリアを追加してほしいとヴェルディに手紙を出したとき、作曲家は、自身の「みすぼらしい才能」はもう限界だと主張した。いずれにせよ、どこにその曲を追加できるのか？「一箇所だけならあるが、でも、天の助け！ 我々は鞭打たれるだろう。というのも、ジルダと公爵が寝室にいるところを見せなければならないからね！ わかるかい？ いずれにしてもそこはデュエットになる。素晴らしいデュエットだ！ しかし、司祭、修道士、偽善者たちはスキャンダルだ！と叫ぶだろう」[54]。しかしヴェルディは、自分のオペラの他の点においては修正が必要とは考えていなかった。ジルダの死体が袋に入れられていたとしても、検閲官がそれを気にする理由が彼には想像できなかった。もちろん、舞台ではうまくいかないかもしれないが、それを判断するのは検閲官ではなく、ヴェルディ一人であるべきなのだ。

しかし、ある小さな変更については、ヴェルディも同意したよう。終幕で公爵がスパラフチーレの宿屋に入る時、彼はこう言う（手稿譜でも印刷譜でも、このオペラのすべての二次資料においてそうなっている）：

Duca: *Due cose e tosto...* (a Sparafucile)　二つをすぐに…

（スパラフチーレに向かって）

Spa:　　　　　　　　　　　　　*Quali?*　どれですか？

第3章 「伝達すること」と伝統　　133

Duca: *Una stanza e del vino...*　　　　　　部屋とワインだ…

　これらの歌詞は、ヴェルディがスケッチや自筆譜に書いたものとは異なっている：

Duca: *Due cose e tosto*…（a Sparafucile）二つをすぐに…

　　　　　　　　　　　　　　　　　　　（スパラフチーレに向かって）

Spa:　　　　　　　　　　*Quali?* どれですか？

Duca: *Tua sorella e del vino*…　　　　お前の妹とワインだ

　もちろん、公爵がマッダレーナにそそのかされて宿に来たことは我々も知っている。しかし、ユゴーの言葉をそのまま引用しただけのこの台詞は、ヴェネツィアの検閲官には酷ではあった。ヴェルディの手稿譜では、「tua sorella」の部分はしっかりと消され、「una stanza」が追加されている。ただしそれはヴェルディの手によるものではない。そのため、1980 年代初頭にクリティカル・エディションによって元のテキストが公開されるまでは、このオペラは、公爵が舞台上で少女を強姦しそうになったとき【訳者註：「という演出プランの際」とでも解すべきか？】でさえも上演され続けてきた [55]。

《イタリア女》の変貌：構造の変化

　19 世紀の前半、作曲家たちはしばしば、旧作のオペラを、新しい街で、新しい劇場で、新しい演出で、新しい歌手を使って上演するよう依頼された。となると、その過程で、作曲家は自分の楽譜に手を加えることもあった。19 世紀のソース（資料類）を理解し、現代の上演のために賢明な判断を下すためには、これらの改変とその背後にある動機とを理解しなければならない。作曲家は時折り、もとの楽譜の一部が音楽的もしくは演劇的に弱いと感じることがあった：その場合、自分ではない他の作曲家が作っていた部分も入っていたりするようだ【訳者註：ロッシーニがしばしばレチタティーヴォを他の作曲家に作らせたように】。なので、（時間ができたときに）介入するチャンスを得られたならば、作曲家たちはそれに取り組んだりもした [56]。

1814 年の春、ミラノのテアトロ・レで上演された《アルジェのイタリア女》
の再演のために、ロッシーニは、おそらく他の作曲者が作ったであろう第 2
幕のリンドーロのソロ（〈ああ、なんと喜ばしい心だろうか Ah come il cor di
giubilo〉）を、自作のアリアに差し替えた。そのほか、役柄の声域やその他の
声の特徴から、元の楽譜とは折り合いが付かなかった特定の歌手を優遇すべ
く、そのための改訂も行ったりした。また、もっと陰険なるうぬぼれを理由と
する改訂も少なくなかった。自分のパートが小さすぎるとか、ソロが自分の才
能を十分に発揮できないと感じたりする歌い手がいたからである。プリマドン
ナが作曲家よりもかなり高い報酬を得ていた世界（この状況は今日でもあまり変
わっていない）においては、オペラは、そのような気まぐれに翻弄されていた。
ロッシーニは、先に述べたアリア〈酷い運命よ〉の性的なニュアンスを嫌った
かもしれないイザベッラ役であるマリア・マルコリーニの才能に合わせて、
1813 年のヴィチェンツァでの上演のために、より英雄的なアリア〈風と波と
を試しましょう Cimentando i venti e l'onde〉を準備した。

　重要な修正は、異なる文化的環境のもとでの上演と結びついていることが多
かった。王政復古期のナポリでは、イザベッラの〈祖国を思え〉は不可能であ
り、ロッシーニは〈旅人のスタイルについて Sullo stil de' viaggiatori〉とい
う、愛国心の言及を避けたアリアに置き換えた。イタリアのオペラがフランス
やウィーンで上演される際には、しばしばこのような改作が行われ、フランス
のオペラがイタリアで上演される際にも同様の改作が行われた。ヨーロッパの
主要都市であっても、聴衆は土地に根付いた人々（地元の人々）であることが多
く、作曲家は、その地域の習慣に自分の才能を合わせることが求められたので
ある。イタリア・オペラを上演する際に最も難しくなることのひとつは、一作
のオペラに複数のヴァージョンが存在する際に、そのすべてが、オリジナルの
作曲家によって準備されている場合があることなのだ[57]。

　このような問題は、作曲家自身がその土地に赴いた際にも、解消されること
がなかった。楽譜の弱点はどれも同じように明白であった；歌手たちが要求に
対して臆病になったり、喉が柔軟になったりすることはなかった。歌劇場は、
楽譜の変更がその地域の聴衆のために必要だと思えば、何のためらいもなく介
入した。オペラの（作曲者の）許可なしのアレンジは、19 世紀には日常茶飯事

第 3 章 「伝達すること」と伝統　　135

であったが、一部の歌劇場は責任感を持つようになり、楽譜に追加された楽曲については、印刷されたリブレットで確認できるようにした。作曲家の作品の完全性に対する評価が高まっていたことを物語る文書、手紙、批評は数多く存在するが、しかし、この考え方は、今世紀（20世紀）の前半にゆっくりと浸透していったものである。

《アルジェのイタリア女》のマルトレッリ写譜「Rossini 22-1-61」には、この種の問題はほんのわずかしか現れない。その手稿譜では、1813年のヴェネツィアの楽譜にはあったハリーのアリア〈イタリアの女は〉が欠けている。これは素敵な曲だが、ロッシーニの作ではない；彼が協力者に作らせた一曲である。マルトレッリの写譜にはもともとないので、ハリー役の歌手がソロのないパートに異議を唱えたのだろうか。それとも、もともとあった曲で、ハリー役のその時の歌手が〈イタリアの女たちは Le femmine d'Italia〉の曲調が自分の声に合っていなかったのだろうか？ いずれにせよ、新しいアリア〈漠然とした対象を愛すること Ad amare un vago oggetto〉が用意され、自筆譜の付録として収録された。この曲がロッシーニによるものであるとする理由はないが、少なくともある一連の上演においては、この曲がロッシーニの楽譜の一部となった。

しかし、《アルジェのイタリア女》の楽譜の歴史におけるこの曲の重要性はごくわずかなものである。

《イタリア女》のトランスフォーミング（伝播）：
オーケストレーション

《アルジェのイタリア女》に最悪の変化が訪れた。しかし、その病は楽譜の質感にまで及んでいた。「Rossini 22-1-61」というマルトレッリの写譜は、この病気が根付いた過程を雄弁に物語っている。ロッシーニのオーケストラの使い方は、非常に個人的であると同時に、オーケストラの技法が大きく変化した彼の時代の特徴でもあった[58]。

ロッシーニの最初の時期のオペラは、主要な歌劇場のためのものであっても、彼はトロンボーンを使用しなかった。それ以前のイタリア・オペラでは、

136   第I部 楽譜を知る

トロンボーンは一般的に神託、地獄と呪いのシーン、石の客【訳者註：《ドン・ジョヴァンニ》の騎士長の像など】といった特殊効果のシーンのために使われる。トロンボーンがイタリア・オペラ、特にオペラ・セリアで広く使われるようになったのは、1810年代に入ってからである。ロッシーニは《イタリアのトルコ人》（ミラノ、スカラ座、1814年8月14日）でトロンボーン1本を使用したが、ナポリにおいては初めて3本のトロンボーンを導入し、それがすぐに一般的な状態になった。ロッシーニは時折、4本目の低音金管楽器"セルペントーネ"を加えたが、これは現代のチューバというよりは、ヴェルディのチンバッソに近いものである。チューバは、ロッシーニ（あるいはヴェルディ）が思い描いていた音とは異なる音色を持っていた[59]。

ロッシーニは、どの作品でもバスーンを2本以上使わなかった。また、ピッコロをソロ的な扱いで鳴らしたり、オーケストラの特別な組み合わせのもとで使うことに特に傾倒していた。《アルジェのイタリア女》のシンフォニアでは、バスーンとピッコロが3オクターヴ離れて共に主題を演奏しているのは、その好例である（小節番号184から192参照）。

世紀半ばになると、オーケストレーションに対する考え方はかなり変わってきた。どのオペラでも3本のトロンボーンとチンバッソが使われていた（ヴェルディでは標準的な登用術である）。ロッシーニの《オテッロ》のオーケストレーション（シンフォニアを除く）のように、2本のホルンだけでシリアスなオペラを書くなど、そこでは誰も夢にも思わなかっただろう。バスーンが4本使われることもあった（マイヤーベーアは1824年のイタリア・オペラ《エジプトの十字軍》で2本のバスーンとダブルバスーンを使っている）[60]。ピッコロはソロでは使われなくなった。その結果、19世紀後半において、定期的に上演されていた数少ないロッシーニのオペラは、当時のオーケストラの価値観に合わせるために、当時の音楽家たちによって大幅に改訂された。このような後からの改訂は、印刷された楽譜を通して伝わってくる、数少ない実演の要素であった。マルトレッリの写譜では、ロッシーニのオリジナルのオーケストレーションが後世の人の手によって大幅にアレンジされている：ほとんどのアンサンブルに3本のトロンボーンが与えられ、本来はトランペットのない編成であっても、2本のトランペットが加えられている。ピッコロ用のパッセージがフルートに割り当て

第3章 「伝達すること」と伝統　137

られ、フルートとバスーンのラインが追加されている。このような修正は、当初は原譜に直接書かれるか、あるいは別の楽譜として提供されていたので、ロッシーニの記譜がどこで終わり、どこから校訂者の作業が始まったかがわかるようになっていた。しかし、修正があまりに多くなると、番号全体やセクション全体が、「修正されたオーケストレーション」で新たにコピーされるようになった。新しく作られた楽譜を手にする者にとっては、これらの後付けのパッセージもロッシーニのオペラであり、作曲家自身が書いたものと、50年以上後に彼の楽譜に押し付けられたものとを区別する方法はなかったのである。

　同様の方法で操作された《アルジェのイタリア女》の楽譜は、リコルディ社が歌劇場のために用意したレンタル楽譜とパート譜の基礎資料になった（19世紀末から1973年頃までは）。そして、アツィオ・コルギの校訂による《イタリア女》のクリティカル・エディション（のちにロッシーニ財団から出版された）は、最終的に、このオペラの正しいオーケストレーションを復元したものである。ロッシーニのオーケストレーションの繊細さ、軽さ、そして正確さは、19世紀末のオーケストラの「音像」の好みの犠牲になり、20世紀の無知な人々によってそれが「伝統に属するもの」として神聖化された。ロッシーニが存命中に全ヨーロッパを喚起させたオペラからは、それは全くかけ離れたものであった。《ラ・チェネレントラ》にも同じような運命が待ち受けていた。多くの20世紀の公演では、トロンボーンや楽器の二重奏、バスドラムやシンバルのどんどんと響く音が楽譜を飾っているが、これはまったく本物ではない。しかし、現代のオペラハウスの中には、新しいクリティカル・エディションの演奏使用料を請求されることを懸念して、第1章で観たように、このような欠陥のある楽譜を選び続けているところもあるのだ。ロッシーニが書いてもいない、彼のそのオーケストレーションを否定するような楽器パートを演奏するため、余分な奏者を雇わなければならないというのに。

ジョヴァンニ・リコルディの登場

　ロッシーニのオペラは、先述してきたような伝達のシステムにより、（後代の

人々からの）自由奔放で無軌道な介入につながるという、より深刻な被害を被った。それはベッリーニやドニゼッティのオペラよりもはるかに悪い状況にあった；また、その結果として、ベッリーニやドニゼッティのオペラは、ヴェルディのオペラよりも苦しんだのである。このような文化的変革における立役者は、コピイストから出版業者に転じた男、ジョヴァンニ・リコルディである。彼は時折り悪事を働いたにもかかわらず、イタリア・オペラの歴史において、天才的かつ積極的な力を発揮した。彼が設立した音楽出版社は、現在では多国籍企業の BMG とつながっているが、現在でもイタリア最大の音楽出版社であり、世界で最も重要な出版社のひとつでもある。ジョヴァンニ・リコルディとその息子たちは、ロッシーニ、ベッリーニ、ドニゼッティ、ヴェルディ、プッチーニの友人であり仲間であり、その結果、巨大な出版帝国を築き上げたのだ。彼らのアプローチは、商業的な鋭敏さと、作曲家の創造的な作品に付随すべき「芸術的、かつ金銭的」な権利の認識を融合させたものであった[61]。

　著作権法、特に国際著作権の歴史は複雑である。19 世紀初頭は法律が混乱し、矛盾に満ちた時代であった。イギリスやフランスといった諸国は厳格な法律を有していたが、それは「自国内で最初に出版された作品にのみ」適用された。しかし、イタリアという地理的現実と政治的虚構（の半島内）では、制度を合理化することはより困難であった[62]。また、効果的な著作権法ならすべての問題が解決すると考えるべきでもない。アーティストがその労働と誠実な仕事ぶりを維持するために、適切な金銭的報酬を得る権利が保障される、そういった法律を推進するのは簡単なことであるけれども。

　しかし、著作権には陰湿な面もある。ストラヴィンスキーが 1940 年代に《ペトルーシュカ》の再オーケストレーションを決めたとき、彼の行いは「著作権上の地位を守るため」という側面も有していた[63]。この再オーケストレーションに常に芸術的利益があったかどうかは議論の余地がある：原曲の一貫性は、おそらく、より折衷的な様式によるその改訂によって損なわれているからである。

　しかし、我々はすでに別の選択肢を考えていた。19 世紀初頭のイタリアでは、流通システムの失敗と、作曲家を守ろうとする意識が不十分であることは

第 3 章　「伝達すること」と伝統　139

明らかであった。そこで、ジョヴァンニ・リコルディは、こうした問題を抜け目なく自分の利点に変えた。リコルディがミラノの劇場と交わした一連の契約書には、あるアイデア、つまりはひらめきの誕生を見ることができる。彼は、コピステリア（写譜所）をアーカイヴ（記録保管所）に、アーカイヴを出版社に、出版社の存在をイタリア人作曲家のオペラ制作のほぼ独占管理者にすべく利用した[64]。幸運の一撃は、それを認識する準備ができた者にのみ訪れるものなのだ。スカラ座にはアーカイヴがあり、そこには歌劇場のために用意された楽譜（自筆稿や写譜）や派生資料が保管されていた。リコルディは劇場のコピイストとして、上演用のパート譜を準備し、必要な場合は完全な楽譜を提供する責任を負っていた。その彼の地位は、劇場から依頼された楽譜から利益を得るという権利を認めていたが、（当初は）その活動には厳密な制限が設けられていた。しかし、彼は徐々にその制限を広げていった。最初の頃、彼は抜粋だけ（アリアやデュエット、しかしアンサンブルや導入部、フィナーレは除く）だけの稿本を作ることができた。それゆえ彼は、最新のオペラの最も成功したナンバーを自宅で演奏し、歌おうとするディレッタントにそうした譜面を貸し出すことができた。

　一方、彼が制作を依頼されたオーケストラのパート譜や手稿譜は、劇場によって厳重に管理されていた。そこでリコルディは、「人気曲」をより早く、より満足できるような写譜を提供する方法を見つけた。それは、楽譜を銅版に彫って複数部を印刷することであった。

　ここでもリコルディの権利は制限され、シングル・ナンバー（つまりは、アリアのようなソロなど）は印刷できたが、コンチェルトのナンバー（大規模な重唱やアンサンブル）は禁止されていたため、全曲楽譜は印刷できなかった。結局のところ、劇場はこれらの楽譜の頒布を差し止めることで、その後の上演をコントロールし、不誠実な音楽家が声楽譜からオペラを再オーケストレーションして、半島の他の劇場に売ることを難しくさせようとしたのである。

　しかし、フランスやドイツの出版社には、目を付けたオペラの全曲楽譜を作ることを妨げるような制限はなかった。1810年代後半から1820年代初頭にかけて、綺麗に印刷された楽譜がアルプス山脈を越え始めたことをリコルディは痛感していた。著作権の問題はなかった。というのもそうした作品はイタリ

アで初演されていたから、フランスやドイツの法律では保護されなかったのである。出版社は容赦ないもので、海賊版が出回った。例えば、ロッシーニの《湖上の美人》が初演された直後、リコルディがいくつかの抜粋譜を出版した。それがライプツィヒに渡り、ドイツの出版社ブライトコプフ＆ヘルテルがその楽譜を気に入って、オペラの全曲楽譜を出版することにした。彼らはそのために、入手可能なリコルディ社の抜粋と手稿譜をすべて使用した。彼らは単純に、リコルディ社が抄録として出版した楽譜類のピアノ伴奏譜に従った；また、リコルディ社から出版されていない他のナンバーやレチタティーヴォについては、新たにピアノ伴奏譜を作成した。このようにして、ブライトコプフ＆ヘルテル社は、《湖上の美人》の最も初期の楽譜を作り上げた。すると、リコルディ社は数年後、ささやかな復讐を果たした。ちょうど、オペラ全曲出版の契約上の障害からようやく解放された同社は、ブライトコプフ社の新しいピアノ伴奏譜の内容を自社の全曲譜に利用しただけでなく、ブライトコプフ社の楽譜のタイトルページに初めて登場した装飾的なデザインまで借用したのである[65]。

　ジョヴァンニ・リコルディがどのようにして、ミラノの劇場からこれまで以上の譲歩を引き出すことに成功したのかはわからない。もちろん、彼の写譜所が効率的であったことは間違いなく、劇場は可能な限り、最高の素材を受け取るためにますます彼を頼るようになっていた。しかし、ある時点で、彼は劇場の従業員であることをやめ、劇場がソースを借りる先である個人事業家となった。もっとも、驚くべきことに、スカラ座はこの取り決めを非常に気に入ったようである。劇場で上演された、あるいはスカラ座から依頼された作品に関するオペラの作曲素材や自筆原稿、写譜、上演資料のアーカイヴをすべてリコルディ社に譲り渡した。しばらくの間は、スカラ座で新しいオペラが上演されるたび、リコルディ社は劇場と新たな契約を結ぶ必要があったが、やがてリコルディ社への権利の譲渡は自動的に行われるようになった。1820 年代半ばには、彼は膨大なアーカイヴを管理し、絶大な権力を振るうようになった。

　リコルディ社の富の鍵は、オーケストラのフルスコアや器楽・声楽の楽譜を出版するよりもむしろ、歌劇場にそれらを貸し出し、上演させたことである。結局のところ、中央政府の権威がなく、地域ごとの法律しかないイタリアで

は、地元の劇場が自分たちでパート譜を作り、作曲家や出版社のことなど考えずに上演を挙行するのを止めることはできなかった。実際、イタリアの楽譜出版社では、ローマにおけるレオポルド・ラッティとジョヴァンニ・バッティスタ・チェンチェッティだけが異なる振る舞いを示していた：1820年代から1830年代にかけて、彼らはロッシーニのオペラ8作分のフルスコアを出版した。それらは、印刷技術的には魅力を放っているが（それゆえ、今日もコレクターの間で需要が高い）、ラッティとチェンチェッティの出版物は、アーティキュレーションの表記が不十分であり、音符とリズムも不正確な、まるで手仕事の原稿のようである。これらの出版物は、ロッシーニの自筆譜に由来するものではない。欠陥のある二次資料から出版社側が作成したのである。

　一方、リコルディ社は、こうした路線では経済的にも芸術的にも成功できないと分かっていた。そこで、増え続ける作曲家たちに、彼らのオペラの声楽譜を自分が出版するだけでなく、劇場との取引において彼らの利益を代表することの利点を強調した。リコルディ社は、作曲家たちがオペラを書く際、オペラハウスからの報酬とリコルディ社への所有権の売却を通じて、初演後も一定期間のあいだは（声楽譜の販売ロイヤリティとオペラハウスから支払われる上演料のパーセンテージを通じて）、彼らの芸術の労作に対する適切な報酬を保証したのである。要するに、作曲家と出版社の利益は同じであった。ただ、確かに原則的には同じであっても、関係の異なる要素が、両者にとって異なる相対的重要性をもたらしたのである：そこが、やがて深刻な問題が浮上するゾーンになった。その間に、システムは徐々に整備され、リコルディ社はベッリーニ、ドニゼッティ、パチーニ、メルカダンテ、ヴェルディ、それに、あまり知られていない作曲家も多く手の内に収めたのである。

　これらの作曲家たちはオペラハウスと契約を結び、リコルディ社は彼らの新しい楽譜を完全に所有し、すべての権利を委ねられた。このような作曲家たちは、それでもオペラ座と契約を結ぶことがあった。その場合、契約は、それから先のすべての上演を管理し、そこから利益を生む権利を含んでいた。しかし、より多くのイタリアの作曲家たちは、自らの楽曲の商業的利用に関するその後のすべての権利を自らのものとするために、委嘱された劇場側からの少額の支払いをも受け入れるようになった。これらの権利が、自筆譜とともにリコ

ルディ社に譲渡されたのである；そして、リコルディ社がその後の商業的取引において彼らの代理を務めることになった。これはリコルディ社の成功の重要な要素であった。というのも、この自筆稿によって、楽譜の編集者は、オペラの信頼できる情報源としてアクセスすることが保証されたからである。

こうしてリコルディ社は、ヴェルディとプッチーニのほとんどすべてのオペラを含む膨大な自筆譜のコレクションと、それ以前の作曲家たちの印象的な楽譜の数々を溜め込むことになった。作曲家が権利を劇場に売却する場合でも、興行主は直接、あるいは地元の写譜所の仲介で、リコルディ社に売却することが多かった。例えば、フェニーチェ座は《リゴレット》の全権利を手に入れようとしたが、ヴェルディは常に抜け目のない交渉人であったため、それに対しては法外な価格を提示した。そこで妥協が成立した：ヴェルディは権利を保持したが（すぐにリコルディ社に譲渡）、フェニーチェ座が初演地であることの特別な地位は認め、劇場の書庫に保管するための写譜を、写譜所に作らせることを許した。そこで、《リゴレット》をフェニーチェ座で将来上演する際には、歌劇場側は追加料金を支払うことなく、そのコピー譜を使用することができた。その結果ヴェルディ、フェニーチェ座、リコルディ社の三者が満足する結果となり、《リゴレット》の版権はリコルディ社に帰属した[66]。

リコルディ社　流通と上演の伝統

リコルディ社の楽譜レンタル・サービスは、当初、写譜所で作成されたフル・スコアとパート譜の写本のみであった。19世紀半ばになると、彼は弦楽器や合唱のパート譜を印刷することの経済的な利点に気づいた。こうして、オペラ一作が成功しそうになると、リコルディ社はすぐに弦楽器と合唱のパート譜を印刷した。管楽器、金管楽器、打楽器は1部でよいので、最初は手稿譜を提供し続けた。

それが《エルナーニ》《マクベス》《ルイザ・ミラー》の運命を決めた。1850年代にヴェルディのオペラが急速に普及し始めてから初めて、リコルディ社は《リゴレット》《イル・トロヴァトーレ》《椿姫》の管弦楽パート譜をすべて印刷し始めたからである[67]。1880年代から1890年代にかけて、リコ

第3章　「伝達すること」と伝統　　143

ルディ社はようやく、まだ舞台を飾っていたいくつかの初期のオペラの管楽器、金管楽器、打楽器のパート譜を印刷した。作曲家が（編集プロセスにはほとんど関与しなかったとはいえ）積極的にプロダクションに関与していた時期に準備されたパート譜と、作曲家がそのプロセスに関心を持たず、パート譜が使用されたプロダクションにも関与しなかった時期に準備された管楽器の譜面とでは、明らかに異なる考え方をする必要がある。

　いったん作品の権利を獲得したならば、リコルディ社はその作品の市場を作ることを自分の仕事とした。1830年代からは、成功の見込みのあるオペラの声楽譜を出版し、大衆の関心を集め、歌手のために役立てた。作曲家たちはこれらの出版物をどの程度真剣に読んだのだろうか。それは何とも言えない。声楽曲の楽譜は、オーケストラの楽譜をピアノ用に縮小したもので、それは機械的な仕事とみなされ、学生や若い作曲家に任されることが多かった。ドニゼッティの《ラ・ファヴォリート》のヴォーカル・スコアが、明らかに将来性の乏しい、若きドイツ人音楽家によって準備されたことは、音楽史の最も面白い皮肉のひとつである。その彼とはリヒャルト・ワーグナーなのだから。

　ヴェルディの初期のオペラの楽譜は、弟子のエマヌエーレ・ムツィオによって用意されたが、ヴェルディがその作業を綿密に監督することはなかった。ヴェルディの最初の妻の父であり、1830年代にヴェルディにミラノでの音楽研究の機会を与えた最大の功労者であるアントニオ・バレッツィに、ムツィオは、リコルディ社が《マクベス》の声楽譜に誤りがあったことで、自分に腹を立てたと報告している。でも、ヴェルディに責任があるとは誰も言わなかった。ムツィオが4手用のリダクション（ピアノ譜）を準備したとき、彼はヴェルディに第1幕を一緒に演奏してもらうことに成功した。彼はバレッツィに、「それはまるでオーケストラのように響いた」と語っている[68]。

　また、例外的に、ヴェルディが《アルツィーラ》のシンフォニアのように（印刷譜づくりに）関与することもある。これはもともとシンフォニアがついていなかったオペラだが、ナポリの興行主がシンフォニアを加えるよう説得したことで、ヴェルディ自身がピアノのリダクションも準備した。ボローニャのアカデミア・フィラルモニカに保存されている彼の自筆譜に押された刻印は、この手稿譜が、リコルディ社によって《アルツィーラ》のヴォーカル・スコア内

144　第I部　楽譜を知る

のシンフォニアの制作に使われたことを示している [69]。

　しかし、そのような機会は稀であった。オペラの楽譜が出版された後、ヴェルディは、譜面の出来が悪かったり、間違いに気づいたりするとすぐに文句を言った。1855 年、怒りに駆られたヴェルディは（それはまた、作曲料交渉の材料としても）、長きにわたって響くような困惑調の言葉遣いのもと、出版社側に怒りの手紙を書いた。

　「私は、自分の最新のオペラの印刷譜について苦々しく思っている。注意深さに欠ける造りであり、誤りは無限に満ちているではないか？」[70]

　もちろん、ヴェルディの怒りはヴェルディ自身に向けられていたのかもしれない。作曲家が自分の楽曲の出版にここまで注意を払わないでいたなら、誤りの拡散を助長するからだ。自筆譜は比較的明瞭ではあるが、必ずしも明確ではない。晩年には、自分のことを「反復する作曲家」の人生だと呼んだ、いわゆる「ゲラ校正」のプレッシャーから、ヴェルディは解放された [71]。彼は出版物に細心の注意を払った。《メッサ・ダ・レクイエム》については、ニューヨークのピアポント・モルガン図書館に、ヴェルディ自身の訂正が加えられた初版のヴォーカル・スコアの校正刷りが数枚残っている。これらは、作曲家が楽譜を大切にしていたことを証明している；また、ヴェルディ自身が十分に自覚していたように、彼は校正する作業が下手であったことをも証明するものでもある [72]。

　なお、作曲家がこれらの出版物にまったく関与していなかったと判断するのは、出版物を綿密に検討したかのように装うのと同じくらいに、正確なことではない。ドニゼッティの書簡は魅力的な詳細に満ちている。例えば、1833 年、彼はリコルディ社に《サント・ドミンゴ島の狂人》のヴォーカル・スコアを送った。「複写して印刷する準備済み」と書いて [73]。この手紙が書かれた状況は曖昧だが、その譜面では、あるコピイストが声楽パートを書き、おそらくはドニゼッティ自身がピアノ伴奏部を担当したようである（この解釈が最も可能性が高いと思われる）。この取引は、劇場の興行主や他の出版社が複雑な交渉に巻き込まれたことで、最悪の結果となった。他のケースはもっと明晰であった。

　1833 年 8 月 1 日、ドニゼッティはリコルディ社に《パリジーナ》のゲラの

添削を送ったが、その中の一節が「教会のカデンツァのように思えた」ため、差し替える必要があった[74]。1839年、彼はパリから、《ロベルト・デヴェリュー》の版権についてリコルディ社を安心させた：

　「私は自分のオペラ《ロベルト・デヴェリュー》の楽譜をナポリの興行主バルバイヤに売り、考えうるすべての所有権を彼に譲った。そして、バルバイヤが同じ権利を写譜所の主であるジェンナーロ・ファブリカトーレに譲り渡したことも、私は確かに知っている。もしあなたが私の《ロベルト》の楽譜を彼から購入したなら、私からバルバイヤへ、バルバイヤからファブリカトーレへ、そしてファブリカトーレからあなたへと、正当な権利の伝達が行われたことになる。疑う余地はないだろう」[75]。

　しかし、ドニゼッティとリコルディ社との関係は必ずしも幸福なものではなかった。1839年と1840年には、ドニゼッティがリコルディ社に特定のオペラの全権利を譲渡したのか、それともヴォーカル・スコアを出版する権利だけを譲渡したのかについて、激しい意見の相違があった；数年の間、ドニゼッティは、1840年代後半のヴェルディと同様、ミラノのライバル出版社フランチェスコ・ルッカに忠誠心を移している。ルッカに、ドニゼッティは少なくともオペラ《アデーリア》の一部の権利を売ったのだ。1841年3月7日、彼はルッカに手紙を書いた。

　「私の手でリダクションした《アデーリア》はもうお手元に届いていることと思う。我々の友人であるマンダニチに、コピイストが担当した声のパートや私がやったピアノのリダクションに誤りがないかどうか、確認してくれるよう頼んでくれ」[76]。

　彼は、楽譜に加えるべき修正を列挙したが、それ以上の管理については何も言わなかった。その代わり「版が本当に正しいものになるよう、注意深く見張っていてほしい」と述べている。でも、ドニゼッティはルッカの仕事にあまり満足していなかったようで、1842年までには、再び、イタリアでは主にリ

146　第Ⅰ部　楽譜を知る

コルディ社と取引するようになった。

19世紀の半ばまで、リコルディ社のビジネスは、主にレンタルやオーケストラ譜（印刷されたものもあれば写本もある）、フルスコア（通常は写譜）、そしてヴォーカル・スコアの販売から成っていた。ヴォーカル・スコアの楽譜については、ピアノ・パートのところは、作曲者自身がリダクションしたものもあれば、他の作曲家の手でリダクションされたものもあった。でも、いったんリコルディ社の管理下に入ると、作曲家たちがそれらを体系的に見直すことはなかった。オペラハウスが作品を上演したい場合、彼らはリコルディ社を通して楽譜の手配をし、リコルディ社は手数料を要求。その何パーセントかが作曲家に分配された。以下はヴェルディの《リゴレット》の数字である。ヴェルディはリコルディ社にオペラとすべての権利を1万4000フラン（ナポレオン金貨700枚）で売却した。また、リコルディ社は作曲家に、楽譜レンタルで得た収入の30パーセントと販売収入の40パーセントを支払う契約を結んだ。また、リコルディ社は、レンタル契約による収入の30パーセントと、（声楽曲や抜粋楽譜などの）販売による収入の40パーセントを10年間支払うという契約も結んでいた。その後、すべての収入は出版社に戻るのである。

ヴェルディは、コピアレッテーレ（書簡類のコピー保存のこと）に契約内容を書き出し、それらの支払いを受ける日付を記載した。それで、ナポレオン金貨700枚を受け取った後、彼はページを消して"支払い済み"と書いた。別のページには、オペラ一作の最初の10年間の各公演の売上げとレンタル料を記載した[77]。ヴェルディは、リコルディ社と同様に、このシステムにはそれなりに満足していた。実際、ヴェルディは新作に関する交渉が白熱するたびに、リコルディ社の経済的成功は自分のオペラのおかげだと、リコルディに言い聞かせていた。

リコルディ社がほとんどの工程を管理するようになったことで、楽譜の流通は一元化され、イタリア国家が形成されたことで、統一された著作権法が施行されるようになった。しかし、その他の問題は変わらなかった。フルスコアのコピーや、印刷譜やオーケストラのパート譜は迅速に準備された。ビジネス契約の速やかなる実行が求められていたからだ。しかし、この資料の元となるソースに重大な誤りがあった場合、リコルディ社のコピイストは余白に印をつ

けた。また、時には、作曲家自身の手で訂正が加えられることもあった。

　しかし、たいていの場合、写譜者は楽譜を解釈するために最善を尽くすものの、欠落や曖昧な記号についてはごまかした。理論的には、手稿譜とパート譜は劇場に送られ、そのままの状態でリコルディ社に戻ってくる。しかし実際のところでは、変更というものが定期的に加えられた。また、後世の善意ある音楽家たちが、目の前にあるスコアを正しく理解したり解釈したりすることができない場合、彼らの手でも変更が加えられた。そうした中で、いくつかの変更箇所は後の楽譜やパート譜に取り入れられたが、自筆譜には（もちろん）取り入れられなかった。

　すると、そのうちに、作曲家の記譜がどこで終わり、写譜者やオーケストラ奏者の書き加えがどこで始まったのか、それを見分けることが不可能になった。また、時間的な制約から、（編集者が）自筆譜を確認することが許されるケースはほとんどなかった。フルスコアは手稿譜の形で送られた。楽譜と楽譜の間の相違点に誰も気づかず、修正されることもなかった。ヴェルディが1863年にマドリッドで受け取った《運命の力》の手稿譜の状態に激怒したことは、この章のエピグラフからも明らかである。この場合、当時の関係者には原曲を改竄しようという意図は全くなかったのだが[78]。

　ヴェルディのオペラに大規模な改変が加えられることは稀であった。ロッシーニ、ベッリーニ、ドニゼッティのオペラは、昔の流通システムの犠牲となり、無数の歪曲を施された。1860年当時の話だが、指揮者が（あるオペラに）トロンボーンの追加を望めば、それは追加され、その成り立ち（理由）はすぐに隠蔽された【訳者註：後代の人間が追加した楽器であるという事実が隠蔽されてしまうということ】。ドニゼッティとベッリーニは亡くなってしまい、ロッシーニも30年間、この争いから遠ざかっていた。

　世紀末になると、リコルディ社が各地にレンタルした楽譜は、作曲家のオリジナルとはかけ離れたものになっていた。実際、《アルジェのイタリア女》や《ラ・チェネレントラ》では、これまで見てきたとおりである。リコルディ社が貸した楽譜は、そのほとんどが、（第三者の手で）再オーケストレーションされたものばかりであった。その第三者に改竄しようという悪意はなかったが、上演システム自体がそういうことに関する放任主義を助長したとも言える。ド

148　第Ⅰ部　楽譜を知る

イツやフランスでは、作曲家が自分の曲の印刷譜を管理し、自ら関心を持って、校正刷りを訂正していたのとは対照的である。リコルディ社の資料のほとんどは一過性の写本であり、その後も複写され、あちこちに送られ、そして破棄された。

わずかな例外を除いて、1880 年代において、1886 年から 1887 年にかけて作曲されたヴェルディの《オテッロ》のオーケストラ・スコアが印刷されるまで、リコルディ社はロッシーニ、ベッリーニ、ドニゼッティ、ヴェルディのオペラのオーケストラ・スコアを出版することはなかった。

この出版は、イタリア・オペラの伝承における近代の幕開けとなった。世紀末になる前に、リコルディ社はこの 4 人の作曲家のオペラのうち、まだ上演が続いているものすべてについて印刷されたオーケストラ・スコアを用意した。これらのレンタル楽譜は、決して、販売されることを意図したものではなかった。リコルディ社がそれまで劇場に提供していた手稿譜に取って代わったのである。印刷された楽譜は非常に短期間で準備されただけでなく、特にロッシーニ、ベッリーニ、ドニゼッティの作品については、自筆譜がないこともしばしばあった。なので、代わりに、手元にある楽譜なら何でも印刷譜に採用した。ロッシーニの《アルジェのイタリア女》のように、リコルディ社が自筆譜を所有している場合でも、19 世紀末の好みに合わせて修正されたエディションを使うことがあった。ほとんどの作曲家はとっくに亡くなっており、ヴェルディはこれらの作品に関与していない（《オテッロ》や《ファルスタッフ》のオーケストラ・スコアは例外的なもの。ヴェルディがこの 2 作の印刷譜づくりに参加した理由はまだ完全には解明されていない）。

リコルディ社がヴェルディの最も有名なオペラの一群や、ロッシーニの《セビリャの理髪師》、ドニゼッティの《ランメルモールのルチア》のオーケストラ譜の印刷版を販売し始めたのは、20 世紀に入ってからである。そのころには、作曲家たちはみな亡くなっており、なかには没後 50 年以上経っている者もいた。そして、当代の嗜好というものは、根本的に変化していったのである。19 世紀末から 20 世紀初頭にかけて、おおよその商業的ニーズを満たすために作成されたこれらの印刷譜を、あたかも「伝統の形成」の産物であるかのように言うのは、馬鹿げたことだ。

第 3 章　「伝達すること」と伝統　149

しかし、それらの楽譜というものは、1960年代後半からクリティカル・エディションが作られるようになるまでは、世界中のオペラハウスで使われていたものなのだ。それに、イタリア・オペラは、これらの（既存の）楽譜に体現された「上演の伝統」に従って上演されるべきであると主張する現状擁護論者は、これらの楽譜がリコルディ社において、演奏の伝統など全く考えていない担当者たちによって準備されたことを理解していない。これらの楽譜を使っているトスカニーニやムーティの「正確さへのこだわり」を賞賛するのも、同じく、見当違いというべきことである。

　それはいったい、何に対する正確さなのか？　リコルディ社の楽譜は、ロッシーニ、ベッリーニ、ドニゼッティ、ヴェルディの音楽を正確に活字にしてくれていると広く信じられていた。しかし、ヴィットリオ・グイが、リコルディ社が《セビリャの理髪師》として出版した楽譜とロッシーニの自筆譜を比較するよう働きかけた時、グイは自分の上演用の素材としてそれを準備することに決め、その楽譜は1942年のマッジオ・ムジカーレ・フィオレンティーノでの公演を始め、その後のグイの指揮活動を通じて使われることになった[79]。

　イタリア・オペラの伝承に関するこの議論は、歌劇場で実際に使用され、編集者によって印刷された実際の楽譜を扱ったものであり、特にリコルディ社の在り方について述べたものである。その伝統とは、「歌手によって声部に加えられた変化、カデンツァや高音の追加、カットと挿入、同時代の研究者による楽器使いの修正」などである。

　でも、演奏の伝統とその妥当性については、本書の後半で検討するように、合法的な見地においても、異なる見解というものが存在する[80]。20世紀初頭から世界中の劇場で使用されてきた音楽素材（楽譜類）については、長い間（そして今なお一部の人々によって）、作曲家の意図を正確に反映し、継続的な演奏の伝統を体現しているものだと信じられてきた。ただ、19世紀末から20世紀初頭にかけて、比較的有能な音楽家たちによって作成されたとはいえ、これらの楽譜は入念な編集作業を反映したものではないし、そうであったこともない。現在のクリティカル・エディションの目的は、可能な限り早い時期に、昔の楽譜とクリティカル・エディションとを置き換えることである。しかし、多くの価値ある目標がそうであるように、そのことは達成するよりも、考える方

が簡単なのだ。過去 40 年間の出来事を考察することで、その理由を理解することができる。

【原註】

1）ヴェルディが 1847 年 1 月 2 日にバルビエリ＝ニーニに宛てた手紙と、1 月の最終週にヴァレージに宛てた手紙を参照。2 月 4 日には、シエナのアカデミア・キジアーナに現存する〈マクベスのアリアと死の場面〉の声楽パートをヴァレージに送った。

2）1847 年 6 月 16 日バレッツィ宛書簡、Garibaldi, ed. *Giuseppe Verdi nelle lettere di Emanuele Muzio ad Antonio Barezzi,* 329 に掲載された。

3）ヴェルディ《群盗》マーヴィン編、xxx-xxxi（英語）、lx（伊語）を参照のこと。特徴的なのは、ヴェルディが小節番号 61 と 65 に、上行するスタッカートのアルペジオを加えていることである。〈シェーナとアマーリアのカヴァティーナ〉（第 4 曲）：カヴァティーナの最終版（エディションの 102-3 頁）と初期版（付録 1B、492 頁、58a と 62a）を比較せよ。

4）正しい注釈は、《リゴレット》クリティカル・エディション　クーシッド編に掲載されている。〈ジルダのアリア〉（第 6 曲）の注釈 65、69（p. 51 上）参照。

5）《ギヨーム・テル》クリティカル・エディション　バートレット編には、どちらのヴァージョンも掲載されている。合唱の再現を除いた原典版は、付録 2 の 1513-1607 頁に掲載されている（特に、小節番号 427-442 を参照）。；バートレットがオペラ座図書館の演奏パート譜から発見した再現付きの改訂版は、メイン・スコアの pp. 992-1608（特に小節番号 358-375 を参照）。

6）Gossett, *"Anna Bolena" and the Artistic Maturity of Gaetano Donizetti* の 151-76 で述べられているこの「改訂版二重唱」は、リコルディ社の最新ヴォーカル・スコア（19 世紀のスコアに手を加えた 1986 年の復刻版）では、105 頁から 127 頁に収録されている。

7）著者は、《ドン・パスクワーレ》の医師と主人公の二重唱におけるドニゼッティ自身の修正箇所について、ファクシミリ版の導入部で言及している。48-61（伊語）および 119-31（英語）参照のこと。

8）Geltrude Righetti-Giorgi, *Cenni di una donna già cantante* (Bologna, 1823), 35 を参照のこと。近年の非常に重要なる発見——1810 年代から 1820 年代のロッシーニから家族あての重要な手紙群 vol. 3a of Lettere e documenti として出版——のお陰で、我々はロッシーニから彼の母親に宛てた《セビリャの理髪師》の世界初演時と、次の公演の後の手紙によって、当時の状況を知ることができる。彼の記述は、逸話的な伝えの証拠にもなっている。手紙は 2001 年 12 月 7 日のサザビーズのオークションで 175 号として落札された。

9）契約書は Conati, *La bottega*, 290-92 に掲載されている。

10）1859 年 2 月 4 日のティート・リコルディ宛書簡は、*I copialettere*, 556-57 に掲載されている。このオペラの歴史に関する最近の重要な研究がある。Izzo, "Verdi's *Un giorno di regno*" を参照。

11）Harwood, "Verdi's Reform of the Italian Opera Orchestra" を参照のこと。

12) Jensen, "The Emergence of the Modern Conductor in 19th-Century Italian Opera" 参照。

13) クリティカル・エディションの注釈（23-33）にある《*Guillaume Tell*》の写本資料の記述の中で、バートレットはこのストーリーをかなり詳細に分析している。

14) この件に関するヴェルディの最も有名な手紙は、カミーユ・デュ・ロクル宛の 1869 年 12 月 7 日にジェノヴァから出されたもの。*I copialettere*, 219-22 を参照。

15) Rossini, *Letterc e documenti*, 2: 154-56 参照。

16) 詳しくは、《なりゆき泥棒》クリティカル・エディション　カルリ＝バッローラ、ブラウナー、ゴセット編、xxix を参照；また《ブルスキーノ氏》クリティカル・エディション　ガッツァニーガ編、xxvii も参照のこと。

17) セルク編《マティルデ・ディ・シャブラン》クリティカル・エディション、69-79 に詳述。Gossett, "Le fonti autografe delle opere teatrali di Rossini" も参照のこと。

18) このストーリーについては、《セビリャの理髪師》の自筆稿ファクシミリ版の導入部の著者のエッセイ内で記してある。29-32（英語）、82-86（伊語）。

19) Rossini, *Lettere e documenti*, 1: 150 を参照のこと。《ラ・チェネレントラ》の自筆譜ファクシミリ版の導入部と、クリティカル・エディションの導入部 xxii における、著者の解説を参照されたい。

20) 幸運にもこの合唱〈ああ、美しくも未知なる人よ Ah! Della bella incognita〉のユニークな写本が、ローマにあるコピイストの写本の中に残っている。

21) しかし、自筆稿が完全なる楽譜であることは滅多になく、バートレットが《ギョーム・テル》のクリティカル・エディションを通じて実証したように、これは、満足のゆく版を保証するものではない。

22) 詳細については、デヴリエ Devries とルジュエル Lesuer 著『*Dictionnaire des éditeurs de musique française: Des origines à environ 1820*』および『*Dictionnaire des éditeurs de musique française II: De 1820 à 1914*』を参照のこと。

23) イタリアの出版社に関する標準的な参考文献としては、Antolini, *Dizionario degli editori musicali italiani 1750-1930* を参照。

24) この時代のローマの出版社に関する優れた研究は、Antolini and Bini, *Editori e librai musicali a Roma nella prima metà dell'Ottocento*；ラッティとチェンチェッティ（Ratti and Cencetti）の出版に関する完全なリストも同書の 146-90 頁を参照のこと。ナンバー・プレート順に整理されている。

25) 契約によりヴェネツィアのフェニーチェ座が所有していたロッシーニの《セミラーミデ》の広まり方に関する詳細な考察については、Gossett, "Piracy in Venezia" を参照。

26) ナポリのリトグラフ製作者アンニバーレ・パトレッリ Annibale Patrelli が出版したこれらの抜粋は、《エルミオーネ》のクリティカル・エディションの解説 22 で説明されている。パトレッリに関する詳しい情報については、Antolini, *Dizionario degli editori musicali italiani*, 258-59 のローザ・カフィエロ Rosa Cafiero による記述、同じく Cafiero and Seller, "Editoria musicale a Napoli attraverso la stampa periodica" 66 頁の、特に 18 および 19 番の項を参照。

27) 例えば、ヴェルディの《エルナーニ》は 1844 年 3 月に初演され、ヴォーカル・スコア

152　第 I 部　楽譜を知る

全曲は 8 月にリコルディ社によって広告が出された。クリティカル・エディションの解説、8-10 を参照のこと。

28）それらすべての曲は《タンクレーディ》クリティカル・エディションに掲載されている。131-47 に原曲の第 1 幕のアリア（第 4 曲）、718-39 にミラノでの差し替えアリア（N. 4a）がある。

29）写本はフィレンツェ、ケルビーニ図書館にある（Biblioteca del Conservatorio "L. Cherubini", D-III-176)。再オーケストレーションについては、クリティカル・エディションの解説 p. 248 を参照、。

30）この書簡は Barblan and Walker, "Contributo all'epistoralio di Gaetano Donizetti", 27-28 に掲載（letter 32、また、Z. 151a でも言及されている）。

31）Cambi, *Bellini : Epistolario*, 287 参照。

32）同上書、335 参照。

33）全 173 ページのスコア。1832 年に長方形で出版されたが、そこにプレートナンバー 5900-5911 とある。オリジナルのパッセージはプレートナンバー 85-100 に掲載。

34）デイヴィッド・キンベル（David Kimbell）は、例えば彼の『ケンブリッジ・オペラ・ハンドブック』ヴィンチェンツォ・ベッリーニ：《ノルマ》の 83-86 頁において、「明らかに優れているオリジナルの演奏法を復活させるのが適切だろう」と結論づけている。

35）この論争と多くの関連文書については、Seller, "Il *Marin Faliero* da Napoli a Parigi", "Il libretto", "La pirateria musicale e *Marin faliero*: nuovi documenti" を参照。また、Girardi, *Gaetano Donizetti* も参照。こちらは、重要な研究と文書が満載である。

36）Zavadini, *Donizetti*, 387.

37）同上書、420-21。

38）さらに詳しいことは、《アルジェのイタリア女》クリティカル・エディションの序文と解説を参照されたい。このオペラのナポリ写本については、次の段落で論じるが、クリティカル・エディションの 20-21 でも述べられている。

39）数ヶ月前に王様劇場 Teatro Re がこけら落としとして上演した《タンクレーディ》のミラノ初披露を批評している。その数ヶ月前の 1813 年 12 月 18 日、『コリエーレ・ミラネーゼ』紙の批評家は、「楽譜に予見されていたすべての楽器が実際にオーケストラにあったわけではない」と評している。《タンクレーディ》クリティカル・エディションの序文、xxx を参照。

40）ウィル・クラッチフィールド Will Crutchfield の私信によると、これは 1950 年頃にモスクワ放送のために録音されたとのこと。

41）リブレット（台本）の歴史については、《アルジェのイタリア女》クリティカル・エディション　ファッブリとベニエーリ編に詳しい。アネッリ筆 Anelli の 1808 年のリブレットは 51-102 頁に掲載。

42）ウィル・クラッチフィールドの私信によると、これらの記号は、1781 年にはすでに、イギリスの雑誌に掲載されたイタリア語の声楽曲の譜面に見られるとのことである。

43）ベゲッリとピアーナ Beghelli and Piana, "The New Critical Edition" 参照。このエッセイでは、《ひどい誤解 *L'equivoco stravagante*》（伊語：37-44、英語：45-53 参照）に

第 3 章　「伝達すること」と伝統　153

ついての記述と比較がなされている。

44）その際に作成された台本のコピーは、ボローニャの市民音楽博物館（Civico Museo）の図書館に所蔵されている（番号4663）。

45）マルトレッリの写譜所については、Antolini and Bini, *Editori e librai musicali*, 13-19 を参照。

46）このリブレットのコピーは、1819年秋にヴァッレ劇場で上演するために出版されたもの。ローマのサンタ・チェチーリア図書館 XXII 147 に所蔵されている。

47）ローマの検閲は、教皇庁がこの地域の政治的支配権を保持しているうちは強固なものであった。後の時代の興味深い研究としては、Giger, "Social Control and the Censorship of Giuseppe Verdi's Opera in Rome (1844-1859)" を参照。

48）この出来事は、ドニゼッティ《ポリウート》クリティカル・エディション　アッシュブルック、パーカー編の歴史的序説、xii-xiv と、Black, "The Contract for Paris" に要約されている。この災難に見舞われたシーズンの歴史的背景については、Maione and Seller, "L'ultima stagione napoletana di Domenico Barbaja (1836-1840)" を参照のこと。

49）ベッリーニは、1834年12月21-22日付の手紙の中で、ナポリにこの二重唱を送らないことをフローリモに伝えた。というのも、「祖国愛と自由の両方が呼び起こされている」からである（Cambi, *Bellini: Epistolario*, 492）。

50）この例については「《タンクレーディ》の悲劇的フィナーレ」で述べた；特に、71-77（英語）と156-62（伊語）を参照。

51）手稿譜はヴェネツィア、Biblioteca del Conservatorio "B. Marcello", Busta 89；およびヴィチェンツァ、Biblioteca Civica Bertoliana, FF.2.6.5-6 に存在。

52）《リゴレット》における検閲の影響に関する多くの研究の中で、最も重要なものは次のもの。Lavagetto, "Un caso di censura".

53）この手紙は、Evan Baker, "Lettere di Giuseppe Verdi a Francesco Maria Piave 1843-1865", 156-57 を参照のこと。ヴェルディは、数日後の11月29日に書いた別の手紙でもこの問題について論じている（Conati, *La bottega*, 227 参照）。ヴェルディがピアーヴェに宛てた手紙の多くは、現在イェール大学バイネッケ貴重書図書館のコッホ・コレクションに所蔵されている。

54）*I Copialettere*, 497 参照のこと。

55）より悪しき状況については、第11章（下巻）のドニゼッティの《ラ・ファヴォリート》の議論を参照されたい。このオペラは、フランス語の原作をイタリア語に翻訳した版【訳者註：《*La Favorita*》。仏語と伊語訳詞では人的構図が違っている】で現在も上演されている。このオペラは、1840年代のイタリアに存在した宗教的なしきたりに従いながら、主人公たちの間の関係性や、彼らのアイデンティティそのものを描いている。しかし、イタリア語訳詞では、主人公たちの関係やアイデンティティそのものが変更され、物語が理解不能になった。これは、本作をフランス語で歌うべきかイタリア語で歌うべきかという問題ではない。《*La Favorite*》がイタリア語訳詞《*La Favorita*》で上演されるとしても、その際に、作曲家の信用を失墜させるような茶番劇が、混乱した客席に押し付けられ続けることは理解できない。レベッカ・ハリス＝ウォリック Revecca Harris-Warrick による1997年のクリティカル・エディションから生まれたヴォーカル・スコア（ミラノ、1999

154　　第 I 部　楽譜を知る

年）には、フランス語の原語と、ファウスト・ブルサール Fausto Broussard による部分的な新イタリア語訳の両方が掲載されている。ここに至って、ようやくイタリア語訳詞による責任あるオペラ上演が可能になった。19 世紀からの大きな欠陥のある訳詞を使い続けることへの言い訳はできない。

56) ここに挙げたロッシーニの差し替えアリアはすべて、クリティカル・エディションの付録として印刷譜になっている。

57) 第 7 章（下巻）参照。

58) これらの問題の詳細については、第 12 章（下巻）を参照のこと。

59) Meucci, "Il cimbasso e gli strumenti affini nell'Ottocento italiano" 参照のこと。

60) 1824 年 3 月 7 日の初演時に、ヴェネツィア、フェニーチェ座のために用意された手稿譜は、マイヤーベーア《エジプトの十字軍 Il crociato in Egitto》クリティカル・エディションに再掲されている。

61) 19 世紀におけるリコルディ社の概要については、Antolini, *Dizionario degli editori musicali italiani*, 286-313 を参照。出版社自身も、その制作に関する 2 つの重要な調査を行っている：Sartori, *Casa Ricordi 1808-1958; Musica Musicisti Editoria: 175 anni di Casa Ricordi 1808-1983*.

62) イタリアのオペラ作曲家の著作権問題については、ほとんど研究がなされていない。興味深い貢献として、Kallberg, "Marketing Rossini" がある。しかし、音楽著作権の歴史に対する彼の最も重要な功績は、ショパンの音楽史に関連するものである、特に、"Chopin in the Marketplace" を参照のこと。

63) White, *Stravinsky*, 99；《ペトルーシュカ》の改訂に関するホワイトのコメントは 165 を参照。

64) 以下のパラグラフの元となった文書の多くは、Sartori, *Casa Ricordi*, 11-46 にある。

65) この関係を最初に指摘してくれた、ロッシーニ研究家で我が友人のコルウィン・フィリップス（セント・デイヴィッズ卿）に感謝したい。

66) これらの交渉の経過については、《リゴレット》クリティカル・エディションの序文、xi-xii（英語）、xxxv-xxxvi（伊語）に詳しい。

67) ルーク・ヤンセン（Luke Jensen）は *Giuseppe Verdi and Giovanni Ricordi* の中で、ヴェルディと 1853 年没のジョヴァンニ・リコルディとの間のビジネス上の取引における概要と、リコルディ社に関連するすべての出版物のリストを紹介している。

68) 1847 年 4 月 14 日と 4 月 22 日の、ムツィオからバレッツィへの手紙（Garibaldi, *Giuseppe Verdi*, 315, 316）にそれぞれある。

69) 詳細については、《アルツィーラ》クリティカル・エディション　カステルヴェッキとチェスキン編の序論と解説を参照のこと。ヴェルディによる序曲のピアノ独奏のためのリダクションは、同版の付録 2、415-20 に掲載されている。

70) ヴェルディからティート・リコルディへの 1855 年 10 月 24 日付の手紙、*I copialettere*, 168 に掲載。

71) 第 2 章で見たように、この発言は 1858 年 5 月 12 日、友人のクラリーナ・マッフェイに宛てた手紙の中にある：「《ナブッコ》以来、私は 1 時間たりとも平穏な時を過ごしたことがない。ガレー船に 16 年間いるわけだ」（同上書、572）。

第 3 章 「伝達すること」と伝統　　155

72)〈Lux æterna〉の楽章に関連するこれらのプルーフ・シートは、ヴェルディの手で記されている。《メッサ・ダ・レクイエム *Messa da Requiem*》クリティカル・エディション ローゼン編、critical commentary, 20-21 参照。

73) ドニゼッティからジョヴァンニ・リコルディへの 1833 年 6 月 13 日付の手紙 (Zavadini, *Donizetti*, 313)。

74) 1833 年 8 月 1 日のドニゼッティからジョヴァンニ・リコルディへの手紙、同上書、325。

75) ドニゼッティからジョヴァンニ・リコルディへの手紙（1839 年 7 月 5 日）、同上書、497。

76) 1841 年 3 月 7 日、ドニゼッティからフランチェスコ・ルッカへの書簡、同上書、533。

77)《リゴレット》に関するページは、*I Copialettere* に再現されており、最初のページは表Ⅲ（114 と 115 の間）、2 番目のページは表Ⅳ（116 の向かい側）として再現されている。残念ながら、*I copialettere* の編集者はこの資料を書き写しておらず、また、この種類の他の情報を出版物に含めていない。

78) この発言は、1863 年 1 月 17 日の手紙（ティート・リコルディ宛：ミラノのリコルディ文書館に保管）に書かれている。第 3 幕のアカンパメント【訳者註：野営】の場の〈ラタプラン〉において、アーティキュレーションとダイナミクスの扱いが杜撰であるとして、出版社を特に非難している。

79) グイは、1971 年のテキスト、Gui, "Storia avventurosa di alcuni capolavori del passato"の中で、この物語を紹介している。

80) もっと極端な言い方をすれば、ある音楽のテキストがそれぞれの世代によってどのように改変されたか、また、どのような理由でそのような改変を促したかという歴史的な問題に関心を持つこともまた可能である。優れた例としては、Senici, "'Adapted to the Modern Stage'"を参照されたい。しかし、1821 年当時のロンドンの演奏家たちが感じていた必要性を、今日モーツァルトのオペラを上演する際の我々の行動の指針にするよう促す人は、いたとしてもごくわずかであろう。

第4章

スキャンダルと奨学金

2万7000ヶ所ものエラー

1958年7月、イタリアのオペラと音楽生活に特化した定期刊行物『*La Scala*』は、オーストラリアの若手音楽家、デニス・ヴォーン[1]による厳しい論調の記事を掲載した。その4年前にトーマス・ビーチャム卿の助手の指揮者となったヴォーンは、ビーチャムの解釈として特徴的であるフレージングの非対称性、色彩とダイナミクスの微妙なグラデーション、一様でないスタッカートのアーティキュレーションに魅了されるようになった。師が演奏した音楽には、偉大なる生命力と多彩さに満ちた「内なる生命」が宿っていた。ただ、ヴォーンは、イタリア・オペラの社会史や、19世紀の作品がどのような編集過程を経て流通したのかについてはほとんど何も知らなかった。だからヴォーンは、ヴェルディやプッチーニの作品の自筆譜が、1950年代に流通していた印刷版とは大きく異なっていることを発見し、愕然とした。印刷された版は、演奏者に対して比較的均質なダイナミクス、アーティキュレーション、フレージングを提供するが、自筆譜の写本は、書かれてある通りに読むと、フレージングの著しい非対称性、ダイナミクスの多様なるグラデーション、アクセントの選択的な使用などを示していた。ビーチャムの芸術を敬愛する者にとっては、そのことは啓示以外の何ものでもなかった。

自分の発見がこうした作曲家たちの作品の再解釈を促すものと確信したヴォーンは、自筆稿が入手可能な《メッサ・ダ・レクイエム *Messa da Requiem*》と《ファルスタッフ》に自分の論文を捧げた。それらの自筆稿はどちらも優れたファクシミリで入手可能であった。その序文でヴォーンは、ヴェルディ解釈の伝統と、リコルディ社のヴェルディ作品の編集者たちに宣戦

157

布告した：

　この研究の目的は、ヴェルディの何作かの自筆譜と、それらの楽譜の最近の印刷版について、厳密なる批評を行うことである。それは、ヴェルディ自身が書いた楽想記号の重要性を強調することであり、彼がすべての楽想記号に対して感じていたこと——メロディ、ハーモニー、テンポ、ダイナミクス、フレージング・アクセント、アーティキュレーションに関わるすべてのことを明らかにするものだ。それらは、元の自筆譜には完璧に記されているにもかかわらず、不思議なことに、問題のオペラの印刷版には再現されていない。

　以下、ヴェルディ作品のクリティカル・エディションが、ヴェルディが残したきわめて正確な指示に従って、細心の注意を払ったうえでそれを再現することにより、大きな価値を持ちうることを示すのに役立つといった、いくつかの例を挙げる。《メッサ・ダ・レクイエム》だけでも、原譜と印刷された譜面の間には8000ヶ所もの不一致があり、《ファルスタッフ》には2万7000ヶ所もの不一致がある。

　2万7000ヶ所もの不一致とは！　ヴォーンの声明が報道されるやいなや、音楽界では国際的な騒動が勃発した。

　ヴェルディはやはり普通の人間ではなかった。イタリアでは長い間、彼の写真が小額紙幣を飾っていた。ヴェルディの最も有名なメロディは、あらゆる人々によって口ずさまれ、口笛で吹かれる。今日、ヴェルディの音楽に大衆が接する機会があるとすれば、それはほとんどテレビ・コマーシャルを通じてであるとしても、その音楽が象徴する意味は依然として強く、《ナブッコ》内のヘブライ人奴隷たちの合唱曲〈ゆけ、我が想いよ、黄金の翼に乗って〉のような曲が大衆のイマジネーションを支配するというその力は、音楽的な美しさだけにとどまらないのだ。

　ヴェルディの周到に作り上げられたパブリック・イメージは、彼を民族独立運動の指導的人物として世に押し出した。1840年代の彼のオペラには、現代の政治状況と関連する可能性を秘めた場面がたくさんある。1848年の革命蜂

起の際、ヴェルディは愛国心を露骨に表現した台本を使って《レニャーノの戦い》を作曲し、その最終幕には"国のために死ぬ Morire per la patria"というタイトルが付けられているのである。

そして、《ナブッコ》の合唱もイタリア国民の心と魂に響き続けた。第二次世界大戦の爆撃の後、スカラ座が再建されたとき、トスカニーニの指揮の下、最初にホールに響き渡った音楽も〈ゆけ、我が想いよ Va, pensiero〉であった[2]。となれば、ヴェルディの楽譜がひどく誤読され、作曲者の《ファルスタッフ》の自筆譜と印刷されたクリティカル・エディションとの間に2万7000ヶ所もの不一致があったという考えに対する、世間の反応は想像に難くない。

ジャーナリズムの世界では"不一致"はたちまち"誤り"となり、激しい非難がヨーロッパ中のマスコミを駆け巡った。ヴォーンは多くの音楽家たちや指揮者たちから支持の手紙をもらったが、一方で、ジャナンドレア・ガヴァッツェーニを筆頭に、彼の主張を嘲笑する者もいた。ミラノで開催された特別コンサートおよび討論会では、「伝統的なるエディション」の通りに演奏されたパッセージと、ヴォーンが承認したのと同じパッセージの演奏を聴き比べるよう求められた[3]。ローマでは大々的な討論会が開かれ、そこから、パルマにヴェルディアーニ研究所が設立されるという道に繋がった。その主要な任務のひとつは、作曲家の作品のクリティカル・エディションを作成することであった[4]。

しかし、第3章で述べたような伝播の問題や、現在も印刷されている楽譜の価値に関して深い影響があったにもかかわらず、ヴォーンの「新版出版運動」は頓挫したのである。その理由はいくつかあり、戦術的なものもあれば、実質的なものもあった。自分の「発見」を大々的に宣伝し、天文学的な数の「不一致」を確認したと主張することで、ヴォーンはイタリアの国家的名誉を傷つけた。さらに悪いことには、彼は何度も何度もサー・トーマス・ビーチャムのすばらしさを強調し、ビーチャムのアプローチと、ヴォーン自身がヴェルディの自筆譜に見出したとするものとの類似性も強調し、イタリアの指揮者たちの解釈には、イギリスの偉大な指揮者だけが達成できた「内なる生命」が欠けていると主張した。それに対して、ガヴァッツェーニはこう書いている：

第4章　スキャンダルと奨学金　159

ヴェルディでは蔑ろにされ、プッチーニでは改変され、作曲家本来のインスピレーションと彼の手稿譜における表現が損なわれたとされるすべての箇所を列挙した後で、ヴォーン、そして彼が率いる「テキスト批判、および、サー・トーマス・ビーチャムのオーケストラ指揮法を崇める学派」は何を証明しようとしているのだろうか？　ヴェルディやプッチーニの研究に没頭したトスカニーニや彼以降のイタリア人指揮者たちが、楽譜を傷つけ、演奏の中で作曲家を裏切っていたことは明らかなのだ [5]。

　この排外主義的な擁護は、必然的にヴォーンの信用を傷つけた。しかし、もっと重大な問題が３つあった：

　ヴォーンが戦いに参加した地政学、彼の主張の論理、そして資料の読み方である。

　ヴォーンの極論のもう一つの対象であったプッチーニが、自身のオペラの印刷譜に重要な役割を果たしたことは確かであり、彼の自筆譜は、彼が時間の経過とともに加えた変更を必ずしも反映していない。プッチーニはしばしば、自分の音楽に大きな変更を加えたり許したりしており、それが自筆譜に明記されていなくても、一般に入手できる印刷譜には反映されているのだ。プッチーニが《蝶々夫人》の初稿の２幕版を放棄したのは間違っていたのだろうか？プッチーニは、《蝶々夫人》の印刷されたフルスコアのダイナミクスとアーティキュレーションの編集を、トスカニーニに頼ってはいけなかったのだろうか？《マノン・レスコー》の印刷フルスコアのダイナミクスとアーティキュレーションの編集や、《西部の娘》の多くのパッセージにおけるオーケストレーションの改善をトスカニーニに頼るべきではなかったのか [6]。さらには、《修道女アンジェリカ》の〈花のカンツォーネ〉を省いたのも彼の見当違いであったということなのだろうか [7]。このような疑問や、似たような疑問の数々に誰がどのように答えようとも、作品を世に普及させるべく、あらゆる段階を追って取り組んでいたこの作曲家が、音楽家たちにオリジナルの自筆稿の読みに戻ることを本当に望み、欠陥のある印刷版の流通を誤って許したという証拠はない。したがって、プッチーニの手稿は、彼のオペラを理解するうえで重要ではあるが、彼のオペラを編集する際の最終手段とは考えられないのだ。

160　第Ⅰ部　楽譜を知る

一方、ヴェルディについては、状況はより微妙である。キャリアの初期にも、ヴェルディは作品の出版に監督的な役割を果たすことが多かったが、1880年代になると、より密接に関わるようになった。ヴォーンは、ヴェルディが編集過程に参加したことが知られている作品を調査することで、明らかに他者を寄せ付けない部分を選んだ。1950年代には、ヴェルディが《オテロ》や《ファルスタッフ》の楽譜の編集過程にどの程度参加していたかを正確に評価することは誰にもできなかったし、この問題は今日でも未解決のままなのである[8]。また、ヴォーンの論点にも同様に問題があった。ヴェルディの自筆譜に実際に書かれた記号を重視すべきであるという、一般的には正しい見方ではなく、ヴォーンは、記号がないことは作曲家が記号を必要としなかったことを意味すると考えた。これは論理的に成り立たないし、19世紀のイタリアの作曲家による自筆稿のあり方について我々が知っていることを反映しているわけでもないのである。

　ヴォーンは別の可能性をも口にしたが、すぐに否定した：しかし、客観的に見れば、ヴェルディのオリジナルの楽譜でさえ、いくつかの欠落に遭遇することを認識しなければならない。ただ、これらの欠落は、同じく完全なる自筆譜を忠実かつ丹念に書き写すことによって得られる「直接的な経験や研究」によってのみ、容易に見分けることができるものだ。そうすることで、ヴェルディの「forma mentis【訳者註：考え方】」[9]に直接入り込むことができるからだ。楽譜の一部分を書き出して、そのリズムの感覚をつかむことは有用であると主張することと、手稿譜全体を書き写すことによってのみ欠落を特定できると信じることは、まったく別の問題である。ヴォーンは、ヴェルディの自筆譜の読み方において、自分が不正確なる直訳主義者であると証明した。彼は例えばこう記した「この最初のページ（《ファルスタッフ》）には125ヶ所の矛盾がある。最初の和音では、*ff*【フォルティッシモ】はオーボエ、バスーン、トランペット、ティンパニ、第1、第2ヴァイオリン、ヴィオラだけである。他は*f*【フォルテ】だ」と[10]。

　これに対してガヴァッツェーニは、上に引用したエッセイの中で、「ヴェルディが最初の小節で、一つの楽器のセクションと同一のセクションに属する楽器を、*f*と*ff*で区別することを意図していたなどとは、誰も私を納得させるこ

(譜例 4.1) ジュゼッペ・ヴェルディ《メッサ・ダ・レクイエム》の〈ディエス・イレ〉(第2曲)、〈ラクリモーサ・ディエス・イラ〉小節番号 625-629

とはできない主張だろう」と述べている。ガヴァッツェーニが納得できるかどうかは別として(彼の音楽的直感に同意しないのは難しいけれど)、ヴォーンのリストは、チェロのために紛れもなく *ff* があるというヴェルディの自筆譜の読みを忠実に再現していないのだ[11]。多くの楽器には記号がないが、その記号がないということが、いつから *f* を意味することになったのだろうか？

　《メッサ・ダ・レクイエム》の中で最も美しいフレーズのひとつである〈Lacrymosa dies illa〉のスラーをめぐるヴォーンとガヴァッツェーニの論争は、息をのむような愚かさに満ちている。クリティカル・エディションで指定されているアーティキュレーションで、〈Dies iræ〉楽章の 625-629 小節でメゾ・ソプラノが歌った旋律を例 4.1[12] に示す。以下は、この旋律が後に再登場したときのヴォーンの記述である：

　　旋律は一方のパートでスラー化され、他方のパートでは音符が別々にアーティキュレーションされる。第1バスーン、独唱テノール、合唱のテノール、チェロが第3ホルンとともに歌うようなレガートを奏でる一方で、第3バスーン、独唱バス、合唱のバスがフレーズをアーティキュレーションする。ヴェルディはこうした手順を頻繁に使い、プッチーニもそれを真似た。したがって、ここはヴェルディの見落としではない[13]。

　それに対してガヴァッツェーニは、「スラーなしで〈ラクリモーサ〉をスタッカートでハミングしてみて、それから『ダブル・フレージング』とあなたが盲目的に賛美するものを賞賛すればいい」と反論した。

数年後、ヴォーンは再びこの論争に戻り、ヴェルディの記譜法について「音楽的」な説明を試み、ヴェルディは上の楽器や声楽には長いスラーを、下の楽器や声楽には短いスラーをつけたと主張した。また、そうすることで、彼は「フレーズをカンタービレ的に歌えるように、しかし、冗長にならないようにしたのだ。フレーズ全体にわたって均一なスラーを避けることで、彼は内的にアーティキュレーションを作り出し、それが音楽の主張全体にさらなるリズムの活力を与えている」と説いた[14]。サー・トーマス・ビーチャムの亡霊はまだ羽ばたき続けている。

　実際、ヴォーンもガヴァッツェーニも、音楽的状況やソースを注意深く読んではいない。ヴェルディの混雑した自筆譜についてのヴォーンの記述は一種の理想化である。なお彼の頻繁なる誤読は別として、「スラー」はしばしばスラーの断片の集まりであり、旋律の途中で写本のページが変われば、問題はさらに混乱するのである[15]。彼の説明もまた、常識を欠いている。ヴォーンは第1バスーンを「上の」バスーンとして扱っており、第3バスーンを「下の」バスーンとして扱い、これらの同じ楽器がユニゾンで演奏する。でも、ヴェルディの自筆譜におけるスラーの有無は、実際には物理的なスペースの問題なのである：合唱のテノールにはスラーを入れる十分なスペースがあったので、ヴェルディはそれを書いた；第1バスーンの五線譜の上には、ヴェルディは簡単にスラーを書いた（実際には2つのスラーの断片があり、保たれた音の真ん中で出会う）；第3バスーンの五線譜上にはスラーを書くスペースがなかったが、ヴェルディは旋律の最初の4音の下、第3バスーンと第4バスーンのパート（1本の五線譜に書かれている）の間には、部分的なスラーを書くことができた。

　ガヴァッツェーニの嘲笑は正当なものではなかった。両者とも気づかなかったのは、1980年代半ばまでのリコルディ社版《メッサ・ダ・レクイエム》では、〈Lacrymosa dies illa〉の旋律がスラー化されていたが、それが大間違いであったということだ。この〈ラクリモーサ〉の旋律は、さまざまな形状のスラーをかけて様々に演奏されるが、その違いは、自筆譜のページめくりや、印刷譜における楽譜のページ分割やシステムによって決まる。音楽的センスのある指揮者なら、そうした印刷記号に注意を払うことはなく、演奏者は本能的に旋律をレガートのフレーズとして扱っていた。でも、自分の理論に目を奪われ

第4章　スキャンダルと奨学金　　163

たヴォーンは問題の本質を理解できず、ガヴァッツェーニは、この旋律をレガート・フレーズとして聴くことに慣れていたため、印刷版に欠陥があることには気づかなかった。

このようなミスが2万7000ヶ所もあるとは？ イタリアの音楽家たちは、ヴォーンの主張に集団で背を向けただけでなく、音楽学や「言語学」、そして「クリティカル・エディション」を求める声を、ヴォーンの考えと都合よく同一視したのである：学者たちが「クリティカル・エディション」を要求するのがこのような理由であるならば、古い版に印刷されているような、自慢の「伝統」に戻ろうじゃないか、と。こうして、安堵した指揮者たちの大合唱は、「トスカニーニで十分であったのなら、私にも十分だ」と一様に主張することができた。

ヴォーンの挑発が一蹴された結果、市販されている19世紀イタリア・オペラの楽譜はみな信頼に足るものだと再び信じられるようになった。ジュゼッペ・パターネが《セビリャの理髪師》のレコーディングに際して、1989年の時点でこう述べている。「私の考えでは、真実とは、私たちが忘れることのできないある種の伝統の中に反映されている。この伝統がなくなれば、芸術としてのオペラは全体として苦境に立たされ、作品そのものも徐々に失われていくだろう」[16]。

1960年代前半には、このような状況が続いていた。リコルディ社は、ヴォーンの主張には何のメリットもないと素直に考えており、出版社として、版を入れ替えることの差し迫った商業的な理由は見つけられなかったが、地元の音楽家でありマリオ・パレンティを雇い、より人気のあるオペラの印刷譜における明らかな誤りは訂正させた。しかし、ヴェルディ作品の決定版のエディションを作ろうという話し合いは、誰も、何から始めたらいいのかわからなかったため、どこにも行き着かなかったのだ。

この作曲家に関する貴重な伝記的および批評的な研究はこれまでも存在したが、写本や印刷譜を注意深く調べた者はいなかった。また、ヴェルディの作曲過程や作品の上演史への関わりを分析した者はいなかった。そして、彼と台本作者の協力関係をフルに調査した者もいなかった[17]。リコルディ社が所有する自筆稿以外に、どのような資料が現存し、それがどこにあるのかさえ、誰も

知らなかった。このような状況では、「クリティカル・エディション」に関する議論は時期尚早であった。でも、音楽関係者の多くは、この時期、リコルディ社がさらなるスキャンダルを避けるために、アーカイヴの調査を許可する人物を選別するようになったと信じている。この考え方は非常に広く浸透しているので、まったく根拠がないとも言いにくいものだが、私自身の経験からしてみるとそこには裏付けがない。

　1966年秋にミラノに到着した私は、博士論文に取り組んでいた新顔の大学院生であったが、リコルディ社の社員は、礼儀作法に反するぐらい私に親切であり、関心を持ってくれた。それに、私は独りではなかった。ヴォーン事件に好奇心をそそられ、イタリア・オペラへの愛情を育んでいた何人かの若い音楽学者たちは、19世紀のイタリア・オペラのソースを根気よく調べていた。彼らはイタリア、アメリカ、イギリス、ドイツ、ニュージーランドからやってきて、バッハとモーツァルトの新全集で行われているテキスト研究のあり方を知っていた。彼らはヒュー・マクドナルドの指導の下、イギリスでベルリオーズ研究のやり方も学んでいた。だから、スキャンダルに泣くことなく、これらの学者たちは音楽学で積んだ修練のほどをイタリア・オペラに向けるようになった。

　過去40年間の知識の変容を考えると、我々がどのような精神のもとにその仕事を始めたのか、そのときのことを想像するのはもはや難しいものだ。私は1965年の秋、パリ国立図書館の音楽部門の閲覧室で、初めてロッシーニの《マオメット2世》の全曲スコアを勉強したことを覚えている。なんて素晴らしい作品なのだろう、そして舞台を見ることはおろか、それを聴くこともないとはなんと残念なことだろうと私は思った。だから、ウィリアム・アッシュブルックのようなドニゼッティの研究者も、同じような経験をしたことが想像できるのだ[18]。また、デイヴィッド・ロートンやデイヴィッド・ローゼンのような若いヴェルディ研究者たちは、ヴェルディが、印刷された楽譜よりもはるかに多くの音楽を残していることに気づいていた[19]。このような学問的研究は、時が熟せば、再びイタリア・オペラのクリティカル・エディション作りの問題を提起できるといった土台を作り始めていた。

《セビリャの理髪師》

　我々は、過去の芸術家たちの生誕 100 周年やその他の記念日を祝うことで、その功績を称えている。オペラに関連する主な祝賀行事は、次の通りである。1960 年代のイタリア・オペラ界は、ロッシーニ没後 100 年記念の年を迎えていた。1968 年、ロッシーニはオペラ一作で知られる作曲家であった。確かに、彼が素晴らしいオペラを書いたことは誰もが知っていたし、ヴィットリオ・グイのもとで 20 世紀のリヴァイヴァルが時折り行われていた。1950 年代初頭のフィレンツェ音楽祭では、《アルミーダ》（マリア・カラス主演）、《タンクレーディ》、《湖上の美人》が上演され、ガヴァッツェーニは《イタリアのトルコ人》（カラスが出演）を指揮した。しかし、ロッシーニといえば何より《セビリャの理髪師》であったのだ。

　作曲家の没後 100 年を祝う計画が立てられたとき、ほとんどの人がこのオペラに注目した。そこで、アルベルト・ゼッダという若いイタリア人指揮者が、そのリヴァイヴァル上演のひとつを指揮することになった。彼は以前アメリカに滞在していたとき（ニューヨーク・シティ・オペラの指揮者として、またシンシナティ音楽院の教授として）、《理髪師》を何度も指揮していたが、何人かのアメリカ人管楽器奏者は、自分のパート譜に現れるおかしな諸要素に気づき、ぎこちない旋律線やあり得ないリズムといったものに不満を漏らしていた。ゼッダは、ヴィットリオ・グイ[20] の以前の活動については知らなかったが、リコルディ社のアーカイヴにはこのオペラの手稿譜がなかったため、ボローニャ音楽院に保存されているロッシーニの自筆譜で、これらの点を直接確認することにした。スキャンダルも世間体も求めず（ヴォーンの大失敗の余波はまだ燻ぶっていた）、ゼッダはオペラの楽譜をミラノからボローニャに運び、リコルディから借りた器楽パート譜も一緒に持ち込んだ。でも、ロッシーニ（あるいは他の作曲家）の自筆譜を見たことがなかった彼には、比較する材料がなかった。それゆえ、ロッシーニの手によるものであるかどうかを確認することができなかった彼は、《理髪師》のレチタティーヴォ・セッコをロッシーニの手になるものと信じていた。彼はまた、ロッシーニが後に追加の音楽を用意したことも知らな

166　第 I 部　楽譜を知る

かった；そして、カデンツァとヴァリアンテを含む、何篇かのロッシーニの手稿譜があることも知らなかったのだ[21]。それでゼッダは深刻なテキスト上の問題に直面し、ロッシーニの他作についての知識が乏しいまま、知的な音楽家ではある彼自身のそれまでの積み上げに頼らざるを得なかった。

しかし、細部についての屁理屈が消えてしまうほど、そこには見るべきものがたくさんあった。リコルディ社の譜面は、ロッシーニの手稿譜とは根本的に異なっていた。メロディラインは変更され、リズムは修正され、ハーモニーも変更され、オーケストレーションが変容していたのである。例えば、エクストラの金管楽器と打楽器が追加されていた。また、ロッシーニがピッコロを要求している箇所は、フルートで代用されていた。アーティキュレーション（スラー、スタッカート、アクセント）の記号は認識できなかった。ただし、ロッシーニの手稿譜が印刷版と構造的に異なっていたわけではない。オペラはしばしば醜いカットで演奏されたかもしれないが、印刷版は基本的に完全なものであった。それらの違いは、むしろ、オペラの構成や筋立てにあったのだ。

ゼッダは困惑し、不信感を抱きながらも、楽譜とパート譜に可能な限りの修正を加え、修正版のオペラを上演し、レンタルした資料を出版社に返却した。出版社というものは、同じオーケストラ譜とパート譜一式をさまざまな指揮者やオペラハウスにレンタルするため、契約上では、資料は良好な状態で返却しなければならないと定められている。でも、ゼッダのパート譜は、他の指揮者が使用することができないほど大きく印がつけられていたため、リコルディ社は、自尊心ある出版社であれば当然行うであろうことを行った【訳者註：書き込みを消去したということ】。ゼッダは抗議した：リコルディ社のソースは《セビリャの理髪師》ではなく、その楽譜を変形したものであった。矛盾した中傷を懸念するオーストラリアの指揮者からのそのような非難であれば却下されるかもしれない。しかし、ここではイタリアの指揮者が、リコルディ社のミラノのオフィスで、楽譜の何ページにもわたって問題点を示していたのである。

ただ、ゼッダとリコルディ社が知らなかったとはいえ、グイは言うまでもないが、多くの学者はこれらの問題点を十分に認識していた。1864年、フィレンツェの出版社ジョヴァンニ・グイーディが、自筆譜に忠実に（あまりに厳密なほどに）オペラ《セビリャの理髪師》のフルスコアを出版した。グイーディの

第4章　スキャンダルと奨学金　167

楽譜は、ニューヨークの出版社ブルード・ブラザーズによって、ニューヨーク公共図書館に所蔵されていた《セビリャの理髪師》第 1 幕の良好な手稿（ただし、そこにロッシーニの手による注釈があるといった「誤解」も流通していた）をもとにしており、さらに楽譜を修正したものを含めて、それは何度も再出版されていた [22]。しかし、これらの楽譜の傍らでゼッダが校訂したリコルディ社版（ほとんどの劇場で採用されている「伝統的」とされる版）が流通していた。この楽譜はどこから出てきたものだろうか。《セビリャの理髪師》のこの 2 つの版はどのように調和させることができるのだろう？　でも、誰もその問いには答えられなかったのでリコルディ社は世界中にレンタル譜を発送し続けた。

　そして、ゼッダがロッシーニの自筆譜に忠実であり、かつ演奏者が納得できる楽譜を作成できると確信したリコルディは、《セビリャの理髪師》のクリティカル・エディションの作成をゼッダに託した。それは 1969 年末に出版され、リコルディが遅ればせながらロッシーニ没後 100 年に貢献したといえる、19 世紀イタリア・オペラの最初のクリティカル・エディションとなった [23]。ゼッダの《理髪師》は、その欠点がどうであれ、難題に取り組んだという利点があった。特にゼッダは、このオペラの現代の写譜や印刷譜が、ほぼ例外なくロッシーニの原譜の基本的なアウトラインを踏襲しているという状況を示すことができたのだ。欠落や、上演時にしばしばカットされる部分（例えば、伯爵の第 2 幕のアリア〈もう逆らうのはやめろ Cessa di più resistere〉もあった。なお、そこにはレアな差し替えもあった：バルトロ博士の陽気なアリア〈医者である私に向かって Ad un dottor della mia sorte〉は、よりシンプルな（そして音楽的には劣る）ピエトロ・ロマーニ筆の 1816 年のフィレンツェでの再演のために書いたアリア〈紙が一枚足りない〉になっていた。なお、伯爵の〈空は微笑み Ecco ridente in cielo〉の伴奏にチェロのピツィカートが使われているのは、ギターを持っていない歌劇場の慣習を反映している。また、ロッシーニのアーティキュレーションは不完全かつ不正確にコピーされており、リズムは常に単純化されていて、同時代のコピイストたちが、可能な限り筆のストロークを少なくしていたという姿勢を雄弁に証明している。それでも、それ以外の点では現代の写譜や印刷譜は、作曲家が自筆譜に記した通りにオペラのテキストを反映しているのだ。

168　第 I 部　楽譜を知る

いわゆるオペラ一作の「伝統的な」ヴァージョンについては、ゼッダの読みはあまり鋭くない。彼は、「たとえロッシーニが生きている間に作られ、定着したものであったとしても、書かれた資料の中にその確証を見出すことはできない」と述べている[24]。実際、リコルディ社の資料に似たものがロッシーニの存命中に使われていたという証拠はない。伝統的な《理髪師》の楽譜とは、ロッシーニの死後かなり経ってから作られた変形版なのだ。例えば、ロッシーニの室内楽的なオーケストレーションをより重厚な音で補ったり、ロッシーニの特徴であるピッコロの使用を避けたりする。その結果、ロッシーニが望んだコントラルト／メゾ・ソプラノではなく、ロジーナ役がハイ・ソプラノになってしまった。リコルディ社の旧版は、長年の演奏の伝統に由来するのではなく、19世紀の後半、ロッシーニの手稿譜を探すよりも、手に入れやすかった楽譜（おそらく当時のスカラ座で使われていたもの）を印刷しようという編集上の決定を反映したにすぎないものである。ゼッダのクリティカル・エディションでさえ、この決定が上演史に与えた不幸な影響を完全に払拭することはできなかった。

クラウディオ・アバドとテノール演ずるロメオ

音楽作品のクリティカル・エディションは、文学作品のそれとは異なる。詩や小説の批評校訂版は、熱心な学者によってその詳細が解明され、情報通のアマチュアならその猥雑さや珍奇さを楽しみながら読むことができるものだが、音楽作品のクリティカル・エディションは、図書館や研究者だけのためのものではない。演奏の基礎として使われることを意図するものである[25]。

作品が《セビリャの理髪師》のように、大衆がすぐに想像できるほど知名度ある作品となっている場合、新エディションを初披露する上演は文化的なイヴェントとなりうる。1969年12月9日、スカラ座がその舞台となり、それは豪華なキャスト（ロジーナ役にテレサ・ベルガンサを起用）が集められ、ジャン＝ピエール・ポネルが演出家を務めた。

新しい《理髪師》を世に送り出すべく託されたのは、ゼッダではなく、イタリアの新星指揮者クラウディオ・アバドであった。当時のアバドは論争の的に

第4章 スキャンダルと奨学金　　169

なっていた。ベッリーニ作曲のロミオ【訳者註：イタリア語ではロメオ】とジュリエット【訳者註：イタリア語ではジュリエッタ】のオペラ《カプレーティとモンテッキ》に興味を持った彼は、本作の新しい上演版を準備し、1966年3月26日にスカラ座で指揮した。しかし、彼は、ベッリーニが要求したメゾソプラノに代えてテノールをロメオ役に起用することで、声部の配置を変更した。ベッリーニとしては、多くのロッシーニのオペラ・セリア（《タンクレーディ》《湖上の美人》《セミラーミデ》）などの伝統に従っていたのだ。

　アバドの狙いは理解できる：というのも、1960年代に上演されたオペラには、女性のズボン役を英雄的な主人公に置いたケースがほとんどなかったからだ。それから20年後の1988年、グレーター・マイアミ・オペラでロッシーニの《ビアンカとファリエーロ》のリハーサル中に、二人の老女が交わした会話を、フランチェスカ・ザンベッロ（演出家）も私も忘れることはないだろう。それは、字幕システムが観客の理解を一変させるよりも前の話である：

　「私が見ているものが見える？」と一人がもう一人にささやいた。「二人の女性が愛し合っているのが見える？」と、二人は話していた。

　しかし、ベッリーニの楽譜はそう簡単には操作できなかった。テノールがロメオ役をやるとなると、アバドが予想していたものとは明らかに違ってきたのである。おそらく、このオペラで最も印象的な瞬間は、第1幕フィナーレの最後に起こる。舞台の反対側から、無理矢理引き離されたジュリエッタとロメオが、男性ソリストと男声合唱のソットヴォーチェなスタッカートの伴奏型にのって、〈もしすべての希望が私たちから奪われたとしても Se ogni sperne è a noi rapita〉という典型的なベッリーニ流のメロディをユニゾンで歌う場面である。このパッセージの意義とその美しさは、2人の女声から成り立っている。2人は互いに魅了され、男性のアンサンブルを飛び越えて、常に独創的であり、かつ、リズミカルであり、細部まで繊細さを有しつつ歌う。そこで、ヴェルディがベッリーニの旋律を「長い、長い、長いメロディ melodie lunghe, lunghe, lunghe」と形容したように、31小節間もの連続した旋律が延々と続くのである[26]。でも、ここで2人目の女声をテノールに置き換えたならば、その魔法は消えてしまうのだ。

　この場合、改訂された声楽スコアの意味合いはさらに広がってしまう。《カ

プレーティとモンテッキ》のようにアンサンブルに依存するオペラの時代においては、ロメオをテノールに置き換えると、ベッリーニの「繊細に作られた声楽パートの網」は解けてしまうのだ。また、同じオペラの二重唱では、ロメオとテバルド（アバドの指揮のもとでは、テバルド役を若き日のルチアーノ・パヴァロッティが演じている）は、頻繁に、6度の音程を並行して歌い、ロメオはテバルドの上の音域を歌う。そのロメオを1オクターヴ下に移調しても、受け入れられやすい結果を望むことはできない：この音楽は、3度並行で歌われる2人の男声のために構想されたものではないからだ。でも、アバドの介入は声楽パートだけにとどまらなかった。ベッリーニは（作曲家としては）かなりの才能を持っていたにもかかわらず、ロッシーニやドニゼッティに比べると、オーケストラの聴こえ方【訳者註：つまりはオーケストレーション】を扱う専門家としては、遥かに劣っていた。

　自筆稿とは、完璧を求めるべく理想化されたものではない。そこには、作り手の不安を示唆するような改変が加えられたりもする[27]。その結果、音はしばしば重くなる。というのも、ベッリーニはロッシーニよりも大規模なオーケストラを編成し、ほとんどの楽器の演奏時間を長くしすぎたからである。同様の問題は、ドイツの交響曲の伝統にも見られる。

　今日のオーケストラは、シューマンの交響曲をそのまま演奏すべきなのだろうか、それとも他の作曲家（例えば、作曲家兼指揮者のグスタフ・マーラー）や指揮者（ジョージ・セルやレオポルド・ストコフスキー）による改訂版を演奏すべきなのだろうか？　シューマンは、つまるところ、自分が書いた交響曲の初演には積極的に参加し、指揮者（フェリックス・メンデルスゾーン）とも直接仕事をし、リハーサルや演奏で得られた芸術的な結果に満足がゆかないと感じた場合には手を加えていた[28]。

　ベッリーニも同じ類いの責任を負っていた。契約上、彼は新作オペラのリハーサルと最初の3回の上演に参加することを義務づけられていた。もし我々が、ベッリーニのオペラが上演に値すると考えるのならば、それはほぼ間違いなく、オーケストラのサイズを注意深くコントロールして強弱法のグラデーションを用いるなどして音量バランスの問題を解決したうえでなら、構想された通りに上演する価値がある[29]。しかし、アバドはその代わりにベッリーニ

第4章　スキャンダルと奨学金　　171

のオーケストレーションを「改訂」することを選び、その介入は楽譜のすべてのページに及んだ。アバドの《カプレーティ》は、イタリアの音楽批評家フェデーレ・ダミーコが《カプレーティ》のそのオーケストレーションに警笛を鳴らしていなければ、そうした形で流通していたかもしれない。ダミーコは鋭い言葉でこの作戦を非難し、この無意味な「改訂」が流通するのを許したならば、ベッリーニの美しいオペラの上演が休閑地状態になってしまうのではと嘆いた[30]。アバドはこの批判を真摯に受け止めたようだ。《カプレーティとモンテッキ》の彼の版は、その後まもなく流通から外された。

　そして、クリティカル・エディションに基づく19世紀のイタリア・オペラの上演として、ゼッダの《セビリャの理髪師》の初披露がスカラ座で計画されたとき、指揮を執ったのはアバドであった。

　彼の《セビリャの理髪師》は革命的な舞台になった。それはクリティカル・エディションを採用しただけでなく、ほとんど狂信的なまでに厳格にテキストに忠実であった。大幅なカットは認められず、装飾もほとんど許されなかった。これはメッセージ性のある公演であった：ロッシーニのオペラが、通常ドイツの巨匠にのみ許される精度の高さのもとに上演されたからである[31]。ジャン＝ピエール・ポンネルによる、音楽から身体的なアクションが浮かび上がるようなすっきりとして非常に滑稽な演出に取って代わられ、歌はエレガントで、オーケストラの演奏はロッシーニ風のパレットの細部まで引き出していた。

　でも、すべての人がそれを認めたわけではない。19世紀末に考案された「伝統」を主張し、音楽的な証拠があってもそれに耳を貸さないといった孤立した声楽家たちは、古いリコルディ版を好んだのである（なお、1989年の時点で、ジュゼッペ・パターネは自分のオペラの録音にクリティカル・エディションが使われていないことを誇りにしていた）[32]。そして、ロッシーニのオペラはこのように演奏されるべきなのだろうかという、より複雑な反対意見もあった。そもそもコロラトゥーラ・ソプラノが、そもそも彼女たちのために書かれたわけではない旋律線に付け加えた「声楽的花火【訳者註：派手派手しいヴァリアンテといったぐらいの意味】」を作品から排除するということは、メゾソプラノのロジーナやコントラルトのロジーナが、楽譜に印刷された音符だけを歌わざるを得なかったという

172　第Ⅰ部　楽譜を知る

ことを意味するものなのだろうか？ 伝統的な自由さ（スピードアップしたり、ス
ローダウンしたり、ステージ上の必要性からくるフェルマータ【訳者註：瞬間的な一時停止
なども含む】の導入）を排除することは、音楽を準・メトロノーム的な規則性で
演奏しなければならないということでもあったのだろうか。アバドの演奏は技
術的には完璧であったが、それでもロッシーニの芸術を特徴づけるウィットと
快活さに欠けるという不満があった。そして、演奏に対する不安は、ヴァー
ジョン【訳者註：つまり、クリティカル・エディションのこと】に対する疑念へと発展
していった。これが「クリティカル・エディション」を使うということなのだ
ろうか。新版はこのような演奏を奨励したのか、あるいは必要としたのか。精
神は学問の代償であったのだろうか？

スカラ座包囲網

　その１年後、同じ劇場でロッシーニの別のオペラが上演された。それは、
1969 年 4 月 11 日、トーマス・シッパーズの指揮による《コリントの包囲》【訳
者註：L'assedio di Corinto：つまりは、フランス語のオペラ《コリントの包囲》のイタリ
ア語訳上演】である。それはまた、ベヴァリー・シルズとマリリン・ホーンと
いう、当時を代表する２人のアメリカ人歌手のスカラ座デビューの公演でも
あった。なお、楽譜とキャストは何度か変更されたうえで（悲しいことに、その
際のホーンの出演はなかった【訳者註：ホーンがシルズと組むのにこの時点では消極的で
あったという話も伝わる】）、このプロダクションは 6 年後（1975 年 4 月 7 日）、シ
ルズがニューヨーク・シティ・オペラの砂漠を 20 年間もさまよった後、メト
ロポリタン・オペラという約束の地にデビューする公演のため、ニューヨーク
に移送された。シッパーズと彼の同僚たちは、ロッシーニの楽譜に、アバドが
《カプレーティとモンテッキ》に施したよりも、はるかに大幅な変更を加え
た。彼らはオーケストレーションの改変は行わなかったが、オペラの大部分を
カットしたり、アレンジし直したりしたため、作品の大部分が認識できないほ
どになってしまった[33]。みな、音楽劇の真面目な作品から、２人のプリマド
ンナのためのショーピースを作り上げたわけである【訳者註：シルズと、ホーンに代
わって出演したメゾソプラノのシャーリー・ヴァーレットのために、"聴かせどころ"を他

のオペラから抽出し、足したという意味】。

　第1章で見たように、《コリントの包囲》には複雑な歴史がある。このオペラはもともと、1820年、ナポリのサンカルロ劇場のために《マオメット2世》と題して書かれた一作であるが、ロッシーニは、1823年のカーニヴァル・シーズンの幕開け作品とすべく、まずはヴェネツィア用に改稿を施し（初披露は1822年12月26日）、1826年には、彼の最も初期のフランス語オペラとなる《コリントの包囲 Le Siège de Corinthe》を作り上げるべく、《マオメット2世》のスコアを原曲として使用した。そして、この作品が、その後イタリア語に訳し直されて、《コリントの包囲 L'assedio di Corinto》となったのだ。しかし、スカラ座とMETでシッパーズが上演したヴァージョンは、単にロッシーニのフランス・オペラのイタリア語への再翻訳ではなく、それ以外にも様々なヴァージョンが混ざり合ったものであり、それをスタジオで収録した音源とニューヨークでの実演においては、ソプラノのパートをさらに有利にするために（本作を、別の作曲家が改稿したときのスコアから）余計な小品が加えられていた[34]。

　オリジナルの《マオメット2世》と《コリントの包囲》は、どちらも首尾一貫した作品である。しかし、両者はまったく異なる。ロッシーニの最も革新的なイタリア語のオペラ・セリアたる《マオメット2世》は、その特異な演劇的・音楽的なデザインによって、当時のナポリにいた（他の土地と較べて）比較的洗練された観客たちをも当惑させたに違いない。ロッシーニが自筆稿でテルツェットーネ terzzetone と呼んでいるシーンは、第1幕のほぼ3分の1を占めるという連続的な曲構成である。第2幕最後のアンナの英雄的な場面は、ロッシーニが書いた中で最も難しく、豊かな表現力を求められる華麗なる音楽で始まる。オペラのラストは、手の込んだロンドで締め括られるのではなく、トルコ軍の到着、アンナの突然の自殺、それを目にしたマオメットや他の人々の衝撃的な反応を客席は目の当たりにするのである[35]。

　新古典主義の最善の伝統に則った《マオメット2世》は、4人の主要人物に焦点を当てた愛と名誉の悲劇である：テノールが演じるパオロ・エリッソの役は、ネグロポンテのヴェネツィア植民地のリーダー；その娘でソプラノが演じるアンナ；アンナに恋するヴェネツィアの戦士、コントラルトが男装して演じ

174　第Ⅰ部　楽譜を知る

るカルボ；そして、マオメット 2 世はバスの役。彼は、ネグロポンテを包囲するトルコ軍のリーダーである。実は、アンナとマオメットは昔出会っており、愛し合う仲になっていた。この時、マオメットは身分を偽っていたのである；しかし今の 2 人は絶望的な状況の中、個人的な感情を抱えたままそれぞれの立場を全うしなければならない。アンナは父パオロとコリントの民を救うために最愛のマオメットを裏切り、カルボ（尊敬はしているが愛してはいない相手）と結婚。最終的には自分の母の墓の前で自害する。

　ロッシーニは《コリントの包囲》において、ナポリで作った傑作オペラを、後にマイヤーベーアに強い影響を与えることになる書法のもと、フランスのグラントペラ様式の一作へと変貌させた[36]。また、この作品では、主人公たちは（ネグロポンテにいる）ヴェネツィア人とトルコ人ではなく、ギリシャ人とトルコ人となった。1820 年代の政治的な出来事を反映するためである[37]。

　しかし、このことは最も大きな変更点ではなかった。ロッシーニは、パリのオペラ座で使われていた「より朗唱風のスタイル」に倣う形で、もとのイタリア・オペラの声楽パートを大幅にシンプルなものにした[38]。また、フランスの伝統へのさらなるオマージュとして、ロッシーニは楽譜のスペクタクルな要素を拡大した。合唱、舞踊、パントマイムは、もとの《マオメット 2 世》に根差している「悲劇の要素」を、しばしば圧倒するほどの力を持ったのである。新しい登場人物であるイエロスとギリシャ兵たちの予言の場は、マラトンMarathon の戦いを呼び起こすもの。殉教を称揚し、ギリシャの輝かしい未来を約束する。それは、アンナ個人の自害ではなく、集団自殺である[39]。

　このシーンのほぼすべてのディテール（集団自殺を除く）は、《ナブッコ》の第 3 幕を締め括る有名なシーンでヴェルディが真似たものである。このようなドラマトゥルギーの変更は、ソロの役割の変更を伴って行われた。フランス・オペラでは、英雄的なズボン役というものは受け入れられず、そのため、《マオメット 2 世》でコントラルトが歌うカルボ役は、《コリントの包囲》ではテノールが歌うネオクレ役に変更された。また、カルボ役のアリア（〈恐れないいでてください；愛情が薄いことは Non temer: d'un basso affetto〉とカバレッタ〈そして希望の王座について E d'un trono alla speranza〉）は、コロラトゥーラ・コントラルトのための典型的なソロであり、テノールの声にはどう考えても不適切で

第 4 章　スキャンダルと奨学金　　175

あったため、ロッシーニはネオクレのための新しいアリア（〈偉大なる神よ、民は
あなたを崇拝するに違いない Grand Dieu! faut-il qu'un peuple qui t'adore〉）をそれに
置き換えた。ただし、ロッシーニは、カルボのアリアを完全に失う代わりに、
そのカバレッタのみをソプラノ（《コリントの包囲》ではパミーラと呼ばれる役）の
ために修正し、彼女の主要なアリア（アンナが《マオメット 2 世》の最後、自殺をす
る前のシーンで歌った未完的なアリアに由来）に足した。このアリアは《コリントの
包囲》では、3 幕立てのオペラのうち第 2 幕の冒頭を飾るものになっている。
そして、ラスト近く、集団自殺の前にパミーラにソロを提供するために、ロッ
シーニは、《マオメット 2 世》のテルツェット調の曲のところに含まれていた
〈アンナのための祈りの歌〉を挿入した。このような操作は、説明すると複雑
に聞こえるが、実際のところは、完全に首尾一貫した作品を生み出しているの
である。

　ほとんどの学者や演奏者は、《マオメット 2 世》の方が《コリントの包囲》
よりも音楽的にもドラマティックにもパワフルだと確信している。でも、どち
らか一方のオペラを支持するに足る正当な理由もある。しかし、シッパーズは
この 2 作を融合させようとした。彼の根本的な間違いは、《コリントの包囲》
をネオクレ役のコントラルト（ホーンが歌う）とパミーラ役のハイ・ソプラノ（シ
ルズが歌う）で上演できると想像したことである。その決断は不幸な結果を招
いた。テノールのために書かれたフランス・オペラに、英雄的キャラクターを
ズボン役で再び取り入れるべく、シッパーズはホーンが歌うアリアにふさわし
い曲を探すために、（《コリントの包囲》の元の）《マオメット 2 世》に頼らざるを
得なくなった。結果、出来上がった作品はとんでもなく大きくなり、「大きけ
れば大きいほどよい」という考え方（台所の流しの原理とでも呼ぼうか）のもと、
カルボとネオクレのために書かれた曲を自由に使って構成された。

　《コリントの包囲》におけるコロラトゥーラ・コントラルトの存在は、歌い
手の（装飾パッセージの）挿入を考慮に入れても、本作の全般的な理念である
「より単純な声楽スタイルへの移行」を危うくするものであった。ネオクレの
役がカルボのオリジナルのカバレッタを歌うべく振り替えられたことで、第 2
幕冒頭のパミーラのアリアは突然、終結部を失ってしまったのだ。どうするべ
きか？　もちろん、どんなカバレッタでも良い。そこでシルズは、ロッシーニ

176　第 I 部　楽譜を知る

（譜例 4.2）ジョアキーノ・ロッシーニ《バビロニアのチーロ》でのアミーラのアリア〈夫に会いたいのです〉。カバレッタのテーマの間にオーケストラのテーマが入り、ベヴァリー・シルズが歌った

が 1812 年初頭に書いたオペラ《バビロニアのチーロ》から一節を取ってきて歌ったが、その結果はおかしなものになった。ロッシーニが最も成熟していた頃の精巧なオーケストラの網の目から、音響が突然に、彼の若かりし頃には理想的であったチマローザの流儀に溶けこんでしまったからである[40]（この音楽が追加されるのであれば、少なくとも《マオメット 2 世》のスタイルで再度オーケストレーションされるべきであったという意見も起こるだろう）。

そして、それだけでは物足りないかのように、シルズはけたたましいオーケストラ・テーマと一緒に声を出した。高音をあちこちに撒き散らしながら（例4.2）。結局のところ、彼女は何か歌う必要があったのだ。ロッシーニがアンナやパミーラのために書いたテッシトゥーラよりも（持ち声が）はるかに高かったからである。ソプラノが歌うラインが定期的に 1 オクターヴ上に移調されるため、アンサンブルはアンバランスに聞こえてしまう。このような「ロッシーニの音楽の茶番」にもかかわらず、淑女たちは心を込めて歌い、結果《コリントの包囲》はプリマドンナたちの勝利となった。マリリン・ホーンにしても、必要な声楽スキルを持ったアーティストが歌ったならば、ロッシーニの声楽ラインがどのようなものになるかを示し続けたのである。それでも、アバドの《セビリャの理髪師》に対して声が上がったように、この作品に対しても多くの人が抗議した。もちろん、このオペラをよく知っている人は当時ほとんどいなかったし、《マオメット 2 世》を少し知っている人さえほとんどいなかったが、リコルディ社から《コリントの包囲（イタリア語訳詞版）》の声楽譜は入手できたし、1949 年 6 月 4 日にマッジオ・ムジカーレで上演された、若き日のレナータ・テバルディがパミーラ役で出演した本作の蘇演を聴いた経験を持つ人もいた。

私は、公演の開幕前夜、リンカーン・センターのニューヨーク公共図書館で

行われ、音楽評論家たちが押し寄せた「聴衆の多い公開講座」で、自分の意見を2回にわたって述べた[41]：でも、私の苦労の甲斐もなく、シルズからはこんな辛辣な言を浴びせられた。「いわゆる、音楽学者と呼ばれる人たちは、セックスの話ばかりして、行為そのものは何もしない人たちと同じだと思うのです」と[42]。

　アバドの《理髪師》とシッパーズの《包囲》の対比は、イタリア・オペラの上演に対する2つの極端なアプローチを体現している。ひとつはヴァージョン。特に「クリティカル・エディション」のテキストは、基本的に神聖なものであるという考え方。もう一方は、オペラは娯楽であり、その結果さえ良ければ、自由に操作してもよいという考え方である。1960年代後半、ロッシーニの音楽はほとんど知られておらず、知る由もなかったため、2番目のアプローチは可能だと思われた。しかし、スカラ座で上演された《コリントの包囲》再演をめぐる論争は、ひとつの重要な結果をもたらした：ジョアキーノ・ロッシーニの作品のクリティカル・エディション *Edizione critica delle opere di Gioachino Rossini* の刊行である。

リッカルド・ムーティとヴェルディへの民衆の贈り物

　ヴォーンとの小競り合いの後、19世紀イタリア・オペラのクリティカル・エディションをめぐる本格的な戦いと、ヴェルディのオペラの再活性化が実現したのは、幸運としか言いようがない。そして、そのことに伴って演奏習慣も活性化されたが、それはロッシーニの生地で最初に取り組まれた。結局のところ、聴衆も演奏する側も、《タンクレーディ》《湖上の美人》《イタリアのトルコ人》《ランスへの旅》についてはあまり知らなかったのだ。新しいエディションの登場は喜びをもたらし、歌手や指揮者はそれを快く受け入れ、聴衆は新しい作品を聴くことを喜んだ。時折り、小うるさい批評家（特にベルカントのレパートリーが嫌いな批評家）が「学問」について鼻で笑ったかもしれないが、知ったかぶり主義はその場に相応しいものとは思えなかった。

　しかし、舞台がジュゼッペ・ヴェルディのオペラに移ると、ある方面からは苦悩や怒りの声が上がり、別の方面からは「無関心を装う声」が上がった。馴

染みのある作品であればあるほど、その反発は強い。「近代的な演奏の伝統と認識されるもの」の正当性、および神聖さに対する信念が、現在の印刷譜が同等の正当性を主張できるはずという信念へと波及した。その混乱ぶりが、ヴェルディの楽譜の編集とその演奏に関する現代の論争の核心になっている。そして、この論争が、リッカルド・ムーティの名前と共に、30 年近くも渦巻いているのだ。

　伝説の指揮者トスカニーニをもしのぐ楽譜への厳格なアプローチによって、ムーティが振るヴェルディは、イタリア・オペラにおいて再認識された「演奏方法の探求」と密接に結びついている。他のどのイタリア人指揮者よりも、ムーティの名は、印刷された楽譜を厳格に読むことに結び付けられてきた。しかし、そのムーティが定義しているように、この「忠実さという大義」は、「テキストの冷徹な再現として理解されるべきではなく、書かれた記号を超えて存在する直感的な解釈として理解されなければならない」のである[43]。

　その精神的な立場は、一体的な演奏にこだわるあまり、歌手に「伝統に基づく」自由な表現や（装飾パッセージ等の）挿入を許さないことによって達成される。

　ムーティのアプローチは、その作品がレパートリーから外れたものであった場合、大喝采を浴びた。1972 年にマッジオ・ムジカーレで上演された《グリエルモ・テル》はイタリア語で歌われ【訳者註：仏語のオペラ《ギヨーム・テル》をイタリア語訳詞で歌ったということ】、その際は問題ある版に基づいていたにもかかわらず、客席には一つの啓示となった。そう、この作品は 5 時間以上にも及び、座って聴いているだけでも、心身ともに最高のコンディションでなければそれを続けられない（私は幸運にも、このときはドレス・リハーサルを聴くことができた）。そしてそれは、19 世紀のひどいイタリア語訳詞で上演されたのである。本来ならオリジナルのフランス語で歌われるべきであったのに[44]。そう、テノールのニコライ・ゲッダは素晴らしいアルノルドであったが、上演が終わる前に降板してしまった（アルノルドのフレーズ〈ああ、マティルド、我が魂が熱愛する人よ！ Ah! Mathilde, idole de mon âme!〉の繰り返しのところでは、オリジナルの【訳者註：そのパッセージが最初に出てきたときの】変ト長調よりも一音高い変イ長調になるものだから、ゲッダは明らかに苦しそうであったので、私は彼の健康状態を心配した）【訳者

註：ここの仏語歌詞は、もちろん、オリジナルの楽譜に由来する。当該箇所の伊語訳詞は〈Ah! Matilde io t'amo, è vero〉になる】。しかし、完璧さとは求めるものであり、到達するものではない。ムーティが初めてロッシーニの《ウィリアム・テル》を演奏した結果、ロッシーニの最後のオペラが 19 世紀の音楽家たちを魅了したことが、現代の聴き手にも明確になったのだ。

　でも、ヴェルディの作品では、問題はまったく違った。1977 年 12 月、ムーティがフィレンツェのテアトロ・コムナーレで《イル・トロヴァトーレ》を振ったとき、誰がその実演を聴いたか聴かなかったかは別にして、誰もが口にしたのは、第 3 幕の最後を締め括るマンリーコのためのカバレッタ〈燃え盛る炎を Di quella pira〉の終わりであった。その理由は、ムーティが選んだマンリーコが、喝采の嵐の中で幕を下ろすために伝統的に挿入される「高いハ音：ハイ C」を歌わなかったからである。実際、このプロダクションは、演奏の伝統と呼ばれるものに対するムーティの反抗的な挑戦、すなわち「ハイ C のない《トロヴァトーレ》」として、大衆と批評家の間で語り継がれている。2000 年 12 月 7 日、ヴェルディ没後 100 年を記念してスカラ座のオープニングでムーティがこのオペラを指揮した際にも、同様の反応があった。ロレッタ・ベンティヴォーリオは翌日の『ラ・レプッブリカ』紙にこう書いた：

　　テノールのサルヴァトーレ・リチートラが、昨夜スカラ座で開幕した《イル・トロヴァトーレ》で、子供でも知っているというカバレッタ〈燃え盛る炎を〉の最後の高音を、リッカルド・ムーティが歌わせず、聴衆に披露できなかったとき、「恥だ！」と誰かが天上桟敷から叫んだ[45]。

　しかし、ムーティの 1977 年の《トロヴァトーレ》は、実際にはそれ以上のものであった。アメリカのヴェルディ研究者デイヴィッド・ロートンは、当時市販されていたリコルディ社版の印刷譜とヴェルディの手稿譜を注意深く比較しながら、このオペラのクリティカル・エディション（最終的には 1993 年に出版された）を準備すべくその第一歩を踏み出した[46]。このプロセスを通じて、彼は誤りや誤読を特定し、作曲家が記譜するところの意味を明らかにし始めた。しかし、ロートン、ムーティ、歌手、オーケストラ、制作チームの努力は影を

180　　第 I 部　楽譜を知る

潜めた：すべてがハイ C を巡る騒動に溶け込んでしまったのだ。

　この論争をとりわけ不条理なものにしているのは、問題の音符が「オペラのどの印刷譜」にも存在しなかったこと。この（聴衆にとっての）「偉大な瞬間」とは、実際のところ、「挿入された一節」なのである。この点で、ロートンのクリティカル・エディションは、古い印刷譜と変わっていない。しかし、ムーティがこの挿入音を歌わせないと主張したことで、彼の演奏だけでなく、ロートンのエディションにも傷がつき、「ハイ C のない《イル・トロヴァトーレ》の譜面」とされたのである。しかし、なぜそこまで気にする必要があるのだろう？ テノールが、印刷譜のようにト音（G）にとどまるのではなく、その音（高いハイ C）まで上昇することに、そんなに大きな違いがあるのだろうか？ [47]

　アリアの終わりだけを見れば、挿入された音符【訳者註：つまりは、歌手が自由に入れた超高音。ここでは先ほどから述べられているハイ C 音を指す】は無害な花火といったものにすぎない。それは、ヴェルディがこれまでに書いた中で、最も自己主張の強いカバレッタである。この曲は、第 3 幕を閉じるべく幕を下ろし、オペラを最後の破局へと急展開させる。ヴェルディがここに書いた結末は、異常なまでの緊張感を保とうという彼の意志を示している。通常であれば、マンリーコは〈戦いだ！ All'armi!〉の G 音から低い C 音に下降してアリアを終えるだろう。でもその代わりにヴェルディは、マンリーコがハ長調の 5 度の和音で終わるように、G の上で声部を保持し、コーラスの第 1 テノールはその下の E 音を、第 2 テノールとバスは中間の C 音を歌う。その結果、完全な全音階の三和音になり、マンリーコだけが最高音になる [48]。

　ならば、なぜヴェルディは、男声合唱に C、E、G といった音を与え、マンリーコが自由に高音 C まで上昇できるようにして、この効果をさらに強めなかったのだろうか。音楽の分析は、こうした議論においてはあらゆる側面を支持するために持ち出すことができるが、この種の問題には痛々しいほど不向きなもの。しかし、ここに比較的簡単な説明がある。音楽的な説明ではなく、歴史的な説明である。ヴェルディは、マンリーコ役を、カルロ・バウカルデというテノールのために書いた。この役はテッシトゥーラがそもそも高く、真ん中の C とハイ A の間の 6 度に長く位置するが、その A（これは頻繁に繰り返される）は、ヴェルディが、マンリーコが容易に歌えるだろうと期待して記した最高音

なのだ。作曲者がマンリーコのために高い B フラットを記譜したのは、オペラの中でただ一箇所、第 1 幕のトリオを締め括るストレッタの場だけである。このシーンでは、ルーナ伯爵は自分のパート（〈軽蔑された嫉妬深い愛 Di geloso amor sprezzato〉）を歌う一方で、レオノーラとマンリーコは基本的に同じメロディでそれぞれ異なるテキストを歌う。

　2 人はオクターヴで一緒に歌い始め、レオノーラが高い B フラットに上がるまで、マンリーコにはそれより低い G 音が割り当てられている（例4.3）。このテーマが、今度は伴奏付きで繰り返されるのだ。

　また、伯爵の歌うラインに関しては、レオノーラは高い B フラット音に跳

（譜例 4.3）ジュゼッペ・ヴェルディ　歌劇《イル・トロヴァトーレ》シェーナとロマンツァ、三重唱（第 3 曲）小節番号 229-236

（譜例 4.4）ジュゼッペ・ヴェルディ　歌劇《イル・トロヴァトーレ》シェーナとロマンツァ、三重唱（第 3 曲）小節番号 259-262

躍しなければならない。

　マンリーコとプリマドンナが歌うオクターヴを中断させないために、ヴェルディはテノールに選択肢を与えた：高いＢ♭音（オペラの中でマンリーコにとっては唯一のもの）かそれより低いＤ♭音のどちらかを選ぶようにした（例4.4）。要するにヴェルディは、バウカルデという名の初演歌手が高音Ｃも高音Ｂも使えず、非常に不確かなハイＢ♭音しかもっていないと感じていたのだ[49]。

　ヴェルディが1840年代と1850年代の前半にテノールのために作曲した声楽曲は、軽い高音域を特徴とする初期の声楽スタイル（ドニゼッティの《連隊の娘》に出てくる最高音域まで、および、8つのハイＣを持つトニオのカヴァティーヌ〈私の魂のためにPour mon âme quel destin〉を思い浮かべてほしい）から、より力強いサウンドへと移行しつつあった時期の作である。そう考えると、マンリーコという役はヴェルディがテノールのために書きたかったことを完全に特徴づけている。また、その後、確かに声楽技術が変化し、それに伴い、テノールのテッシトゥーラに対するヴェルディ全体のアプローチも変化したため、彼は自分がテノール（に与える声域）をより高く押し上げる傾向にあった。しかし、有名な逸話にあるように、ヴェルディが実際に、大衆にハイＣで成功することを自慢していた歌手エンリコ・タムベリークに言ったかどうかはまったく関係ない。「大衆が望むものを否定するつもりは毛頭ない。良い響きになるのなら、君の好みでハイＣを入れてくれたまえ」[50]。

　挿入されたハイＣの本当の災難は、マンリーコ役を歌う適切なテノールの選択に及ぼす影響である。今日、オペラハウスがこの役をキャスティングする際の必須条件は、テノールが〈Di quella pira〉の終わりで大声のハイＣを歌えることができるかどうかである。挿入された一音がパートの概念を支配するようになった。ヴェルディが意図しなかった効果を中心に、すべてが計画されている。さらに、ハイＣを出すために、歌い手は一般的にカバレッタを半分の長さに切って、合唱と一緒に歌うべき音をも省略する。最後に来るピッチ（音の高さ）のために息の量と声のエネルギーを温存するためである。

　ムーティが《イル・トロヴァトーレ》をフィレンツェで振ったとき、あるイタリア人指揮者は、たとえヴェルディが書いたものでなくとも、ハイＣ音は民衆がヴェルディに与えた贈り物だとコメントした。でも、マンリーコがハイ

Cを出すか出さないかは、芸術的にはあまり重要ではない。芸術面から見て破滅的なことは、ハイC音を出す必要があると認識された点が、その役柄に対する我々の概念を変えてしまったことだ。ヴェルディが役柄を構想した通りにマンリーコを歌い、鳴り響くような高いハ音を出せるテノールを教えてくれ。そうしたら、彼に拍手を送りたい。そうでなければ、先ほどの歌手タムベリークに、ロッシーニがかけた別の有名な言葉を借りてでも、マンリーコには次のようにさせてほしい。「君が劇場を出るときに拾われるように、帽子掛けに高いC音を置いたままにしておきなさい」[51]。

ラ・カバレッタ、フィロローゴ

12月7日の夜、スカラ座のオペラ・シーズンが幕を開ける。ミラノの守護聖人であるサンタンブロージョを祝うこの祭日は、現在のイタリアが毎年最も待ち望んでいる音楽イヴェントである。主要な新聞には「スカラ座」の付録が掲載され、イタリア人が「ニュース cronaca」と呼ぶページでは、政府要人や社交界の人々の出席ぶりやその服装を嬉々として報じている。また、政党政治や動物愛護に関わる抗議運動家たちも、自分たちの活動が公表されることを知っている。あらゆる社会的な装飾の中で、音楽にも注目が集まる。1982年にスカラ座で行われたヴェルディの《エルナーニ》のシーズンオープニング公演は、特に世間の注目を集めた。この名誉あるイヴェントがリッカルド・ムーティに委ねられるのは初めてのことである。

初演の数週間前から、批評家や聴衆の間で「フィロロギア（言語学）」という言葉が飛び交っていた。これには、ムーティにも少なからず責任があった。上演直前、彼は『コリエーレ・デッラ・セーラ』紙にこう語った：「これは、ジュゼッペ・ヴェルディの《エルナーニ》、つまり、手稿譜にきわめて忠実であり、カットのないヴァージョンでの演奏です。オペラは（作曲家が）考えた通りに上演されるのだ」[52]。

それは奇妙な発言であった。まず第一に、ムーティが《エルナーニ》の手稿譜を扱ったのは、後述するように、ひとつの問題を調査するためであった。でも、実演で彼が使用した楽譜は、19世紀末にリコルディ社によって作成され

184　第Ⅰ部　楽譜を知る

た標準の印刷譜であり、そこには間違いや誤読が少なからず含まれていた。だ
から、ムーティは「リコルディ社版にきわめて忠実な」演奏について語ること
はできたが、ヴェルディの自筆譜に忠実な演奏については、ほとんど語ること
ができなかったのだ。

しかし、もうひとつ重大な問題があった。オペラを「作曲家が考えた通りに
（構想した通りに）」上演するとはどういうことか。作品がどのように生まれたか
をどうやって知るのだろう？　ヴェルディに「貴男は《エルナーニ》をどのよ
うに構想しましたか」と尋ねることはできない。

おそらく、我々はもっと平凡な状況下に落ち着くしかないのだろう：

本物の資料にできるだけ忠実なエディション（譜面）を選び、そのエディ
ションを演奏の基礎とする。作曲家が書き残したもの、その他の歴史的な情
報、ヴェルディ自身が演出した上演についての知識、現代の演奏の伝統につい
ての認識、そして何よりも、我々自身の音楽的、演劇的直感を駆使してであ
る。

いずれにせよ、「ヴェルディが望んだスカラ座の《エルナーニ》」（『コリエーレ・
デッラ・セーラ』紙の見出し担当記者の創作らしいが）という主張は、最も贔屓目に
観た場合でも、軽率なる一行であった。ムーティの《イル・トロヴァトーレ》
が、たったひとつの音符をめぐる極論によって特徴づけられたように、ミラノ
での《エルナーニ》でも、たったひとつの曲が避雷針となった：それは第1
幕フィナーレのシルヴァのためのカバレッタ〈ついに復讐心に燃える男が登場
だ Infin che un brando vindice〉である。この曲は、1844年3月9日にヴェ
ネツィアのフェニーチェ座で初演されたオリジナルの楽譜には含まれていな
かったものである[53]。でも、この曲はほとんどの印刷譜に含まれている。た
だ、ムーティはこのカバレッタを省略すると決めたが、彼は同じ『コリエー
レ・デッラ・セーラ』紙のインタヴューでその理由をこう語っている：

「つい最近、19世紀後半に印刷されたヴォーカル・スコアに出くわしたの
ですが、そこにはバスのためのカバレッタ〈Infin che un brando
vindice〉が欠落していました。好奇心を刺激された私は、自分の厳密な態
度と言語学的な疑念を保つべく、ヴェルディの手稿譜を調べることにしたの

第4章　スキャンダルと奨学金　　185

です：そこで、リコルディ社から自筆譜のコピーを入手し、カバレッタがそこにないことを確認しました。私は、いつものように、原点に戻り、書かれたことの真実性に到達する必要性に駆られて、音楽学者フランチェスコ・デグラーダを訪ね、ジュリアン・バッデンの本を参照し、資料を探しました。その結果、このカバレッタがヴェルディの筆ではなく、挿入されたものであることがはっきりしました。1844年秋にミラノで歌ったバス歌手のイグナツィオ・マリーニによって初めて挿入されたメロディだとわかったのです。当時、ミラノの新聞の批評家連はこの曲に否定的な反応を示し、乱暴に挿入されたこのカバレッタに強く抗議し、オペラにこのカバレッタを持ち込んだマリーニ（当時は有名なバス歌手）の責任を追及するほどでした。こうした状況を確認したことで、私はまた、自分を悩ませていた問題に対する答えを見つけました：ソプラノ、テノール、バスのアリアにはカンタービレとカバレッタがあるのに、バリトンのアリアだけにはカバレッタがなく、4人の関係がアンバランスなのはなぜだろう？　と。その答えは、ヴェルディの自筆譜にありました。ソプラノとテノールにはカンタービレとカバレッタが与えられていましたが、バスとバリトンにはカバレッタがなかったのです。だから私は、作曲家の正確な指示に従うべく、ヴェルディの作でないことがほぼ確実な、少なくとも手稿譜にはその痕跡のないパッセージを省略することにしたわけです」。

　分析的な説明と文献学との間の不安定なズレに注目してほしい。分析に関しては、1845年における「典型的な」イタリア・オペラの登場人物のうち、何人が複数の部分を持つアリアを持っていて、何人が単一テンポのアリアを持っているのか、本当にわかっているのだろうか？【訳者註：複数の部分を持つアリアとは、カヴァティーナとカバレッタから成る2部構造のアリアを指し、単一テンポのアリアとは、カヴァティーナのみ、もしくはロマンツァなどのアリアを指す】そして、文献学の面に関しては、デグラーダとバッデンはムーティよりもずっと慎重に動いている。彼らは、この曲がヴェルディの作であることを示唆する要素と、そうでないことを示唆する要素を併記して、問題を未解決のままにしているのだ[54]。しかし、公演の現場でその曲を歌うかどうかについて、優柔不断でい

る余裕はない。シルヴァ（役の歌手は）はフットライトの前まで進み、聴衆に状況を説明することはできないのだから：

「皆さん、この後に続くカバレッタが本当にヴェルディの作品なのかどうかがわからないので、(a) 歌うか、(b) 省略するか、どちらかにします」。そんなことは言えないのである。

スカラ座の初日の華やかさは、そうした不安定さとは上手く調和していない。ムーティは正当な疑念を持ち、まったくもってもっともな芸術的決断を下した。

結局のところ、19世紀のイタリア・オペラの作曲家と演奏家は、劇場と歌手のニーズを満たすために、現実的な理由から、特定の機会にそのような決断を下すことを頻繁に求められていたのである。そこでムーティは、自分の決断は文献学的見地からによるもので、分析的にも正当なものだと主張し、その点を強調した。でも、ミラノでは、カバレッタを省略した本当の動機は、老齢のニコライ・ギャウロフがうまく歌えないからだという噂が広く流れた。

第1幕の終わりでスペインの老大公が登場する辺り、ミラノ・スカラ座の初日の聴衆は、彼の歌唱力に驚いていた。だが、ルカ・ロンコーニの演出とエツィオ・フリジェリオの舞台装置には相当に敵意を抱いていた。特に、エルヴィーラ役のミレッラ・フレーニが、階段の昇り降りの際、台の上で危なっかしく揺れていたのが私の印象に残っている。歌い手たちは、音楽好きの観客たちの熱意とは相容れないような、拙いパフォーマンスで応戦した。最後にシルヴァが登場し、カンタービレを歌った、〈不幸だ！　とあなたは信じていたInfelice! e tu credevi.〉と。その後、彼が〈ついに復讐心に燃える男が登場だ Infin che un brando vindice〉をカットしてフィナーレを続けると劇場奥から叫び声がした：

「カバレッタは？　文献学的な！ La cabaletta, filologo!」最後の一語は、明らかなる軽蔑の念で吐き捨てられた。ムーティは踵を返して続けた。

この事件は、不条理な劇場の場にふさわしいものであった。表向きは、ムーティはカバレッタを省略することで文献学的責任を果たしたことになるし、劇場の常連客は《エルナーニ》の「伝統的な」上演法への愛着を示したことにな

る。しかし、実際は全員が間違っていた。天上桟敷の人々が理解していなかったのは、《エルナーニ》の伝統的な上演では、シルヴァのカバレッタは省略されるのが普通であったということである。リコルディ社の楽譜（これはミラノでの公演にヒントを得ているケースが多い）にはあるものの、現存するほとんどの楽譜のコピーでは、この曲はしっかりと消されているのである。

　そしてムーティは、彼が実際に演奏した音楽が、学者にとっては悪夢のようなものであり、2つの別々の版が誤って混同されたものであることを理解していなかった。カバレッタを楽譜に導入した誰かは、その前の2小節の音楽も修正する必要があると考えた。初演後すぐにリコルディ社がこのオペラの弦楽パート譜を印刷したとき、出版社はヴェルディの自筆譜に従ってその作業を行った。そして、弦楽パートがカバレッタを含んで再版されたとき、リコルディ社は直前の2小節を修正した。《エルナーニ》の管楽器、金管楽器、打楽器のパート譜は1880年代に初めて印刷されたが、そこにはカバレッタを導入するための「修正された小節」のみが含まれていた。

　それぞれの版には、独自の音楽的、および和声的な整合性が存在する。ヴェルディがこの曲を最初に構想したとき、シルヴァの〈老いたるシルヴァはすぐに復讐したいと考える L'antico Silva vuol vendetta, e tosto...〉で、曲がヘ短調で締め括られることで、次に彼が歌うニ長調の〈出て行け！ Uscite...〉（彼は、忠臣たちにそう告げる）に繋がりやすいのだ（例4.5）。

　しかし、改訂版では、ヘ短調のドミナントが強調された後、次のように続く。これは、この時期のイタリア・オペラでよく見られる和声進行である（例4.6）。また、それは、第2幕の最後のカバレッタにつながる進行とも似るものである。

　第1章で述べたように、ヴェルディは《リゴレット》においてこのような表現を用いている（例1.2参照）。しかし、ヴェルディが意図していなかったこと、それは、スカラ座で上演されたヴァージョンである。ムーティは、カバレッタを導入するために書き直された小節を（そのまま）演奏し、カバレッタをカットした。まさに文献学的精神である！ しかし、このような間違いを犯したのは彼だけではない。1880年代にリコルディ社が管楽器、金管楽器、打楽器のパート譜を改訂版のみで印刷して以来、ヴェルディ自身の楽譜を演奏す

(譜例 4.5) ジュゼッペ・ヴェルディ《エルナーニ》第 1 幕フィナーレ (第 5 曲)、オリジナルのヴァージョン　小節番号 55-58

る方法がなくなってしまったのだ。シルヴァのカバレッタを省略した者はみな、同じ罠にはまった。《エルナーニ》の批評校訂版 (クリティカル・エディション) が入手できるようになって初めて、ヴェルディの原譜通りに演奏することも、カバレッタを加えて演奏することも可能になった。演奏というものは、その性質上、文献学的なものを装うことができないものである：それこそがエディションの目的なのだ。

　なお、その後の研究によって、〈ついに復讐心に燃える男が登場だ Infin che un brando vindice〉の演奏史の多くの部分が明らかになった。実は、このカバレッタは確かにヴェルディの作ではあったが、彼は《エルナーニ》にあててこの曲を書いたのではない。それは、1842 年にバルセロナで上演されたヴェルディのオペラの処女作《オベルト、サン・ボニファッチョの伯爵》に挿入すべく、マリーニの依頼で作曲されたものであった。ロジャー・パーカーが最初にスペイン語の台本を確認したところ、そこには、関連する歌詞が含まれてい

(譜例 4.6) ジュゼッペ・ヴェルディ《エルナーニ》第 1 幕フィナーレ（第 5 曲）、シルヴァのための追加のカバレッタ　小節番号 55A-59A

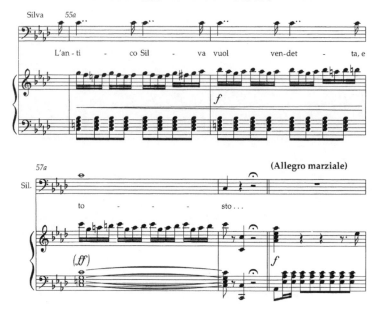

たのである；

　そして、クラウディオ・ガリコは、《エルナーニ》のクリティカル・エディションの序文の中で、ヴェルディがマリーニに書き送った手紙を初めて載せた。その手紙はバルセロナに送られる手稿譜に添えられていた[55]。それならば、《エルナーニ》にカバレッタの〈ついに復讐心に燃える男が登場だ Infin che un brando vindice〉を導入したのが同じマリーニであったとしても、驚くには当たらないだろう。ヴェルディがこの計画に賛成したのか、それとも黙認しただけなのか、そこはまだわからない。

　スカラ座での《エルナーニ》が大失敗を喫した頃には、同じような問題が将来は回避しやすくなるかもしれないと期待するだけの十分な理由があった。シカゴ大学出版局とリコルディ社は、『ジュゼッペ・ヴェルディ作品集』を新しいクリティカル・エディションとして出版する意向を発表した。その第 1 巻として《リゴレット》が出版されようとしていた。

この新しい《リゴレット》を最初に劇場で使用した指揮者は、作品が提起する問題をいかに深く考えているかを示した指揮者であった：リッカルド・ムーティである。

【原註】

1）Vaughn, "Discordanze fra gli autografi verdiani e la loro stampa"参照。他の記事で彼はプッチーニのオペラに注目した。

2）ロジャー・パーカー Roger Parkerは "Arpa d'or dei fatidici vati" の中で、《ナブッコ》の合唱がオペラの初期から特別視されたという証拠はほとんどないと述べている。彼の主張には同意しかねる部分もあるが、私はその考えは正しいと思う。この合唱曲の絶大なる名声は、統一後のイタリアにおける神話化の産物であると彼は評価する。20世紀のヴェルディの神話化に関する最近の研究については、Polo, *Immaginari verdiani*, Basini, "Cults of Sacred Memory"を参照されたい。

3）オランダの批評家、J. R. エヴェンホイス Evenhuisの厚意に感謝したい。彼は、「マエストロ、デニス・ヴォーン Denis Vaughanとマエストロ、ジューリオ・コンファロニエーリ Giulio Confalonieriの公開討論会」の招待状を複写して私に送ってくれた。この講演会は、ヴェルディとプッチーニの自筆譜と現行版との誤りや相違という厄介な問題についてのものであった。

4）『ヴェルディ』創刊号（1960）の中で、ヴェルディ国立研究所の会長マリオ・メディチは、この研究所の目標のひとつは「ヴェルディ全集の定本出版」だと書いている（伊語、x；英語、xviii）。

5）Gavazzeni, "Problemi di tradizione dinamico-fraseologica e critica testuale, in Verdi e in Puccini" 私は、リコルディ社の再版本に含まれる英訳から引用している。

6）プッチーニがトスカニーニに宛てた1910年6月23日付の有名な手紙を参照されたい。この手紙には、最終的に「決定的なマノン」ができるように、ダイナミック・レヴェルやスラーなどを見直し、修正するようプッチーニが求めている。この手紙はGara, *Carteggi pucciniani*, 377に掲載されている。《西部の娘》については、Dotto, "Opera, Four Hands"を参照。

7）1993年秋のボローニャ・コムナーレ劇場での公演に際して、リッカルド・シャイーが「カンツォーネ」を最も効果的に再導入した。Mandelli, "I 'fiori' ritrovati, che Puccini non voleva eliminare"参照のこと。

8）少なくとも一人の学者は、《ファルスタッフ》の印刷楽譜の優位性を主張している：Hepokoski, "Overriding the Autograph Score"を参照のこと。私自身の立場としては、《ファルスタッフ》の編集には、自筆譜をコピー・テキストとして選択しつつ、ヴェルディに帰することが妥当と思われる後世の改変を受け入れるという、混合的なアプローチを支持する傾向にある。しかし、最終的な判断を下すのはクリティカル・エディションの編集者である。

9）Vaughan, "Discordanze"参照。

10) Vaughan, "Discordanze"; Gavazzeni, "Problemi", 68 頁。

11) ヴェルディの *f*（フォルテ）と *ff*（フォルティッシモ）を区別することは、必ずしも容易ではないが、可能な限り、以下のように記されている：
ピッコロ、クラリネット、トランペット、ティンパニ、ヴァイオリン、チェロは *ff* で；ホルンの第 2 ペア、ヴィオラ、コントラバスは *f* で、その他のパートには何もない。ヴォーンは、ヴェルディが楽器の五線譜の下にダイナミック記号を置くのが常套手段であることを理解していなかった。

12) ヴェルディ《メッサ・ダ・レクイエム》クリティカル・エディション　ローゼン編、119 頁。

13) ヴォーンとガヴァッツェーニが論じた箇所は、その数ページ後、主題が複雑なアンサンブルの中に嵌め込まれる場面で出てくる（小節番号 645-49、クリティカル・エディションでは 122-23 に掲載）。Vaughan, "Discordanze"; Gavazzeni, "Problemi", 67 頁を参照。

14) Vaughan, "The Inner Language of Verdi's Manuscripts", 80 頁。

15) ヴェルディの自筆譜は、作曲家没後 40 周年となる 1941 年に、300 部限定ファクシミリ版《ヴェルディのレクイエム *La Messa da Requiem di Giuseppe Verdi*》として出版された。これらの問題を理解するには、作曲者の手によるこの一節を直接参照する以外に方法はない。

16) 録音はロンドンのデッカ・レコード社から発売された（425-520-2）。パターネが言う「《理髪師》の伝統的な録音」は、印刷された楽譜の内容と、解釈者によってなされた演奏上の決定とを区別することができないという典型的な例である。

17) しかし、リブレットとその起源に関する重要な文献の出版は行われていた；Abbiati『*Giuseppe Veldi*』、Luzio『*Carteggi verdiani*』また、Pascolato, "*Re Lear*" と "*Ballo in Maschera*" のような多くの個別の研究もある。

18) この分野での仕事を志していた人々にとって、アッシュブルックによるこの作曲家に関する最初の著書『ドニゼッティ *Donizetti*』（1965）と、ワインストックの『ドニゼッティと 19 世紀前半のイタリア、パリ、ウィーンにおけるオペラの世界 *Donizetti and the World of Opera in Italy, Paris and Vienna in the First Half of the Nineteenth Century*』（1963）の登場は啓示であった。

19) ロートン Lawton とローゼン Rosen の研究の成果は、彼らの基本的研究である『ヴェルディの非定義的改訂 "Verdi's Non-definitive Revisions"』として発表された。

20) Gui, "Storia avventurosa" を参照。

21) これらの問題は、著者が準備中の《セビリャの理髪師》のクリティカル・エディションで扱われる予定である【訳者註：2010 年発刊】。

22) ニューヨーク市公共図書館 New York Public Library, ...MSI, Special Collections 参照、パリ国立図書館（Fonds du Conservatoire）所蔵の写本は、正当な理由もなく、ロッシーニのオリジナル手稿譜と考えられていたことがある（Mss. 8330-8331）。その手稿の 1 ページがロッシーニの筆跡であるとして出版されたこともある（Hürlimann, *Musikerhandschriften von Schubert bis Strawinsky*, facsimile 14）。

23) ロッシーニ《セビリャの理髪師》クリティカル・エディション　ゼッダ編。

24) 同じく、《セビリャの理髪師》クリティカル・エディション、コメント 15.

25）音楽のクリティカル・エディションの問題については、グリエール Grier, *The Critical Editing of Music* を参照。ただし、グリエールの本は主に 1800 年以前に書かれた楽曲の批判校訂に費やされている。

26）このコメントは、1898 年 5 月 2 日にカミーユ・ベレーグに宛てた手紙の中にある。Luzio, *Carteggi verdiani*, 2: 312 に掲載されている。

27）例えば、イモジェーネのカヴァティーナにおけるカバレッタのメロディ〈Sventurata, anch'io deliro〉を参照。ベッリーニは、高弦セクションにおいて 2 つの異なる伴奏型を試みている。まず、この部分全体をアルペジオの連続で書き上げ、次に、これらの弦楽器の部分を消して、拍から外れた一連の和音に置き換えている。ファクシミリ版の《*Il pirata*》, ff. 74r-77r. 参照

28）シューマンのオーケストレーションに対するバランスの取れたアプローチについては、Brian Scholotel, "The Orchestral Music"、特に 313-23 を参照のこと。今日、ほとんどのオーケストラがシューマン自身のオーケストレーションを使用しているが、この問題は音楽家、批評家、学者を悩ませ続けている。

29）"古い" 楽器による演奏は、魅力的ではあるが、このような問題をすべて消し去るわけではない；第 12 章（下巻）を参照。

30）D'Amico, "C'è modo e modo（《*I Capuleti e i Montecchi*》di Bellini nella revisione di Claudio Abbado）" 参照。

31）アバドのアプローチは、ドイツ・グラモフォンの番号 2561 214-216 に収録された、スカラ座のキャスト数名（ロジーナ役テレサ・ベルガンツァ、アルマヴィーヴァ伯爵役ルイジ・アルヴァ、フィガロ役ヘルマン・プライ、バジリオ役パオロ・モンタルソロ、ベルタ役ステファニア・マラグー）とロンドン交響楽団によるスタジオ録音から知ることができる。

32）パターネの録音は先述の原註 16）で引用した。

33）この成り行きの詳細については、《*L'assedio di Corinto*》の録音についての著者のレビューを参照のこと。この録音は、メトロポリタン歌劇場での上演に数ヶ月先行しており、同じ主役歌手の全員が出演している（Gossett, Review of Gioachino Rossini, 《*L'asssedio di Corinto*》）。

34）問題の箇所は、第 3 幕の終わり近くにあるカバレッタ〈Parmi vederlo ahi misero〉は、ジュディッタ・グリージが 1829 年のカーニバル・シーズンにヴェネツィアのフェニーチェ座で 1829 年 1 月 17 日からパミーラ役を演じた際に、彼女のために匿名で書き加えられたものである。翌年の 1830 年 3 月 11 日には、グリージは同劇場でベッリーニの《カプレーティとモンテッキ》のロメオ役を演じた。この公演の宣伝物や出版物には、ロッシーニがこの追加曲を担当したことが示唆されているが、それが事実であるという証拠は一片もない。著者の評文（上記原註 33）で紹介したもの）、637 頁。

35）ロッシーニのナポリ・オペラについては、最近、いくつかの研究がなされており、特に《マオメット 2 世》が注目されている。その初期段階での重要なる貢献は、Isotta, "I diamanti della corona"（1974）である。その後の研究としては、Grondona, *La perfetta illusione*（1996）、Tortora, *Drammaturgia del Rossini serio*（1996）がある。また、拙著 Gossett, "History and Works That Have No History" も参照のこと。

36) この 2 つのオペラの関係については、Osborne, *Rossini*, 237-42 参照

37) 1820 年代のトルコ支配者層に対するギリシャ人の反乱は、ヨーロッパの多くの人々の想像力をかき立てた。バイロンのギリシャ滞在と 1824 年のミソロンギ【訳者註：メソロンギとも】での死はよく知られている。一方、バイロンが 1816 年に書いた詩物語『コリントの包囲』は、ロッシーニのオペラの題名にもなったが、この詩物語はオペラ《コリントの包囲》とは、修辞的に似ているだけである；バイロンが最初にコリントを詠ったのは、次のようなもの。

　　（第 1 スタンザ、46-49 行）を見てみよう：「多くの失われた年や時代／大嵐の息吹や戦いの激しさが／コリントを襲った；でもコリントは立ちはだかった／自由の手に形づくられた要塞として」。

38) ロッシーニは、フランス人の好みに合わせようとして、過剰な補正をしたのかもしれない。ダミアン・コラがオペラ座図書館に所蔵されている歌手のパート譜を研究して明らかにしたように、オペラ座の個々の歌手たちは、しばしば元の華麗な旋律線に戻ったり、他の同じような華麗なパッセージを挿入したりしている。Colas, *Les Annotations de chanteurs dans les matériels d'exécution des opéras de Rossini a Paris (1820-1860)* 特に、4: 103-19 頁の《コリントの包囲》に関係する譜例を参照。

39) 1848 年の革命運動中、この曲が（ロッシーニではなく）フランチェスコ・イラーリによって "国民讃歌、ローマの動員された市民軍団に捧げる曲" として編曲された。そのテキストはこのように始まる〈イタリア人よ！ 我らの隷属を終わらせよ。神は祖国を救うよう我々に呼びかけている！ Italiani! È finito il servaggio! Dio ci chiama la patria a salvar!〉。この出版物のコピーはミラノのジュゼッペ・ヴェルディ音楽院の図書館にある（A-55-222-40）。

40) 正直に言うと、ロッシーニ自身は、この曲を《エジプトのモーゼ》のナポリ初演時に挿入していた。しかし、1819 年にこのオペラに再び目を向けたとき、彼は賢明にもこの曲を削除した。シルズのために挿入されたこのカバレッタの状況はさらに悪かった。というのも、彼女が歌ったアリアのコピー譜には、ロッシーニが書いたと思われるホルンとトランペットのパートが欠けていたからである。そのため、オーケストラの編成はより疎かになってしまった；この問題については、チャールズ・ブラウナー Charles Brauner が《エジプトのモーゼ》クリティカル・エディションの序文と注釈において詳しく述べている。

41) この話の一部は、同じ注で引用した録音の批評（上記原註 33）参照）に掲載された。

42) Wills, "Gorgeous Sills" 参照。多くのニューヨークの批評家たちが私の言葉を引用しているので、私がシルズに蔑まれた直接的な対象なのか、間接的な対象なのか、それはまったく定かではない。

43) 『コリエーレ・デッラ・セーラ』紙（ミラノ）1982 年 11 月 28 日付、28 頁。おそらく、テンポとダイナミクスの問題に対する比較的自由なアプローチを自分自身に正当化することができるというのは、このような解釈の下にある考えなのだろう。

44) イタリア語訳詞におけるフランス・オペラの問題については、第 11 章（下巻）で触れることにする。

45) ロッジョーネ（イタリアの伝統的な劇場の最上階の客席）は、イタリアでは「真の」オペラ愛好家の本拠地として知られており、彼らの支持を得ることがイタリアで成功する歌

手の基本であると考えられている。しかし、ロッジョーネの住人、いわゆるロッジョーニと呼ばれる人たちは、オペラを楽しむ人々の中でも特に保守的な傾向がある。彼らはしばしば、自分たちが知っていて愛している音楽（たいていは 20 世紀半ばの録音に拠るもの）から様式やテキストが変更されることには激しく反対する。Beghelli, "Per fedeltà a una nota", 296 頁に次いで、ベンティヴォリオ筆の記事も引用する。

46）ヴェルディ《イル・トロヴァトーレ》クリティカル・エディション　ロートン編。

47）この問題についての詳しい議論は、Beghelli, "Per fedeltà a una nota" を参照のこと。

48）この時点でヴェルディの自筆譜には重大な問題があるため、状況はそれほど単純ではない。詳細は同上書、306-10 頁を参照。ベゲツリ Beghelli の解答が正しいとは思わないが（309 頁の彼の例 3 参照）、彼はクリティカル・エディションの矛盾を指摘している。

49）バウカルデ Baucardé 自身は、オペラ初演のわずか数ヶ月後、1853 年 10 月にフィレンツェのペルゴラ劇場で行われた《イル・トロヴァトーレ》の上演で、ハイ C を導入したと言われている（Rescigno, *Dizionario verdiano*, 85-86 参照）。その数年後、《アロルド》（1857 年 8 月 16 日、リミニ、テアトロ・ヌオーヴォ）の初演のためにキャストを手配しようとしたとき、ヴェルディはバウカルデの妻アウグスタ・アルベルティーニ Augusta Albertini の採用を拒否した。1856 年 10 月 31 日、ピアーヴェに宛てた手紙の中で、「彼女の夫とは十分すぎるほど付き合ったし、頭のおかしな輩とはもう関わりたくない」と述べている。彼の気持ちがハイ C と関係があったのかどうかはわからない。この手紙は Morazzoni, *Verdi: Lettere inedite*, 42 に掲載されている。

50）この逸話は Budden, *The Operas of Verdi*, 2: 98-99 に掲載されており、彼はジョヴァンニ・マルティネッリが行った公開講座でこの逸話を聞いたと言っている。ヴェルディはタムベリークのハイ C を軽んじていなかったことは明らかであり、《運命の力》の初演版では、第 3 幕の最後でハイ C を強調するよう構成した。

51）この逸話は、特にタムベリークの C ♯ について言及したものであるが、ジュゼッペ・ラディチョッティ Giuseppe Radiciotti が、その魅力的な著書 *Aneddoti rossiniani autentici*（ローマ、1929）67 頁の中で語っている。

52）1982 年 11 月 28 日付の『コリエーレ・デッラ・セーラ』紙（ミラノ）25 頁に掲載されたインタヴュー参照。

53）実際、ヴェルディはこのフィナーレを最初に構想したとき、シルヴァのためのカンタービレ（〈Infelice! e tu credevi〉）さえ入れるつもりはなかった。詳細については、《エルナーニ》クリティカル・エディションの序論（英語、xix；伊語、xliii）と、解説（伊語）48-49 を参照されたい。カンタービレのない最初期の版は、1B. の付録 420 頁にスケルトン・スコアで再現されている。カンタービレはヴェネツィアでの世界初演の前に加えられた。

54）バッデンの解説については、Budden, *The Operas of Verdi*, 1: 167-69 を参照のこと。

55）パーカー Parker は論文 "Infin che un brando vindice" でその発見を発表した。《エルナーニ》クリティカル・エディションの序論、xxi-xxii（英語）、xlv-xlvi（伊語）、および「追加されたカバレッタが、それに至る部分の改訂された小節とともに印刷されている」付録 2 も参照のこと。1841 年 11 月 15 日に書かれたヴェルディからマリーニへの手紙は、1985 年 5 月 9-10 日にロンドンで開催されたサザビーズのオークションで落札され

た（出品番号 218）。手紙はその後、ニューヨークのピアポント・モルガン図書館に寄託された。現在ではイェール大学バイネッケ図書館のコッホ・コレクションの一部となっている。

196　第Ⅰ部　楽譜を知る

第5章
クリティカル・エディションのロマンス

「クリティカル・エディション（批判校訂版）」という言葉は、多くの指揮者、歌手、楽譜管理者の心に、軽蔑と恐怖の混じった感情を抱かせる。その反応はもっともである：演奏家たちは、自分が使っている印刷楽譜が不正確であるとか、完全でないとか言われようが作品の上演準備で精一杯なのだから。そのような問題について考える必要がなければないほど、音楽家は幸せなのだ。さらに、彼らの多くは、新版が旧版より悪いとか、楽器の移調記譜を正しく解釈できない音楽学者がいるとか、6本の弦しかない楽器に7つの音符がついたギターのコードが載っているとか、余計な記号がページに散らばっているとか、その類の逸話なら無限に語ることができるのである。

指揮者が、その真の意味に反する「厳密さ」でもってクリティカル・エディションを受け入れたり、神秘的な伝統のもとに認められたと信じる解釈の音符や言葉を変えたがらない歌手たちが神経質になってそれを無視したり、金銭的に困る（歌劇場の）経営陣たちが「クリティカル・エディションとは何なのだ」と非難するさまを私は見てきた。（特にイタリアにおける）大衆紙では、理解しがたいほどの情熱さで、クリティカル・エディションを議論の対象にしている。

文学作品のクリティカル・エディションは、西洋文化において長い歴史を持ち、そのルーツは聖書学、シェイクスピア学、そしてルネサンス人文主義の勝利であるギリシャ語やラテン語のテキストの編集に根差している[1]。シェイクスピアの四分冊とフォリオの相対的な優劣を論じることで、文学者たちはシェイクスピアの失われた原典が何であったか、その答えを探してきた：彼らは、複数の印刷版を比較するための高度な技術を開発し、作者の手による写本（現存するものは基本的にない）がどのような過程を経て印刷されたのか、そのメカニズムを調査した。古典の学者たちは、中世の古文書の典拠を比較検討すること

で、古代に遡り、作品の伝わり方を理解し、後世のすべての典拠が最終的に由来すると考えられている「唯一の典拠」に近づこうとした。

　プラトンやアリストテレス、アイスキュロス、ソフォクレス、エウリピデス、そしてヴァージルやホメーロスについて我々が知っていることはすべて、何世代にもわたる初期の学者たちの忍耐強い努力に根差したものである。彼らは、ヨーロッパと中近東の図書館にある写本を何世代にもわたって比較検討したが、当時は、地理的にも原典（それがどのようなものであったにせよ）からも数千年単位で離れていたため、最も遠く離れた資料を個別に調査し、照合する必要があった。もちろん、ほとんどの伝統的なテキスト批評には、作品が存在し、それを復元することができるという「深い信仰」が暗黙のうちに存在した[2]。聖書の場合はもちろんだが、そこには、原典は神から与えられたものであるという意味合いも加わっていた。でも、最近の研究では、文学テキストの歴史に対する絶対主義的な見方を取ることが少なくなっている。単一の"決定版"、つまり作者の手に渡った最終形（ドイツでは"Fassung letzter Hand"と呼ぶ）に焦点を当てるのではなく、詩、小説、戯曲、エッセイを、それに費やされたすべての創作活動の総体として捉えるのである。その場合、草稿、取り消された稿、出版されたヴァージョン、後の改訂版など、すべてに重みが与えられる。「作品」は単一の「公認の」ヴァージョンに具現化されるのではなく、複雑な知的・芸術的プロセスのさまざまな段階を通じて表され、読者に提示されるのだ[3]。

　テキストを批評する他の人々は、特にジェローム・J・マクギャン Jerome J. McGann の研究に影響を受けつつも、より広い社会的文脈の中でテキストを考察する。その中で作者とは、その一部分でしかない：状況は、自筆原稿はもちろん、原稿（またはタイプされた）コピー、出版社による編集作業の介入、形式が異なる複数の版での出版、公開または私的な朗読会、劇場での上演などから成り立っている。

　これらの批評家にとって、文学作品とはその根幹において社会的な存在であり、その社会的文脈に依存した作者の「オリジナル」の探求は、偽りのものなのだ[4]。

　19 世紀のイタリア・オペラのクリティカル・エディションは、近代的な学

識と音楽観、編集技術によって生み出された最高の校訂譜を利用可能にする。作曲家の自筆稿が最良のガイドであることは言うまでもないが、我々は、現代の理論を十分に理解した上で、盲目的に「原典」に立ち戻ることはもはやしない。その代わりとして、作品が書かれた状況、作曲家と台本作者の相関関係、検閲が課したことの影響、作品が上演されるに至った要素、出版に至った手順、作曲家がその後の歴史で果たした役割などを再構築するのである。

　そういった「最高の校訂譜」なら、しばしば不完全であったり、矛盾していたりする記譜法を解釈し、音楽家が、最終的な演奏を念頭に置いて作成したテキストを利用できるだけでなく、作曲家に直接由来する記号と、二次資料に由来する記号や編集者によって提供された記号を区別することができる。複数の版が存在する作品については、1つの校訂譜に各版を組み込むか（例えば、「オッシア」[代替となる別の譜例]で示すなど）、または基本的な上演用の校訂譜を選択する（その場合、作曲家の指示のもとで準備されたいかなる版をも実際に演奏させるべく、付録の譜例が付いてくる）[5]。

ヴェルディの《リゴレット》とは何か？

　文学のテキストとは、大抵の場合、自宅や図書館で個人が静かに読むものである。戯曲のほとんどの版ですらも、朗読を目的とし、上演のために準備された翻案版が活字になることはめったにない。ナボコフ、カルヴィーノ、エーコをはじめとする多くの現代作家は、『青白い炎』や『冬の夜ひとりの旅人が』などのフィクションで、テキスト面や分析的な解説とともに文学作品を創作してきた。カルヴィーノの『木のぼり男爵』は、中学生向けの解説を本文の一部として設えた。学問へ、そして創作活動へのアプローチは、共通する文化的ルーツを反映するものである。

　でも、楽譜のエディション（派生的なパート譜やヴォーカル・スコアとともに）は、まったく異なる目的を有している。自宅や図書館でオペラのクリティカル・エディションを閲覧したり時間を割いたりする「読者」の数は、最終的にそのオペラの上演を劇場やテレビで見聞きしたり、録音を通じて知ることになる人の数に比べればごくわずか。さらには、整理されるべき声楽、合唱、管弦楽の規

模が大きく複雑であるので、オペラを演奏することは、演劇のように、印刷されたテキストとの間で気軽な関係を築けないのだ。

　オペラの経験がない演出家も、レチタティーヴォ・セッコのカットでさえ、不要な歌詞を削除するだけではできないと、すぐに把握する。その際は、音楽を書き直し、ハーモニーを修正し、サポート要員【訳者註：歌劇場の音楽スタッフたち】に情報を伝えなければならない。でも、文学の研究者たちが、作者の手稿がないテキストを後世の文献から再構築する労力に比べれば、ロッシーニ、ベッリーニ、ドニゼッティ、ヴェルディのオペラのクリティカル・エディションを作成する編集者の仕事は簡単なはずだ。ほとんどの場合、我々は実際に作曲者のオリジナルの譜面および作曲者と作品とのさらなる関わりを記録した幅広い資料を所有しており、オペラが音楽家や一般大衆に知られるようになるまでの社会的・編集的プロセスを、部分的に形作ってきたすべての人々の関わりについても知識を有しているのは言うまでもない。しかし、困ったことに、自筆稿であれ、派生資料であれ、これらの資料は「曖昧ではないもの」とは言いがたい。それらはいわば、すべての真実の源ではあるが、同時に、すべての不確実性の根源でもある。

　ヴェルディ自身と《リゴレット》との直接的な関わりは、1850-51 年のカーニヴァルのシーズンにおける最初の連続上演に限られていた。これまで見てきたように、《リゴレット》は長らく、ヴェルディが作曲したオペラで作曲者のスケッチが研究者に公開されている唯一のオペラでもあった。このように、このオペラの歴史が単純で、関連資料が入手しやすかったことから、『ジュゼッペ・ヴェルディ作品集』の編集者と出版者たちは、《リゴレット》を、ヴェルディのオペラ初のクリティカル・エディションの作に選んだのである。編集はマーティン・クーシッドが行った [6]。同じ特質により、「ヴェルディの《リゴレット》」というフレーズの実際的な意味を考えるときにも、このフレーズが我々のニーズを満たすことができるのだ。

　我々は《リゴレット》の最初の構想から、1851 年 3 月 11 日の初演までを正確に再現することができる。1850 年の春にはすでに、ヴェルディと彼の台本作者であるフランチェスコ・マリア・ピアーヴェは、ヴィクトル・ユゴーの『王様はお愉しみ』という戯曲が、ヴェネツィアからの委嘱作として理想的な

題材であると決めていた。夏には、すでにヴェルディと《エルナーニ》《二人のフォスカリ》《マクベス》《イル・コルサーロ（海賊）》を一緒に作っていたピアーヴェがシナリオを起草し、この話なら、地元の検閲官が作品に反対することはないと確信した。

　9月の終わりには、リブレットはほぼ完成し、タイトルは《呪い *La maledizione*》となった。10月中旬にはヴェルディが台本を受け取り、ピアーヴェに報酬が支払われた。我々が知る限り、この時点で作曲家はまだ何も書いていなかった。彼は、1850年11月16日にトリエステで初演された同じくピアーヴェの台本による《スティッフェーリオ》の作曲に没頭していた[7]。その初演後、ヴェルディは《呪い》に全力を注いだ。彼は、ユゴーの戯曲に倣って、フランス国王フランソワ1世の宮廷に焦点を当てたキャラクターの名前を用いて、第1幕のスケッチをすぐに行った：この時は、公爵ではなく「国王」、リゴレットではなく「トリボレット」、そしてジルダではなく「ビアンカ」が役名である。しかし、ヴェルディはユゴーの戯曲がパリで直面した困難を知っていたので、検閲からの指摘を懸念し続けた。そして、12月初旬には、台本が却下されたとの知らせを受けた。

　憤慨したヴェルディは、これ以上オペラを作曲することはできず、ヴェネツィアのためには《スティッフェーリオ》をやらせてもらいたいと申し出た。一方のピアーヴェは、ヴェルディと検閲官の双方をなだめようと必死であり、改訂した台本《ヴァンドーム公爵》を提案した。ヴェルディはそのコピーを受け取ったが、彼はそれを却下。そして、新しい台本が扱えないという理由を正確に説明し、こう締め括った：「私の音符は、美しいものであれ醜いものであれ、決して、適当に書いたものではない。いつも、具体的なキャラクターをそれぞれに持たせようとしているのだ。要するに、独創的で力強いドラマが、ごくありふれた冷たいドラマに変わってしまったということである」[8]。

　そのため、ブッセートにある作曲者の自宅でヴェルディとピアーヴェはさらに協議を重ね、その後、台本作家、歌劇場、ヴェネツィアの検閲官の間で合意に至り、後に《リゴレット》として知られるようになる《呪い（ラ・マレディツィオーネ）》は、その際、細部を少し変更しただけで承認されたのだ。

　検閲官の当初の反対意見を聞いた瞬間から、ヴェルディは《リゴレット》の

第5章　クリティカル・エディションのロマンス　201

すべての作業を中断した。しかし、1851年1月5日、ピアーヴェがブッセートからヴェネツィアに戻ってから、そこで初めて、ヴェルディは《リゴレット》の作曲を再開した。作曲家と台本作家は別々の都市にいたので、一連の手紙が彼らの活動を記録している。ヴェルディは第2幕と第3幕をスケッチし、1月14日までに公爵のアリアを書き上げ（リゴレットのアリアはそれ以前に書いていたかもしれないが）、1月20日までに第2幕の残りを、2月5日までに第3幕を書き上げた。

　彼は同時に、自筆譜となるスケルトン・スコアの草稿を書き始め、歌のパート、伴奏部、時には楽器の指示などをそこに挿入した。このような形で、2月5日に第1幕のすべてと第3幕のほとんど（最後の二重唱を除く）をヴェルディはヴェネツィアに送った。そうすればコピイストがパルティチェッラを準備でき、歌手たちも役を学べるからである。ヴェルディ自身がヴェネツィアに到着したのは2月19日であり、彼は第2幕と第3幕の最後のデュエットを携えていた。ただ、2月11日の時点で、ヴェルディはオーケストレーションをしていなかった。というのも、その日、彼はリコルディ社に、歌のパートを抜き出すべく、いくつかの曲をヴェネツィアに送ったと書いているからだ：「歌のパートだけ」と彼は書き、「まだオーケストレーションを開始することができないから」と説明している[9]。おそらく、2月19日に彼が持っていった資料の一部はすでにオーケストレーションされていたのだろうが、第1幕と第3幕の大部分は、彼が歌手たちとリハーサルを行っている間にオーケストレーションされたことは間違いない。オーケストラのリハーサルが始まったのは3月4日頃であり、その時点ではオーケストレーションはほぼ完成。パート譜も筆写されていたに違いない。初演はその1週間後であった。

　ヴェルディの《リゴレット》に関するソース類を考えるときは、いつも、このオペラが書かれたスピードの速さを念頭に置かなければならない。さらに、2月19日にヴェルディがヴェネツィアに到着するやいなや、彼の活動はきわめて多岐にわたった。楽譜のオーケストレーション、歌手の指導、公演制作と演出の監督、オーケストラの準備。上演に関して、彼が目を向けなかった側面はなかったのだ。そのため、自筆原稿の多くの細部が、上演という差し迫った期限に間に合わせようとするあまり、見落とされていたとしても驚くにはあた

202　　第I部　楽譜を知る

らないだろう。参加者全員がひとつの共有の雰囲気に浸っていたため、作曲家は歌手や管弦楽団員から、多くのことを当然のものとして受け取ることができた。リハーサル中のジェスチャーやひとことふたことの説明が、重要だと思われる修正点を与えてくれたのだ。もしヴェルディが、フルスコアが実際に出版されると予期していたなら、そのような細部を再考することはなかっただろう。その代わり、彼はリコルディが適切な楽譜のコピーを提供し、十分な資料を用意するだろうと信頼した。最初の上演が終わると、《リゴレット》の自筆譜はリコルディ社の所有となった。

その後、ヴェルディは二度とこの作品に手を加えることはなかった。自筆譜を出版社に託した彼の感情は、おそらく、1851 年の当時は、1886 年のそれに比べて、そこまで強くはなかっただろう。1886 年にヴェルディは、《オテッロ》の台本作家アッリーゴ・ボーイトに宛てて、最後の 2 幕がリコルディのコピステリア【訳者註：写譜所もしくは複写工房】に託されたときにこう書いている。

「かわいそうな《オテッロ》よ！ 彼は二度とこちらには戻ってこないだろう!!!」[10]

厳密に言うならば、何が「ヴェルディの《リゴレット》」になるのだろう？哲学者たちは「音楽作品の存在証明（アイデンティティ）」について幅広く議論を重ねてきた[11]。多くの人は、《リゴレット》の存在証明は、ヴェルディが想像したであろう作品の「理想的な」構想に求めるべきであり、楽譜はその近似値にすぎないと考えている。

この視点は理解できるし、共感さえできるが、でもそれは、楽譜に見られる記譜法の曖昧さに違和感を持つ非・音楽家の人々を主な対象にしているようである。しかし、このような議論を文学で行う人はほぼいないだろう。文学者たちが、シェイクスピアの戯曲に関する知識を、現存する印刷資料を超えて、作者の手による仮想的な写本にまで押し戻そうとするとき、彼らは「シェイクスピアの『テンペスト』」の「失われた理想形」を取り戻そうとしていると考えるのだ。また、そういった作者自身のテキストが存在するのなら、文学者たちは、シェイクスピアが筆記した言葉を、「作家が想像した登場人物や行動の単なる近似形」とは言いにくくなる。ひとたび「理想的なテキスト」が劇場に登

場すれば、それは複雑な社会的枠組みの一部となり、複数の手による修正や介入を受ける可能性があることは彼らも認めながらも。

　ある音楽作品を、作曲家が想像したであろう「理想的な演奏」と同一視することについての問題は、「そのようなものが存在しない」ということである。この観念はまさしく、音楽芸術の本質を否定するもの。そこには、作曲（という行動）があり、その作曲による一連の演奏が存在するのに。また、作曲家によって指示された演奏を想起させるという行いも役には立たない：ストラヴィンスキーの自作曲の解釈【訳者註：ストラヴィンスキーが自分で指揮したものということ】は、録音によって大きく異なるのだ。

　ヴェルディの《リゴレット》については、そのオペラの自筆稿（および、その前身段階となるスケッチ）にある以上のことは何もわかっていない。それ以外の情報源は何一つなく、ヴァリアンテの一つにしても、作曲者との関係を証明することはできない[12]。演奏する側として、また編集者として、我々は《リゴレット》の楽譜校訂の歴史や上演の伝統にまで関心を広げることができる（そして、そうすべきなのだ）。我々は、ヴェルディがこのオペラについてコメントした書簡を調べたり、同時代の批評や定期刊行物を読んだり、1850年代の楽器（の性質）やその練習方法を調べたりして、有益な情報を得ることができる。また、歌劇場の構造や同時代の劇作法の性質を理解し、ヴェルディが役を与えた（初演）歌手のキャリアを追うことでも、それが可能になる。しかし、「ヴェルディの《リゴレット》」の痕跡は、あの自筆原稿にしかない。

　それならば、この楽譜を直接、あるいはそれを清書した楽譜——ヴェルディの筆跡がわかりにくくて簡単に調べられないという人のために——もしくは、一種の古文書のコピー【訳者註：手書き譜の原本をそのまま複写したもの】を使ってでも研究すれば十分ではないのだろうか。場合によってはそれで十分かもしれない。ただ、我々の時代の多くの楽曲の自筆譜を活字にすると、それは難解な問題を引き起こす可能性を持つ。だから、出版社はオートグラフ原稿（自筆譜）をそのまま複製することに頼るケースが多い。作曲家たちは、ベートーヴェンも驚くような記譜の明瞭さと正確さを開発することで、この難題に対処してきた。ベートーヴェンの楽譜の読みにくさは、彼の時代には伝説となっていたほどである。一方、ヴェルディの場合、自筆譜を参照することが適切と言える

ケースはほとんどない。ヴェルディは極度のプレッシャーの中で仕事をしたため、あらゆる種類の誤り、欠落、矛盾に陥ったのである。

《リゴレット》の冒頭シーンから一例を挙げよう。ヴェルディの自筆譜では、リゴレットの皮肉を喰らったチェプラーノ伯爵は復讐を誓い、他の廷臣たちに言う。

In armi chi ha core ／ Doman sia da me

（勇気のある者は、明日、武装して私の家に来なさい）

しかし、その次の瞬間、同じチェプラーノ伯爵が、同じ廷臣たちに向かって、こう勧める。

Stanotte chi ha core ／ Sia in armi da me

（今夜、勇気のある者は、武装して私の家に来なさい）

チェプラーノはここでわざと、約束を別の日に変えたということなのだろうか？

1851 年 1 月 14 日、ヴェルディがピアーヴェに宛てた手紙から、作曲者がオペラの時間的順序について悩んでいたことが読み取れる[13]。第 1 幕と第 2 幕のすべての出来事は、もともと一晩で起こる予定であった。しかし、ヴェルディは、「パーティーの後、トリボレット【訳者註：最終的にはリゴレットになった役】が変貌し、暗殺者との二重唱を歌い、その後にジルダとの終わりのない場面（ジルダは公爵と二重唱も歌うが）、アリア、そして最後にこの誘拐という出来事。これらが一晩で終わるわけがない。というのも、もしパーティーが夜明けとともに終わってしまったら、トリボレットは夕方に暗殺者に会えなくなるし、ビアンカ【訳者註：最終的にはジルダになった役】が拉致される可能性も低くなる。ビアンカが一晩中起きているわけがないだろう」と考えた。そこでヴェルディはピアーヴェに、公爵の（第 2 幕の）アリアの中間部に出てくる合唱の詩を変えるように頼んだ：

Poiché la festa cessò di corte
Moviamo uniti prima del dì.

（宮廷での宴が終わると、私たちは夜明け前に一緒に出発した）

ピアーヴェはそれに同意し、代わりに次の一節を廷臣たちの歌詞として書き

与えた：

Scorrendo uniti remota via

Brev'ora dopo caduto il dì

（人里離れた道を一緒に通り過ぎた、日暮れの後に）

ヴェルディはこの新しい詩に満足し、自筆原稿に直接書き込んだ。

同時に作曲家は、第1幕のチェプラーノが登場する場面の時系列も変更しなければならないことを台本作者に指摘した（この時点では、チェプラーノはまだ "カヴリアーノ Cavriano" と呼ばれていた）。そのカヴリアーノは、もともと廷臣たちと次のようなやり取りをしていた：

Cavriano	*Stanotte chi ha core*		勇気のある者は
	Sia in armi da me.		今夜、武装して私の家に来い
合唱全員	*Sì.*		了解した
Cavriano	*È detto.*		決まりだ
合唱全員		*Sarà*	行きましょうぞ

これらの詩句の代わりに、ピアーヴェはヴェルディに新しい歌詞を提供した：

Cavriano	*In armi chi ha core*		勇気のある者は武装して
	Doman sia da me.		明日、我が家に来い
合唱全員	*Sì.*		了解した
Cavriano	*A notte.*		夜に、だ
合唱全員		*Sarà*	行きましょうぞ

ヴェルディは、自筆譜から（スケルトン・スコアで使っていた）問題のある詩句をひたすら消し去り、新しいテキストに置き換えた。しかし作曲家は、そのテキストが数小節後にまた繰り返されることは忘れていた。そのため、2回目に現れたテキストを訂正することができなかったのだ [14]。

このように、チェプラーノはまず廷臣たちに「明日」会おうと誘い、その2

分後には、代わりに「今夜」来るように頼むのだ。信じがたいことかもしれないが、このオペラの印刷版では、この明白な誤りは訂正されず、クリティカル・エディションを準備する以前に行われた数え切れないほどの上演においては、この誤った歌詞が平然と使われていた。となると、《リゴレット》における時系列は本当に重要なことだろうか？　まあ、作曲家と台本作家にとっては、入念なやりとりの末に修正するほどだから、重要なことなのだろう。でも、だからといって、《リゴレット》のすべての上演が、この時系列を明白に表現するよう努めなければならないのか？　必ずしもそうではない：書かれた楽譜と上演の関係は複雑である。本書の第Ⅱ部（下巻）の主題はそこにある。しかし、上演者が特定の上演目的のためにどのようにドラマの時系列を操作しようとも、彼の手書き譜に残されている「ヴェルディの《リゴレット》」がこの点で支離滅裂であることは明らかである。

　順序が違うが、《リゴレット》の自筆稿には、作曲家が符号を省略した箇所が数多くある。デニス・ヴォーンの極論が行き詰まったのも、この種の問題によってであった。

　例えば、〈女心の唄 La donna è mobile〉のメロディの最初のオーケストラ伴奏は、フルート、ピッコロ、オーボエ、クラリネット、バスーン、第1ヴァイオリン、チェロが同時に、（音域を変えながら）演奏する。最初の5つの音は通常、3つの音でアーティキュレーションされる。

　この譜例の最初の5音は、通常、3つのアクセント記号とディミヌエンドの記号で表現される。クリティカル・エディションが出る前のすべての印刷譜は、これらの記号をアクセントとして最初の4音の上に載せている。これは全くもって異なる効果をもたらすもの。例のないくらいに正確な自筆譜の表記

（譜例5.1）ヴェルディ《リゴレット》シェーナとカンツォーネ［公爵の］
　　　　　（第11曲）小節番号 38-41

を、まったく反映していないのだ（例5.1）。

　しかし、メロディを演奏する様々な楽器パートの記譜において、ヴェルディは小節番号39でフルート、第1ヴァイオリン、チェロにのみディミヌエンドを記し、ピッコロ、オーボエ、クラリネット、バスーンでは省略したのに対し、小節番号41では各パートで明確に記している[15]。ヴェルディの《リゴレット》は、一部の楽器がディミヌエンドで演奏し、他の楽器はそのままの音の強さで演奏すべく意図していたとでも信じろというのだろうか。ヴェルディは、公爵のアリアの中間セクションにおける廷臣の登場（「公爵様！　リゴレットの愛人を攫いましたぞ」）で、第1ヴァイオリンのよく聴こえる一つの和音にフォルティッシモを書き込んでいる。しかし次の小節では、楽器編成がオーボエ、バスーン、弦楽器に大幅に縮小され、バスーン、チェロ、コントラバスのための *pp* があるが、第1ヴァイオリンには何の追加記号もない。ヴェルディの《リゴレット》では、バスーン、チェロ、コントラバスが音量を下げている間、これらのヴァイオリンはフォルティッシモで演奏を続けなければならないと、我々に信じろとでもいうのだろうか？[16]

　このように、《リゴレット》の自筆譜には、ほとんど全編で影響を及ぼすような数多くの些細なことと、相当数の「些細ではない重要なこと」が併存している。だから、自筆譜の"ヴェルディの《リゴレット》"を、オペラを上演するための楽譜に変えるには、何らかの具体的な介入が必要なのだ。また、そのような介入とは、必然的に後世の音楽家の仕事となる。どのようなエディションであれ、一般に《リゴレット》として知られている楽譜は、「クリティカル」であろうとなかろうと、編集者による一連の介入から生まれた産物である。

　1983年にクリティカル・エディションが出版されるまで、最も一般的に入手されていた《リゴレット》の楽譜とは、1890年代にリコルディ社によって、初めてレンタル用のフルスコアが印刷されたことに始まり、続いて、20世紀初頭に初めて購入用のフルスコアが出版され、その後、20世紀の段階で再版されるたびに、編集者のさらなるチェックが行われた結果生まれたものなのだ。演奏家なら「ヴェルディが考えたように」作品を演奏すべきであると考えるならば、どの《リゴレット》の楽譜に目を向けるべきなのだろう？

　ある世代の音楽家たちが不可欠と考える編集介入【訳者註：つまりはクリティカ

ル・エディションによって楽譜の細部が明らかになるということ】と、別の世代の音楽家たちが不可欠と考える編集介入とはまったく異なっている。このことは、1830年以前に書かれた楽曲ほど、痛感させられるもの。編集技術の振り子は、（ソースがほとんどない楽曲において）表現上の指示やスラーを全面的に加えるものから、実質的に、古いソースの原本のままの写本といったわずかな情報量しか提供しないものである、そしてまた控えめに行われる編集介入を受け入れるものまで様々に揺れている。19世紀の最も優れた学者たちは、バッハ、ヘンデル、モーツァルト、ベートーヴェン、シューベルトの*Gesamtausgaben*（全集版）を提供したが、過去50年の間に、これらの作曲家の曲は新しい全集版に再編集された（あるいは再編集されつつある）。我々は確かに、19世紀の音楽学者たちよりも作曲家の生涯と作品について多くを知っているし、より優れた音楽資料へのアクセスが可能になると、旧版とは著しく異なる新版が生まれることもある。しかし、多くの場合は、同じ資料が、新しい世代の研究者たちによって、新しい編集原則のもとに、異なる方法で使われているにすぎないのだ[17]。

　しかし、今日、《リゴレット》の印刷譜の作成を依頼された2人の音楽学者が、楽譜のどこに編集上の介入を必要とし、その介入はどのようなものであるべきかについて、すべてのケースで合意する可能性はきわめて低い。編集する側としては、自分たちが作業している瞬間（時代のある一瞬）、自分たちを取り巻く音楽文化、ヴェルディの音楽とその典拠に関する特定の知識、本来の音楽性、洞察力に基づいて必要と思われる調整を行う。《リゴレット》のクリティカル・エディションは、必然的に「ヴェルディの《リゴレット》」を解釈するものだ——どんな版であろうとも。その違いは、クリティカル・エディションの実質的な介入を図式的に明らかにして、十分なる批評的注釈でそれを説明することだ。楽譜の利用者は、「ヴェルディの《リゴレット》」がどこで終わり、編集者の介入がどこで始まるのかをそこで確認することができる。クリティカル・エディションはまた、編集介入の基準を明確にし、その介入がヴェルディの明確なる指示に由来するもの、あるいはヴェルディの記譜法を反映した「一貫性と論理性」のレヴェルを満たすものに限るという主張をすることで、他の版とは異なる境地にある。しかし、そのようなレヴェルに関して、普遍的な合

第5章　クリティカル・エディションのロマンス　209

意が得られると考えるのは甘いのだろう。

ソースを発見するということ

　学者の仕事は図書館や書斎で行われることが多いが、クリティカル・エディションの作成は、基本的に、公共図書館や私立図書館の片隅や、スイスの銀行の金庫にあるような高貴な家柄のコレクションに隠された資料、特に自筆資料を探し出し、利用することにかかっている。

　図書館のコレクションの中には、きちんと目録が作られ保存されているものもある。

　しかし、特定の品目については何十年もの間、言及されなかったり、知られていなかったりすることもある。また、責任ある図書館であっても、判定に誤りがあることもある。ミラノ音楽院の図書館は長い間、ロッシーニのオペラ《ラ・ガゼッタ》の自筆譜を所蔵していると思っていたが、本物の自筆譜はナポリ音楽院の図書館にあった（そして今もある）。ミラノにある"ノセダ"コレクションの一部となった写本は、19世紀のナポリ音楽院の司書フランチェスコ・フローリモによって「鑑定」されたものであるのだが、フローリモはロッシーニの筆跡に精通していたから、この鑑定が詐欺であるとわかっていたに違いない[18]。そしてまた、ボローニャ音楽院の図書館は、何年もの間、外見から観ても全く違うというのに、ロッシーニの《スターバト・マーテル》の自筆原稿を所有していると思い込んでいた。《スターバト・マーテル》の自筆稿がロンドンの大英図書館にあるにもかかわらず[19]。

　このほか、図書館のコレクション全体が悲しいまでの混乱に陥ることもある。1960年代半ばにナポリの音楽院にあったロッシーニの資料の中には、紛失したと推定されていたいくつかの作品を含む、正体不明の自筆原稿があった。私は、図書館にあるロッシーニ関連の資料をすべて見せてほしいと頼み、その結果、初めてそうした資料が見つかったのである（滞在2週間の予定が6週間に延びたとはいえ）。そこで、私はその資料類を整理することができた。未知の作品の中には、ロッシーニが1820年に作曲した《メッサ・ディ・グローリア *Messa di Gloria*》があり、その原曲のパート譜（ロッシーニの自筆注釈付き）

210　第Ⅰ部　楽譜を知る

が所蔵されていると判明したのだ[20]。こうした問題はイタリアに限ったことではない。エドモン・ミショットはロッシーニの若き友であり、後にブリュッセル音楽院の院長となった人物【訳者註：『ワーグナーとロッシーニ　巨星同士の談話録』（岸純信監訳）の著者】であり、その音楽院に手書き譜の重要なコレクションを遺した人物である[21]。1965年に初めてこの音楽院を訪れた私は、目録化されていない「手稿の山」を見つけた。その山を整理しているうちに、宝の山が現れた：そこには、ロッシーニのオペラ《マティルデ・ディ・シャブラン》全曲の自筆譜と並んで、オペラのアリア、歌曲、スケッチの自筆譜があったのだ；また、イザベッラ・コルブランやジュディッタ・パスタの写本（ロッシーニの手による装飾が施されているところもある）、その他の資料が出てきたのである。このほか、ロッシーニが1846年にギュスターヴ・ヴァエズに贈った《メッサ・ディ・グローリア》の自筆稿の現存する1ページも出てきた[22]。また、パリ国立図書館の音楽部門が、エリザベス・バートレット（メユールのオペラを研究していたカナダ人音楽学者）に対して、テアトル・イタリアンのアーカイヴとして、かなりの数の手稿譜を所蔵していることを認めたのは1970年代になってからである。そのコレクションは最終的に、ロッシーニの《ランスへの旅》に関する20世紀最初のソースをもたらすものとなった。この作品とその発見については、この章の後半で詳しく述べることにしよう。

　個人所蔵の自筆譜を探すのは、とりわけ満足のいくものになることもあれば、苛立たしい顛末になることもある。オークションやディーラーのカタログで重要そうなものをちらっと眼にしたり、本で何気なく言及されたことがきっかけで、延々と探索を続ける羽目になることもある。例えば、ジュリアン・バッデンの大著『ヴェルディのオペラ』第1巻が出版されて以来、ヴェルディが、オペラ《アッティラ》の新しいロマンツァ〈悲惨なことだ！　私の人生をSventurato! Alla mia vita〉を、1846年の秋に（同年3月17日のヴェネツィアでの世界初演の直後）、ロシアのテノール、ニコラ・イヴァノフがトリエステでフォレスト役を歌った際に作ったことが知られている[23]。イヴァノフはロッシーニの大の友人であり、7月21日付の手紙の中で、ロッシーニ自身がヴェルディに、自分の弟子のためにこの曲を書くように依頼したほど。ヴェルディは「差し替えのアリア」を作ることは好きではなかったが、ロッシーニの頼み

を拒否することはできなかった。

そこでヴェルディは、8月10日、ピアーヴェにこんな手紙を書いた：

　　「お願いがあります：レチタティーヴォと2つの四行連からなるロマンツァをお願いする。レチタティーヴォを5、6行書いてくれ。それから8音節詩の2つの四行連；1行おきに男性形の語尾をつけること。その方が楽だから…
　　哀れで涙ぐましいものにするんだ。哀れで涙もろい恋人に、楽園の分け前を諦めたと言わせ、彼女はその報いとして恋人に…ホルンよ…ホルンよ永遠なれ：
　　祝福を！…できることなら、いつも自分でそれを配りたいぐらいだ！」[24]

　9月初旬までに、イヴァノフはロマンツァを手に入れた。

　イヴァノフは1849年にトリノでこのロマンツァを最後に歌ったが、その後は、この曲の痕跡はすべて消えてしまった。そして、今から30年以上前、ヴェルディの手稿譜を、ロンドンの著名な古美術商、アルビ・ローゼンタールが入手した。しかし、彼が手稿を売却した後、新しい所有者はその身元を明かすことさえ許さなかった。

　そして1992年の春のことである。私は、米国国会図書館に膨大な写本群を残して最近亡くなったコレクター、ハンス・モルデンハウアーの追悼本に寄稿せよとの依頼を受けた。米国国会図書館は、所蔵されているヴェルディのアリア（の楽譜）のうち、《エルナーニ》のために書かれたと思われるアリアについて説明してほしいということであった！　でも、それが〈Alla mia vita〉であると判ったのだ。

　この美しいロマンツァ（の手稿譜）は、モルデンハウアーがローゼンタールから譲り受け、米国議会図書館に寄贈したもの。今後は、《アッティラ》のクリティカル・エディションの付録として出版されることになる。《アッティラ》をこのクリティカル・エディションのもと、現代で初めて上演したのは、2000-2001年シーズンのシカゴ・リリック・オペラ。ステージは好評を博した。

　ただ、こうした探求の多くはあまり成功していない。ロッシーニがイタリア

212　　第I部　楽譜を知る

語のオペラ《エジプトのモーゼ》に追加した主演ソプラノのアリア〈恐ろしい運命〉の自筆稿は、ロッシーニがこの《エジプトのモーゼ》を 1827 年にパリ・オペラ座のために作った《モイーズ》【訳者註：フランス語訳詞で大幅に改稿した一作】を手掛ける際に追加した一曲【訳者註：この辺り、著者は、仏語改作版のための追加のアリアではあっても、まずイタリア語で歌詞を作らせてから、それを仏語に訳させたというニュアンスを与えている】であるのだが、その楽譜は個人蔵のため、閲覧することができない。それは、バーゼルのコレクターが所有する音楽手稿の展示会に一瞬だけ登場したが、その後、それを見ようとする努力はすべて失敗に終わった[25]。また、1864 年に出されたロッシーニの伝記の中で、フランスの批評家アレクシ・アズヴェドは、同じオペラの合唱の自筆原稿を所有していると述べている。でも、誰もそれを見つけられずにいた[26]。

1916 年のこと、ヴェルディが《イェルサレム》【訳者註：ヴェルディの旧作《十字軍のロンバルディア人》をパリ・オペラ座で上演すべく、かなり筋立てを翻案した形で仏語訳詞台本を作り、音楽も大幅に改稿した一作】の主要な場面のために書いたスケッチの原稿がニューヨークで売られた。でも、その後の所在は不明である[27]。また、ドニゼッティの《ラ・ファヴォリート》の手稿譜は、1940 年代にはミラノの裕福な一族、トレッカーニ・デッリ・アルフィエリ家が所有していたが、その後は行方不明になっている。ニューヨーク市立図書館にはマイクロフィルムのコピーが寄託されているが、その手稿は内容が非常に複雑であるため（手稿の多くは、未上演に終わったの別のオペラ《ニシダの天使》の時のものから始まっている【訳者註：《ラ・ファヴォリート》は《ニシダの天使》の改作】）、原本を入手することがやはり、非常に大きな利をもたらすはずなのだ[28]。作曲活動の中期の作品を理解するうえで重要なヴェルディの手紙類は、定期的にオークションに出され、匿名で落札され、その結果、何十年も行方不明になっている。たいていのオークション・ハウスは、新しい所有者に情報提供の要請を送る。それは確かだが、所有者が要請を無視した場合、我々には何の手段もない。

仮にコレクターのプライバシーを認めたとしても、楽譜の手稿は時として、明らかなる熱心さと、不誠実さをもって売買されることがある。1979 年、ロンドンのクリスティーズは、ロッシーニの結婚式用カンタティーナ【訳者註：小カンタータ】の自筆原稿という触れ込みでオークションを試みたが、それは失

第 5 章　クリティカル・エディションのロマンス　213

敗に終わった。オークション・カタログの複製を見れば、ロッシーニの研究者たちにとっては、この手稿譜が作曲家の筆ではないことは明らかであった[29]。また、その譜面がロッシーニの作品の書写物である可能性もなかった。というのも、その楽譜は明らかに、どこかの作曲家の手稿であり、コピイストが複写したものではなかったからだ。私はすぐにクリスティーズに手紙を書き、間違いを警告したが、彼らは私の手紙を無視した。しかし、その手稿譜が売れ残ったことで、所有者に返却され、そこで後日、ロッシーニ財団の研究者たちに見てもらおうということで、それが持ち込まれた。我々は所有者に、この手書き譜はロッシーニの手によるものではないとはっきり伝えた。しかし、その所有者氏は「この譜面は、音楽のスタイルがロッシーニに似ている」と主張した（でも、譜面が書かれた当時の 1832 年のイタリアでは、一体、誰のスタイルになら、似ていないと言えたのだろう？）。また、所有者氏はさらに、「この手稿は確かに 19 世紀初頭に書かれたものだ」と主張した（でも、そのことが、ロッシーニの手書き譜とどう関係があるのだろう？）。その後何年経っても、彼は我々を説得しようとしていた。

　そしてついに 2003 年、所有者氏は「ハムステッド＆ハイゲート・フェスティヴァル」の芸術監督を説得し、このカンタティーナを「ロッシーニ（に帰属するもの）」として、"世界初演" した。印刷されたプログラムには、ロッシーニの自筆原稿の一部と、当のカンタティーナの断片という 2 枚の写真が掲載されていた。

　「大文字の "E" を見てください」とプログラム・ノートは示唆していたが、でもそのプログラム・ノートは、ロッシーニの筆跡の絶対的な特徴である音部記号と拍子記号が、カンタティーナのそれとはまったく異なっているという事実を無視したものであった。こうして、偽の情報は広がり続けているのである。

　またある時、ロサンゼルスの写本商スクリプトリウム社が、ある「本物のロッシーニの手稿譜」が詐欺であると主張した。この話は、ロッシーニのクリティカル・エディションで最初に出版された巻のひとつ、1855 年から 68 年という彼のパリ滞在時の後期において作曲した《老いのあやまち *Péchés de vieillesse*》のピアノ曲集にまつわるものであった。この巻のタイトルは、後

214　　第 I 部　楽譜を知る

期のロッシーニには典型的な、皮肉たっぷりの自虐的な言い方であり、「アルバムのための何ものでもない曲 *Quelques Riens pour album*」と名付けられていた[30]。これらの 24 作のピアノ曲は複雑であり、ところどころは魅力的だが、伝統的なアルバムのページ以外の何物でもない。作曲家レスピーギが 1919 年、ロッシーニのピアノ曲〈幻想的なブティック *La Boutique fantasque*〉をバレ・リュス（ロシア・バレエ団）のために編曲したバレエ譜に、これらの曲集からの主題をいくつか使っていることは驚くにあたらない。この「アルバムのための何でもない曲」の 24 枚の自筆譜のうち、1 枚を除くすべてがロッシーニ財団に所蔵されている；残りの自筆譜は、寛大なるアメリカの音楽愛好家、マリア・ヴァレンテが個人的に所蔵している。作曲家は、晩年の作品の自筆稿を完成させた後には、自分の雇い主である写譜師に、そのコピーを用意するよう指示するのが常であった。その写本は、作曲者自身や他の音楽家が曲を演奏するときに使われ、ロッシーニとその妻オランプがショセ・ダンタン通りのアパルトマンで開いた音楽サロン（土曜日の夕べ）で演奏されることもあった。作曲家は自らそのコピーを修正し、通常はサインをし、時には自筆譜にはない演奏記号を書き加えることもあった。それゆえ、クリティカル・エディションを作る際には、このような写譜も重要である。他では得られない情報を得ることができるからである[31]。

　しかし、作曲家が一般的に自分で保管し、最初は妻に、そして妻の死後はペーザロ市に寄贈した自筆稿とは異なり、この写しは 1873 年にイギリス人のグラント男爵（ただし、この爵位の称号は、ミラノ中心部のガレリアとなった土地を開発したことへの感謝として、イタリア国王から与えられたもの）がロッシーニの未亡人から買い取ったものであった[32]。事業の経営が悪化したグラント男爵は、これらの写譜を競売にかけることで利益を得ようとした。でも、1878 年 5 月 30 日にロンドンのパティック＆シンプソン社によって開催されたオークションは大失敗に終わった[33]。ロッシーニは、後期ロマン派の時代においては、もはやヨーロッパの音楽界をリードする存在ではなかった。したがって、誰も、これらの後期のピアノ作品や歌曲、しかも理解しがたいタイトルがついているものに興味はない——〈妻への愛撫〉だとか〈オッフェンバック風の小カプリース〉、それに、〈私の衛生的な朝の前奏曲〉など。したがって手稿譜のほとんど

第5章　クリティカル・エディションのロマンス　　215

は買われなかった。また、1878年の売却でも手に入らなかった手書き譜の類いは、それから100年後、英国の優れた音楽商リチャード・マクナットの手に渡り、そこからハーバード大学のホートン図書館に売却された。なお、1878年の時点で買い手がついた楽譜は、ヨーロッパ全土のコレクター、楽譜商、投機家たちに買い取られた。その後、あるものは現存し、あるものは現存していない。また、24曲の《アルバムのための何でもない曲》のほか、いくつかのピアノ曲や歌曲の筆写譜が、アルマン・グージアンによって、フランスの音楽出版社ウジェル社のために入手された。そして実際、1880年から1885年にかけて、ウジェル社はグージアンが入手したすべての楽譜を出版した。ただ、これらの手稿がどこに行ったのか、その所在についてパリ（のウジェル社）に問い合わせたが徒労に終わったので、我々は、これらの曲のクリティカル・エディションを作る担当者が、ウジェル社の印刷譜を介することしかできず【訳者註：つまりは、手書き譜が行方不明だから】、そこから、ロッシーニが実際に手稿に書き加えたと思われる部分を導き出すべく、推測しなければならないと考えていた。

　ところが、《アルバムのための何でもない曲》のクリティカル・エディションの制作が始まる直前の1975年11月、ドイツのオークション会社、ハウスヴェーデル＆ノルテ社が、ウジェル社の経営者一族のある一人が、ロッシーニのサインと自筆校訂の入った、まさにその手書き譜を売りに出したと発表した。その時の驚きといったらなかった。

　我々はオークションハウスから情報を求め、ロサンゼルスのバイヤーと連絡を取った。

　するとその会社、スクリプトリウム社は、「確かにその手書き譜を所有している」と教えてはくれたものの、「貴方がたが購入を希望しない限り（そして、我々が購入することができない場合は）、それらの調査は許可されない。いずれにせよ、オークション会社に返却される」とのことであった（スクリプトリウム社は我々と取引してくれるのか？）。

　その後、スクリプトリウム社のチャールズ・サックス氏が1976年4月5日付の手紙で教えてくれたのだが、ニューヨークの有名な手稿譜ディーラー、故チャールズ・ハミルトンが「訂正箇所も、各手稿の最後の署名も、ロッシー

216　第I部　楽譜を知る

ニのものだとは思えない」として、これらの手稿譜が偽物であると非難しているという情報を教えてくれた。ハミルトンは、エリザベス朝演劇からヒトラーの日記に至るまで、その専門知識は、学者だけでなく『ニューヨーク・タイムズ』の読者にもよく知られている。

このロッシーニ手稿譜の全歴史を再構築した我々は驚愕した。我々が、この「真正でない」という主張がスクリプトリウム社と関係あるのかと考えたのは、単なる皮肉であったのだろうか。いずれにせよ、ウジェル社の手稿譜はドイツに戻った。しかし、ハウスヴェーデル＆ノルテ社は、この楽譜が真正のものではないという主張を受け入れる前に、専門家の助言を求めることにした。そこで私や同僚たちは、それらを徹底的に調べ、自筆譜の目録を作ることができ、その手稿譜が本物であることを保証して、オークション会社に返却した。

そして、彼らはロサンゼルスに戻り、スクリプトリウム社は最終的にそれらを売却することに成功した。後に開かれたオークションとその時の買い手によって、ウジェル社の手稿譜はようやく、友好的な人物の手に渡ったのだ。この楽譜は、現在では校訂版の準備を進めている学者たちの研究対象として利用されているのである。

3 つの凱旋物語
《タンクレーディ》悲劇的フィナーレのハッピーエンド

ロッシーニとヴェルディのオペラの音楽資料を探し求める私自身の話は、フィクションになれば十分に刺激的である。実際、フレデリック・ヴィトゥ作の 1983 年の小説『ペドロッティ宮の夕暮れ』には、イタリアのある貴族のコレクションで、ロッシーニの最初のオペラ・セリア《タンクレーディ》で、失われた悲劇的フィナーレの楽譜を再発見する人物が登場する。しかし、私自身と、この小説に登場する「非常に不愉快なアメリカ人音楽学者」エドモンド・グリーンとのただ一つの共通点は、次の記述にあるのではないか。そう信じたい：「グリーンは歌い、できるだけ大きな声で、嗄れた声で、ひどく音程をはずしながら、何のためらいもなく歌った」[34]。おそらく、私はヴィトゥに実際に会ったこともなければ、（私の知る限り）彼が私の歌を聴いたこともないこと

第5章 クリティカル・エディションのロマンス　217

を付け加えておく。

これは実際に起こったことである。私は10代の初めからオペラが好きではあったが、初めて本物のプリマドンナに出会ったのは、1960年代後半になってから。そのプリマドンナがマリリン・ホーンであったのは、私にとって特別なる幸運であった。1966年、ジョーン・サザーランドが主演者である《セミラーミデ》の録音で、ホーンが演じた若き英雄アルサーチェ（コントラルト／メゾ・ソプラノのズボン役では偉大なる役柄のひとつ）は衝撃的であった。ロッシーニのオペラ・セリアは、超一流のアーティストによって歌われたなら、まるで、瀑布のような音運びになる[35]。でも、コントラルトやメゾ・ソプラノがこの音楽を歌うテクニックを身につけられるのなら、テノールやバスはどうだろうか？

1972年の秋、ホーンとの面会は、彼女のファンの一人コンラッド・クラボーン（後にニューヨークで高名なアーティストのエージェントとなる）の計らいによるものであった。

彼女はニュージャージーの自宅で我々を快く迎えてくれ、何時間も一緒に座って情報やオペラのゴシップを交換した。

我々が帰ろうとすると、彼女はロッシーニの《タンクレーディ》について尋ねてきた。

「悲劇的なフィナーレは見つかった？」

私は、いいえ、でも、見つかるかもしれないと思いますよ、と答えた。

すると彼女は

「もし見つけたら、教えてね。私はいつも、その役（アルサーチェと並ぶ、ズボン役のキャラクターである若武者タンクレーディ）をやりたいと思っていたの。でも、ハッピーエンドでは納得できないのよ」

そのとき、我々のだれもが、1977年の秋に起きることを期待していなかった。ジャッキー（彼女は親しみをこめてこう呼ばれていた）は、クリティカル・エディションに基づく《タンクレーディ》の初披露において、新たに発見された悲劇的なフィナーレを歌ったのである。このヒューストン・グランド・オペラの公演を皮切りに、ロッシーニの一連のオペラが上演を重ねるようになり、その勢いは世界中の劇場に広がった。

218　第I部　楽譜を知る

実は、ヴォルテールの戯曲『タンクレード』をロッシーニのために翻案した際、台本作家のガエターノ・ロッシは、サラセン人との戦いでシチリアの英雄が死ぬという本来の結末の代わりに、ハッピーエンドを取り入れた。そして、ヴェネツィアのフェニーチェ座でオペラ《タンクレーディ》は上演され、大成功を収めた（初演は1813年2月6日）が、その後、ロッシーニと創唱者歌手の多くはフェラーラに移り、そこで再び《タンクレーディ》を上演した。その際いくつかの変更が加えられた。そのことは（現地で）印刷されたリブレットが証明する。まずは、オペラの終わり近くに、タンクレーディのための新しいアリア〈なぜ平安を乱すのか〉という新しいアリアが追加された。このアリアは、その後の上演ですぐに重要な位置を占めるようになった。最も大事なことは、オペラの結末が、「主人公の死によって幕が下りる」という、ヴォルテールの原作をより強く意識したものに書き直されたことである。その新しい歌詞は、ヴォルテールの詩文をイタリア語の詩に翻訳しており、明らかに原詩を理解し、大切にしていた詩人の手になるものである。そこでは、レチタティーヴォ（標準的な7音節詩と11音節詩による）は、セッテナーリオ（7音節詩）による四行連になる。

Amenaide... serbami	アメナイーデよ　収めておいてくれ
Tua fé... quel... cor ch'è mio,	君の貞節を、もはや私のものとなった君の心に
Ti lascio... ah! tu di vivere	君を遺してゆく　ああ、君は生きてくれ
Giurami,... sposa... addio.	誓ってくれ、花嫁よ、さらばだ

　しかし、フェラーラのために追加された新しいアリアとは違って、悲劇的なフィナーレの方は不評であった。当時の批評はこう書いている：「フェラーラで導入された"タンクレーディの死"は大衆を喜ばせることはなかった」[36]。ただ、1970年代の半ばまで、この部分の楽譜の存在は知られていなかった。
　ブレーシャの故ジャコモ・レーキ伯爵とそのご家族の親切がなければ、この物語はそこで終わっていただろう[37]。レーキ伯爵は1976年に、一族の遺品を調べていて、いくつかの楽譜を発見した。そのうちの一冊には、ロッシーニの老年期に特有の手書き文字で、次のような嬉しい証言が記されていた。

Dichiaro (e non senza Rossore)
essere questo un mio autografo
del 1813!! A Venezia fu vergato,
che tempi!!!!! Aujourd'hui c'est
autre chose. G. Rossini.
(Paris 22 Nov.^re 1867.) [38]

[【訳者註：以下はイタリア語とフランス語で書かれている】これは1813年に書かれた私の自筆譜だと宣言する（赤面せずにはいられないが）！ ヴェネツィアではこう書かれていた。何という時代だろう!!!!! 今日では全く別の問題である。G. ロッシーニ。（パリ、1867年11月22日）]

　レーキ伯爵はその原稿に興味を持ち、数ページのコピーをロッシーニ財団に送り、原稿を特定すべく支援を求めた。数ヶ月後の秋の日、ブルーノ・カッリ（ロッシーニ財団の芸術監督）、アルベルト・ゼッダそして私は、レーキ伯爵の招待でブレーシャに車を走らせ、《タンクレーディ》の悲劇的フィナーレの自筆原稿を調べた。その図書館には、数世紀にわたる一族の文化的、政治的、科学的活動を記録した多くの宝物が収められていた。そして、レーキ伯爵の助けを借りて、ロッシーニとレーキ家を結びつけた歴史を再構築することができた。

　レーキ家は北イタリアの名家である。レーキ家の2人の兄弟（ジュゼッペとテオドーロ）は、フランス皇帝を支持することが最終的にイタリア独立国家の形成につながると期待して、ナポレオン戦争で活躍した。実際、兄のジュゼッペは、1797年に2度にわたってペーザロに侵攻し、教皇庁から一時的に解放したレジオーネ・ロンバルダの司令官であった。また、ロッシーニの父も同じくジュゼッペという名前で、ペーザロで最も率直な愛国者の一人であった。彼は地元で反乱を起こすべく尽力し、レーキから個人的に、フランス軍の到着予定時刻を知らせるメッセージを受け取った。その結果、ジュゼッペ・ロッシーニは、フランス軍が撃退され、教皇庁がフランスを占領した後、ほぼ1年もの間投獄された。

　一方、より若い弟のルイージ（1786-1867）は、ジョアキーノ・ロッシーニの人生において、まったく別の役割を果たした。ルイージ・レーキは1809年

にパヴィアで、1810 年から 1811 年にかけてはパリで医学と科学を学んだが、主な関心は文学にあった。彼は、イタリアの偉大なる詩人であり、1808 年にイタリア修辞学の教授に任命されたウーゴ・フォスコロを囲む、パヴィア大学の学生サークルの一員であった。この時期にレーキは、ロッシーニの《タンクレーディ》のタイトルロールを歌うことになる歌手アデライーデ・マラノッテと初めて出会った。2 人がいつどのようにして知り合ったのかはわからないが、フォスコロが 1809 年 3 月 2 日にジュゼッペ・マンジーリ [39] に宛てた手紙の中で、マラノッテのことを「ヴェローナ出身の美しい女性、美の神とミューズに愛された」と書いている。1785 年にヴェローナで生まれたアデライーデ・マラノッテは、ブルジョワの家庭出身とされる。彼女はフランス人のモントレゾールと結婚し、2 人の子供をもうけた。しかし、夫婦喧嘩が原因で、マラノッテは 1809 年から本格的に歌手を志す。このマラノッテに対するフォスコロの思いは、イタリア語研究で有名なトリノの学者で、ゲーテの『ウェルテル』を翻訳したジュゼッペ・グラッシに宛てた手紙に書かれている。

1809 年 12 月 4 日付のこの手紙は、カーニヴァルの時期にトリノで公演を行うマラノッテを、グラッシに紹介するものであった。

　我が親愛なるグラッシよ
　もし私たちが地上の巡礼の旅で時折り、聖女とミューズたちに出会わなければ、そして聖女とミューズたちが私たちに礼儀と愛の扉を開いてくれなければ、私はもはや、このような人生の旅を続けていくことに意欲も関心も見いだせないだろう。そして、あなたやすべての優しい魂が同じように感じていると信じているからこそ、私はこの手紙を送ります。
　この手紙を携えてシニョーラ・マラノッテを訪ね、私の愛とあなたの愛を込めて、彼女の大きく暗い瞳に挨拶するのです。私はあなたを彼女に推薦するわけでも、彼女をあなたに推薦するわけでもない。彼女が美しく、偉大な歌手であり、あなたが礼儀正しく、優れた作家であるからこそ、あなたたちは互いに信頼し合うのだ。ただ、恋に落ちないようにだけ気をつけなさい。そして、幸せに生きなさい [40]。

グラッシはフォスコロの「恋に落ちないように」というアドバイスに従ったかもしれないが、ルイージ・レーキはそうしなかった。1812 年の後半には、ルイージ・レーキとアデライーデ・マラノッテは、1832 年に歌い手の側が亡くなるまで結ばれた（恋愛）関係を築いていた。ルイージ・レーキは、1813 年にアデライーデ・マラノッテが《タンクレーディ》に出演する際、ヴェネツィアでの世界初演に同行しただけでなく、フェラーラで上演された「悲劇的なフィナーレ」の歌詞も自ら作成した。

　しかしこの悲劇のフィナーレがフェラーラの大衆を喜ばせることができなかったため、作曲家は、この悲劇のフィナーレが二度とイタリアのオペラ界では上演されないだろうと考えた。そこでロッシーニは、マラノッテかレーキのいずれかに自筆譜を贈った。その後、1867 年 12 月 13 日にルイージ・レーキが亡くなる直前、悲劇的なフィナーレの手稿は、ルイージの兄弟テオドーロの息子であり、ルイージの唯一の相続人であったファウスティーノ・レーキ伯爵によってパリに運ばれた。

　1976 年、ロッシーニ財団は《タンクレーディ》のクリティカル・エディションの出版を決定し、マリリン・ホーンに電話をした。その結果、私が準備したクリティカル・エディションによる初演（ヒューストンにて）が実現し、悲劇的なフィナーレが初披露された。ホーン（あるいはルチア・ヴァレンティーニ＝テッラーニやダニエラ・バルチェッローナ）による《タンクレーディ》の見事な上演を経験した観客なら、この結末がロッシーニのオペラ、ひいては 19 世紀初頭のイタリア・オペラの中で最も珍しい構成の一つであると知っている。この曲は、〈勇者は死ぬ Muore il prode〉という短いコラールから始まる。それから、レチタティーヴォ・セッコであったに違いないパッセージが続き、その間に瀕死の主人公が運び込まれる。このレチタティーヴォの楽譜はレーキ手稿には残っていないが、ロッシーニ自身の作曲であることはほぼ間違いない。このオペラのドラマトゥルギー上、この言葉を聴かせる必要があるため、私はクリティカル・エディションのために自分自身の曲作りを提供した（編集者が作曲したと明記）[41]。

　このようなレチタティーヴォを新たに書くには、《タンクレーディ》のレチ

222　第 I 部　楽譜を知る

タティーヴォにおけるロッシーニの音楽語法を分析し把握する一方で、テキストの内容とシーンが必要とするドラマ性に自由に対応する必要があった。私は、このオペラを通してロッシーニがレチタティーヴォで使用した和声進行の表を用意して、自分自身が書く部分の様式性を正当に保つようにした。しかし、瀕死のタンクレーディが、アメナイーデが本当に忠実であったことを知る瞬間の痛切さと切迫感には、強烈な音楽設定が必要であった。このようなパッセージを作り、それを成功させるには、どのように考えればよいのだろうか。自分自身は、そのパッセージが評価されることを望むけれど、自我を捨て去ったなら、そのパッセージが気づかれることなく過ぎ去り、全体の中で完璧に統合されることを望むまで。だから、私がこのレチタティーヴォを書いたことを知らなかったある指揮者（ジャンルイージ・ジェルメッティ）が、その表現力を褒め称えて、「モンテヴェルディ的」と言ったとき、私は複雑な感情で反応したのである！

　しかし、もちろん、《タンクレーディ》の悲劇的なフィナーレにおいて、本当に重要なものは、ロッシーニの締め括りの音楽である。ロッシーニが「カヴァティーナ・フィナーレ」と呼んだ伴奏付きのレチタティーヴォは、このオペラの掉尾を飾る瞬間として、当時の典型的なフィナーレのデザインからは完全に逸脱したものになっている。そこでは、コロラトゥーラの華やかさは消え、手の込んだオーケストレーションもなくなり、フレーズの構成や終止形の繰り返しも要求されなくなった。その代わりに、オペラの結末の瞬間は、死にゆく主人公の言葉のひとつひとつを映し出す。そこには、グルック風の理想郷が感じられ、イタリアの旋律の美しさ、イタリアの和声の素朴さに、この準・朗唱風な音楽さえもが適応している。この理想形は、ルイージ・レーキと彼の新古典主義的な芸術観から受け継がれたのかもしれない。しかし、この場面でロッシーニは、そのヴィジョンを自らのものにした。

ランスへの旅（パリ、ローマ、ウィーン、ニューヨークを経て）

　1820年代のヨーロッパのように、国王の権威がほとんど失墜していた世界では、新しい国王の戴冠式を祝うことは、王政復古とその君主の正統性を強化

するためのものであった。パリのあらゆる機関（組織）、そして政府が直接的・間接的に支援するあらゆる芸術家が、1825年5月29日、ランスで行われたシャルル10世の戴冠式に関わり、それに続く祝典行事にも参加すべく期待された[42]。テアトル・イタリアンの主な貢献は《ランスへの旅 Il viaggio a Reims》の上演である。本作は、1824年から同歌劇場の音楽監督を務めていたロッシーニが作曲した。このオペラは、1825年6月19日に国王の前で初演され、その後2回上演され、9月には「特別な機会」として再演され、批評家にも大衆にも大成功を収めた。

　しかし、《ランスへの旅》が歴史的出来事と密接に結びつき、それに関する祝典性が台本の重要な部分を占めていたため、ロッシーニは、かなり早い段階で楽譜の流通を取り止め、別の機会に楽譜の一部を再利用し、より大衆に受け入れられやすいオペラに使おうと決めた[43]。

　その機会は数年後に訪れた。重要な修正を加えて、（元の）楽譜の約半分が、1828年8月20日にオペラ座で初演されたロッシーニのフランス語のオペラ第3作《オリー伯爵》に組み込まれたのである。1970年のこと、私は、印刷されていたルイージ・バロッキの台本と、同時代の証言類を参照して、以下のことを明らかにした。この当時、《ランスへの旅》に直接関係する楽譜は存在しなかった[44]。実のところ、《オリー伯爵》に関する自筆譜や楽譜の断片はほんの一握りしか残っておらず、そこに《ランスへの旅》から転用した音楽を含むものは入っていなかった。1974年に『ジョアキーノ・ロッシーニ作品批評集 Edizione critica delle opere di Gioachino Rossini』の暫定的な構成が提案されたとき、オペラの項目の中に《ランスへの旅 Il viaggio a Reims》のスペースが確保されてはいたが、そのタイトルには「音楽的資料（ソース：つまりは楽譜類）の再発見を条件とする」と記されていた。

　でも、奇跡は起こる。エリザベス・バートレットは1974年、シカゴ大学の博士課程において、パリ国立図書館音楽部にある、まだカタログ化されていない「19世紀前半にテアトル・イタリアンで上演されたオペラの楽譜類」を調査する許可を得た。同図書館は以前から、所蔵するオペラの全曲あるいは抜粋の写本をすべて会計的に処理していたが、それらに関する管弦楽や声楽のパート譜は、後日の検討のために取り置いていた。

バートレット女史は、このとき、フランス革命直後の資料を探していたが、その最中に《ランスへの旅　もしくはアンドレーモがパリに？ *Il viaggio a Reims or Andremo a Parigi?*》と名付けられた一連のパート譜を見つけたのである。彼女は、ロッシーニのこのオペラの楽譜がこれまで確認されていないことを知っていた；この《アンドレーモがパリに？》とは、1848 年にテアトル・イタリアンで上演された一作であり、《ランスへの旅》をロッシーニへの断りなしに【訳者註：誰かが勝手に】翻案したものであることも知っていた。

この作品では、本来はシャルル 10 世の戴冠式のためにランスに到着しようとしていた旅人たちが、バリケードを見るためにパリに向かう旅人となる。バートレット女史はその発見について、すぐに私に手紙をくれた。そして私の緊急の要請に応じて、すべての部分をマイクロフィルムにする手配をしてくれた。

手稿譜は、《ランスへの旅 *Il viaggio a Reims*》の多くの部分と《アンドレーモがパリに？ *Andremo a Parigi?*》として翻案された部分の演奏資料（管弦楽パート譜、少数の声楽＆合唱パート譜、プロンプター・パートの短い部分）であった。1848 年の翻案では、可能な限り 1825 年のオリジナルのパート譜を使用したようだが、1848 年に導入された変更が多すぎる場合は、新しいパートが作られた。しかし、これらのパリのパート譜は不完全であり、いくつかの箇所は完全に欠落していた（1825 年の伝説的なフィナーレを含む）。

この部分によって、私が《ランスへの旅》から《オリー伯爵》へ転生させたと仮定していた内容のほとんどが確認された[45]。また、これまで知られていなかった、ロッシーニが《ランスへの旅》のために書いた音楽、特に長大な六重唱（の構造）を垣間見ることが初めてできた。その長大な六重唱は、声楽パートに多くの欠落があるため完全な再現は不可能であった。パリの資料は魅力的ではあったが、それだけでは《ランスへの旅》を甦らせるのに十分な情報は得られなかった。

1976 年から 77 年にかけて、私はシカゴ大学からサバティカル休暇をもらってローマに行き、その間に《タンクレーディ》のクリティカル・エディションを準備した。その年のさまざまな時期に、よく知っているつもりでいたローマ音楽院サンタ・チェチーリアの図書館を訪れた。事実、以前ローマに滞

在したとき、私は目録に載っているロッシーニの全資料、ベッリーニ、ドニゼッティ、ヴェルディのオペラに関する資料のほとんど、それから関連する多くの作曲家のオペラを研究していた。スタッフは私のことをよく知っていて、私の興味の対象をも知っていた。彼らは私の出現を恐れてさえいた。

1977年の春の終わりのある日、司書のエミリア・ザネッティが目を輝かせて現れた。「ここに面白いものがありますよ」。しばらくして、彼女は原稿用紙の山を持って現れた：そこには「Alcuni Brani della *Cantata* Il Viaggio a Reims. Mio Autografo. G. Rossini」（カンタータ《ランスへの旅》より数曲。私の自筆稿である。G. ロッシーニ）と題してあった。その下には、ロッシーニの未亡人の署名で「1878年3月1日、私の友人である親愛なるヴィオ・ボナート博士に贈ります」とあった[46]。

手稿譜のバイフォリオは、ほとんどの順番が狂っていた。そこでの私の最初の仕事は、印刷されたリブレットと、ロッシーニが原稿を準備する方法に関する知識を駆使して、それらを連続的に組み立て直すことであった。その仕事が終わると、目の前にロッシーニの自筆稿が出てきたというわけだ。それは、《ランスへの旅 *Il viaggio a Reims*》の音楽のうち、《オリー伯爵 *Le Comte Ory*》に再利用されなかったほぼすべての部分：それから、彼が自分で書いたレチタティーヴォのほぼすべて、六重唱、バスのためのアリアの一部、テノールとメゾソプラノのための本格的な二重唱、そしてフィナーレも入っていた。

そう、それは1825年のパリの新聞批評で読んだことのあるフィナーレの楽譜であった。シャルル10世を賛美する一連の国歌と特徴的な歌の数々である。伝統的なメロディもあれば、新しく考案された曲もあったが、どれも音楽の細部に、バロッキとロッシーニが全体的にたっぷりと振りかけた幽かな皮肉の香りが漂っていた。フィナーレは、フランスの歌である〈アンリ4世万歳〉の見事な変奏曲で締めくくられた（各曲はそれぞれ新たなハーモニーを付けて歌われる）。

150年以上、誰も目にしたことのない楽譜を読み、その旋律と豊かなオーケストラのテクスチュアを頭の中で再現するという経験を、あなたならどう表現するだろう？ 当時、その写本がどうしてその図書館に来たのか、誰も知らなかったが、何年も前からそこにあったのだ[47]。エミリア・ザネッティは、

226　第Ⅰ部　楽譜を知る

1950年代初頭に、ドイツの音楽百科事典にごく小さな活字で（サンタ・チェチーリア図書館の長い資料リストの一部として）《ランスへの旅》を載せていたが、この楽曲名が図書館の目録に載ったことはなかった[48]。それでも、ロッシーニの失われたオペラの再構築に大きく近づいたと気づくには十分なことであった。

なお、《オリー伯爵》で再使用されなかった曲については、ロッシーニの自筆譜がほぼすべて残っており、《オリー伯爵》に転用された曲については、ロッシーニのフランスの出版社トルペナスが印刷した（《オリー伯爵》の）フルスコアが残っていた。だから、パリに残っている上演資料を使えば、《アンドレーモがパリに？》や《オリー伯爵》から、おそらくは《ランスへの旅》の音楽まで遡ることができるのだ。校訂の責任は、現在は南カリフォルニア大学の音楽教授であるジャネット・ジョンソンの手に委ねられた[49]。

ジョンソン女史が楽譜の校訂を始めると、その素晴らしさと機知にいっそう気づかされることになった。例えば、ドン・プロフォンドの〈目録のアリア〉で、彼が旅行者一人ひとりの持ち物を列挙する際の有節的な音楽構成が、《オリー伯爵》のランボーの連続する語りを支えるために（基本的に）同じ音楽が使用されたときよりも、言葉と音楽の両面において説得力のある結びつきを生み出している。しかし、我々は重大な欠落があることにも気づいていた。でも、ロッシーニ・オペラ・フェスティヴァルが、1984年の夏のシーズンに、本作の1825年以来の上演を組み込むことを許可したときでさえ、我々は悲観的ではなかった。

そして1983年の春、ヴェルディの《リゴレット》クリティカル・エディションの初披露公演のため、私はウィーンを訪れた。そのリハーサルの合間を縫って、私は、ウィーンの劇場に関連する重要な写本コレクションを保存しているオーストリア国立図書館で過ごした。

そこには多くのロッシーニのオペラが含まれているのだが、そのほとんどがドイツ語訳に翻案されたものである。しかし。カード目録の最後尾にたどり着いたとき、私の胸は高鳴った。

そこには《ウィーンへの旅 Il viaggio a Vienna》と題された作品があった。ロッシーニはその名前でオペラを書いたことはなかったが、私は別の都市名で知っていたからである……。後にジャネット・ジョンソンが立証したよう

第5章　クリティカル・エディションのロマンス　227

に、私がウィーンで見つけたのは、1854年に皇帝フランツ・ヨーゼフ1世と"シシー"つまりはバイエルンのエリザベートとの結婚式のために、無名の人々が作り上げた、ロッシーニのオペラの脚色版の楽譜であった。その改作者たちは、《ランスへの旅》や《アンドレーモがパリに？》の上演資料を以前から入手していたに違いない。実際、ウィーンの資料は、いくつかの部分で、他の資料には存在しない《ランスへの旅》の実演に必要なパッセージを確定させるのに役立っているのである。

結果、この楽譜は、1984年に、クラウディオ・アバドの指揮、カーティア・リッチャレッリを含む史上最高のベルカント・キャストを迎えてペーザロで初演された（出演者は、カーティア・リッチャレッリ、ルチア・ヴァレンティーニ＝テッラーニ、レッラ・クベッリ、チェチーリア・ガスディア、サミュエル・レイミー、ルッジェーロ・ライモンディ、フランシスコ・アライザ、レオ・ヌッチ、ベルナデッテ・マンカ・ディ・ニッサ、エンツォ・ダーラ、ウィリアム・マッテウッツィといった人々）。

なお、ルカ・ロンコーニの独創的な演出は、イタリアの批評家には愛されたが、英米の批評家には嫌われた。彼は舞台をテレビ・モニターで埋め尽くし、ロッシーニのオペラの旅（つまり筋運び）を、オペラが上演されている都市と劇場内がリンクするという演出的イヴェントに変えることで、本作の「再発見」という状況を浮き彫りにした[50]。例えば、国王【訳者註：シャルル10世その人を演じる黙役】とその忠臣たちが街の実際の通りを移動するとき、劇場内で起きていることの映像が街のあちこちに設置されたスクリーンに映し出され、その一方では、街で起きていることの映像が劇場内に映し出された。もちろん、アドリア海に面した小都市ペーザロでこの演出をやるのと、ミラノやウィーンでこの演出を実行するのはまったく別のことではあった。でも、ミラノでの取り組みが、その都市の生活における旗印となる出来事であったことは証言できる。通常、"国王"役はハンサムな若いエキストラが選ばれ、公演の最後の最後の瞬間に劇場にたどり着き、ステージ上の人々が「フランス万歳、その勇敢な支配者よ」をアンサンブルで歌うときに舞台に立つのである。

しかし、ロッシーニ生誕200周年を記念した本作の1992年のフェラーラ公演では、アバドと出演者たちは、危うく、千秋楽を迎えられないところであった。というのも、この時は、「国王」役を演じる「エキストラ」が、最後

の最後になって、たまたまフェラーラでアバドと一緒にロッシーニの《セビリャの理髪師》のレコーディングを行った歌手、プラシド・ドミンゴに代わったからである。

　ところで、1984年のペーザロ公演の際、我々は、欠けている曲がまだあると気づいていた。合唱〈幸福は最高の善である L'allegria è un sommo bene〉は本来、《ランスへの旅》フィナーレで踊られるダンスに続いて歌われるもの。その歌詞自体は1825年に印刷されたリブレット上に見られるが、楽譜は残っていなかった。合唱はドラマトゥルグ的には消耗品のような使い捨ての存在なのかもしれないが、ディヴェルティスマンのシーンはそれがないと困る。その後、現存するパリの演奏パートを再調査したところ、合唱が存在すべき場所に「何か」があることに気づいた：それは、高音部記号（ト音記号）、調号（シャープ3つ）、拍子（8分の3拍子）、381小節分（正確には379小節分）の空白。テキスト研究者なら誰でも、時折り光が差す瞬間を経験するものだが、この場合は電球がピカッと光った：私はこの部分らしき曲を知っていたのである。

　ロッシーニのオペラの中で、このような特徴を持つ唯一の曲は、1826年に《コリントの包囲》を作る際に、ロッシーニが省略した《マオメット2世》の女声合唱であった【訳者註：伊語のオペラ《マオメット2世》を改作する形で仏語オペラ《コリントの包囲》が作られた】。案の定、〈幸福は最高の善である L'allegria è un sommo bene〉のテキストは、《マオメット2世》の当該合唱曲〈そして長年にわたる狂気 È follia sul fior degli anni〉の音楽のもとに完璧に収まった。この合唱の自筆稿が、ロッシーニ財団の所蔵する《マオメット2世》の自筆稿と一緒に保管されていなかったのは、そのためであったのだ。

　この曲の自筆譜は、ロッシーニの伝記作者のアメリカ人ハーバート・ワインストックのことを記念して、1972年にスイスの自筆譜ディーラー M. スラットキン＆フィスから購入されたもの。現在はニューヨーク公共図書館の音楽部門に所蔵されている[51]。この合唱は、《ランスへの旅 Il viaggio a Reims》の歌詞とともに、1988年の夏にニューポート音楽祭で同オペラが上演された際に（演奏会形式上演）に含まれていた。また、最終的には、ロッシーニ生誕200年祭の折のロンドン、ペーザロ、フェラーラの各都市でのステージングに組み

第5章　クリティカル・エディションのロマンス　　229

込まれた。なお、ロッシーニが《マオメット 2 世》の女声合唱を《ランスへの旅》用の混声合唱に仕立て直したかどうか、そこは定かではないが、劇的な状況から見てその可能性は高い。1999 年の秋、ニューヨークでこのオペラが初めて上演された際、私はこの混声合唱曲を用意した[52]。ロッシーニが 1825 年に実際に準備したと思われるものとどのような関係があるにせよ、私の再構築は《ランスへの旅》の精神を捉えようとするものだ。

　もちろん、別の写譜が今後どこに現れるか、それはわからない。別の図書館の別の角度から、別の個人コレクションや銀行の金庫から、あるいはサザビーズのオークションカタログから現れるかもしれないのだ。また、どこかに《オリー伯爵》の自筆原稿が存在するのかもしれない。その中から、《ランスへの旅》の失われた自筆資料も見つかるに違いないだろう。

　不完全なままとはいえ、残っている現在の資料の知識から考えて、ジャネット・ジョンソン女史は、〈グラン・ペッツォ・コンチェルタート（大コンチェルタートの一場）〉の冒頭を飾る 13 人の独唱のための無伴奏パッセージ（それが、《オリー伯爵》では〈7 人の独唱者と合唱のためのアンサンブル〉に転身している）の内声部をいくつか創作した。また、ドン・プロフォンドのアリアのカバレッタを形作るセクションのヴォーカル・ラインは不明のままである；そして、あるレチタティーヴォ（ランスまで連れて行く馬がいないと一同が知る場面）のために、私たちはいくつかの劇的に重要なパッセージをゼロから準備した[53]。しかし、いつまでも待っているわけにはいかない：《ランスへの旅》は、追加資料の探索がまだまだ続くとはいえ、ついに、印刷物として入手可能になったのだ。

《スティッフェーリオ》における「宗教と性」

　検閲は、19 世紀前半においては、イタリア・オペラには切実な問題であった。絶えず移り変わる政治的な圧力によって不安定さが生じ、比較的自由な時期があっても、その後には政府や教会による厳しい弾圧が続くという風土を作り出した。ドニゼッティのオペラは、特に 1830 年代のナポリの検閲から深刻な影響を受けたが、検閲官との対立が最も多く、困難であったのはヴェルディである。1848 年にヨーロッパを席巻した革命蜂起直後の数年間、この種の対

230　　第 I 部　楽譜を知る

立はますます激しくなり、新しい社会的・政治的秩序への期待を孕んだ題材は容赦なくチェックされ、統治政府の側は、（題材に現れる）政治的・文化的自由主義の兆候に、病的なまでに敏感になった。

19世紀の検閲官は、今日も上演される多くの作品の創作とその伝播に関して、重要な役割を担っていた。ただ、ケースによっては、彼らの介入は作曲過程のかなり後期に行われたため、その場合は、そうした悪意ある仕事ぶりの影響を取り消すことも可能ではある；

他のケースはもっと難しい。例えば、ドニゼッティの《マリア・ストゥアルダ》と《ポリウート》は、作曲者がオペラを完成させた後になって、ナポリで上演禁止の措置を喰らった。コルネイユ【訳者註：原書に誤記あり】の原作戯曲『ポリュークト』はフランスでは受け入れられたかもしれないが、信仰心の強いナポリ王妃を取り巻く宮廷社会では、聖人の生涯を扱った芝居を許すはずがなかった。一方、《マリア・ストゥアルダ》は、大幅に改訂され（＆改題された）《ブオンデルモンテ》として、ようやくナポリのステージに登場した；一方の《ポリウート》は、作曲家の手でフランス・オペラとして書き替えられ、《殉教者たち》という題でパリ・オペラ座で初演された。《ポリウート》の自筆譜は、ミラノのリコルディ社の古文書館に残っていたことで、後日、ドニゼッティが構想した通りにこの作品を再編集し、上演することが可能になったのである。一方、ストックホルムのニダル・コレクションでは、長らく紛失したとされていた《マリア・ストゥアルダ》の自筆譜が再び発見され、このオペラは、ドニゼッティのオペラの新クリティカル・エディションの第1巻として出版された[54]。

ところで、ヴェルディの《リゴレット》における検閲側の介入は、そのほとんどが作曲家がスケッチを完成する前に行われた。つまり、《リゴレット》の物語を、マントヴァ公爵の宮廷から原作者ヴィクトル・ユゴーの仏王フランソワ1世の宮廷の世界に戻すとなれば、ヴェルディ的な例モデルが全くないまま【訳者註：ヴェルディがいろいろ書き直す前に、検閲からの指摘があったため、創作段階における初期のスケッチなどが遺っていないということ】パッセージを書き直さなければならなかったのだ。

このような大規模な編集介入は、オペラの印刷譜を作る際には真剣に提案さ

第5章　クリティカル・エディションのロマンス　231

れることはなかった。それがクリティカル（・エディション）であろうとなかろうと。とはいえ、（我々のそうした態度が）現代の演出家に対して、「特定の演出のためにそのような変形を試みるなど、やるべきではない」と意味するわけではない。

　一方、ヴェルディの《仮面舞踏会》で現存する資料の中には、ヴェルディが上演可能にするために最終的に受け入れた「舞台をボストンに」という新設定を使うのではなく（原作通り）、スウェーデンのグスタフ3世の宮廷の雰囲気を再現して、このオペラの創作史における前段階の層を再構築するには、十分な自筆資料が遺っているのである[55]。

　しかし、ヴェルディにとって（その種の問題で）最も困難なケースは、1850年11月16日にトリエステのテアトロ・グランデで初演されたオペラ《スティッフェーリオ》であった。

　1850年代後半から1968年にかけて、この作品が完全に姿を消していたことは、ヴェルディの作品リストに親しんできた人々を悩ませてやまなかった。同じ台本作家であるフランチェスコ・マリア・ピアーヴェのテキストによる「《リゴレット》直前の一作」が、これほど関心を持たれないということなどあり得るのだろうか？　リコルディ社は、1852年末までにヴォーカル・スコアを出版したが、このエディションにはすでに、トリエステの検閲官の要求による変更が盛り込まれていた。一方、長い間、《スティッフェーリオ》の管弦楽稿は残っていないと広く信じられていた。ヴェルディの自筆譜そのものがリコルディ社の書庫になかっただけでなく、1968年以前には、このオペラの手稿譜は見つかっていなかったのである。でも、ナポリで写譜が見つかったので、同年に初めて、パルマの王立劇場で最初の近代的な蘇演が試みられた（後に、ウィーンでより優れた内容を持つ別の写譜が発見された）。しかし、現存する写譜はどれも問題が多い。検閲されたヴァージョンか、場合によっては完全に違うリブレットに基づく「（ヴェルディの）許可なしの書き替え」であったりするのだから（《グリエルモ・ヴェリングローデ》と題す）[56]。

　検閲官が、性と宗教をミックスさせた演劇プロットに反対した理由を理解するのは難しくない。《スティッフェーリオ》の主人公はプロテスタントの牧師であり、その妻リーナは幕が上がる前に不倫をしていた。オペラの途中で、

232　第I部　楽譜を知る

リーナの父スタンカルは娘を誘惑した犯人を殺し、スティッフェーリオは妻に離婚を同意させ、そして集まった信徒の前で、キリストが姦淫の罪で捕らえられた女について語った福音書の一節を朗読する。赦しの言葉（「あなたがたの中で罪のない者は、最初の石を投げなさい。そして、彼女は赦された」）という赦免の言葉が会衆に響き渡り、リーナの赦免は――少なくとも神の前では――確実なものとなる。この物語の力強さは、まさに宗教指導者の心の苦悩にある。公人としての高い道徳観は、個人的な烈しいドラマに直面したときには、彼自身を支えることができない。最愛の女性ジュゼッピーナ・ストレッポーニをブッセートに呼び寄せたとき、元の義父を含む地域の社交界から受けた仕打ちをまだ引きずっていたヴェルディにとっては、《スティッフェーリオ》の題材は、たまらなく魅力的に映ったものに違いない [57]。

　しかし検閲官は、歌詞に膨大なる量の変更を要求した（聖書への言及をすべて省き、宗教的なイメージはすべて削除し、スティッフェーリオの呼び方さえも――もはや牧師［原文の pastor］ではなく、単なる演説者［原文の orator］として）[58]。これらの変更に嫌気がさし、このオペラが彼の意図したとおりに世に広まる可能性はほぼないと確信したヴェルディは、この作品をすぐに「上演可能な作品リスト」から外した。一方、1857年に彼は《スティッフェーリオ》の多くの部分を用いて、新しいオペラ《アロルド》に改作した。しかし、リコルディ社のアーカイヴに所蔵されている《アロルド》の自筆稿を詳しく調べてみると、ヴェルディが《スティッフェーリオ》から《アロルド》に取り入れた音楽については、そのオペラ（《スティッフェーリオ》）の「以前の手稿」から抜き出した部分に必要な修正を加えただけのものであることがわかった。《ランスへの旅》の場合と同様に、《スティッフェーリオ》の完全な自筆譜はもはや存在しないのだ。しかし、ヴェルディが《アロルド》で再利用しなかった《スティッフェーリオ》のパッセージは、一体どうなったのだろう？　破棄されたのか、失われたのか。

　ヴェルディの作品に関する典拠（ソース）の問題は、1960年代に彼のオペラの本格的なテキスト研究が始まってからずっと、学者たちを悩ませてきた。当時、シカゴ大学出版局の編集長ジョン・ライデンから、『ジュゼッペ・ヴェルディ作品集』の出版について、シカゴ大学がリコルディ社と協力することに興味があるのではと最初に打診されたとき、私が最も懸念していたことのひとつは、

第5章　クリティカル・エディションのロマンス　　233

ヴェルディの相続人たち（そのうちの何人かはパルマ近郊のサンターガタにあるヴェルディの館に今も住む）が、（彼らが）所有していると思われる作曲家の楽譜を学者たちと共有することに常に抵抗していたという状況であった。ヴェルディの主要な自筆譜、つまりクリティカル・エディションのベースとなる自筆譜はリコルディ社のアーカイヴに所蔵されているが、それ以外の自筆稿（《ルイザ・ミラー》から《シモン・ボッカネグラ》や《運命の力》といった作品までの主要作における「差し替えられたパッセージ、代替アリアや器楽曲、未熟なソース」など）が、作曲家が50年間住んだサンターガタに保存されているのでは？と疑うに足る理由があった。ただ、ヴェルディは、重要な書類、特に音楽的に重要な書類をむやみに破棄するような人物ではなかったが、死の直前に、彼の初期の作品を保存した手稿を破棄するよう要請したかもしれない [59]。

　ヴェルディのクリティカル・エディションの制作を始めて以来、これらの資料へのアクセス許可を得ることが、我々の関心事であった。実際、我々がエディションを出版する順番は、年代順ではなく、ソースが揃った決定版を作りうる作品から先にということであった。

　我々が《リゴレット》からそれを始めたのは、ヴェルディが《リゴレット》に関しては、差し替えの曲などを用意していなかったからである。このオペラのスケッチは、これまで見てきたように、1941年にファクシミリ版として複製された。このファクシミリの政治的な意図は、その序文に明らかである：この本は、「長年のヴェルディの賢明な崇拝者であるイル・ドゥーチェ（総統）の命により」ヴェルディ没後40周年の祝賀行事の一環として出版された [60]。しかし、この出版にもかかわらず、遺族はまだ、オリジナルの手稿譜を見せたがらなかった。でも、クリティカル・エディションが出版され、新しい楽譜が重要な指揮者たちに採用され始めると、遺族は我々の仕事をよりよく理解するようになり、協力的になってきた。彼らの協力のおかげで、ヴェルディの芸術に関する知識は大幅に増えた。その一例を紹介しよう。

　1868年にロッシーニが亡くなった後、ヴェルディは、イタリアで最も重要な作曲家たちが協力して、年上の作曲家の一周忌にミサ曲を作曲するというプロジェクトを考えた。そして1869年、ヴェルディは自身の筆で最終楽章〈リベラ・メ Libera me〉を作曲した。

このミサ曲は、政治的および実際的な複雑な理由から、完全に準備されていたにもかかわらず、演奏披露されることはなかったのである。それで、いくつかのセクションは様々な作曲家の手元に戻り、ほかのいくつかのセクション——ヴェルディの〈リベラ・メ Libera me〉を含む——は手稿のコピー譜で保管されていた[61]。しかし、ヴェルディがこのミサ曲のために準備したその〈リベラ・メ Libera me〉が、後に、ヴェルディが深く敬愛していた偉大なイタリア文学者アレッサンドロ・マンゾーニの死後に作曲した1874年作の《レクイエム》において、〈リベラ・メ Libera me〉の部分の基礎となったことは明らかであった。

コーネル大学のデイヴィッド・ローゼン教授が編集した《メッサ・ダ・レクイエム Messa da Requiem》のクリティカル・エディションの作成が計画されたとき、1869年の〈リベラ・メ Libera me〉も付録としてつけることが不可欠に思われた。我々はリコルディ社のアーカイヴで写譜者の手稿を入手することができたが、その典拠に基づく版では大規模な編集作業が必要となり、ヴェルディの原典との関係を確認することができなかった。その時、ヴェルディアーニ研究所が、《ロッシーニのためのミサ曲》全曲の校訂を行うという素晴らしいアイデアを思いついた。そこでデイヴィッド・ローゼンは、イタリアの若い研究者たちに加わってもらい、一人が一曲分を担当することにさせた。編集は完了し、ヘルムート・リリンクの指揮のもと、シュトゥットガルト（1988年9月11日）とパルマ（1988年9月15日）でミサ曲の初演が計画された。ちなみに、リリンクは後日、ニューヨーク・フィルハーモニーの演奏会でその再演をも指揮したのである。この素晴らしい機会を前に、ヴェルディ家はローゼンに〈リベラ・メ Libera me〉の自筆原稿を提供した。実際、これらのイヴェントは非常に忘れがたいものとなったので、遺族たちは〈リベラ・メ Libera me〉のファクシミリ出版を許可した。そして、そこには当時のイタリア大統領フランチェスコ・コッシガの序文が付けられた[62]。

ヴェルディの《メッサ・ダ・レクイエム》は、彼の作曲史におけるこの時期の在り方を示す資料になるだろう。〈リベラ・メ〉の原典版はそれ自体、音楽的に説得力のあるものであったとわかり、その後、2000年11月にはリッカルド・ムーティとスカラ座管弦楽団＆合唱団が2001年のヴェルディ祝典の幕

開けに演奏を行うなど、いくつかの実演が大成功を収めている。

　さて、《メッサ・ダ・レクイエム》蘇演の）直後から、『ジュゼッペ・ヴェルディ作品集』の編集者たちは、ニューヨークのメトロポリタン・オペラとの間で、1993年10月にドミンゴのMETデビュー25周年を祝うイヴェントの一環として、ジェイムズ・レヴァイン指揮、プラシド・ドミンゴのタイトルロールによるヴェルディ《スティッフェーリオ》の上演に関する話し合いを始めた。我々はこの公演を進めたいと思ったが、検閲修正済みの台本の問題と、自筆譜がほとんど存在しないという点が、共に重くのしかかった。ヴェルディが書いたものを正確に把握せずに、どうやってヴェルディの音楽とドラマを正当に評価できるというのだろう？　そこでついに、リコルディ社とヴェルディアーニ研究所の両者は、ヴェルディの相続人たちに、この公演の重要性と、ヴェルディの大切な一作ながら知名度の低いこのオペラを将来も上演できるようにすべく、オリジナルの資料を手に入れる重要性について説明した。そこで遺族たちは、その資料が存在する可能性を確かめる作業に同意した。その後、イスティトゥートのペトロベッリ教授から、手稿譜がパルマに運ばれたので、貴男も一緒に調べましょうとの連絡がきた。

　1992年の2月、《スティッフェーリオ》の手稿を見るためにパルマに出向いた日のことを、私はそうあっさりと忘れはしないだろう。当時の私は、ロッシーニ生誕200年の祝賀行事のためにイタリアを訪れていた。その前夜、クラウディオ・アバドがフェラーラで《ランスへの旅》のリヴァイヴァル公演を指揮していた（プラシド・ドミンゴが「王」として登場したリヴァイヴァルである）。その翌夕、私はボローニャにいる予定であった。というのも、同地でアバド、ルッジェーロ・ライモンディ、そして私がアカデミアの名誉会員に任命されることになっていたからである。ボローニャ・アカデミア・フィラルモニカはイタリア最古の音楽団体であり、ロッシーニやモーツァルトも会員に名を連ねたほどである。私はこのとき、パルマ経由でボローニャに行った。パルマではヴェルディアーニ研究所を訪れ、ペトロベッリ教授と私は、ヴェルディの遺族たちが我々のために用意してくれた宝物を研究した。とても嬉しかったのは、ヴェルディが《スティッフェーリオ》のために書いたページで、のちの《アロルド》には転用されなかった部分の自筆譜（数ページだけ欠けていた）と、この2

236　第I部　楽譜を知る

作のオペラのスケッチ全集（60 ページ近くもあった）を私に見せてくれたこと
だ [63]。1941 年に《リゴレット》のスケッチが出版されてはいたが、それ以
来、ヴェルディの主要なスケッチを目にするのは私も初めてであった。ここ
に、《スティッフェーリオ》の手稿譜の重要性が証明されたのだ。

　この資料が手に入ったことで、シカゴ大学出版局の音楽編集者キャスリー
ン・ハンセルは、本作の優れたクリティカル・エディションを作成することが
でき、ほかに何人かの学者がヴェルディのスケッチを調べることができ
た [64]。最も驚くべき変更は、作品のリブレットにあった。ヴェルディがトリ
エステで受け入れざるを得なかった「青白い色の検閲済のテキスト」のかわり
に、オペラの台本のもともとの姿が自筆稿によって再現されたのだ。これまで
参照可能であったソースでは "l'empio"（悪役）あるいは "il Giusto"（正義の人）
となっていた言葉も、ヴェルディの原意では "Judas"（ユダ）と "Christ"（キリ
スト）が使われていた。他の資料を見ると、スティッフェーリオは第 2 幕の
フィナーレで正気に戻り、〈私はスティッフェーリオ Stiffelio io sono〉と宣
言するところ、自筆譜では〈私は牧師だ Sacerdote io sono〉と名乗るので
ある [65]。

　このオペラの感情の中心は二重唱で表明される。そこでは、スティッフェー
リオは妻のリーナに離婚に同意するよう求める。夫の説得に失敗した彼女は、
離婚届にサインする。そして、妻でなくなった彼女は、あらためて夫に詰め寄
る：〈私は夫に言っているのではなく、福音の聖職者に対して発言しているの
です l'uomo del Vangelo〉という箇所は、検閲官の手で〈聖なる熱意の人
l'uom di santo zelo〉と書き換えられていた [66]。さらに彼女はこう続ける：
〈十字架の上でも、天は罪人たちに天国への道を開いてくださった。あなたに
懇願するのは女ではなく、罪人なのです〉。スティッフェーリオ（本名はロドル
フォ）は止めようとするが、彼女は黙っていない。〈ロドルフォ、私の言うこと
を聞いて Rodolfo, ascoltatemi〉と、彼女は少なくともそう言ったと二次資
料にはある。しかし、そこには歌詞がなかった！ ヴェルディが音楽にしたの
だ。代わりに、ヴェルディの自筆稿では、夫婦の絆から解き放たれたリーナ
が、かつての夫に向かってこう要求している：〈聖職者さま、告白してくださ
い Ministro, confessatemi〉と。ヴェルディはこれらの「パローレ・シェニ

第 5 章　クリティカル・エディションのロマンス　　237

ケ」（ドラマを要約し、体現する言葉）を、明確に理解できるように設定した[67]。プロテスタントの神学に対する彼の理解は正しいとは言えないかもしれないが、シーンの原型における演劇的な力強さには目を見張るものがある。

　《スティッフェーリオ》のスケッチは、このオペラについて多くの新しい洞察を与えてくれたが、その中でも最も興味深いひとつは、次のオペラ《リゴレット》に関するものである。ヴェルディは、第2幕冒頭のリーナのアリアのカバレッタのテーマを見つけるのに大変苦労した。この部分で彼女は、自分を誘惑した男に向かって言う：

Perder dunque voi volete [68]	それなら貴男は破壊しようとするのですね
Questa misera tradita!..	この哀れな、裏切られた女のことを！
Se restate, la mia vita	もしも貴男がここに留まるなら、私の人生の
Tutta in pianto scorrerà!..	すべては涙の中にありましょう！

　ヴェルディがここのために最終的に選んだ旋律は、このオペラの最高の瞬間のひとつとは言えないものである。しかし、彼が試したこのカバレッタのヴァージョンの中に、非常によく知られたメロディが存在する（例5.2）。それは、《リゴレット》で娘ジルダが無邪気に歌う〈慕わしきみ名 Caro nome〉が、元々は裏切られたリーナの〈だから貴男は破壊したいのですね Dunque perdere volete〉のためにスケッチされたものであったということは、ヴェルディの歌詞と音楽の扱い方、さらに言えば、作曲のプロセスを理解するうえで重要な意味を持つ例になっている[69]。

　しかし、これらのソースの意味をしっかりと調査する前に、学者たちはヴェルディのスケッチやその他の原稿に広くアクセスしておく必要がある。ヴェルディの遺族たちは、《椿姫》《仮面舞踏会》《運命の力》のクリティカル・エディションの編集者であるファブリツィオ・デッラ・セタ、イラリア・ナリチ、そして私（故ウィリアム・C・ホームズと共同で）に、これらのオペラの魅力的なスケッチを調査することを許可してくれた。そして、こういった資料が将来も役に立ち続けるであろうことが期待できる十分な理由も存在するのである[70]。確かに、《シモン・ボッカネグラ》《ファルスタッフ》《アイーダ》の創作過程

238　第I部　楽譜を知る

(譜例 5.2) ジュゼッペ・ヴェルディ《スティッフェーリオ》シェーナとリーナの
アリアにおける、カバレッタのためのスケッチの一例

にまつわる多くの問題を解決できるかどうかは、こうした協力が継続できるかどうかにかかっている。今日のオペラの舞台において得られるものは、今日のオペラの舞台におけるヴェルディ自身の声（つまりは意志）のより強い存在感なのである。

《タンクレーディ》《ランスへの旅》《スティッフェーリオ》などは、19世紀イタリアの主要な作曲家たちのオペラの、クリティカル・エディション制作における壮大な物語を象徴する諸作ではあるが、そういった物語は、特にユニークなものでもない。ロッシーニの《小荘厳ミサ曲》という一作は、私をコンピエーニュ郊外のサン・クレパン・オ・ボワにあるオフェモン城に導いた。そこでは、本作を最初に依頼した一族の子孫、ジャック・ピエ＝ウィル伯爵が、彼の高名な先祖に贈られたミサ曲の草稿を私と共有してくれた。これにより、それまで知られていたものよりもさらに古い版（1864）の作が明らかになった。

1997年夏のロッシーニ・オペラ・フェスティヴァルで、エリザベト・ピエ＝ウィル伯爵夫人（残念ながら夫君のジャック伯爵はその年の初めに亡くなっていた。伯爵の先祖が発注主で、筆者が1864年版草稿を調査）の立ち会いのもとで初演されたこの作品は、音楽として非常に優れたものであることが証明され、その後、イタリアやその他の国でも広く演奏されるようになった[71]。

　ヴェルディの《群盗》のクリティカル・エディションを準備すべく、編集者のロベルタ・マーヴィンは、コヴェント・ガーデン劇場という由緒ある組織が1990年代半ばに自壊していく過程において、そこの音楽アーカイヴを巡る一つの嵐に巻き込まれた。しかしながら、その結果として彼女は、有名なプリマドンナのジェニー・リンドと、当時はまだ比較的若かった作曲家であり、母国外での初の音楽経験を持ったばかりのジュゼッペ・ヴェルディとの芸術的交流に関して、興味深い証拠を見つけることに成功した[72]。

　音楽的な「エディション」とは、歌劇場ではなく楽譜のページに存在する；でも、すべての歌劇場での公演は、印刷された楽譜とパート譜から始まるものである。これらの文書にはそれぞれの物語があり、特に1800年から1870年の間に書かれたオペラについては、20世紀の大半を通じて普通に入手可能であった楽譜というものが、幸福な歴史のもとに存在したわけではなかった【訳者註：誤謬が多かったということ】。

　この種のレパートリーのクリティカル・エディションとは、作品それぞれの誕生譚に関わり、作曲過程、初演、再演といった状況の根底に存在した「社会システムの在り方」を認識しようとするものである。それは、一作の伝承をたどる道のりでもあり、作曲家、台本作家、歌手、出版社、楽器奏者たちの動きを敏感に察知することでもある。編集者や、その労苦の上に立つ他の学者たちは、出典を探し、評価し、その矛盾や不確かさとも格闘し、演奏者にフィードバックを求め、不注意な誤りを排除すべく、何度も何度も校正しなければならない（最高の版ですらミスがないわけではない）。そこにロマンスがあるのは確かだが、多くのジッツフライシュ（辛抱）*Sitzfleisch* もある。しかし、クリティカル・エディションでは、このような状況にもかかわらず、作曲家を次のように認識し続けている。作曲家をイタリア・オペラの中心人物と認識し、可能な限り「彼の声」を完全かつ正確に再現しようと努めているのである。

【原註】

1 ）文学におけるテキスト批評の歴史に捧げられた著作のリストを提供しようとするのは、著者にはおこがましく不適切なことでもある。ここで提起された問題を追究することに関心のある人は、最も重要な問題の紹介と広範な文献目録の両方が掲載されている Greetham, *Textual Scholarship* を参照されたい。以下の註では、私の関心に最も関連する資料のみを引用する。

2 ）伝統的なテキスト批評の標準理論は、Greg, "The Rationale of Copy-Text" に示されている。Bowers, "Greg's Rationale of 'Copy-Text' Revisited" も参照。

3 ）ハイパーテキストを使ったコンピュータ・ベースの版が登場し、読者はテキストの一つの版と別の版の間を自由に行き来できるようになったことが、このアプローチに拍車をかけた。ヴァージニア大学のマクガンと彼の同僚たちは、ダンテ・ガブリエル・ロセッティの詩について目覚ましい研究を行っている。彼の目的に関する理論的な記述は、McGann, *Radiant Textuality* を参照。

4 ）McGann, *A Critique of Modem Textual Criticism* 参照のこと。

5 ）新版の狙いに関する記述としては、Martin Chusid, Claudio Gallico, Philip Gossett and David Lawton, *Nuove prospettive nella ricerca verdiana* を参照。また、Parker, "A Donizetti Critical Edition in the Postmodern World" も参照。

6 ）Chusid, "Editing *Rigoletto*" in *Nuove prospettive nella ricerca verdiana*（49-56 頁に所載）を参照。以下のパラグラフに関連する文献的証拠については、クリティカル・エディションの序文、および Conati, *La bottega* and Budden, *The Operas of Verdi*, 1: 477-87 頁を参照のこと。

7 ）《スティッフェーリオ》の歴史については、ヴェルディ《スティッフェーリオ》クリティカル・エディション　ハンセル編の序文に詳しい。

8 ）1850 年 12 月 14 日のカルロ・マルツァーリ（Carlo Marzari）宛書簡（Conati, *La bottega*, 232-33 頁に収録）。

9 ）この手紙の該当箇所は Conati, *La bottega*, 251 頁に掲載されている。

10）1886 年 12 月 18 日付書簡、*Carteggio Verdi-Boito*, ed. Medici and Conati, 1: 118 頁に掲載。

11）重要な著作として、Ingarden, *The Work of Music and the Problem of Its Identity*; Goodman, *Languages of Art* そして Goehr, *The Imaginary Museum of Musical Works* がある。最近の小論集としては、Talbot, *The Musical Work* がある。

12）ヴェルディのすべての作品がそうであるわけではない。しかし、私がここで《リゴレット》を例に選んだのは、まさにこの問題を極端な形で表しているからである。

13）1851 年 1 月 14 日の書簡、Conati, *La bottega*, 243-44 に掲載。

14）この一節は、クリティカル・エディションの導入部（第 2 曲）小節番号 389-393、34-35 頁にある。

15）場合によっては、ヴェルディは、あるパートが他のパートから派生したものであることを示す省略形を使っている。

16）この箇所はクリティカル・エディションでは〈シェーナと公爵のアリア〉（第 8 曲）小節番号 89-93、168 頁にある。

第 5 章　クリティカル・エディションのロマンス　　241

17) これらの事柄のいくつかについては、Gossett, "Editorial Theory, Musical Editions, Performance" の項で考察した。

18) 手稿譜については、ロッシーニ《ラ・ガゼッタ》クリティカル・エディション　ゴセット、シピオーニ共編の序文、xl 参照のこと。ノセダと彼のコレクションについては、Moreni, *Vita musicale a Milano 1837-1866* を参照。

19) ボローニャの手稿（UU 5）にも、権威を有する証言が記されていた。そこでは「ボローニャ市に寄託された《スターバト・マーテル *Stabat Mater*》のフルスコア、一部自筆譜」とのこと。これは、ボローニャの重要な家系であるベヴィラクア家から市に寄贈されたもの。ゲラルド・ベヴィラクア・アルドブランディーニはロッシーニの親友であり、作曲家と共に《アディーナ》や《エドゥアルドとクリスティーナ》の台本を手がけ、《セミラーミデ》の歌詞も提供している。《アディーナ》クリティカル・エディション（xxvii-xxxi）と《セミラーミデ》（xxx-xxxi）のクリティカル・エディションの序文を参照のこと。

20) 著者は 1968 年に、自著 Gossett, "Rossini in Naples" で自分の発見を報告した。

21) ロッシーニ研究者にとって、ミショットは主に 2 冊の回想録 Michotte, *Souvenirs personnels: La Visite de R. Wagner à Rossini (Paris 1860)*（邦訳として、岸純信監訳『ワーグナーとロッシーニ　巨星同士の談話録』八千代出版、2024 年）と、Michotte, *Souvenirs: Une Soirée chez Rossini à Beau-Séjour (Passy)* で知られる。英語訳については、Weinstock, tr., *Richard Wagners Visit to Rossini (Paris 1860) and An Evening at Rossinis in Beau-Sejour (Passy) 1858 by Edmond Michotte* を参照せよ。ロッシーニの著作に関する書誌情報については、以下の貴重な文献を参照のこと。Gallo, *Gioachino Rossini*.

22) ヴァエズへの献辞があるこのページの裏面については、Gossett, "Rossini in Naples", facing 331 に掲載されている。

23) Budden, *The Opras of Verdi*, 1: 262-63 頁参照。

24) Lawton and Rosen, "Verdi's Non-definitive Revisions", 206-7 頁（英語）と 236-37 頁（伊語）を参照。《アッティラ》のロマンツァについては、Gossett, "A New Romanza for Attila" を参照。

25) Seebass, *Musikhandschriften in Basel aus verschiedenen Sammlungen*, item no. 61 を参照のこと。当時、このアリアは A. ヴィルヘルムの未亡人が所蔵していた。現時点では所在不明である。

26) Azevedo, *G. Rossini*, 259 頁。一方、《モイーズ》第 3 幕フィナーレの作曲者の自筆稿が、ベルリンのドイツ国立図書館に所蔵されていることが最近わかった。

27) Gossett, "Der kompositorische Prozeß", 175-76 頁を参照。ヴェルディはこの 7 ページのスケッチを、「墜落の場面」を歌うはずのテノール、ジルベール＝ルイ・デュプレ【訳者註：一般的にはジルベール・デュプレで通る】に渡したようである。

28) 幸いなことに、マイクロフィルムの存在のおかげで、レベッカ・ハリス＝ウォリックが《ラ・ファヴォリート》のクリティカル・エディションを作成することが可能になったが、自筆譜そのものが再登場するまで、多くの事柄は不明なままであろう。

29) 1979 年 4 月 4 日付のクリスティーズのカタログ、ロット番号 136 を参照。

30) Rossini, *Quelques Riens pour album*【訳者註：アルバムのためのいくつかの些細なこ

と】, ed. Tartak.

31) 詳細と参考文献については、Gossett, "Rossini e i suoi *Péchés de Vieillesse*"および Bruson, "Olympe, Pacini, Michotte ed altri"を参照されたい。

32) この色彩豊かなキャラクターの持ち主については、曾孫のマイケル・グラントが *My First Eighty Years* (Henley-on-Thames, 1994, 191-93) に記している。この回顧録に目を留めてくれたロナルド・メラーに感謝しよう。

33) 各ロットの処分に関する注釈と、写本を取得した人のリストが付いた目録のコピーは、大英図書館に所蔵されている。

34) Vitoux, *Fin de saison au Palazzo Pedrotti*, 77.

35) リチャード・ボニングがロンドン交響楽団を指揮し、デッカで録音された（London A-4383）。サザーランドとホーンは、1964 年にロサンゼルスとニューヨークで、また 1965 年にボストンで上演された舞台で、このオペラを一緒に歌っている。

36) この告知は 3 月 27 日にヴェネツィアで、*Giornale dipartimentale dell'Adriatico* に掲載された。

37) 関連資料は、Gossett, "The Tragic Finale of Rossini's Tancredi"およびオペラのクリティカル・エディションで読むことができる。

38) このページは「ロッシーニ《タンクレーディ》の悲劇的フィナーレ」にプレートⅤ（枝番 5）として複製されている。

39) この手紙は出版されており、Foscolo, *Edizione nazionale delle opere di Ugo Foscolo*, vol. 16, Epistolario, bk. 3, 58 で読むことができる。

40) 同上、317。

41) 《タンクレーディ》のクリティカル・エディション、704-5 と 710-11 を参照。このエディションにはもちろん、原曲の結末（オペラの初版として楽譜の大部分を占める）と悲劇的な結末（ロッシーニがフェラーラでの上演のために作った全楽曲を収めた附録として）の両方が収録されている。

42) ベンジャミン・ウォルトンは最近、非常に興味深い研究の中で、シャルル 10 世の戴冠式そのものが「オペラ的」であったと主張している：Benjamin Walton, "'Quelque peu théâtral'"を参照。

43) 詳細については、《ランスへの旅》クリティカル・エディション　ジョンソン編の序文を参照されたい。

44) Gossett, *The Operas of Rossini*, 506-21.

45) すべてではないが、ほとんどの場合、私は、詩の構造に基づいて、《ランスへの旅》での侯爵夫人メリベーアとリーベンスコフ伯爵のための二重唱（第 8 曲）が、ロッシーニの《アルミーダ》の二重唱、有名な〈愛よ（力ある名よ！）〉に由来するという仮説を立てていた（Gossett, *The Opera of Rossini*, 517-19）；《アルミーダ》クリティカル・エディション　ブラウナー&ブラウナー編の第 5 曲である。実際、詩の形、形式、拍子は確かに同じである。明らかに《アルミーダ》のテキストをモデルにしているが、《ランスへの旅》のこの二重唱は、全く新しい曲であった。

46) このページは、クリティカル・エディションでは「タヴォラ 3」として掲載されている。

47) 私はつい最近、国立サンタ・チェチーリア音楽院の司書であるアンナリーザ・ビーニか

ら、「この写本はサヴォワ王妃マルゲリータ（ウンベルト１世の未亡人）が所有していた
ものであり、1920 年代に他の重要な写本群とともに同音楽院に寄贈されたもの」である
と知らされた。

48) Blume, *Die Musik in Geschichte und Gegenwart*, 11: 765-66 の Emilia Zanetti,
"Römische Handschriften" の項を参照。

49) 特に、Johnson, "A Lost Rossini Opera Recovered" を参照。

50) イタリアの批評家たちはこのオペラに、その年最高のオペラ上演に贈られるアッピアー
ティ賞を与えた。アンドリュー・ポーターの痛烈な攻撃については、Andrew Porter, "Un
viaggio a Pesaro" を参照。

51) 1971 年に死去したハーバート・ワインストック Herbert Weinstock は、大著『ロッ
シーニ：伝記 *Rossini: A Biography*』の著者である。

52) これは《ランスへの旅》のクリティカル・エディション、762-825 に掲載されている。

53) ドン・プロフォンドのアリアの後のレチタティーヴォ Recitativo Dopo l'Aria Don
Profondo、小節番号 39-55、569-70 頁を参照のこと。

54) ドニゼッティ《マリア・ストゥアルダ》クリティカル・エディション　ヴィクルント編
を参照。実際、この自筆譜には、1835 年末にミラノでオペラが上演された際にドニゼッ
ティが加えた変更が盛り込まれており、ナポリ版の完全なる復元は不可能かもしれない。
ストックホルムの驚くべき音楽写本コレクションについては、Lomnäs and Lomnäs,
Stiftelsen Muikkulturens främjande (Nydahl Collection) に記載されている。

55) 《グスターヴォ 3 世》の再構築については第 14 章（下巻）で述べる。

56) 完全な情報については、ハンセル編の《スティッフェーリオ》クリティカル・エディ
ションの序文を参照のこと。リコルディ社の初期のヴォーカル・スコアについての考察は、
同版の解説 22-26 を参照のこと。現存する手稿譜については 14-18 で述べられている。

57) ジュリアン・バッデンのような人もいる（Julien Budden, *The Operas of Verdi*, 2: 165-
66 における《椿姫（ラ・トラヴィアータ）》の議論を参照）。彼は、ヴェルディの芸術と
私生活が結びついたかもしれないという考えを完全に否定する。でも私の共感は Luzio,
Carteggi verdiani, 4: 250-76 の "La 'Traviata' e il dramma intimo personale di
Verdi" のルツィオの解釈のほうに傾く。そちらには「センチメンタル」（この言葉はバッ
デンのもの）な感情を見出すのではなく、芸術と人生が交錯する複雑な方法に対しての賢
明かつ繊細な感覚を見出すのである。

58) シェーナ、合唱と第 1 のフィナーレ（第 5 曲）の始まり近くのコーラスのパートを参照
のこと。小節番号 75-77 など、185-86 頁。幕が上がるとすぐに変化が始まる。手稿譜で
は、ヨルグは「sta leggendo la Bibbia（聖書を読んでいる）」となっている。でも、他
の同時代の資料では、彼は単に「（何かを）読んでいる」となっている。

59) そのことを証明する書物は見つかっていないが、この話は世代を超えて語り継がれてき
た。Abbiati, *Giuseppe Verdi*, 4: 666、また Phillips-Matz, *Verdi*, 760 を参照：「彼の主
な関心事のひとつは、長年かけて集めた初期の作曲、作品を入れた 2 つの木枠を処分する
ことであった。1900 年の終わりに、彼はマリア（・カッラーラ＝ヴェルディ）にこの処
理を依頼した」。これらの疑問についての詳しい考察は、Martin, "Two unpublished Early
Works: 'La madre e la patria' and 'Marcia funebre'", in his *Aspects of Verdi*, 139-56.

244　　第 I 部　楽譜を知る

マーヴィンによる重要な寄稿も参照のこと。Marvin, "A Verdi Autograph and the Problem of Authenticity" では、若かりし頃の二長調のシンフォニアについて論じている。Rizzo, "'Con eletta musica del Sig. Verdi da Busseto, fu celebrata la Messa solenne'" も参照のこと。また、スカラ座博物館に所蔵されている初期の作品について、ヴェルディの自筆譜をファクシミリ化し、楽曲の解説と批評を付した Roberta Montemorra Marvin ed., *Giuseppe Verdi: Sinfonia in D major*; Dino Rizzo ed., The *Tantum ergo* for tenor and orchestra (1836); マルコ・マリカ Marco Marica 編、フルートとピアノによる〈ノットゥルノ・ア・トレ・ヴォーチ *Notturno a tre voci*〉(1839)。

60) Gatti, *L'abbozzo del Rigoletto di Giuseppe Verdi*, 序文(未掲載)より。

61) Girardi and Petrobelli, *Messa per Rossini* 参照。

62) ヴェルディ〈*Libera me domine*〉(*Messa per Rossini*)。

63) 失われたページには〈祈りと第1のフィナーレ Preghiera e Finale Ultimo〉(第10曲)が含まれる。ここは、現代の写譜と、検閲された部分についてはヴェルディの完全にかなり近い継続的草稿から再構築する必要があった(クリティカル・エディションでは397-412節)。

64) 特に、ゴセットによる研究(Gossett, "New Sources for *Stiffelio*")とハンセルによる研究(Hansell, "Compositional Techniques in *Stiffelio*")を参照されたい。

65) シェーナと合唱、第1のフィナーレ the Scena, Coro, e Finale Primo(第5曲)、小節番号284-288、212-13頁を参照。ヴェルディの "Del perfido Giuda il vil tradimento" が "Antico. Dell'empio il vil tradimento" または "Antico. Dell'empio sarà il tradimento" に変更され、二重唱、四重唱、第2のフィナーレ the Duetto, Quartetto, Finale Secondo(第7曲)の小節番号323-324、336頁と小節番号335-338、338頁では、ヴェルディの〈Ah! Sacerdote sono!〉と〈Da questa Croce agli uomini ha Cristo perdonato〉が、〈Assasveriano io sono!〉または〈Ah! sì, Stifellio io son!〉と〈Da questa Croce agli uomini ha il Giusto perdonato〉または〈Da questa Croce agli uomini il Giusto ha perdonato〉に変更されている。

66) この Scena e Duetto(第9曲)はクリティカル・エディションの362-96頁に印刷されている;検閲された箇所については解説の136-51頁も参照のこと。

67) この用語についての思慮深い分析(多少矛盾しているが)については、Della Seta, "'Parola scenica' in Verdi e nella critica vediana" を参照;および Folena, "Lessico melodrammatico verdiano" を参照のこと。

68) ヴェルディは〈Dunque perdere volete〉という形も使っている。

69) 私はこの例を "New Sources for *Stiffelio*" で初めて紹介した。その可能性のある意味を解釈するために想像力を発揮する努力については、Parker, "Lina Kneels; Gilda Sings", chap. 7, *Leonora's Last Act* を参照。

70) デッラ・セタの《ラ・トラヴィアータ(椿姫)》クリティカル・エディションとスケッチ版の両方が出版されている;他の2つのオペラについての作業も進んでいる。

71) Gossett, "Rossini's *Petite Messe Solennelle* and Its Several Versions" を参照。米国における初演は、ジュリアード音楽院の後援を受け、ジュディス・クラーマン(Judith Clurman)の指揮で2004年3月19日、ニューヨークのリンカーン・センターのアリス・

第5章 クリティカル・エディションのロマンス　245

タリー・ホールにて。
72)《群盗》クリティカル・エディション　マーヴィン筆の序文と解説を参照。

インテルメッツォ

第6章

学者たちと演奏者たち
—《セミラーミデ》の場合—

本物の演奏という「キメイラ」

　音楽研究と音楽演奏は、しばしば、敵意が渦巻く世界のごとく表現される。これらの領域を実際に支配している相互依存は、おそらくは必然的に、ある種の相互不信をも生んでいる。

　同様の分裂は、西洋文化全体に深く根付いている。理論と実践は二律背反のものとして扱われ、経済学者 vs 幹部経営者、コンピューター科学者 vs ソフトウェアのハッカー、批評家 vs 芸術家のように。「考える人」や「象牙の塔」の住人が、「実行する人」や「現実の世界」の住人と対峙する。「アカデミック」という言葉は、理論的な言説を実践的な世界から切り離すために、高等教育機関の内外で常用されている。芸術の世界では、新しい作品の創造や古い作品の表現が「ひらめき」、さらには「神のひらめき」という概念と結びついている。

　この四半世紀の間、音楽における論争の多くは、古い楽曲やレパートリーの演奏について考える際に、現在や直近の過去に囚われないようにしようという音楽学者たちや一部の演奏家の努力のあり方に集中してきた。もちろん、このような懸念は新しいものではない。

　音楽家たちが、すでにインクの乾いた音楽を演奏しようとした瞬間から、それ以前の時代の音楽に触れることへの問題が、何らかの形で生じていた。中世のノートルダム大聖堂では、12 世紀後半に作曲されたレオナン（レオニヌス）の曲が、次の世代のペロタン（ペロニヌス）とその信奉者たちによって再解釈された。ルネサンスの音楽家たちは、シャープやフラットの存在を不完全にしか示さない楽譜をどう解釈すればよいのか、そこを議論した。17 世紀には、バ

249

ロック音楽における装飾音の表記の解釈に関する教則本が増加したり、いわゆる「figured-bass【訳者註：通奏低音の和音を奏でる楽器のために、音符の上もしくは下に、和音の構成音を示すための数字を添えてあること】」のリアライズ（演奏）を通じて、鍵盤楽器から協奏曲に伴奏をつけるのが、説明する必要がないほど一般的なことではあっても、論争が定期的に起こらないほど確実なことでもなかったという慣行について証言する本が出回ったりした[1]。

　しかし、2つの歴史的な力が交錯したとき、問題は激化した。音楽における古物蒐集主義が、現代の芸術シーンでは手引きとなるものがほとんど存在しなかったレパートリーの回復に繋がったのだ。しかし、その一方で、音楽のモダニズムは、20世紀の多くの聴衆を同時代の音楽から遠ざけていた。かくして、多様なレパートリーが——多くの場合、その楽譜は、演奏家にどう解釈してもらうかを示すための、最も細やかな指標を携えるにすぎず——現存する音楽博物館に持ち込まれたのである。議論の対象となるレパートリーが、主にバッハ以前の音楽研究や演奏に携わる人々の関心事である限りは、マショーのバラードやジョスカンのモテット、フレスコバルディのオルガン前奏曲、もしくはモンテヴェルディのマドリガルなどをどのように演奏するかという論争は、学者や演奏家たちの比較的小さなコミュニティの中に留まっていた。しかし、過去数十年のうちに、この問題が我々の時代に近い音楽、つまり演奏家や聴衆にいまなお親しまれている音楽に影響を及ぼし始めると、それはますます多くの人々にとって現実味を帯びてきた。

　後期バロック音楽のケースは教訓になる。バッハやヘンデル、そして彼らと同時代の作曲家たちの作品のうち、ごく一部を除いては、継続的な楽譜校訂や演奏の伝統が存在しない。バッハの主要な声楽曲が（一部はフェリックス・メンデルスゾーンの指導の下で）1820年代から1830年代にかけて復活し始めたとき、当時の人々は演奏スタイルを「創り出す」必要があった。この時期の音楽家たちが、自分たちの理想とする「音色」に強く依存していたことは、どうみても、ロマン派的感性を貶めるものではないだろう[2]。しかし、ドイツを中心に発展しつつあった音楽学の分野において、バッハの研究が始まるまで、そう時間はかからなかった。全集の批評校訂版（クリティカル・エディション）が作成され[3]、バッハの生涯に関する文書や記録資料が参照されるようになり、当時の

理論書や批評書も分析された。

　このような集中的な研究から、バッハの音楽、バッハの曲が作られた当時の状況、バッハの曲をどのような人々が演奏していたのか、そして後期バロックの音楽が理想とする音色についての新たな理解が生まれた。このような考え方は、次第に演奏家たちの共感を呼ぶようになったが、彼らの多くもまた、積極的な研究者であった。チェンバロ【訳者註：ハープシコード】は生まれ変わった[4]。リコーダーとバロック・トランペット（の研究）が進展し、その演奏技術が再学習され、習得された。弦楽器奏者や歌い手は、ブラームスの交響曲やワーグナーのオペラに適した奏法＆歌唱法が、バッハの協奏曲やヘンデルのオラトリオに必要なものと同じではないことを認識した。

　なお、彼らがブラームスやワーグナーを演奏する際に使った技法を、今度は自分たちで見直す必要があるのではないかと考えるようになるのは、もっと後のことである。しかし、その前に、こうした一般の人々の感性が革命的に変わったことにより、後期バロック音楽の演奏は新たな生命を得た。

　とはいえ、すべての音楽家や学者たちがその細部について同意しているわけではない。それは、『ノイエ・バッハ・アウスガベ（新バッハ・エディション）』の出版にともない、バッハの音楽に関する新たな研究が活発化した今日においても[5]。ジョシュア・リフキンのバッハのミサ曲ロ短調の演奏をめぐる論争を特徴づけたのは、次のような誹謗中傷であった。例えば、各パートをそれぞれ歌手一人ずつで賄ったこと（リフキンは、ライプツィヒでのバッハの演奏に直接関連する資料を解釈した結果、このような採譜に至ったと説明）は、彼の努力から学ぶべき貴重な教訓をほとんど見えないものにしてしまった[6]。また、装飾音の解釈法、伴奏する際の通奏低音はどう演奏するか、「不等音符」や「複付点」の理解などについての論争は今も続いている。このような混乱の中でも、我々の多くは、自宅でプライヴァシーを守りながら、現代のピアノで「平均律クラヴィーア曲集」を弾くことに大きな喜びを感じているのである。また、何千人もの合唱団と一緒にメサイアの合唱に参加するのも楽しい。レオポルド・ストコフスキーがオーケストレーションしたニ短調の〈前奏曲とフーガ〉を懐かしむ人もいるだろう。それは構わない。

　ただ、後期バロック音楽の演奏に関する情報の探究が我々のレパートリーに

対する理解を一変させたことは間違いないのである。そのおかげで、我々はこれらの作品の演奏史における歴史的なギャップに立ち向かうことができ、しばしば、美的な結果として素晴らしいものを得ることができた。

　我々はまた、「我々なりの再構築」が自分たちの現代的な感性の産物であるという、しごく当然な事実によって、躊躇する必要もないのだ。過去の芸術作品にアプローチする際には、そのような感性を否定することはできないし、また否定すべきでもない。同時に、過去についてより深く知ろうとする試みが、成功を約束するものだと想像すべきでもないのである。稚拙な演奏家、稚拙な研究者、稚拙な批評家はいつの時代にも存在する、彼ら彼女らが「本物の古楽演奏」「ロマン派の感性」「伝統」「モダニズムの修正主義」などと刻んだ盾を掲げていようがいまいが。客観的にみて歴史上有り得ないことについてどんなに哲学的に検討しても、歴史的な情報に基づいた演奏とレコード産業との関係についていくら経済的な還元主義を唱えても、19世紀半ばや20世紀のほとんどの演奏家よりも、バッハの音楽とその世界について我々がはるかに幅広い理解のもとに今日接しているという事実を覆い隠すことはできない。最高の音楽家は、説得力のある演奏を実現するために、自分の知っていることを自らの現代的な感性で濾過している。知識を増やすことにこだわる人々は、バッハの音楽を歴史的な背景の中で理解するための努力が、このプロセスの重要な部分であるという深い確信からそうしている。我々がバッハを演奏したいと思うのは、バッハの音楽に関心があるからであって、19世紀や20世紀初頭の音楽観について関心があるからではない。たとえ後者が、ある種の歴史研究にとって興味深いものであったとしても、である。

　我々自身の感性が、我々の問いかけや、実際に音楽を聴かせる方法に必然的な影響を与えることは、あまりにも明白な事実である。だから、繰り返し説明する必要はないだろう。でも、そうだからといって、理解を求めることの重要性が減じるわけでは決してない。しかし、バロック期を超えて、一般に古典派やロマン派と呼ばれる時代、つまり1770年頃から1870年頃までの1世紀を過ぎると、状況はより難しくなる。スタンダード・レパートリーのかなりの部分、つまり、長きにわたって我々の交響楽団や合唱団、オペラハウスで演奏される音楽の大部分を形成してきた楽曲が危機に瀕しているのだから。これらの

作品は、必ずしも首尾一貫したものではないにせよ、作曲時から今日に至るまで連続した演奏の歴史を持っているように思われる。既成の規範に挑戦するような演奏を提案することは、俄然、より強い脅威に感じられるようになった。モーツァルトの鍵盤楽器の協奏曲を、（モーツァルトが想定した）フォルテピアノで演奏する人々は、情熱がない、個性がないと定期的に指摘される[7]。でも、同じ曲を、19世紀末のフレージングと、ペダリングが施されたスタインウェイのグランドピアノで奏する人は、歴史的慣習に無頓着だと非難される。また、マルコム・ビルソンのような演奏家が、フォルテピアノで初期のベートーヴェンを演奏する場合、その楽器が念頭に置いて書かれたことは疑いがないといった、より情熱的な作品（悲愴ソナタやトリオ ハ短調 Op. 1, No. 3）であっても、彼の演奏は、一部の音楽家や聴衆を激しい怒りに駆り立てるのだ。

　ちなみに、その怒りとは、単に小馬鹿にしたようなものから、陰湿なデマゴギーにまで及んでいる。私は、フルート奏者の故ジャン＝ピエール・ランパルのラジオ・インタヴューを聞いたことがあるが、その中で彼は、歴史的な演奏に関するすべての作業や仕事を、音楽的・楽器的センスにおける茶番だと非難した。ダニエル・バレンボイムは、シカゴ交響楽団の演奏者たちを前にバッハを指揮するだけでなく、彼らにもっともっとヴィブラートをかけるようにと促している[8]。現代のイタリア人指揮者たちは、ロジャー・ノリントンの指揮によるベートーヴェンの交響曲の録音に込められた美学的な姿勢と、その商業的成功に対して、信じられないとの驚きを示している。私がローマで勉強していた1994年の秋、スカラ座でジョン・エリオット・ガーディナーが指揮したベートーヴェンの交響曲第9番は、初期の楽器を使用し、19世紀初頭の演奏スタイルを再現しようとするもので、ジャーナリズムの持続的な攻撃の対象となっていたが、彼らには少なくとも、ミラノ市民がその演奏に熱狂的であったことを認める正直さはあった。

　2001年3月のパルマ・ヴェルディ音楽祭で、ファビオ・ビオンディがベッリーニの《ノルマ》を19世紀初頭の楽器で見事に演奏したこと、そして、天井桟敷の一部の人々（ロッジョニスティ）がそれを理解できず、激怒したという反応ぶりについては、第12章（下巻）で述べよう。本格的な演奏に関する争いは、使用されるテキストや、その使用方法に関する問題も含んでいるもの

第6章　学者たちと演奏者たち　　253

だ。アルフレッド・ブレンデルと批評家たちは、『ニューヨーク・レビュー・オブ・ブックス』の紙面で、シューベルトの最後のピアノ・ソナタ変ロ長調を、作曲者が示した序奏の繰り返しをやるかどうかで衝突している[9]。ピアノ曲のエディションにおける誤りと、多くの演奏家が何も考えずにそれを受け入れているさまは、チャールズ・ローゼンがしばしば触れるテーマである[10]。指揮者がシューマンの交響曲をプログラムする場合、作曲家がオーケストラのための作曲法を知っていたと考える人と、そうでないと考える人に直面してしまうことは避けられない。ブルックナーの交響曲に関する批評文の半分は、何が演奏されたか、あるいはされなかったか、そしてその選択がなぜ正しいか、あるいは正しくないかの説明に費やされているのではと思えることがある。

　リチャード・タルスキンの過去のエッセイと批評を編集し、批評家たちに対して新たなる辛辣な言葉を加えて再構成した『Text and Act』が出版されて以来、タルスキンは、歴史的慣習の研究と現代演奏にそれを登用することに関する、否定派の第一人者として頭角を現してきた。そして、彼のその見解は『ニューヨーク・タイムズ』紙の記事になり、そこで時折、行動を起こしているようだ[11]。

　タルスキンの主な指摘は、この25年間、我々が“本物の”パフォーマンス（タルスキンの脅し文句）と考えてきたことの多くは、本質的に、過去に押しつけられたモダニズムのパフォーマンス・スタイルであるということだ。これは、タルスキンが我々に信じさせようとするほど聡明ではないにしても、それなりに聡明な認識ではある。結局のところ、ストラヴィンスキーがバロック音楽の中に、彼のモダニズムの感性に訴えかけるものや自身の目的のために利用できるものを見出したとしても、それは必ずしも、18世紀の音楽の演奏が、ストラヴィンスキーのイメージで作り直される必要があったからではない。しかし、彼が発見したものは、バロックの実践を再構築しようとする学者や演奏家がすでにそこで発見していたものであった。これらの学者や演奏家は、細部については間違っていたかもしれないし、彼らもストラヴィンスキーも生きていた文化の一部であったことは確かだが、20世紀最初の数十年間、バロックのレパートリーに関する知識を一変させるような研究に駆り立てたのは、ある種の「モダニズム」へのコミットメントではなかったのだ[12]。

254　インテルメッツォ

それにしても、オーセンティックなどという言葉は、かつては歴史的研究に
よってもたらされた音楽の演奏を誇らしげに表現していたものだが、かつては
有していたかもしれないその意味を、いまでは失ってしまった：真実と美のシ
ンボルとして横断幕やCDのジャケットにあしらわれようが、蔑視や軽蔑の
対象として扱われようが、オーセンティックという言葉は、よく言えばスロー
ガン、悪く言えば商業的な策略となっている。実のところ、その使用を続けて
も混乱を招くだけだ。でも、音楽学的な再構築に忠実な演奏は本物であり、そ
のような再構築を知らないが、異なるパラメーターの中で熱心なアーティスト
の解釈を体現した演奏は、本物ではないと言うつもりなのだろうか？[13] オー
センティシティという言葉は、あまりにも多くの疑問を投げかける。また、理
論と実践の相互依存を否定するカテゴリー分けを強化し、すべての演奏家と学
者が直面しなければならない複雑な問題を、平凡な形で具体化するものであ
る。

　伝統主義的な演奏家や批評家は、演奏に関する真剣な考え方の膨大な部分
を、その思想の戯画化を拒否することによって拒んでいる。しかし学者たち
は、現代の現実や歴史的データの複雑さを無視しながらも、大切な持論を維持
することには固執する。

　19世紀のイタリア・オペラでは、より熱く、より威厳のあるプリマドンナ
がいるため、歌劇の舞台習慣に魅了されていない者にとっては、論争が驚くよ
うなレトリックのレヴェルにまで下がってしまう。批評家の中には、本物であ
るかのように見せかけた惨憺たる上演に腹を立て、不快の理由とはあまり関係
のない問題に、厚かましい皮肉で反論する者もいる。リッカルド・ムーティの
《カヴァレリア・ルスティカーナ》と《パリアッチ（道化師）》の録音に対する
ケネス・フューリーの見解を私は今でも思い出す。「あらゆる方向から災難が襲
いかかる中、ムーティは一体何をやっているのか？ 彼は神に誓って、我々に
純粋で本物の演奏を聴かせてくれているのだ！ よっしゃ、手稿譜に戻るぞ、
少年少女たちよ！ 初めて、レオンカヴァッロが本当に意図したとおりの《パ
リアッチ》が聴けるのだ」[14]。しかし実際、自筆譜に戻ることが、本物の演奏
はおろか、成功につながると誰が信じているのだろう？

　また、作曲家が書いた音符を演奏することを拒否すれば、音楽的な成功が保

証されると誰が信じているのだろう？　大衆を混乱させるだけの無意味な論争が巻き起こすヴォリュームを減らす方法はないのだろうか？　もしタイムマシンが我々を19世紀の劇場に運んでくれたら、歴史的な演奏や現代の演奏に関する我々の疑問はすべて解決するだろうと想像するほどにナイーブな音楽学者などほぼいない。誰も《セビリャの理髪師》の世界初演時をお手本にはしない。歌手は自分のパートをほとんど知らず、オーケストラはリハーサル不足で、上演材料は非道い（誤った）ものであった。

　客は（最初のロジーナであるジェルトルーデ・リゲッティ＝ジョルジによれば）大喝采と嫉妬に包まれたという[15]。また、同時代の書き手たち、例えばバルザックやスタンダール[16]が活き活きと記すように、主要なアリアを待っている間、我々が自分の部屋のカーテンを引き、友人たちと談笑する劇場を再現しようとは誰も思わない。

　公共の社会活動がオペラハウスを中心に行われ、毎晩、同じ作品が上演されていた時代には、それが合理的な音楽の聴き方であった。でも、現代の聴き方は、現代の生き方と表裏一体である。アーティストに“書いてあることだけを歌え”と言うのはどういうことだろう。19世紀の演奏家が、自分の個性や音色の個性を消そうと努力した証拠がそこにあるのだろうか？　オーケストラの音楽家は、楽器の構造や演奏技術の進歩を常に無視しなければならないのだろうか？　舞台美術家は、当然のこととして当時の作品を再現すべきであるとか、演出家は19世紀の演出マニュアルのみに従うべきであると本気で言う人がいるのだろうか？[17]　実践的な音楽家、デザイナー、演出家、興行主は、自分たちが理解している劇場とはほとんど関係がないと思われる態度には萎縮する。オペラの関係者も同様に、このような極端な定式化を喜ぶ。それを嘲笑することで、重大な問題に直面することを避けられるからである。

　19世紀の上演を精神的に（あるいは物理的に）再構築し、歴史的な声楽技法、舞台美術、舞台演出、楽器の練習方法を分析することによって、我々が多くのことを学べることは明らかである[18]。でも、学者たちが、演奏家たちは盲目的に歴史的再現に身を委ねることを期待している、というのは大きな誤解である。私は、数世代にわたってこの問題に関心を寄せてきた何千人もの演奏家や学者の著作のどこかに、極端な定式化が見られないと言うつもりはないが、

256　インテルメッツォ

チャールズ・ローゼンがこう書いているのには同意せざるを得ない：タルスキンの最も歯切れの悪い議論は、しばしば誰も本当に持っていない意見のために作られている[19]。真正性（オーセンティシティ）という藁人形は、理論と実践、歴史と同時代性、伝統と革新の複雑な相互作用に対する理性的なアプローチの邪魔をするだけである。

メトロポリタン歌劇場の《セミラーミデ》

　1990年11月30日、メトロポリタン・オペラは、ジェイムズ・コンロン指揮、ジョン・コプリー演出、ジョン・コンクリンの舞台美術によるジョアキーノ・ロッシーニの《セミラーミデ》の新プロダクションを発表した（私にとって、リハーサルで最も難しかったのは、どの瞬間にどのJ. C. 氏と話していたかを覚えておくことであった）。ヴェネツィアのフェニーチェ座のために準備されたオペラ《セミラーミデ》は、ロッシーニが1810年から1823年の間にイタリアの劇場のために書いた34作の最終作になる。ロッシーニのこれらのシリアスなオペラが、歴史的、文化的なさまざまな理由でレパートリーから姿を消した後も、この最高傑作は30年にわたりイタリア内外の舞台で上演され、その影響は長く続いた。

　METが《セミラーミデ》の蘇演を決定したのは、現代の偉大な歌手の一人であるマリリン・ホーンへの賛辞であると同時に、ロッシーニの非・喜劇オペラに対する音楽家や一般大衆の関心が世界的に高まっていることを、アメリカで最も古いオペラ劇場が遅ればせながら認識したからである。ただ、私は《セミラーミデ》を非常に敬愛しているが、メトロポリタン歌劇場の聴衆のために上演される最初のロッシーニのオペラ・セリアとしてこの作品を選ぶことはなかっただろう。というのも、その音楽がいかに素晴らしいものであっても、《セミラーミデ》は新古典主義のドラマであり、その構造が、ロッシーニのイタリア・オペラの中では最も長い一作である。大手の歌劇場がロッシーニのシリアスなオペラ（オペラ・セリア）を上演したい場合、私は通常、2つのナポリでの作品、《エルミオーネ》もしくは《マオメット2世》のうちの1つを勧める。どちらも、上演時間がかなり短く、より流動的な構造になっているという利点

第6章　学者たちと演奏者たち　257

がある。しかし、前者には比較的小さなメゾ・ソプラノしかなく（マリリン・ホーンの業績を称えるべく出演してもらうには相応しくない作品であるということ）、また後者には、第4章ですでに論じたように、METがかつて《コリントの包囲》（《マオメット2世》の仏語改作版：METではそれをイタリア語訳詞で上演した）を取り上げた際に物議を醸したという問題があった。さらには《セミラーミデ》では題名役の）女王の〈美しき光が Bel raggio lusinghier〉やアルサーチェの〈遂にバビロニアに戻って来たぞ Eccomi alfine in Babilonia〉は、大衆がこのオペラの内容を忘れてしまったのちにも、ソプラノとコントラルトのお気に入りの聴かせどころであり続けた。かくして、《セミラーミデ》が選ばれたのである。

18世紀の新古典主義劇の教訓は、現代のアメリカ人には馴染みがない。《セミラーミデ》は、メトロポリタン歌劇場に足を運んだ観客の99パーセント、あるいは《セミラーミデ》が、これまでの最大数の観客の前に姿を現した――公共テレビ番組を視聴した観客たちということ――の99パーセントにとっては、どんな形であれ、おそらくは、ヴォルテールの戯曲に初めて触れた作品であったのだろう[20]。ただ、残りの1パーセントは、同じくヴォルテールの戯曲を原作とするロッシーニの《タンクレーディ》をシカゴ、ヒューストン、ロサンゼルス、サンフランシスコ、あるいはヨーロッパで観たことのあるオペラ愛好家たちであった。したがって【訳者註：《セミラーミデ》を観る人々にしてみれば】、形式的な（静的でさえある）ドラマトゥルギーに対するある種のとまどいは予想されることではあった。その美的基盤が、19世紀のイタリア演劇の大半を支えたロマン派演劇の戒律とは対照的なのだ。

とはいえ、劇場の観客は熱狂的であり、レッラ・クベッリとジューン・アンダーソン（ダブルキャストで主演）、マリリン・ホーン、クリス・メリット、サミュエル・レイミーをスタンディング・オベーションで迎えた。夜の公演が7時半に始まり、真夜中近くまで続いたけれども。

その観客の中で、《セミラーミデ》にそれほど心を動かされなかったのは、当時『ニューヨーク・タイムズ』紙の首席音楽評論家であったドーナル・ヘナハンである。私が興味を持ったのは、彼のオペラに対する意見ではなく、その表現方法であった。メトロポリタン・オペラの全シーズンを批評した彼は、「約1世紀ぶりに復活した《セミラーミデ》は、オペラの効果よりも徹底的な学識

を優先させた新版で上演された」と書いている[21]。その通り、皆が観た通りなのだ："徹底的な研究"対"オペラの有効性"。ただ、ジャーナリスティックなジョークであろうとなかろうと、これは一般的な誤解を含むものである。実際、この《セミラーミデ》のプロダクションは、私が"様式上のアドヴァイザー"を務め、アルベルト・ゼッダによる以前の取り組みを参考に、ロッシーニ財団のために準備した新しいクリティカル・エディションを使用した上演であるが、オペラハウスにおける学問と上演の相互作用について、ヘナハンの陳腐な二項対立から想像されるよりも遥かに複雑な相互作用を、典型的な一例として披露するものである。本書と同様に、この問題は「核心を知ること」と「オペラを上演すること」という2つのカテゴリーに分けることができるのだ。

《セミラーミデ》の新しいエディションを準備して

哲学者が"理想的な"音楽作品を求めて楽譜にどのような理論的価値を与えようと与えまいと、19世紀のレパートリーを演奏する人で、耳で学ぶ演奏家はほとんどいない。また、耳で学ぶようなそういう人たちでさえ、楽譜を読んでいる者に頼らざるを得ない。そのため、《セミラーミデ》を上演すべく、指揮者用のフルスコア(全オーケストラ・パートと声楽パートを含むスコア)、歌手とリハーサルピアニスト用の声楽スコア、ヴァイオリニストからティンパニストまでが演奏できる個々のオーケストラ・パートがメトロポリタン歌劇場で必要とされた。19世紀の時点では、《セミラーミデ》のフルスコアはほとんど手稿譜でしか出回らず、オーケストラ・パート譜も手書きで作成されていた[22]。一つの例外を除いて、ヴォーカル・スコアだけが印刷されていた(その例外的な出版物とは、ローマのラッティ&チェンチェッティ社が印刷したオーケストラ・スコアであり、彼らはそれを、自分たちの筆耕所で作成した写本に用いたのと同じ基準のもと、限られた数しか流通させなかった)。このオペラのロッシーニの自筆譜は、《セミラーミデ》を初演したヴェネツィアのフェニーチェ座の書庫に残っている(その書庫はレヴィ財団に寄託されているが)。この自筆譜をもとに、劇場の写譜係がパート譜(これは現存する)と全譜の写譜を作成した。そして、その写譜から、他の写本と他のパート譜が用意された。これらの派生楽譜とパート譜は、19世紀、

時には20世紀前半にも、世界中で上演に使われたのである。

　メトロポリタン・オペラでは初期の3シーズン（1892年にアデリーナ・パッティ、1894年と1895年にはネリー・メルバが出演）で上演していたにもかかわらず、19世紀の末には《セミラーミデ》は（世間の）舞台からはほぼ姿を消していた。19世紀における上演用の資料【訳者註：コピー譜やパート譜、キャスト表その他】のほとんどは、劇場の地下室で朽ち果ててしまっていた。ただ、たまにはそこから引き出されたりもしたが（1940年にフィレンツェ5月音楽祭でトゥリオ・セラフィンが指揮したリヴァイヴァル上演のように）、イタリアで最も膨大なるパート譜と楽譜のコレクションを誇っていたミラノのリコルディ社のアーカイヴは、1944年の連合軍の砲撃で破壊されてしまったのである[23]。

　そのため、1962年12月17日に、ジョーン・サザーランドとジュリエッタ・シミオナートの才能にふさわしい演目を探していたスカラ座において、《セミラーミデ》が蘇演されると決まったとき、劇場側は新たにフルスコアとパート譜を用意する必要があったが、19世紀の声楽楽譜の写真による複製が入手できたので、新しい楽譜で決定されたことを考慮しつつ修正することができた[24]。1962年のフルスコアには（校訂者の）署名はないものの、真摯な態度で作成されていたと読めるので、それはフェニーチェ座にあったロッシーニの自筆譜に基づいたものと思われる。ただ、それにもかかわらず、多くの問題が残った。この版は、スカラ座での特別なる公演のニーズを反映したものであったのだ。19世紀イタリア・オペラのテキストについての本格的な研究が始まる前の1962年当時、このエディションは、学界ですでに知られていて、入手可能な音楽資料のみに基づいていた。また、ロッシーニの作品の新しいクリティカル・エディションが提供した豊富な経験による知識、とりわけロッシーニの39のオペラのほとんど（うち28作は2006年時点で印刷中または校正中）の版を準備する際に得た経験（と知識）を活用することもできなかったのである。

　私が知る限り、1990年のメトロポリタン歌劇場における上演までは、1962年のスカラ座のスコア、そのコピーおよびそこから派生した資料が、《セミラーミデ》の現代における上演の基礎になっていた（1962年以来、約70の歌劇場がこの作品を1シーズン以上、舞台にかけてきた）。

　しかしながら、この間、そのスカラ座の素材を使用した歌劇場は、以下に述

べる理由から、その状態に苦言を呈してきた。(指揮者)ゼッダ氏は楽譜そのものと資料素材を修正することでこの状況を改善しようと努力していたが、オリジナルのステージを作るにはあまりにも多くの困難があった。そこで私は、メトロポリタン歌劇場での上演の基礎資料として初めて使用できるようにと、クリティカル・エディションを作成することに同意したのである。

　新しいクリティカル・エディション（批判校訂版）が古い楽譜と異なる主な点は4つある：

（1）完全版であること；

（2）以前の研究者たちが知らなかった自筆資料を使用している；

（3）1823年にロッシーニが使用していたステージ・バンド（いわゆるバンダ）を再構成；

（4）ロッシーニのオペラをより正確に表現すべく、アーティキュレーションやダイナミクスなどを「より特徴のあるもの」として扱っている。ただし、それぞれの要素はさらに検討する価値がある。

1．新しい批判校訂版（クリティカル・エディション）が完成　《セミラーミデ》は、19世紀初頭の基準からしても、非常に長いオペラである。それゆえ、この作品を上演しようとした20世紀最初の重要な取り組みが、大幅にカットされたスコアを使用したことには驚くべきではない。しかし、1962年のスカラ座での上演では、ロッシーニの《セミラーミデ》から特定のパッセージをカットすることが決定されたが、これは版が作成される前の決定であり、楽譜上で実際に編集されたのは、上演に含まれることになった素材だけであった。

　そのため、ロッシーニがこのオペラのために作曲した音楽の多くが、その時の上演譜には欠けていた。しかし、その後に《セミラーミデ》を上演するすべての歌劇場が、スカラ座のカットに同意したわけではない。例えば、テノールが歌うイドレーノ【訳者註：インドの王子という役どころ】は劇的な重要性が低いキャラクターであるにもかかわらず、ロッシーニは彼のために2曲のアリアを書いている。ロッシーニの華麗なオペラ・セリアのアリアを歌えるテノールがほとんどいなかった1962年の時点では、アリアの一つは全カットし、残っ

第6章　学者たちと演奏者たち　261

たもう 1 つのアリアは短くカットすることが賢明であった。でも、その後の上演で、声のテクニックを身に着けたテノールたちがこの役を務めるようになると、彼らはそういった曲の一部を復活させたがった[25]。1962 年の当時、ロッシーニの音楽における声楽装飾の芸術は十分に理解されていなかった。歌手に旋律線の繰り返しを装飾する機会を与えるために作られたこうした音楽書法は、余分なものと思われてしまい、多くの繰り返しのパッセージが楽譜から省かれた。それから約 20 年後、このレパートリーで聴衆に衝撃を与えることのできるバス、サミュエル・レイミーが初めてアッスールの役【訳者註：女王セミラーミデと組んで権力を狙うバビロニアの王族】を引き受けた。結果、ロッシーニに倣って、レイミーがアッスールのアリアのカバレッタの主題を（装飾を加えて）繰り返そうとしたので、欠落していた小節を復元しなければならなかったのである。1962 年のスカラ座公演では、ソリストのための舞台として、セミラーミデ役が特に注目され、ロッシーニの合唱曲の質の高さは評価されなかった。マリリン・ホーンは、1990 年にクリティカル・エディションに基づくプロダクションでアルサーチェ役を手掛けるまでは、第 2 幕のアルサーチェのシーンの冒頭で歌われる素晴らしい合唱を聴いたことがなかったと稽古期間中に私に語っている。

　新しい公演のたびに要求されるものが変わったり、もしくは必要なものが変わったりするので、スカラ座のスコアにページが追加されたり（あるいは省略されたり）、オーケストラのパート譜が切り離されたり、新しい構成で貼り合わされたりした。資料の中から自分の進むべき道を見つけるのは、まるで迷路を渉猟するようなものであった。実際、この状況があまりにひどかったため、資料を配布したリコルディ社は、リハーサルで失われた時間の補償を求める訴訟を起こされるおそれがあったと、複数の従業員から聞いたものだ。《セミラーミデ》のクリティカル・エディションは、ロッシーニが 1823 年に書いたオペラの全音符を収めた楽譜である。この批判校訂版は、劇場がオペラのすべての曲を上演することを前提とはしていないが、上演に関わる者がオペラ全体を把握した上で、また上演の特殊な必要性に基づいて、最終的なカットを決定できるようにしている。

　とはいえ、"完全な"という言葉は相対的なものであることに変わりはない。

ロッシーニが 1825 年にパリのテアトル・イタリアンのためにこのオペラの終結部を改訂し、アルサーチェ（ニニウス【訳者註：武将アルサーチェの元の名前。イタリア語ではニーニャ。セミラーミデと先王の間の実子なので王子になる】）がセミラーミデを剣で打ちのめした後、レチタティーヴォを追加したことを示す有力な証拠があるのだ。ここの歌詞は、母と息子の赦しと和解という感動的な瞬間であり、幕が下りる前には荘厳な悲しみの合唱が響いたに違いない。この新しいフィナーレのテキストは、当時印刷されたリブレットに残されており、レチタティーヴォのみの音楽は、1825 年にパリで印刷されたヴォーカル・スコアに載っている。しかし、このレチタティーヴォのオーケストラ・スコアは知られておらず、これまでに確認された音源の中にも、最後の合唱をどのような形であれ伝えているものはない。現行の《セミラーミデ》のフィナーレに代わるこの部分（曲）の探索は今も続いている。一方、クリティカル・エディションでは、パリの声楽譜にある新しいレチタティーヴォをそのまま掲載している。おそらくは近いうちに、歌劇場がより使いやすいようにその部分のオーケストレーションを提案する日が来るだろうし、そこで選べばよいのだ。

　しかし、クリティカル・エディションには含まれていないページもある。ジョーン・サザーランドのために《セミラーミデ》が再演されたとき、彼女の夫で指揮者兼コーチのリチャード・ボニングは、（自分の妻が歌う）タイトルロールに有利なよう、オペラのスコアを操作した。1964 年に 2 人が行った録音では、アリアが省略され、重要なコーラスが削除され、小節が削られるなど、スコアがどのように変更されたかが見て取れる。中でも最も重要なことは、ボニングが、ヴォルテールの原作悲劇やロッシーニのオペラそのものにあるように、アルサーチェが実の母親たる女王セミラーミデを殺すのではなく、悪役の王族アッスールを殺すという結末を全くの思い付きで創作したことである。

　なので、最後の幕が下りるとき、女王役のサザーランドは（舞台上で）健在であった。また、この楽譜操作は、作品の上演資料に組み込まれてしまっていたので、その後、多くの再演で使われた。『ニューヨーク・タイムズ』紙の批評家は、メトロポリタン・オペラの《セミラーミデ》を批評した際、ボニングの発明がロッシーニの楽譜に由来するものであるかのように語っている。私としては、ボニングが 1960 年代初頭に演奏家として直接関わった特殊な状況に

第 6 章　学者たちと演奏者たち　　263

対して、そのような翻案を行う権利に異議を唱えているのではない。私が異を唱えているのは、ボニングのヴァージョンが、自ら主張したわけでもなく、また持つに値しない「総譜としての地位」を獲得するのを、目の当たりにすることに対してなのだ。

2. 新クリティカル・エディションは、以前の校訂者が知らなかった資料を使用　　1962 年の《セミラーミデ》の上演版の校訂者はヴェネツィアでの自筆譜を入手することができたが、他の上演地に関する自筆譜の資料は不足していた。第 2 章で見たように、ロッシーニは、19 世紀後半に一般的になった縦長ではなく、横長の紙を使ってオペラを作曲していた。

　長方形の紙は、五線譜の数を犠牲にしながらも【訳者註：縦長の用紙に比べて五線譜の段数が少なくなるということ】、1 ページにより多くの小節を載せることを可能にした。大編成のアンサンブルで、全員が一度に歌ったり演奏したりする場合、長方形の紙を使うオペラ作曲家は、溢れる楽器の数を調整するために、スパルティティーニ（小譜）に頼らざるを得ないのだ。

　自筆譜のスパルティティーニは通常、原稿の末尾に綴じられるが、それは簡単に置き忘れられてしまうもの。《セミラーミデ》では、すべて紛失していた。スカラ座の楽譜は二次資料を使っていくつかの楽器の欠落を補っているが、スコアの編集者はホルン、トランペット、打楽器のパート譜を新たに作らざるを得なかった。フェニーチェ座の音楽資料室には、《セミラーミデ》のオリジナルの（初演時の）上演資料が保管されているが、このオペラの現代版の作成に際して、これらの資料が参照されたことは一度もなかった。そして 1989 年の夏、ロッシーニ財団のマウロ・ブカレッリとパトリシア・ブラウナーという 2人の研究者が、4000 ページを超える手稿譜を目録化した。彼らが特に満足そうに私のオフィスにやってきた日のことを覚えている。

　「ご覧いただきたいものがあります」と彼らは言った。トロンボーンのパートとバスドラムのパートの間に写真撮りされていたのは、《セミラーミデ》の完全な自筆のスパルティティーニであった。そのパート譜は、多くの点で驚くべきものであり、19 世紀の他のオペラ資料に残っているスパルティティーニとはまったく異なっていた。ロッシーニのスパルティティーニは、まさにその

最初のシーズンに、誤って上演資料と一緒に置かれてしまい、オペラのさらなる上演における自らの役割が果たせなくなってしまったのだ。こうして、1823年以来初めて、クリティカル・エディションに、作曲者自身の管楽器、金管楽器、打楽器の主要なアンサンブル用のパート譜を含めることができた。

　ただ、ひとつだけ、小さな欠落が残った。ロッシーニは、このオペラの導入部で、第3、第4ホルンのパート譜は別のスパルティティーニにあることを示すメモをメインのスコアに書き込んだが、そのようなスパルティティーニは発見されなかった。スカラ座の楽譜は、ラッティ＆チェンチェッティ版に基づいているが、そこは疑わしい。第3、第4ホルンがバスーンを肉付けするという、ロッシーニの書法とは異質のオーケストレーションであるからだ。実際、ロッシーニのフルスコアをよく見ると、彼はここで2本のバスーンと第1、第2ホルンを使って4声の和声による伴奏部を作り出していたことがわかる。この楽器の使い方は、ロッシーニがしばしば採用したものだが、バスーンとホルンが一体となってバランスの取れた響きを生み出すように奏することを要求し、4本のホルンが奏でる和音よりも、柔らかいパッセージ（例えば、《セミラーミデ》第1幕導入部の合唱〈なんという喜びの声か Di plausi qual clamor〉など）で、より詠唱的な響きを生み出す。

　ここでは、フェニーチェ座で使われていたパート譜が役に立った：それらから、欠落していた第3、第4ホルンのパート譜を復元することができたからである。これらのパートは、オーケストラの響きに有益なるアクセントを与えるが、バスーンによってすでに達成されている響きを倍にすることはない。かくして、新しいクリティカル・エディションは、ロッシーニが構想した《セミラーミデ》の完全なオーケストレーションを提示することができたのだ。

　別の意味からも、パート譜は非常に重要であった。テノール歌手のイドレーノのためのパルティチェッラでは、第1幕のアリアでは全く印がなかったが（管弦楽パートの印から、このアリアはおそらく第1シーズン中にカットされたものと思われる）、第2幕のアリアではパルティチェッラに、カバレッタのための一連の装飾が加えられた。ロッシーニの筆跡ではないが、ここは作曲者による修正を反映している個所なのかもしれない。珍しいことに、これらの装飾は、主題が繰り返されるときに装飾されるのではなく、主題の旋律が初めて流れるとき

第6章　学者たちと演奏者たち　　265

に、より少ない音符で、より難しくない音程に置き換えることで、その主題の旋律を単純化しており、その後、主題の移行部と繰り返しのところがカットされていた。ロッシーニがヴェネツィアで登用したイドレーノ役のジョン・シンクレア（パート譜に名前がある）は、ロッシーニが用意したパッセージを歌うことができなかったのかもしれない。しかし、非常に華麗でありリズムが複雑な主題を考えると、シンクレアのパートに記された印は、美的な面からみて非常に示唆的なものになっていた。実際、テノール歌手のロックウェル・ブレイクは、このパルティチェッラを最初に研究した人物である。彼はしばしば、単純化された方のヴァージョンを歌い始めるので、ロッシーニがもともと作っていた「より華麗なセッティング」の方がヴァリアンテとして客席に届くのだ。個々の歌い手がどうするかはともかく、クリティカル・エディションは、このアリアについてのロッシーニの考えを、より十分に書き留めたものである。

3. 新クリティカル・エディションでは、ロッシーニが1823年に使用していたステージ・バンダを再現　《セミラーミデ》においては、3つの曲で、管楽器、金管楽器、打楽器からなる楽隊（バンダ）が、舞台上（スル・パルコ）で衣裳を着用して演奏するか、もしくは、舞台袖で演奏する必要がある。ロッシーニは、19世紀のイタリアの作曲家としては初めて、定期的に自分のオペラに舞台上のバンダを導入したが、その楽団のために完全な楽譜を用意したわけではなかった。その代わり、彼は1、2本の五線譜に楽隊の音楽をスケッチし、地元の楽団長が自力でオーケストレーションを適切に完成させるべく期待した。（ヴェルディも同じようなやり方をしていた）。いくつかのオペラ、例えばヴェルディの《リゴレット》のように、ずっと途切れず上演されてきたオペラでは、歌劇場は19世紀のモデルに基づいた修正ヴァージョンを使う傾向があるが、その場合、楽器の数は少なくなっている。そのような伝統のないオペラの場合、現代の歌劇場は、バンダのために新しいオーケストレーションを誰かに依頼するか、あるいは、舞台上のバンダを使うことを完全に見送って、オーケストラ（ピット内）の楽器で演奏できるようにスコアを書き直すのである。

　この問題を徹底的に研究した結果、ロッシーニのクリティカル・エディショ

ンの編集者たちは、作曲者が舞台上のバンダの存在を要求しているオペラについては、その作品ごとに、19世紀初頭の舞台上のバンダのオリジナルの構成を、現存する資料に基づいて編集した別冊をつけることにした。これらのオリジナルの楽譜は、しばしばオペラのフルスコアのコピー譜と一緒に流通した。また、歌劇場では、その地域の事情に合わせてバンダの設定を変更することもあった。そういった「地域の演奏者たち」は、オリジナルのオーケストレーションを参考にする傾向があった。その結果、驚くべきことが起こった。《湖上の美人》では、第2章で見たように、オリジナルのバンダは2組の別々のアンサンブルで構成されていたのである：ひとつは、さまざまな管楽器を使った25名ほどの奏者からなる通常の形の楽隊であり、もうひとつは、第1幕のフィナーレでマルコムと彼の軍隊に関連する9本のトランペット、4本のトロンボーン、打楽器からなる特別なアンサンブルである。1824年にパリで行われたロッシーニ指揮の《湖上の美人》の現地初披露の記述からわかるように、これらの奏者はすべて舞台上に直接配置された。ゆえに、現代の歌劇場がどのように進めようとも、19世紀初頭のロッシーニのオペラの効果を理解しようとする者は、第1幕の終わりに舞台上に出現した音響効果を考慮に入れなければならない。

　フェニーチェ座の《セミラーミデ》の上演資料の中には、舞台上のバンダのためのオリジナルと思われる楽譜があった。この楽譜は、このオペラの他の多くの手稿にも存在するもので、匿名の編曲者によって管楽器、金管楽器、打楽器からなる22もの楽器が使われたが、1990年のメトロポリタン歌劇場での上演リハーサルでは、舞台上のバンダを聴くだけでも、この楽譜が素晴らしく効果的であることが証明された[26]。理論的には、現代の歌劇場がこの音楽を使わない理由はないはずである。だから、2003年夏にペーザロのロッシーニ・オペラ・フェスティヴァルで上演された《セミラーミデ》でも、オリジナルのアンサンブルが見事に力を発揮した。ニューヨークで実際に何が行われたかは、追って紹介する。

4. 新しいクリティカル・エディションは、ロッシーニのオペラをより正確に表現し、アーティキュレーションやダイナミックスなどをより特徴的に扱って

いる　　作曲家にはそれぞれ異なった癖がある。あるものは個人的な考慮によって、またあるものは外的な要因によって決まる。オペラの作曲家が、自分が書いた自筆譜が、印刷譜のオーケストラ・スコア全集を作成するために使われるだろうという考えに慣れている場合なら、彼は細部についてより正確に記すよう意識して、各パートに強弱記号があり、アーティキュレーションが明確で一貫性があること、誤りが訂正されていることを確認するだろう。楽譜が流通する媒体が正規のものであるとなれば、作曲家は正確を期すのである。

　でも、オペラ作曲家が、ロッシーニが通常そうであったように、自分の楽譜が手稿譜のままで流通することを期待している場合、あまり正確に記さない傾向がある。というのも、コピイストの複写譜は作曲家への反感のうちに作られ、原本を正確に反映させることは稀だからだ。もしオペラ一作の現代のエディションが自筆譜にある矛盾や不正確さを解決しなければ、リハーサルは大混乱に陥る。ロッシーニ自身は彼のスタイルに精通した音楽家たちを頼りにしていたが、今日のオーケストラ奏者は、彼らが手掛ける作品ごとに演奏志向を変化させる。

　社会的には、オペラのエディションというものは、その社会的な枠組みにおいて、小説やピアノ・ソナタの版とは著しく異なっている。ロッシーニの自筆譜を扱った経験があれば、これらの問題を解決するための枠組みがわかってくる。時には、自筆譜の誤りや混乱が面白く思えることもある。例えば、《セミラーミデ》の冒頭で、バビロニア人は、女王が新しい王【訳者註：自分の配偶者になる男を指す】を選出する日を祝っている。そこで、中東地域の各地から集まった人々は贈り物を捧げ、敬意を表するが、19世紀の多くの資料には、ロッシーニの自筆譜から次のような合唱の歌詞が丁寧にコピーされている：「黄金のガンジス川から、誇り高きナイル川から、不屈なる熊から、全世界から Dal Gange aurato, dal Nilo altero, dall'Orso indomito, dall'orbe intero」。不屈の熊とはなにか？　この「熊」は、古代世界の大河の中で何をしているのだろう。ロッシーニはどうも、リブレットの歌詞を譜面上に記す中で「Dal Gange aurato, dal Nilo altero, dall'orbe」と書きながら、〈da Tigri indomito〉（不屈のチグリスより）の1行を飛ばしたようである。かくのごとく、チグリス川なら、ガンジス川やナイル川と一緒に召喚されるのが正しいわけな

のだ。しかし、クリティカル・エディションの副編集長を務めたパトリシア・ブラウナーが、最初にこの問題を指摘したときにコメントしたように、ロッシーニの誤りは完全に理解できる類いである。彼は単に、頭の中で、虎（ティグレ）を熊（オルソ）に誤変換してしまっただけなのだ。

　もちろん、我々の編集作業では、編集過程と最終結果の双方を、合理的にコントロールできることを前提としていた。しかし、《セミラーミデ》は、ロッシーニのクリティカル・エディションにおいて、初めてコンピューター処理で組版された演目である。その利点は多岐にわたる：変更と訂正が以前よりずっと簡単になった。すべての符号を1枚1枚のプレートに打ち込んでいた時代に比べれば、変更も修正も簡単なのだ。以前は、変更と訂正を、すでに導入された記号を打ち抜いてから、再度打ち込めるようにする必要があったからである。さらには、コンピューター処理によって、演奏用のパート譜を総譜から直接作成することができるようになった。代々受け継がれてきた譜刻の技術が失われたことをいくら嘆いたとしても、今や、ほとんどの音楽はコンピューター技術によって処理されているのである。しかし、《セミラーミデ》は我々には初めての試みであり、コンピューター・プログラムにいかに多くのバグがあるか、それがすぐ明らかになった。というのも、我々が次々と校正刷りを修正していくうちに、恐ろしいことに、新たなエラーが生まれ続けていたからである。我々がプロセスをコントロールするというよりもむしろ、プロセスが我々をコントロールしていた。例えば、225ページのチェロに加えられた修正が、227ページのバスーンに変化をもたらした。なぜなら、楽譜がコンピューターに入力されている間にリンクが張られてしまったからだ。

　行が同じように見えるので、コンピューターのオペレーターが一方を他方からコピーするのはとても簡単であったのだ。そして、誰も理解していなかったのは、そのリンク先が適切ではなくなっても、リンクとして機能し続けるということであったのだ。私は《セミラーミデ》の校正刷りを最初から最後まで5回読み、そのたびに「二度とコンピューターで楽譜を作ることは許さないぞ」と誓った（ただし、その誓いはすぐに忘れてしまった）。我々のスタッフによって、あるいはリコルディ社によって、どれだけの回数、読譜が行われたかは考えたくもない[27]。

我々は最終的に、約束したよりも正確な楽譜を完成させたが、そのためには徹底的な作業だけでなく、徹底した学識が必要であった。それでもやはり、この《セミラーミデ》のクリティカル・エディションは、ロッシーニのオペラを、現代の原典校訂として許される限り、完全であり正しい形で演奏者に提供するために、その学識（と少なからぬ量の想像力）を駆使した一冊になったのである。

《セミラーミデ》のクリティカル・エディションを 使って演奏するということ

　『ニューヨーク・タイムズ』紙の批評家が、《セミラーミデ》について「オペラ的効果よりも徹底的な学識を優先させた新エディションで上演された」と述べたのは、どういう意味であったのだろう。ロッシーニのオペラ上演がどのような基準のもとに効果的、もしくは非・効果的と判断されるかにせよ、《セミラーミデ》を（翻案した形ではなく）クリティカル・エディションを使って上演するということは、《セミラーミデ》を何か別の形に変えるということにはなり得ないのである。《セミラーミデ》は《ホフマン物語》でも《カルメン》でも《ドン・カルロス》でもない。そういったオペラは、どのような音楽が楽譜に記されるべきかについて、重大な疑問を呈する諸作なのだ。例えば、作曲家（あるいは他の作曲家）が何度も作品を改訂したため、【訳者註：その全体像もしくは】その状況がはっきりしないか、あるいは彼らが自作が上演されるのを見ることがなかったという背景を持つオペラなのだ。ロッシーニは《セミラーミデ》というオペラを書いた：このクリティカル・エディションによる上演は、我々の知る限り、作曲家が構想したとおりにこのオペラを舞台化したものである。それは、イタリア人が言うところの“そういうことさ*Punto e basta*”である。
　一方、ここでいう“エディション”が舞台制作のみを意味するのであれば、このフレーズはさらに理解しにくくなる。METのプロダクションには、一般的に理解される意味での「学術的」なものは何もなかったからだ。かつては大人気であったこのオペラのセットや衣裳の図面がMETにたくさん残っているにもかかわらず、それらを使おうとはしなかった。せいぜい、幕を下ろさずに

270　インテルメッツォ

セットを変えるという、19世紀の慣例に従った演出であったぐらいだ。これにより、30年前のオペラ公演では典型的であった、薄暗い劇場での間延びした時間（暗転）を観客に与えずにすんだのである[28]。

19世紀初頭の歌手たちが《セミラーミデ》で使用した装飾法の例は数多く残っているが、出演者たちは皆、自分で、あるいはコーチの助けを借りて、自分の声にふさわしいと思われる装飾を考案した[29]。聴衆も批評家も、レッラ・クベッリ、ジューン・アンダーソン、マリリン・ホーン、サミュエル・レイミー（それぞれ異なる方法で装飾を施した）が用いた装飾が効果的でないと判断したわけではない。ロッシーニが1823年当時に自由に使っていたであろう楽器については、研究者たちは多くの情報を知っているが、メトロポリタン管弦楽団の団員は誰も、自分が普段使っているモダン楽器を家に置いてくるようには求められなかった。せいぜい、現代の金管楽器の重量の違いや、19世紀の演奏における楽器奏者の配置の物理的な違いなどを反映させるために、各パートのダイナミック・レヴェルが変更された程度である。また、ロッシーニの当時には調律済みのドラムが1組しか用意されていなかったが、METのティンパニ奏者（4台のドラムを個別に調律していた）は、作曲者がアンサンブルのパッセージでティンパニを維持すべく非和声的な音に頼った場合でも、現代の慣例に従ってそこは和音で代用した。

《セミラーミデ》のクリティカル・エディションが演奏家の手に渡ったとき、要するに、この上演に参加した誰もが、現代のニューヨークの聴衆のために、オペラ的に効果的な上演を創り上げること以外は考えていなかったというわけだ。しかし、疑問は残る：正確なテキストを作成し、正確な歴史的知識を提供しようとする学問と、上演との接点で何が起こるのか？　どのような質問がなされるのか？　どのような答えが受け入れられるのか？　演奏家が制約を感じたり、学者が妥協を感じたりする限界点とは何か？　そして、その限界を超えるとどうなるのか？

新しいクリティカル・エディションと以前の楽譜との違いを4つに分類すると、2つは比較的問題のないものである；ロッシーニのオーケストレーションを使わない方が原則的に良かったとは誰も言っていない；採用された基本的な編集手順について、誰も変更を提案していない。だからといって、すべての

第6章　学者たちと演奏者たち　　271

編集上の決定が、理論的にこの特定のプロダクションに影響を与えたとしても、そこに文句のつけようがないというわけではない。しかし、現在進行中のロッシーニ、ドニゼッティ、ヴェルディのオペラのクリティカル・エディションでは、その新エディションの初披露は、可能な限り、出版譜ではなく校正譜を使用することを誇りとしている。優れた音楽家たちが編集上の決定に対して批判したとしても、それは、学者たちが自分たちの解決策を再評価し、必要であれば、より正確でニュアンスを有するテキストを作成するのに役立つことなのだ。加えて、クラリネット奏者が変ロ長調の和音でBナチュラルを吹いたときほど、単純なミスがすぐに明らかになることもないのだから。

《セミラーミデ》の新クリティカル・エディションと以前の楽譜との違いにおける他の2つのカテゴリー、舞台上のバンダの登用とその楽器編成、それからカットの問題については、より論議を呼ぶポイントであり、それゆえより興味深いものだ。これらは、学問と演奏の接点で生じる問題を提起しているので、本書の第Ⅱ部（下巻）で探究されることになるものである。また、《セミラーミデ》の演奏者が、作曲家が指定したものでも、作曲家の介入に直接由来するものでもないヴァリアンテや装飾法を用いる際に直面する、いくつかの具体的な問題についても簡単に見ていこう。

オーケストレーションと編集手順

コンピューター戦争は、フルスコアの制作の現場にとどまらなかった。この楽譜から作成された演奏資料には、我々が予想もしなかったような誤りがあり、それは歌手のいないオーケストラだけのリハーサルで初めて明らかになった。第2ヴァイオリンのパートは、オーケストラ譜では正しいラインなのに、音が2度か3度低く印刷されていることが何度かあった。自分の手に負えないようなナンセンスなことを修正するために、人件費が高くつくリハーサルの時間が刻々と過ぎていくのを見るほど、腹立たしいものはなかった。また、私にとってもっと悪かったのは、移調楽器であるクラリネットとホルンのパートで、音符を修正し損なうときがあると気づいたことである（つまり、記譜された音と実際に聴こえる音程が違っていて、Cで記譜された音が、移調楽器によっては、実際に

272　インテルメッツォ

はDやE♭、F、G、A♭、A、B♭に聴こえるということ）。これらは、ロッシーニの臨時記号（シャープとフラット）が間違っていた場所であるにもかかわらず、我々が修正を怠っていた部分であったのだ。1400ページもある《セミラーミデ》の管弦楽譜において、そうした間違いはほんの一握りしかなかったが、その一つひとつが私に匕首を突き刺すような衝撃を与えた。それでも、どうにかこうにか乗り切って、オーケストラとのリーディングを終え、パート譜のミスを修正し、歌手たちとのリハーサルを始めることができたのである[30]。

　メトロポリタン・オペラのオーケストラは、真剣なるプロ、優れた音楽家たちで構成されている。しかし、リハーサルの状況は理想的ではなかった。レパートリー・オペラの場合、奏者たちは非常に優秀である。しかし、彼らにとって初めての作品にしては、リハーサルの時間は十分でなかった。多くの日数において、オーケストラだけのためのスコア・リーディングの後、奏者たちはすぐにピットに入り、ひとつの幕またはオペラ全体の通し稽古を行った。指揮者がオーケストラやソリスト、合唱団と音楽の細部について話し合うリハーサルであるシッツプローベ Sitzprobe さえ予定されていなかった。このようなスケジュールが組まれたことの責任の一部は、ロッシーニのオペラがオーケストラの部分は比較的シンプルであるという一般的な誤解に根ざすものであった。もしそれが、ワーグナーやベルクの《ルル》よりも、オーケストラ・スコアの密度が低いとか、対位法的に複雑でないという意味であれば、それはそれで結構なことだ。しかし、もしもそれが、同種の音楽を演奏するのに慣れていない奏者たちでも、そのスタイルを把握し、オーケストラのラインに命を吹き込むことができるという意味であれば、それは全くの誤りである。実際、アメリカのオーケストラでは、ロッシーニをうまく弾くには、ワーグナーを弾くよりもかなり多くのリハーサル時間が必要になる。表向きはシンプルな伴奏型が、声部を支え、包み込み、輝きを与えるために、どのような形、フレージング、アーティキュレーションが必要なのかを理解する必要があるからだ。また、他のレパートリー以上に、フェルマータ、テンポの自由度、音価の変更など、パート譜から単純に推測できない要素にも奏者たちは対処しなければならない。

　さらには、オーケストラを構成する人員には非常にばらつきがある。メトロ

ポリタン歌劇場の管弦楽団は、毎週多くのリハーサルや本番の呼び出しがある
ため、「単一の」オーケストラではなく、オーケストラ・ファミリーに属する
音楽家の集団であり、呼び出しがあれば駆けつける「ストリンガー（非常勤奏
者）」の集団でもある。《セミラーミデ》のリハーサルや公演に常駐する楽員も
いれば、何の前触れもなく出入りする楽員もいるわけだ。指揮者のコンロン氏
は、（オーケストラ・ピットで）適切な楽器を持つ者が、必要な席を埋めさえすれ
ば満足するだろうと周囲から期待されていた。そのシステムは、作曲スタイル
がオーケストラ団員によく知られている作曲家の作品であれば、うまくいくか
もしれないが、ロッシーニにとっては悪夢であった。

　この《セミラーミデ》の資料のように、追加の記号が大量に記されたパート
譜を私は見たことがない[31]。ロッシーニは通常、有名なオーケストラのクレッ
シェンドを *pp* というダイナミック・レヴェルで始める。そして、8小節後に
"cresc."、さらに8小節の後に *f*、最後に *ff* となる。ロッシーニの楽譜は、ク
リティカル・エディションであろうとなかろうと、彼自身の記譜法に従って書
かれているし、そうであるべきだ。矛盾や異常な問題がある場合にのみ、我々
は譜面に介入したり規則正しくしたりする。しかし、現代の楽器の性質、現代
の歌劇場でのオーケストラのサイズ、そして今日の劇場の音響を考えると、指
揮者がロッシーニのクレッシェンドをオーケストラに指示するときは、演奏を
できる限りソフトに始め、"cresc."という指示が出た後もレヴェルを保ち、最
初は楽器の数を増すことにクレッシェンドの効果を任せ、ダイナミック・レ
ヴェルを上げるのはパッセージの最後の最後にとっておくのが普通である。

　一度はっきりと伝えてしまえば、このような説明は、オペラ全体を通して、
似たような多くの状況をカヴァーする[32]。しかし、MET では違っていた。マ
エストロ・コンロンは、リハーサルの間、あるいは本番でさえ、奏者の誰がそ
れぞれの場所に座っているのか知ることができなかったので、他のほとんどの
オペラハウスでは滑稽とみなされたであろう方法で、それぞれのクレッシェン
ドを公演用の楽譜に記すことにした。その場合、クレッシェンドが始まると、
ロッシーニの *pp* はすべて *ppp* に変えられ、"cresc." の表示はすべて消され、
4小節または8小節延期されるというものであった。何回かの場合、リハーサ
ルに顔を出す奏者たちにメッセージを伝えるのがとても難しかった。なので

我々は、ロッシーニのダブリング【訳者註：2つ以上の同じフレーズにおいて、同じ音色の音を重ねて聴かせる手法のこと】をいくつか削除した。声が聴こえるようにするために。ロッシーニが第1ヴァイオリンだけに割り当てたラインを、第2ヴァイオリン全員に演奏させることで補強し、十分な重みを持たせたこともある。

　このような細部の操作を通して、もし我々が「新しく改良された」現代的な種類のトロンボーン、ホルン、トランペットではなく、19世紀初期のトロンボーン、ホルン、トランペットを使っていたら、オーケストラのバランスはどうなっていただろうかと考えずにはいられなかった。トロンボーンとチューバのすべての ff を f に、あるいは mf に変えて、残りのオーケストラを圧倒しないようにするなんて、なんと馬鹿げたことだろう。安定したオーケストラのメンバーがいれば、奏者たちに、自分たちの楽器はロッシーニが考えていた楽器よりも強力だから、たとえオーケストラの中で演奏するときでも、 mf や f より大きな音で演奏してはいけないときっぱり言うことができたはずなのだ。したがって、たとえトゥッティ・パッセージであっても、 mf や f より大きな音で演奏してはならないのだ。

　しかし、メトロポリタン歌劇場という現実の世界では、近代的な楽器を使い、ロッシーニの楽譜にある強弱の指示をひとつひとつ変えて、初めて自分のパートを読む音楽家が何を期待されているのかわかるようにすることが、我々の使命であった。

舞台上のバンダ

　ロッシーニは、《セミラーミデ》の3つのナンバーにおいて、ある時は舞台上で（メンバーが舞台衣裳を着て）、ある時は客席でバンダを演奏させるべく計画していた。これまで述べてきたように、このバンダのオリジナルの楽譜は、22台もの楽器のためのものであり、バンダだけのリハーサルの際も（わずかな修正で）機能した。したがって、学問的にも良識的にも、オリジナルのバンダ譜を使うべきだろう[33]。

　19世紀のオペラ界では、地元の民兵たちがバンダ奏者になっていた。今日

の世界では、組合がすべてを仕切っている歌劇場に消防隊員を呼ぶという選択肢はないし、わずか数分間の音楽のために、組合と調整したうえで22人のエキストラ奏者を雇う用意のある劇場はほとんどない。ロッシーニが期待していたブラスバンドを舞台上に置こうとする歌劇場はどこにもなかった。その理由は、舞台衣裳代、楽団員への補填金、あるいは、世界中のオペラハウスから消えて久しい慣例への違和感のためであろう。

　《セミラーミデ》や、それに類するオペラのほとんどの上演では、バンダ・スル・パルコ（舞台上のバンダ）のために書かれた音楽がピットの楽器に割り当てられている。というのも、舞台上のバンダは通常、主人公たちが「実際に聴く」音楽を表現するものであるのに対し、ピットから聞こえてくる音楽は通常（とは限らないが）別の領域に存在するからだ。

　舞台上のバンダを完全に排除することは、作品の演劇的・音楽的構造を乱すことになる。なので、メトロポリタンのような重要な歌劇場では、バンダを雇い（多くは人数を減らして）舞台袖に置くという妥協をしている。でも、もちろん、テレビモニターがあったとしても、バンダと指揮者の間の調整の問題は深刻になる。

　MET での《セミラーミデ》の物理的な演出プランを考えると、バンダを配置できる場所は舞台袖側に 2 ヶ所あった：舞台奥の上手側か舞台前方の下手側である。でも、バンダだけのリハーサルでは完璧なバランスに思えた音響も、高音楽器のピッコロやハイ・クラリネットが低音に完全に勝ってしまい、まるで一握りのペニーホイッスルのような印象を与えるほどに響きが歪んでしまった。

　そこで、バンダを舞台前方の下手側に移動させた。そこで学者とバンドマスターは協力して、音響条件に合わせてオーケストレーションを修正し、高音の楽器をいくつか取り除き、低音を強化した。これらの修正により、第 2 幕の舞台上にバンダが介入するというオーケストレーションの問題は解決した。ここは、バンダが舞台袖で単独で演奏することになっている：また、オペラの序盤で聴かれた音楽が引用されることで、楽団は差し迫った祝祭の模様を告げ、それが舞台上で起こる劇的な対決にダイレクトに関係するのである。

　さらに解決困難なのは、第 1 幕での舞台上のバンダの 2 回の介入の際、楽

隊はピット内のオーケストラと一緒に、緊密に連携しつつ演奏しなければならないことである。ロッシーニは、第1幕のフィナーレを重要な合唱曲で始め、オーケストラが単独で長いパッセージを演奏し、合唱と楽団が舞台上に入り、位置につく時間を与える。その際、音楽は、合唱とオーケストラに合流したバンダによって繰り返されるのだ。

これらの音楽グループの組み合わせから、素晴らしい効果が得られることは想像にかたくない。でも、バンダが袖に回ると2つの問題が生じる。第1には、オーケストラのフォルティッシモと合唱の歌声のバランスを取るに十分な、重みのある音を出すのが難しい；第2には、協調の問題が難しくなってしまい、バンダとオーケストラが同じ音楽を演奏しなければならないことが多いパッセージでは、その効果がぼろぼろになる可能性がある。そこで我々は何度もこのパッセージのリハーサルを行ったが、舞台袖でバンダを使うことで得られる利点は、楽団同士の連携が上手く行かなくなる危険性を相殺するものではなかった。そのため、第1幕のフィナーレではバンダが省略された。

なお、学者も演奏家も含め、この作品に関わったすべての人が悔しがったのは、序奏のアレグレットの合唱〈何という喜びの声が Di plausi qual clamor〉のバンダ・パートも省略され、音符がピット内の楽器に割り当てられたことだ。ここでのバンダは特定の演劇的な機能を持つ。楽隊は、セミラーミデと宮廷人たちの到着が間近に迫っていることを告げ、舞台袖の「喧騒」を音で表現するのである。

ロッシーニが求めていた効果は、バンダを音楽全体のコンテクストの中に統合することにあった。バンダが演奏する音符はほんのわずかだが、それらの音符が各フレーズにリズムを導入し衝動を与えるか、もしくは、フレーズ間の調性の転調をもたらす（例6.1）。

19世紀の採譜には問題なく、オーケストラ、ピアノ、ピアニッシモのダイナミックな繋がりを考えれば、バンダの聴こえ方に問題はなかった。しかし、バンダとオーケストラの連携には絶対的なリズムの正確が要求されるため、バンダを舞台袖に置くことは厳しいハンディキャップとなると判明した。十分なリハーサル時間があれば、このハンディキャップは克服できたかもしれないが、1990年のMETではその時間がなかった。

第6章　学者たちと演奏者たち　277

(譜例6.1）ジョアキーノ・ロッシーニ《セミラーミデ》第1幕の導入部（第1曲）より合唱〈何という喜びの声が〉小節番号 365-374

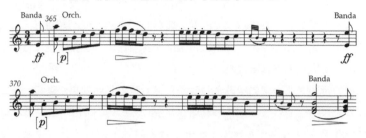

　リハーサルがリハーサル室から劇場に移ると、バンダのエントリーがリズム的に正しく行われることはなかった。そのため、まだ演奏していない数少ない楽器を使って、オーケストラ・パートにバンダを組み込ませた。でも、その結果、音楽的な力強さもなく、劇的な論理性もなく、意味もない、原曲の薄っぺらな模倣となってしまった。徹底的な学問とオペラの効果は、実用的な便宜のために犠牲にされたのである。

カット

　バンダ・スル・パルコの問題については、《セミラーミデ》を熟知している人たちか、プロダクションに直接携わっている人たちしか知らなかったが、ロッシーニのオペラの長さについては、公演を観た誰もが知っていた。ロッシーニの楽譜を（どうしても）カットしなければならないことは、誰もが最初から受け入れていた原則であった。我々としては、この演目を責任を持って上演すべく、出演者が必要だと思うことは何でもする用意があったが、カンパニーの判断では、インターミッションと拍手はあっても最後のカーテンコールはないと見込んで4時間強の長さで上演できれば、《セミラーミデ》はより大きな成功を収めることができるだろうとのこと。現代社会では、どの劇場も時間外労働を最小限に抑えようとしているが、《セミラーミデ》にとって重要なのは、上演時間の短縮である。

現代社会では、歌劇場も残業を最小限に抑えようとしているが、メトロポリタン歌劇場の予算にとって重要なのは、真夜中前に劇場を空にすることであった：必要であれば7時開演にする用意はあった。しかし、経験上、7時半より前にオペラを始めるとなると、ニューヨークの観客にとって過度の困難をもたらすものと示唆される。その難しさは、すでに特定のレパートリーで地位を確立している作品にのみ克服できるものであった。例えば《神々の黄昏》や《パルジファル》のように（このような制約が現代の劇場だけに影響すると考えてはいけない。実際的な配慮に応じて、ロッシーニは《ギヨーム・テル》の世界初演のために大幅なカットを行い、ヴェルディも《ドン・カルロス》のために同様のカットを行った）[34]。

　カットなしだと《セミラーミデ》の上演時間は約3時間45分になる。でも、我々は30分の休憩は入れるし、歌の名演ぶりを際立たせる本作への観客の熱狂を予期しもした（初日の夜、あるシーンで4分もの拍手が起こった）。だから、我々は15分から30分の音楽をカットする必要があるとわかっていた。我々の課題は、効果的であり、かつ責任ある方法でカットを行うこと。カットに関する4つのカテゴリーを特定してみよう：

（1）レチタティーヴォ
（2）合唱曲
（3）番号を丸ごと【訳者註：ある一曲を丸ごとカットする】
（4）内部的なカット――通常は繰り返されるパッセージなど。
である。

1. レチタティーヴォ　　あまり知られていないオペラを、1990年当時、まだ字幕の使用を拒んでいた巨大な歌劇場で上演することは（この状況は10年後に逆転する）、ドラマティックな演技の詳細や登場人物の動機の機微が、圧倒的多数の聴衆にとって謎のままになってしまう。《セミラーミデ》のレチタティーヴォにはすべてオーケストラの伴奏が付いていて、丁寧に書かれている。それらはロッシーニの筆であり（《セビリャの理髪師》のレチタティーヴォは一音もロッシーニ筆ではない）[35]、大幅なカットも可能である。こういう場合、常に利益と損失がある。例えば、大規模な導入部の後になら、短いレチタティーヴォが、すでに目撃された行動の一部を（歌詞を理解する者にとっては）明確にするのに役

第6章　学者たちと演奏者たち　　279

立つ。これらを省略すれば、3分間の節約になる。では、マイナスの結果とは何か？ 個々の登場人物の有用なる演劇的展開が犠牲になるということだ。イントロダクション（導入部）のへ長調から次のナンバーを始めるト長調へといった、ぎこちない調性の変化が起こるからである。ロッシーニのレチタティーヴォはこうした違う調同士の繋がりを取り持っているが、イントロダクション後に聴衆の拍手が起きれば、【訳者註：間のレチタティーヴォをカットしても】調性の問題は緩和される傾向にある。ただ、さらに残念なことに、レチタティーヴォのカットは、作品の冒頭全体に対する劇的効果の結論が失われることをも意味する（レチタティーヴォがあれば大祭司オローエは一人になり、そこで彼は神々に別の祈りを捧げ、再び神殿に入り、荘厳な音楽が再現されるのである）。

　それでも、このレチタティーヴォと、オペラ全体において似たような箇所がいくつも失われたことは、作品に大きなダメージを与えたとまでは言えない。実際、メトロポリタン歌劇場で行われたレチタティーヴォのカットの多くは、1820年代にはすでに行われていたものであった。

2. 合唱の動き　《セミラーミデ》の13のナンバーのうち、5つのナンバーで導入され、他の2曲でも重要な役割を果たす大規模な合唱の存在は、オペラに荘厳さと堂々たる雰囲気を与えるものだ。合唱の出番を無差別にカットすると作品の性格を変えてしまう。場合によっては、第2幕のアルサーチェの場の冒頭のコーラスのように、そのカットは、音楽を単に醜くするだけでなく、純粋に洗練された響きを取り除くことにもなる。ただ、目立たないようにカットできる場合もあるのだが。

　ロッシーニはしばしば、合唱の動きを、オーケストラの序奏（A）、その序奏に合唱パートを加えて繰り返す部分（A'）、対照的なセクションとして置く（B）、それから、再び合唱で冒頭の音楽を繰り返すこと（A'）といった風に扱っている；故ジャン＝ピエール・ポネルのような演出家は、合唱を舞台的に面白くする方法を心得ている；一方、メトロポリタン歌劇場で《セミラーミデ》の演出を担当したジョン・コプリーのように、ステージを一枚の絵のような美しさとして重視する演出家は、合唱が長すぎると感じるのだ。

　METの舞台で何をカットするかを決める際には、ドラマ上の必要性、シー

280　インテルメッツォ

ンの「景色良さ」からの必要性、そして音楽的価値についての判断といったものが思い出される。その結果として、《セミラーミデ》では、3つの同じ構成のコーラス（AA′BA′の後に終止部が続く形式）が、3つの異なる方法で扱われることになった。第1幕の導入部では、ロッシーニが他の作品でも常用する「AA′および終止部」の形に規模を減らされた。この場合、Bセクションが削除されたので、舞台上でのバンダがオーケストラから独立して演奏する、このオペラの2つの長大なパッセージのうちの1つもカットされた（もう一つの、第2幕冒頭の二重唱におけるパッセージはそのまま残された）。一方、第1幕フィナーレの冒頭の音楽的に華麗な合唱はカットされずに保たれた。

　そして、最もカットの度合いが烈しかったのは、第2幕（最終幕）フィナーレの冒頭、殺された先王ニーノの地下墓所で歌われるコーラスである。（上演前に）合唱はすべてリハーサル済みであったが、この第2幕フィナーレ冒頭の合唱曲は音楽的に弱く、劇的に問題があると指揮者と舞台監督の両方から判断された。しかし、この部分を完全にカットするのは2つの理由から無理ではあった。第一に、この曲は序曲に由来するモティーフを使いながらも、リズムは二拍子から三拍子に変化しており、その効果は誰も失いたいとは思わなかった（例6.2）。そして第二に、フィナーレの合唱に続くアルサーチェのためのレチタティーヴォにもこの部分が断片的に登場するためである。もし、このパッセージが以前に出て来ていなければ、その再登場は意味をなさない。結果とし

(譜例6.2) ジョアキーノ・ロッシーニ《セミラーミデ》のシンフォニア【序曲】の小節番号112-115、および、第2幕のフィナーレ（第13曲）における冒頭の合唱、小節番号17-20.

第6章　学者たちと演奏者たち

て、その合唱のメロディは、そのテーマのオーケストラによる導入部（最初の
Aのところ）のみに縮小され、合唱団自身の歌声はすべてカットされると決まっ
た。このことが、そこの音楽の意義を完全に変えてしまった。

　それゆえ、ここの音楽は、合唱の一部として聴かれる代わりに、本質的に、
伴奏付きレチタティーヴォのためのオーケストラによる導入部となった。これ
は、ロッシーニが他の部分で用いている音楽技法（例えば、《マオメット２世》第
２幕のカルボの偉大なアリアは、多くの可能性ある例のひとつ）とは似て非なる構造的
な仕掛けである。ロッシーニの作風には馴染みがあってもこの曲は知らないと
いう聴き手にとっては、この楽譜が無傷であると考える説得力ある理由はな
かっただろう。

3. 番号を丸ごとカット　　オペラをカットする際に最も痛みを伴わない方法
は、一つのナンバー全体を削除することである。また、ロッシーニが関わった
上演の場合、この方法が最もよく採用された。これまで見てきたように、《セ
ミラーミデ》ではテノールのイドレーノに２つのアリアが与えられている。
これらの曲は音楽的には魅力的ではあるが、ドラマに不可欠な要素というより
は、コンサート・アリア的に機能するものだ。実のところ、第１幕のアリア
は19世紀にはほとんど歌われず、1823年のヴェネツィアでのシーズン中に
はすでに省略されていたと想像される。一方、第２幕のアリアは、（アルサーチェ
役の）メゾソプラノにとっては休息に必要な時間にもなるため、軽々しく削除
することはできない。ここがないとなれば、メゾソプラノは20分のソロ・シー
ンを歌わされた直後に、イタリア・オペラで最も難しいデュエットのひとつ
（〈さて、貴方にとっては、傷ついた Ebben, a te, ferisci〉）を歌わされることになるの
だ。

　指揮者、学者、運営者といった我々は皆、イドレーノの第１幕のアリアを
待ち望んでいた。我々の時間的な目標は８分枠である。しかし、イドレーノ
はクリス・メリットの MET デビューの役柄である。メリットは、キャリアの
初期においては優れたロッシーニのテノールとして主に知られていた。彼は、
自分が両方のアリアを歌うという明確な了解のもとで契約を結んでいたので、
最終的には、２曲それぞれの内部をカットすることになった。それらのカット

はぎごちないものになったが、オペラは芸術であると同時に人間に関するものでもある。歌い手の意志を無視することはできなかった。

4. 曲内部のカット　　イタリア・オペラを演奏する場合、一つのナンバー内でしばしばカットを行う。一方、声楽のテクニックを理解している歌手ならば、ソロのアリア【訳者註：著者はこの言葉を、「アリアとは、一人で歌い続ける曲」の本意を強調すべく使っているよう】のカットは嫌う。彼らは、繰り返されるパッセージが、自分たちの芸術性を披露する機会だと理解する。彼らは、イドレーノのアリアを除いて、MET では《セミラーミデ》のソロ・アリアはすべてそのまま演奏された。なお、デュエットでは、繰り返しのパッセージが何箇所かカットされたが、これはソプラノ、メゾソプラノ、バスがこの楽譜を演奏するのに必要な「声の耐久力を」(保持すべく) 考慮してのことである。これらのカットの大部分は、ロッシーニ自身が十分に前例を出しているという慣例に従ったものである。

　例えば、アルサーチェとアッスールのための二重唱では、最後のカバレッタ〈行け、この輩め Va, superbo〉はバスが歌う主題、メゾソプラノによる主題の繰り返し、短い移行部、バスのみの主題の繰り返し、それからメゾソプラノによる繰り返しがあり、そこから今度はバスが対旋律を提供する（AA 移行部 AA'という構成）。MET では、移行部より後の音楽は最後の A だけになり、アルサーチェが旋律を歌い、アッスールが対旋律を歌い上げた。

　しかし、この歌劇場での《セミラーミデ》の何度かの上演で行われたカットのうち、少なくとも 1 つの例は、よく知られた「虚栄心から来るカット」のカテゴリーに属する。現代のバス歌手は、アッスールの〈狂乱の場〉を、ロッシーニが書いたようにトニックに下降するのではなく、高い F 音に跳躍して締め括る傾向にある。この習慣の是非はさておき（第 9 章［下巻］で議論される問題である）、バスがしっかりした F 音を出すとき、彼らはそれを数小節にわたって鳴り響かせたいわけだ。でも、アッスールのアリアのオーケストラによる終結部では、ロッシーニは、この曲の序盤で目立った「トニックとドミナントの和声が 2 小節ずつ交互に現れるというオーケストラのパターン」を簡略化した形で引用している。となると、ヘ長調の 2 小節の後、和声はドミナントの

和音に移るので、バスが持続したいハイF音は、和声の衝突を起こさずに歌い続けることはできない（例6.3）。そこで、バス歌手の側はドミナント上のこれらの小節をカットしてくれと切望し、曲はトニック上の連続する7小節で締め括られることになる。実際、アッスール役のサミュエル・レイミーはリハーサルの間じゅう、ロッシーニ筆の音楽を歌うことに不満を抱き、ある時、F音とE音を交互に演奏することで自分の不快感を示したりした（例6.4）。し

（譜例6.3）ジョアキーノ・ロッシーニ《セミラーミデ》、シェーナ、合唱とアッスールのアリア（第12番）、小節番号 475-479

（譜例6.4）《セミラーミデ》、シェーナ、合唱とアッスールのアリア（第12番）における終結部の、サミュエル・レイミー流の歌い方

かし、それにもかかわらず、（歌劇場内では）ロッシーニの楽譜を尊重するという決定が下されたので、初日の夜、レイミーは２小節にわたって高いＦ音をキープし、大喝采を浴びて退場した。しかし、歌手のエゴはコンスタントに宥めておく必要がある。私が後日の公演を観るべく戻ったとき、オーケストラが奏するドミナント上の小節は消えていた。聴衆はそこの小節すべてをトニックの和声で聴かなければならなかった。レイミーのように美しく力強い声を持つバスであっても、ロッシーニがこの効果を容認することはなかっただろう。ただ、私は、ジョアキーノ（つまりは、ロッシーニの魂）がこの悪ふざけを見ていたのではと思いたいのである。

　そして、高いＦ音が２小節分続いた後、レイミーの声は割れてしまい、オーケストラはトニカの和音を孤独に繰り返したのである。

歌のヴァリアンテと装飾

　音楽ナンバー【訳者註：モーツァルトやロッシーニの時代に顕著な、楽譜上で一曲ごとに番号が付く、いわゆる「番号オペラ」と呼ばれる作品におけるナンバー（曲そのもの）ということ】の最後に高音を持ってくることは、20 世紀の歌手や聴衆には特に親しまれている演奏効果だが、ロッシーニがイタリアの歌劇場のために作曲し、その上演を監督していた時代に活躍していた歌手たちには、実のところ、知られていなかったものである。しかし、作曲家が実際に書き下ろした音符を歌手が（自分で）修正することが期待されたやり方は他にもたくさんあり、現代に残る様々な証拠を研究することで、そういった慣習をかなり正確に理解することができる。このような演奏技法に関する知識は、過去 30 年間で非常に増えた。専門家の間でも細部を巡って意見の相違が生じうるし（実際に生じることもある）、多くの歌い手は、自分なりの装飾術を発展させてきた。あるテクニックはマリリン・ホーンに、また、あるテクニックはロックウェル・ブレイクに、さらに別のテクニックはチェチーリア・バルトリに、など。しかし、一般大衆や批評家がその問題について論評するのは、彼らの演奏が一般的な基準から大きく逸脱した場合だけであり、MET の《セミラーミデ》では、そのようなことは確かに起こらなかった。この公演に参加した歌手たちは、ほとんどの点

で、適切なスタイルのもと、スコア（の要求）を見事に実現していた。

　例えば、ほぼすべての歌手が、適切な方法でアポジャトゥーラ（倚音）を導入したのである。中には、長い経験から、声部の小さな変化をどのように扱えばよいかを正確に理解している者もいた。その、アポジャトゥーラが持つ機能とは、女性的な響きを最後に有する詩句（「[a]-mo[re]」のような単語）から次の音節に落ちる際のアクセントに対して、それにマッチする音楽的アクセントを提供することである。19世紀前半の作曲家は、最後よりも一つ前の音節と最後の音節（「[a]-mo-re」）に対して2つの等しい音を書くことが多かったが、最初の音は歌い手によって修正される（通常は1音上の音として歌われる）ことを想定していた。19世紀初頭のイタリア・オペラでは、このようなアポジャトゥーラを採用する必要があるということが、これまで何度も、権威のもとに述べられてきた原則であるにもかかわらず 36)、プロの歌手の多くは、年配者であろうと若手であろうと、譜面通りに覚えたままリハーサルに臨み続けており、その違いを知らない指揮者も驚くほどに多い。私は、ペーザロ、ニューヨーク、セントルイス、マイアミ、シカゴ、ローマで上演される作品の初期段階のリハーサルに同席し、歌手たちの楽譜に必要なアポジャトゥーラをマークしていたのである。

　しかし、《セミラーミデ》では、1ヶ所だけ、アポジャトゥーラの演奏が誤っていると感じたことがあった。それは、アッスールの偉大な〈狂乱の場〉のカンタービレ部分の冒頭であった。サミュエル・レイミーがこの場面で披露した歌は、ニューヨークの識者たちがこのオペラを「サミー・レイミー・デイ Sammy Ramey Day」と命名したほど、そのほとんどが並外れたレヴェルに達していた。しかしレイミーは、このカンタービレの冒頭で、ロッシーニの記譜法では、明らかに最初の2小節ともアポジャトゥーラを意味しているのに、2小節目だけをアポジャトゥーラで歌うべきと思い込んでしまった（例 6.5）。これは単なる好みの問題だろうか？　いや、そうではない：レイミーは間違った音を歌ってしまったのだ。ヴェルディの《リゴレット》第2幕のリゴレットのアリアの冒頭を、ヴェルディが指定したアポジャトゥーラなしで歌い上げるのも、同じような間違いである（例 6.6）。しかし、ヴェルディが作曲したのはロッシーニの30年後のことであり、歌い手たちが慣例に疎かった時代に

（譜例 6.5）ジョアキーノ・ロッシーニ、《セミラーミデ》、シェーナと合唱、アッスールのアリア（第 12 曲）、小節番号 278-279

（譜例 6.6）ジュゼッペ・ヴェルディ《リゴレット》、シェーナとリゴレットのアリア（第 9 曲）小節番号 78-79　アポジャトゥーラなしの譜面とヴェルディ筆のもの

は、ロッシーニは必要なアポジャトゥーラをすべて書き出していた。また、レチタティーヴォ的なパッセージに対して、彼がアポジャトゥーラを必要としないパッセージ（多くの場合、オーケストラの旋律に乗せたデクラメーションが含まれる部分）を区別しようとした。

　アポジャトゥーラとは別に、ヴェルディ以前の 19 世紀のイタリア・オペラの様式では（ヴェルディに至るまで、何点かの重要な広がりが起きていたが）、作曲家がカデンツァを完全に書いていない場合、歌手は適切なカデンツァを加えるか、作曲家が書いたカデンツァを、自分たちの声捌きの能力に合わせて修正する必要があった。また、この慣習は、歌い手が特定の繰り返しのパッセージを変化させることを前提としていた。たとえ、そこのパッセージが作曲家によって同型で記譜されていたとしても。そのような介入は"任意"のものとはみなされ

第 6 章　学者たちと演奏者たち　　287

ない：音楽の構成やスタイルは、そうした介入を好むように考えられていたのである。19世紀の資料には、ロッシーニが当時の歌手のために用意した手稿も含まれている。そこには、今世紀前半の歌手が使用したヴァリアンテのセットが掲載されており、また、歌唱に関する理論書には、こうした慣習を実践するための膨大な量の情報が記されている。「正しい」方法はひとつではない。装飾歌唱の芸術とは、むしろ、歴史的なスタイルと個人の個性との間の創造的な相互作用なのである。

　カデンツァを加えたり、繰り返しの部分を変化させたりする適切な方法は、歌手の数だけある。今日のほとんどの演奏者は、我々が受け入れるに十分なまでの範囲内で、歌に装飾を付けている。メトロポリタン歌劇場の《セミラーミデ》に出演した歌手たちは、それぞれ全く異なる仕事をこなしながらも、こうしたテクニックを熟知していたのは確かだ。ある者は新たに自分が歌いたい素材を準備し、ある者は以前歌ったことのあるヴァリエーションやカデンツァを新しいものと組み合わせた。ある者は事前にすべてを書き上げており、またある者はリハーサルの間に素材を練り上げていた。女王セミラーミデと若武者アルサーチェのデュエットでは、レッラ・クベッリとマリリン・ホーンが、1960年代にジョーン・サザーランドとホーンが共演した際にリチャード・ボニングが書き上げた見事なカデンツァを2人で歌ったのである。

　METのために、私はオペラ全体に対する提案の一式を用意し、ニューヨークでリハーサルが始まる前に歌手たちに送った。彼らは気に入ったものを使い、そうでないものは却下し、自分たちのニーズに合わせてそこに代用や修正を加えた。リハーサルでは、上手くいかないところを直した。もちろん、すべての視線は指揮者に注がれていた。マエストロ・コンロンが苦笑いをすると、また振り出しに戻った。最後まで誰も気にしていなかったもの、それが、"学問"である。

　歌劇場の世界とは、書かれた楽譜に服従する場所ではなく、本物の歌手が本物のオーケストラ奏者と共演する場所である；演出家が"きれいな絵"を作りたいがために、舞台を出たり入ったりしなければならないコーラス隊、一つの

ナンバーの途中で入れ替わらねばならない無神経で不適切な装置、プリマドンナを咳でベッドに追いやるような「煙」の中に現れる幽霊、歌劇場から歌劇場へと飛び回り、音楽をほとんど知らずにリハーサルにやってくるテノール。歌劇場の世界とはそういうものだ。そして、オペラを本当に愛する音楽学者たちなら、それ以外の方法は考えないのだろう。

　エディションはパフォーマンスではないし、パフォーマンスはエディションではない。そして、学問とオペラの有効性とは、互いに排他的なものではないのである。ひとたびクリティカル・エディションが劇場の世界に入り込めば、それも、他の楽譜と同じように使われる。では、本書の残りの部分（下巻）は、クリティカル・エディションであろうがなかろうが、イタリア・オペラを上演する際に生じる問題を論じるべく、費やすことにしよう。

【原註】

1）演奏における実践の一般的な問題に関する書誌については、本書の枠を超えている。この分野での最新の研究に興味のある読者は、これらの問題に特化した雑誌『古楽 *Early Music*』や、1997 年に 10 年で休刊となった、今は亡き *Performance Practice Review* のページを参照されたい。このセクションで述べられている歴史的な問題の多くは、非常に多くの論争を巻き起こしてきた。ほとんどの場合、私は本書においては、一般的な理論的意義を持つ、あるいはイタリア・オペラの上演に特に関係する事柄を記録することにとどめる。

2）Herz, "Johann Sebastian Bach in the Early Romantic Period"（特に 100-109）および "The Performance History of Bach's *B Minor Mass*" を参照。これらの問題についての最近の論考としては、Stauffer, *Bach – the "Mass in B Minor"* 特に第 6 章（"The *B-Minor Mass* after Bach's Death: Survival, Revival, and Reinterpretation"）および第 7 章（"Issues of Performance Practice"）、175-249 頁参照。

3）出版は 1851 年に始まった。ロッシーニの名前は、彼がパリに住んでいたほとんどの期間（1855-68 年）、第 7 巻（1857 年）から第 16 巻（1868 年）まで、第 8 巻を唯一の例外として、購読者として登場している。ロッシーニの《老いの過ち *Péchés de vieillesse*》に収録されている多くの作品に、バッハのスタイルの痕跡が見られる。

4）後に、例えばモーツァルトやロッシーニのオペラにおいても、ピアノではなくチェンバロでレチタティーヴォ・セッコを伴奏することが必須になったが、これは、古楽器への関心を高めていた他の特徴を軽蔑した音楽家の間でも、広く受け入れられた慣習となった。レチタティーヴォ・セッコの伴奏に関するさらなる考察については、第 12 章（下巻）を参照。

第 6 章　学者たちと演奏者たち　　289

5）1954 年に出版が開始された新版は、アルフレッド・デュールとゲオルク・フォン・ダーデルセンの素晴らしい仕事もあって、バッハの作品の多く、特に声楽曲に関する我々の知識に革命をもたらした。

6）この議論は、リフキンの解説記事「バッハの『合唱』」を伴ったノンサッチ 79036（ニューヨーク、1982 年）でのリフキンの録音によって引き起こされた。ロバート・マーシャルによる批評的な反論、Robert Marshall, "Bach's 'Choruses' Reconstituted" に対しては、リフキンによる反論「バッハの『合唱』再構成」、それに続くリフキンの反論 Rifkin, "Bach's 'Choruses': The Record Cleared" があった。

7）初期のピアノの問題についての示唆に富む議論は、Winter, "The Emperor's New Clothes" を参照のこと。マルコム・ビルソン（Malcolm Bilsson）自身、Early Music のページで幅広く執筆している。また、チャールズ・ローゼンのエッセイ Charles Rosen, "The Benefits of Authenticity"（1990 年 7 月 19 日付 New York Review of Books 誌に "The Shock of the Old" として掲載されたものが Critical Entertainments, 201-21 号、中でも特に 208-10 に再録）の中の発言も参照のこと。

8）私が考えているのは、バッハの《ブランデンブルク協奏曲第 3 番》（弦楽器群と通奏低音のための）の演奏である。数シーズン前にシカゴのシンフォニー・センターで聴いた、バレンボイムがソリストを半円状に囲み、もっともっと表現してくれと合図を送る、弦楽器群と通奏低音のためのこの曲の演奏を思い出すのである：でも、その結果、ヴィブラートが必ず激しくなり、複雑な対位法のラインは聴き取れないほどであった。

9）Brendel, "Schubert's Last Sonatas" 特に 79-84 を参照。また、ニューヨーク・レビュー・オブ・ブックス誌のウォルター・フリッシュ（Walter Frisch）の 42-43 ページに掲載された反応（1989 年 3 月 16 日付。ブレンデルの論理的な反論を含む）と、ニール・ザスロー（Neal Zaslaw）の回答（1989 年 4 月 23 日付。ブレンデルの反論代わりに彼のジョークが載っている）も参照。

10）例えば、彼の著作 The Romantic Generation の 279-82 におけるチャプター "Chopin: Counterpoint and the Narrative Forms" の冒頭を参照。

11）Taruskin, Text and Act 参照。なお、この議論に興味のある方は、Kenyon, Authenticity and Early Music から始めるとよいだろう。特に、フィリップ・ブレット（Philip Brett）とハワード・メイヤー・ブラウン（Howard Mayer Brown）の寄稿は、同巻のタルスキンの極論を正すものとしてお薦めである。演奏家向けの論考としては、le Hurray, Authenticity in Performance を参照のこと。このテーマに関する 2 つの哲学的論考は、Kivy, Authenticities と、Scruton, The Acsthetic of Music の特に第 14 章「演奏 Performance」438-56 を参照。いつものように、チャールズ・ローゼンは自著 Charles Rosen, "The Benefits of Authenticity" の中で強い信念、エレガントな散文、良い議論と悪い議論を分ける能力を議論に持ち込んで述べている。

　　最近の最も重要な貢献としては、歴史的、批評的、哲学的な議論を初めて真摯に扱い、問題への真に新しいアプローチを試みたもの。Butt, Playing with History である。

12）ストラヴィンスキーとバロック音楽との最も顕著な作曲上の関わりについては、Brook, "Stravinsky's Pulcinella" を参照。ほとんどの場合、ストラヴィンスキーは、大英図書館またはナポリのサン・ピエトロ・ア・マイエッラ音楽院の図書館にある手稿譜や印刷版

をもとに 20 世紀の音楽家や学者が編集した印刷資料から、バロック音楽のレパートリーを入手した。大英図書館の資料を扱ったエドムンド・ファン・デル・ストレーテン（Edmund van der Straeten）は、初期の楽器、特にヴィオルとそのヴィオルの演奏、および知られていないバロック音楽と古典音楽の作品に関心を持つチェロ奏者として最もよく知られている。彼の最も重要な著書は、*History of the Violoncello, the Viol da Gamba, their Precursors and Collateral Instruments with Biographies of All the Most Eminent Players of Every Country* である。ストラヴィンスキーが採用した音楽のうち、ペルゴレージの楽曲はそのほんの一部であることは現在では周知の事実だが、《プルチネッラ》を理解するうえではそれはさほど重要ではない。重要なる疑問は、（1）学者たちはどのような音楽を選んだのか、そしてその理由は何か、（2）ディアギレフがストラヴィンスキーに提出した原稿は、20 世紀初頭の音楽家や学者による編集上の決定をどのように反映していたか、である。ストラヴィンスキーが音楽で芸術家としてやるべきことをやったというのは、もちろんこれらの問いに影響されるものではなく、ストラヴィンスキーの音楽がバロック時代の音楽に対する現代の態度に影響を及ぼさなかったのではという推定もできない。しかし、これまでと同様に、学問と作曲や演奏との関係を、スローガンに変形させることはできない。

13) 実際、キヴィは「個人的にオーセンティックな演奏家」と呼ぶことで、この言葉を復興させようとしている（Kivy, *Authenticities*, 286）。

14) Furie, "An 'Authentic' Cavpag!" reviewing Angel SZCX 3895 を参照のこと。【訳者註：この CD 番号は、1979 年録音のムーティ指揮《カヴァレリア・ルスティカーナ》《道化師》のカップリング盤を指している】

15) Righetti-Giorgi, *Cenni di una donna già cantante*, 29-37 頁参照。第 3 章の冒頭で見たように、ロッシーニ自身の反応は、最近発見された母親に宛てた手紙に表れている：その手紙は、初演の後、より成功した第 2 回公演の後に再び書かれたものであった：Rossini, *Lettere e documenti*, 3a: 119-23 参照のこと。

16) スタンダールの『ロッシーニの生涯』Stendhal, *Vie de Rossini* には、イタリアの劇場の社会生活に関する鋭い観察が満載である。例えば、第 6 章 "L'Impresario et son théâtre," 136-48（trans. *Coe, Life of Rossini by Stendhal*, 110-19）参照。イタリアの劇場での生活に関するバルザックの最も優れた描写は、彼の短編小説 *Massimilla Doni*（1839）に見出すことができる。そこには、ヴェネツィアのフェニーチェ座での《エジプトのモーゼ》（ロッシーニ）の公演の「想像上の再現」シーンが含まれている。

17) これらの事柄は、それぞれ下巻の第 9 章、第 12 章、第 13 章で述べられている。

18) ひょっとして、演出、照明、歌唱、オーケストラの配置など、19 世紀のテクニックを用いて現代的な上演を実現しようとした最も魅力的な試みは、1984 年 12 月にモデナのコムナーレ劇場で上演されたヴェルディの初期の作《エルナーニ》であろう。それは、イタリアでのクリティカル・エディションを用いた初の実演であった。同時期に開催の会議で発表された論文は *Ernani, ieri, e oggi* に収められている。

19) Rosen, "The Benefits of Authenticity," 204 頁参照。

20) ヴォルテールの物語『キャンディード』を知っている人もいるだろう。バーンスタインのミュージカルのおかげで【訳者註：《キャンディード》は、楽譜には Comic Operetta と

第 6 章　学者たちと演奏者たち　　291

銘打たれ、「喜劇のオペレッタ」という人を喰ったジャンル名になっている（オペレッタは喜劇が前提条件なので）】

21) Donal Henahan, "Met Season: Better Than It Looked," *New York Times*, 21 April 1991, 25 に掲載。

22)《セミラーミデ》のクリティカル・エディションに関するすべての事柄は、完全に記されている。そちらを読めばわかることを脚注で繰り返したわけではない。

23) リコルディ社は、最も貴重な自筆原稿をより安全な場所に移したが、音楽アーカイブの大部分は移さなかった。

24) しかし、現在では、19世紀の多くの版が、ミラノのリコルディ社が1825年に出版した最初のイタリア語版に由来していることがわかっている。この版は、部分的に不完全な口伝えに依存している（Gossett, "Piracy in Venice" 参照）。

25) 入手可能なヴォーカル・スコアは、リコルディ社の「廉価版 edizione economica」の復刻版か複製版、もしくは、ブージー社のヴォーカル・スコアになる。こちらはかなり完全に近いものであり、フルスコアのどこに不備があるかはすぐにわかった。

26) これらの楽譜を今日使うには、わずかな変更が必要である。例えば、当時の典型的なバンダで使用可能なトランペットの質はあまり良くなかったため、編曲者はしばしば、違うキーのトランペットを使った。どのトランペットが特定の音を演奏しやすいかによって、1つの音をこちらに、1つの音をあちらにといったように様々なトランペットに分担させるのである。今日の歌劇場では、トランペット奏者の芸術性を信頼し、歴史的な楽器であろうと現代的な楽器であろうと、可能な限り、メロディ全体を1つの楽器に割り当てる方が賢明である。

27) 実際、2001年に《セミラーミデ》のクリティカル・エディションを印刷することになったとき、著者たちは以前の楽譜を完全に放棄し、オペラ全体を新たに処理した：確かに手間はかかったが、出来上がった楽譜の正確さには自信があった。

28) イタリアで上演された初期のセットと衣裳は、Biggi and Ferraro, *Rossini sulla scena dell'Ottocento* に再現されている。

29) 現存する19世紀の装飾歌唱法は、クリティカル・エディションの解説内に豊富に掲載されている。ロッシーニ自身の装飾法は、メイン・スコアの付録の項に記載されている。

30) 通常、オーケストラのリハーサルは、歌手のリハーサルの後に開始される。一方、《セミラーミデ》の場合は、メトロポリタン歌劇場のスケジュールにより、最初のオーケストラのリハーサルは、歌手とのリハーサルより先に行われた。

31) Butt, "Negotiating between Work, Composer, and Performer: Rewriting the Story of Notational Progress（作品、作曲家、演奏家間の交渉：記譜法の進歩の物語）" の章（Butt, *Playing with History*『歴史と遊ぶ』[96-122] 内に所載）は、この現代の例を念頭に置いて再読されるべきである：バットが注意深く提示している理論的モデルは、いかに興味深いものであっても、実際の上演状況という観点から評価される必要がある。現実はまったく異なるものだ。現代の証拠としては、バットが19世紀のフランスやイタリアのオペラの上演で実際に使われたパート譜一式（印刷されたものであれ写本であれ）を見たことがあるかどうか疑問に思う。パーカーによる理論的マニフェストの引用（Parker, "A Donizetti Critical Edition in the Postmodern World"）とヘポコスキの論文

Hepokoski, "Overriding the Autograph Score" では――ヴェルディの最後の2つのオペラにしか適用できないとしても――結論を出すには証拠が不十分である（Butt, 99-100 参照）。

　しかし、演奏実践に関する多くの論者と同様、バットは19世紀のイタリア・オペラや、その上演をめぐる膨大な文献にはほとんど関心がない（公平を期すために書くが、彼は作曲家と歌手の相互作用を示す2つの重要な論文には触れている：Armstrong, "Gilbert-Louis Duprez and Gustave Roger in the Composition of Meyerbeer's *Le Prophète*" と Smart, "The Lost Voice or Rosine Stolz" である）。

32）もちろん、そのような状況をカヴァーしているからといって、必ずしもオーケストラの奏者がその指示に従うとは限らない。

33）プロの音楽家で構成されていない軍楽隊であるバンダ・スル・パルコ Banda sul palco は、モーツァルトが《ドン・ジョヴァンニ》などで用いる、舞台や袖の上で演奏するオーケストラ・アンサンブルと混同してはならない。

34）《ギヨーム・テル》については、クリティカル・エディションの序文、xxxii-xxxviii を参照のこと。《ドン・カルロス》の問題については、Budden, *The Operas of Verdi*, 3: 24-25 に概略が述べられている。

35）《セビリャの理髪師》ファクシミリ版への筆者の序論、20-21（英語）、73-74（伊語）参照のこと。

36）現代の研究者によるアポジャトゥーラに関する多くの議論の中からは、Crutchfield, "The Prosodic Appoggiatura in the Music of Mozart and his Contemporaries" を参照。ベゲッリは Beghelli, *I trattati di, canto italiani dell'Ottocento*, 423-47 の中で、主にイタリアの19世紀のオペラに注目している。クラッチフィールドもベゲッリも、現代の文献を多数紹介している。この点については、第9章（下巻）で詳しく述べる。

第6章　学者たちと演奏者たち　293

用 語 集

＊原著の綴りが複数形であることに注意

Accompanied recitative　伴奏付きレチタティーヴォ

　鍵盤楽器奏者を伴わず、オーケストラで伴奏するレチタティーヴォ。1815 年、フランスの慣習に倣い、ロッシーニはオペラ・セリアにおいては、レチタティーヴォを弦楽器で伴奏するようになった。それ以前の段階では、伴奏付きのレチタティーヴォについては、アリアやアンサンブルを導入する部分において、「より手の込んだ朗唱部」を表現する**シェーナ（場面）**でのみ使っていた。弦楽器だけでなく、管楽器も用いた。1820 年代と 1830 年代には、オペラ・ブッファを除くすべてのオペラにおいて、レチタティーヴォの部分がオーケストラを伴って演奏されるようになった。ヴェルディの作品では、若かりし頃のオペラ・ブッファ《一日だけの王様》（1840）だけが、*secco* recitative（**鍵盤楽器で伴奏するレチタティーヴォ**）を使用している。【訳者註：著者は、この用語の解説文を「イタリア語オペラ」に限定して書いている】

Accompaniment　伴奏

　叙情的な衝動を強く有する音楽については、しばしば“旋律”と“伴奏”に分けられると考えられる。後者には、上弦の和音の**アルペジエーション（アルペジオ）**や、作曲者が好むリズムパターン（ヴェルディはポロネーズのリズムを好んだ）など、標準的な手法が頻繁に用いられる。イタリア・オペラの作曲家は、旋律に注意を払いすぎ、伴奏には十分な注意を向けないという批判を受けていた。

Alexandrine　アレクサンドラン

　フランスの韻文劇（ラシーヌ、コルネイユ）では、アレクサンドラン【訳者註：12 音綴】が詩の基本単位になる。これは、12 音節の行であり、途中に行間休止がある；各行の両半分に無言の語尾がある場合もある。イタリア語の詩では、これはドッピオ・セッテナーリオ（複 7 音節詩）に相当し（同様の韻律については**クイナーリオ・ドッピオ［複 5 音節詩］**を参照）、この時代のオペラ台本にはほとんど見られない詩形である。

Antefatto　アンテファット

　オペラが始まる前に起きていた出来事を意味し、リブレットに書かれたオペラのドラマトゥルギーを理解するために必要なもの。出版されている台本では、アンテファットについては、巻頭に印刷されていることが多い。

Appoggiatura　アポジャトゥーラ

　19 世紀の最初の 10 年間、イタリアの作曲家たちが（18 世紀に普及した技法を発展させて）**ヴェルソ・ピアノ**の最後の 2 音節を同一の音高（音の高さ）で設定した

とき、その部分は実際には記譜通りに歌われないものと理解されていた。通常、アクセントのある終止音節の最初の音は、一段高く歌うか、まれには一段低く歌う；アクセントのある最終音節の2番目の音は、書かれた通りに歌われる。【訳者註：例えば記譜がC⇒C（ド・ド）であるならば、D⇒C（レ・ド）と変えて歌う等】

Aria　アリア

独唱をフィーチャーした楽曲の総称。サブカテゴリーとしては、**カヴァティーナ**や**ロンド**がある。アリアは常に独唱（ソロ）を特徴とするが、多くの場合においては、合唱や1人または複数の**ペルティチーニ**、つまり、アリアの中で補助的な役割を果たす他の登場人物たちも参加【訳者註：して声を合わせる】。

Aria di Baule　アリア・ディ・バウレ

文字通り「トランクのアリア」。有名な歌手たちは、自分が演ずる役に、芸術的表現を発揮できる「見せ場や聴かせどころ」が少ないと感じたときに、オペラに自分で挿入するための「お気に入りのアリア」の楽譜を手元に用意して各地の歌劇場に向かっていた【訳者註：オペラの作曲者とそのアリアの作曲者が違う場合ももちろんある】。

Aria di sorbetto　アリア・ディ・ソルベット

「シャーベットのアリア」の意味。脇役が歌う短い独唱曲。イタリアの歌劇場で、主要な登場人物が舞台袖にいる（ステージから消えている場面）ときに、客席でシャーベットを売り、それを食べる習慣があったことに由来する。ロッシーニは、しばしば、別の作曲家（協力者）にアリア・ディ・ソルベットの作曲を依頼した。

Arppegiation　アルペジエーション（アルペジオ）

和音は、1つのソノリティ（響き）として一度に奏することもできるし、1音ずつ連続して演奏することもできる。アルペジエーションは、連続する和音から伴奏型を発展させる技法である。

Articulation　アーティキュレーション

作曲家は、音程やリズムだけでなく、アクセント、スラー、スタッカートなどを用いて、演奏者が音程をどのように解釈すべきかを示す。このような演奏指示の総体を、そのパッセージのアーティキュレーションと呼ぶ。

Autograph manuscript　自筆譜

作曲家が自分の手で書いたオペラの楽譜。時には、自筆譜の中に、他の作曲家の手になる**レチタティーヴォ**（セッコ、または伴奏付き）のパッセージや、いくつかの小さな曲（しばしば**アリア・ディ・ソルベット**）が作曲譜として残されていることもある。また、作曲家の作と思われる曲の譜面が、写譜者の手によってのみ残されていることもある。それでも我々は、手稿の全体を「作曲家の自筆譜」と呼ぶことにしている。

A Vista　ア・ヴィスタ

ある場面と別の場面の間で舞台転換を行う時、その模様がすべて、観客の視界に入るようにするやり方を、転換の「ア・ヴィスタ【訳者註：目に見えて】」という。

19世紀の背景画のシステムと限られた数の立体的な構成要素のシステムが、こうした急速な変化を実現しやすくした。

Ballata　バッラータ

曲調は単純であり、通常は有節の歌になり、独特のポピュラーな趣きがある。ヴェルディのオペラでは、バッラータはしばしば、より複雑な場面の中に組み込まれる一曲となる（例えば、《仮面舞踏会》第1幕の導入部のオスカルのソロ〈空の星をご覧あれ Volta la terrea〉）。

Banda sul Palco　バンダ・スル・パルコ（舞台上のバンダ）

「ステージバンド」の意味。1818年、ロッシーニの在ナポリ時代から、作曲家は、オペラの特定の場面で、衣裳をつけた吹奏楽団を舞台上に登場させ、主人公たちが実際に耳にする音楽（行進曲や、行列するための曲）を演奏する習慣を持った。吹奏楽団は、たいていは地元の軍隊から供給された。ヴェルディも《リゴレット》（1851）までは、バンダ・スル・パルコを起用していた。現在では、このような小楽隊は舞台袖で演奏することが多い。

Bel Canto　ベルカント

「美しい歌声」。この言葉は、現代人の用語としてはさまざまな使われ方をするが、一般的には、ロッシーニ、ベッリーニ、ドニゼッティと彼らの同時代の作曲家たちによって19世紀の最初の数十年間に書かれたオペラのスタイルを指す。また、ドラマティックな歌いぶりと比較して、声の柔軟性と美しい響きを強調する歌唱スタイルを指すこともある。けれども、ヴェルディが作る音楽がベルカント的なパッセージに満ちているのに対し、19世紀初頭の音楽の方が、しばしば強い宣言的パッセージを有することも明らかであろう。

Bifolio　バイフォリオ

二つ折りにした一枚の紙の四辺に、それぞれ別の楽譜が描かれてある状態（四面それぞれに楽譜が描かれた1枚の紙）。**継続的草稿**を用意しなかったロッシーニは、通常、自筆稿を一連のバイフォリオとして構成した；ヴェルディは、自筆稿を作成する前に、各曲の正確な長さを把握していたため、自筆稿を一連のバイフォリオの入れ子、他の言い方だと“小束（分冊）”もしくは**折り丁**として構成した。

Brindisi　ブリンディジ

文字通りにいえば「乾杯の音頭」である。ヴェルディの《椿姫》では、アルフレードが歌い、次いでヴィオレッタが歌うブリンディジ（俗称〈乾杯の唄〉）があり、《マクベス》では夫人が歌う曲を指して呼ぶ用語である。多くの場合は、単に「酒を酌み交わす歌」を意味する。【訳者註：イタリア・オペラではほかにも、ヴェルディの《オテッロ》やドニゼッティの《ルクレツィア・ボルジア》にも同種の曲があり、フランス・オペラにもトマの《アムレット（ハムレット）》など類例が多い。基本的に合唱を伴う】

Cabaletta　カバレッタ

多くの部分に分かれる**アリア**やアンサンブルにおいて、最後の部分を指し、通常

はきびきび進むセクションとなる。19世紀前半まで、カバレッタは通例、主題、短い移行部、主題の反復部、そしてカデンツ（終止部）で構成されていた。ロッシーニ（そしてベッリーニやドニゼッティも同様に）は、反復（繰り返し）の部分が歌い手によって自由に装飾されることを期待していた。

Cantabile　カンタービレ

抒情的な味わいを有し、緩やかに流れるセクションを指す。**アリア**においては、冒頭のセクションが通常はカンタービレになる。**デュエット（二重唱）**においては、2番目のセクションのことをカンタービレと呼びならわし、しばしば、2つの声が緊密なハーモニーのもと（3度もしくは6度）で一緒に歌い合う。より一般的には、抒情的な旋律線に対して使われる。

Carnival Season　カーニヴァル・シーズン

19世紀のイタリアの演劇カレンダーは、教会暦に応じて、いくつかの季節に分かれていた。最も重要なのはカーニヴァルの季節であり、12月26日に始まり、都市によっては四旬節の初め、あるいは受難週の始まりまで続いた。1818年のカーニヴァル・シーズンは、1817年12月26日から始まっている。

Cavatina　カヴァティーナ

19世紀においては、カヴァティーナは通常、それまで舞台に登場したことのない人物のための「登場の**アリア**」であった。この用語は特定の音楽形式を意味するものではなく、19世紀の時点では、多部構成のアリアの「初めの叙情的な部分」を表すべく使われることもなかった（その場合、正しい用語は**カンタービレ**になる）。ロッシーニの曲には時折り、18世紀当時の名残りを見ることがある。そこでは、カヴァティーナは、通常、オペラの終盤に置かれる（一つのセクションのみの）短いアリアを意味している。

Cavatine　カヴァティーヌ

イタリア語の**カヴァティーナ**をフランス語のオペラに宛がったもの。意味は同じ。

Choregus　カリーガス（コレゴス）

合唱の主導者。この用語は古代ギリシャ劇に由来する。

col basso　コル・バッソ

「低音楽器とともに」の意。オペラの作曲家は、楽譜をオーケストレーションする際、バスーン、チンバッソ、ヴィオラ、チェロといった楽器群に、「コントラバスと一緒に演奏するように」と指示し、低音を補強すべく、この用語をよく使用した。

come Scritto　コメ・スクリット

「書かれたとおりに」の意。演奏家によっては、書かれた楽譜や印刷譜の指示に（常に）厳密に従うべきと考える人がいる。しかし、そうすることで彼らは、作曲家の楽譜には、その楽譜を解釈するための一連の慣例が「暗黙のうちに存在するという状況」を理解しえないままになってしまう。

Come Sopra　コメ・ソプラ

「上記のように」の意。作曲家が**自筆譜**で（それから、続いて、写譜を作成すると
き）、このフレーズを使う。それは、変更なしにそのまま繰り返されるパッセージ
をわざわざ書き出すことを避けるためである。その代わりに、A 点から B 点まで
の音楽がフルサイズで繰り返されることも明確に指定する。場合によっては、作曲
家が声のラインとオーケストラの低音パートを書き出したうえで、オーケストレー
ションの残りの部分に適用させるべく、この「コメ・ソプラ」を使うこともある。

Concertatore　コンチェルタトーレ

公的に指揮者が導入される前の時代（1850 年代）、コンチェルタトーレとは、オ
ペラ上演に関して主に責任を負う音楽家を指し、ほとんどの場合、オーケストラの
第一ヴァイオリン奏者であった。作曲家が不在の時は、リハーサルを指揮する。本
番では、他の楽器奏者や歌手勢に合図を送ったり、**ヴィオリーノ・プリンチパーレ**
として特別にマークされた位置からヴァイオリンを弾いて全体を牽引する。

Continuity Draft　継続的草稿（継続稿）

連続した下書き（ドラフト）を提供する構成スケッチ（通常は、主要な声部とその
歌詞、楽譜、**伴奏**のヒントが記される）であり、オペラの中の 1 つの曲、またはオペ
ラ全体のために書かれるもの。ヴェルディはこのような草稿を定期的に使用した
が、それ以前の作曲家はあまり使用しなかった。

Convenienze　コンヴェニエンツェ

19 世紀初頭にイタリア・オペラの基本的な構図を決定した一連の慣習を指す：
音楽ナンバーと**レチタティーヴォ**の組み合わせ、**アリア**や**デュエット**の量とその順
序、主要な登場人物と二次的な登場人物の声域など。これらの慣習はドニゼッティ
の《劇場的都合不都合 *Le convenienze ed inconvenienze teatrali*》のような
オペラで風刺された。

Copisteria　コピステリア（写譜所）

イタリア・オペラで総譜とパート譜（個々の楽器や歌手のための）を作る工房をコ
ピステリアと呼び、そこで写譜師たちが働いている。コピステリアは独立した企業
体である場合もあるが、時には特定の歌劇場と直接結びつく存在でもあった。
1808 年にジョヴァンニ・リコルディがミラノに設立したリコルディ社は、もとも
とはコピステリアであった。

Crescendo　クレッシェンド

音量を徐々に増加させること。音楽的なサインとして置かれることもあれば、縮
めた *cresc.* で記されることもある。"ロッシーニ・クレッシェンド"はクレッシェ
ンドの一種であり、規則的、かつ反復するフレーズ構成のもと、新しい楽器が漸進
的に追加され、音域の上方への拡大や下方への拡大なども有する、特殊なクレッ
シェンドである。ロッシーニは序曲の中で、自分のトレードマークであるクレッ
シェンドを定期的に採用している。

用 語 集　299

Crook　クルック（替管）

ナチュラル・ホルンは長さが決まっているため、特定の調の中で特定の音しか演奏できない。そこで、様々な長さのメタル・チューブ（クルック）を中に挿入することで、ホルンが出す音を変え、さまざまな調に対応させることができた。演奏者にクルックを変えるよう指示することで、作曲家はホルンが曲全体を通して演奏できるようにした。19世紀に入ると、バルブが追加され、ホルンはより幅広い音域を演奏できるようになった。

***Da Capo* Aria　ダ・カーポ・アリア**

18世紀の**アリア**の形式。作曲者が主部（A）と新しいテキスト（B）への短い中間部を書いた後、主部（A）全体をダ・カーポ（最初から）繰り返すよう合図しておく。18世紀の歌手は、ダ・カーポのアリアの再現部では、旋律線の音符を変化させる【訳者註：自発的に装飾を付ける】ことが期待されていると知っていた。

***Decasillabo*　デカシラボ（10音節詩）**

イタリア語の詩では10音節で**ヴェルソ・ピアノ**とし、通常、第3音節、第6音節、第9音節にアクセントが置かれる。ヴェルディが1840年代のリソルジメントの合唱曲（《ナブッコ》の〈行け思いよ、翼に乗って Va pensiero sull'ale dorate〉など）で頻繁に使用した。

***Décasyllabe*　デカシラブ**

11音節からなるフランス語の詩行。フランス語の詩は、最後の音節が無音の場合はそれは数えずに分析される。

Diminuendo　ディミヌエンド

音量を徐々に下げること。音楽的な指示として使われたり、*dim.* と略して表したりもする。

***Disposizione scenica*　ディスポジツィオーネ・シェニカ**

オペラの初演時に、舞台装置や舞台美術、主要な登場人物や合唱の舞台上での動きなど、それらがどのように演出されたかを記した印刷物。これは、その作品の他の上演の参考にすることを意図している。ヴェルディがパリで《シチリア島の晩鐘 *Les Vêpres siciliennes*》（1855）を作曲した際の経験からイタリアに導入したが、世紀が進むにつれてディスポジツィオーネ・シェニカもどんどん複雑になった。1893年までにリコルディ社はそれらを出版することを中止した。

***Divertissement*　ディヴェルティスマン**

フランスのオペラは、一晩の間に一度か二度、舞台が中断され、「いくつかの対照的な舞踊と合唱を含む余興」が上演されるように構成されている。場合によっては、ディヴェルティスマンが筋書きに巧みに組み込まれていることもある（例えば、《ギヨーム・テル》の第3幕では、オーストリア兵がスイスの乙女たちにダンスを強要する）；また、完全に装飾的な場合もある。ヴェルディが《マクベス》（1847）をパリ初披露（1865）のために改訂した際、ディヴェルティスマン（第3幕の〈ヘカテーの降臨〉）を組み込まざるを得なかった。

Dominant　ドミナント

　音楽理論の専門用語であり、長音階または短音階の５度を意味する；その度で構成される長調の和音（音符が追加される場合は７度の和音となることもある）；または、その度に基づいて構築された調性を指し、新しく、一時的な**トニック（トニカ）**として機能する。

Duettino　デュエッティーノ

　短い二重唱。多くの場合、デュエッティーノには特別な伴奏がつく。例えば《ゼルミーラ》（1822）では、ロッシーニはイングリッシュホルンとハープだけの伴奏でデュエッティーノを書いている。

Duetto　デュエット

　２人の歌手をフィーチャーした、複数のパートからなる楽曲。ロッシーニはすでに、デュエットを通常４つのセクションで構成した。最初の対峙（同時代の人々には**プリモ・テンポ**として知られていた）、叙情的な第２部（**カンタービレ**）、経過的なパッセージ（**テンポ・ディ・メッツォ**）、そして最後の速い部分（**カバレッタ**）である。ヴェルディは冒頭部分を省略する傾向があった。彼と同時代のアブラーモ・バゼヴィは 1859 年に、二重唱でその省略された最初の部分をテンポ・ダタッコ *tempo d'attacco* と呼んでいるが、これはおそらく彼の造語であろう。

***Endecasillabo*　エンデカシラボ（11 音節詩）**

　ヴェルソ・ピアノとして 11 音節からなるイタリア語の詩の行。10 音節目にアクセントがある。台本作家はエンデカシラボを大まかには**ヴェルシ・ショルティ（無韻詩句）**で使い、この韻律は**ヴェルシ・リリチ（抒情詩）**ではあまり使われなかった。

***En travesti*　アン・トラヴェスティ**

　19 世紀の最初の数十年間、イタリア・オペラの女性歌手——通常はメゾソプラノかコントラルト——に求められた、若く男らしい英雄の役をこなすべく求められた典型的なこと。アン・トラヴェスティもしくは異性装（ズボン役）。ロッシーニの《タンクレーディ》の主役や《セミラーミデ》のアルサーチェのような役は、18 世紀にはカストラートによって歌われていただろう。イタリアでは広まったが、フランスではズボン役を英雄のキャラクターに使うことは否定された。【訳者註：フランス・オペラでも青少年のキャラクターならば、女声が演じる例は多い】

***Farsa*,（pl.）*Farse*　ファルサ、（複数形）ファルス**

　いくつかの小さな、あるいは地方の歌劇場（ヴェネツィアのサン・モイーゼ劇場、ナポリのテアトロ・ヌオーヴォ）のために、作曲家はファルサと呼ばれる短い１幕のオペラを書くよう、頻繁に依頼された。ロッシーニは 1810 年から 1813 年にかけて、サン・モイーゼ劇場のために５つのファルサを書いた；ドニゼッティは、1820 年代から 1830 年代にかけて、ナポリのテアトロ・ヌオーヴォやテアトロ・デル・フォンドのために数多くのファルサを準備した。

用語集　*301*

Figured Bass　フィギュアード・バス（数字付き低音）

レチタティーヴォ・セッコでは、低音のラインに、演奏される和音を示す一連の数字や記号が記されていた。鍵盤楽器奏者とチェリストがそれらの和音を使って**伴奏**を即興的に作るべく期待されていた。

Gatherings　集めもの

ヴェルディは、**自筆譜**を、「ファシクル　小束」または「ギャザリング　集めもの」とも呼ばれる、互いに入れ子になっている**二つ折り（バイフォリオ）**のシリーズで構成しておくのが常であった。ヴェルディは、以前に書いたオペラを頻繁に再演していたため、ギャザリングの構造が乱れていると、作曲家がどこで変更を加えたかを理解するのに役立つのである。

Gran Scena　グラン・シェーナ

グラン・シェーナとは、多くの異なる部分から成り、それぞれが対照性を有し、叙情的な部分（多くて4つか5つ）を持ち、それらを繋ぐパッセージもあるといった「手の込んだ**アリア**」を指す。オペラ一作の中でこのような曲は、あるとしても1つぐらいになる。一般的には第2幕の中で、最も重要な歌手に与えられる。（タンクレーディ、エルミオーネ、《マオメット2世》のアンナなど。それらはみな、グラン・シェーナと呼べるような聴かせどころに恵まれている。

Green Room　グリーンルーム

劇場のバックステージエリアにおいて、出演者が舞台にも楽屋にもいないときにくつろぐスペース。そこでウォームアップをしたり、客に面会したりする。

Horns, Natural and Modern　ホルン、ナチュラル・ホルン、モダン・ホルン

ナチュラル・ホルンは1本の管でできている。ピッチを変えるには、管の長さを変えるための**替管**を導入する必要がある。モダン（現代の）ホルンは、バルブを使って、同じような変更をもっと簡単に行うことができる。とはいえ、ナチュラル・ホルンの音はモダン・ホルンの音とはかなり異なるので、一つを選べば利点を得る場合もあるが、妥協の結果になることもある。

Impresario　インプレサリオ

19世紀前半のイタリアの歌劇場の社会制度における重要人物。インプレサリオ（興行主）は劇場の経営（財政管理に加えて、しばしば政府やボックス席の所有者たちからの補助金獲得）を期待されていた。そして、演目のレパートリーや歌手を選ぶことも求められた。最も優れた興行主たちは、ナポリ、ウィーン、ミラノで腕を振るったドメニコ・バルバイヤと、フィレンツェのアレッサンドロ・ラナーリである。ラナーリは、財政的にも芸術的にも歌劇場を維持しえた。しかし、多くの場合、興行が不成功に終わると、インプレサリオは政府やボックス席の所有者たちに、未払い金を残したまま出奔した。

Key　キー（調）

調性音楽では、長調（ハ長調のような）であれ短調（イ短調のような）であれ、作曲は「一つの調にある」と言われる。音階や和音の主音は**トニック（トニカ）**とし

て知られる。作曲家は、ある調から別の調への移動を、「劇的な出来事を音楽的に支える」方法として用いる。たいていの場合、個々の楽曲の番号は、作曲家が調の順序を制御するための単位になるが、作曲家が調性を使って一連の楽曲やオペラ全体に音楽的な形を付与する例も多くある。

Largo ラルゴ（フィナーレのラルゴ）

ほとんどの主要なアンサンブル、特に第 1 幕（2 幕だてのオペラの場合）の本格的なフィナーレ、または（2 幕以上のオペラの）内部幕の本格的なフィナーレには、一般的にラルゴと呼ばれる、ゆったりとした歌謡的なアンサンブルが含まれる。有名な例としては、《セビリャの理髪師》の〈Freddo, ed immobile〉や、《ランメルモールのルチア》のいわゆる六重唱〈Chi mi frena in tal momento〉がある。ヴェルディは、最終楽章の最後を**ストレッタ**（急速な終結部）で締めくくることが多かったが、《オテッロ》のようなオペラでも（全 4 幕で第 3 幕において）、ラルゴを入れる習慣を続けた【訳者註：この項目は、一般的にコンチェルタート *Concertato* とも呼ばれるもの】。

Libretto リブレット

オペラの台本のこと。通常の場合は韻文である。この言葉はまた、19 世紀の公演時に配布された印刷物で、「一定の（特定の）上演期間内の公演」において歌われたオペラの歌詞を反映している。【訳者註：上演期間が終わり、次の機会にその演目が再演された場合、差し替えのアリアが入ったり、カットされるシーンが出たりすると、リブレットはその修正を施したうえで新しく印刷するので、「一定の（特定の）」という但し書きが付く】

Loggione ロッジョーネ

劇場の**パルキ**の上に位置する、最も裕福でない人々のための席（最廉価席）。安いチケットを買う観客は劇場の上部の席に座るので、舞台で起こっていることをほとんど見られずにいる【訳者註：ただし、音響面では優れていることが多い】。イタリアのほとんどのオペラ・カンパニーでは、19 世紀に建てられた劇場（または同じ様式で建て直された劇場）を使い続けているため、ロッジョーネも存在し続けている。

Loggionisti ロッジョニスト

ロッジョーネの常連はロッジョニストと呼ばれる。彼らは、劇場の観客の中で最も物知りであると自負しており、上演中に自分の意見を声高に主張することに何のためらいもない。

Maestro al Cembalo マエストロ・アル・チェンバロ

レチタティーヴォ・セッコのあるオペラで、**レチタティーヴォ**の伴奏と**フィギュアード・バス**（数字付き低音）を担う鍵盤楽器奏者。（昔の）オペラ初演の際には、作曲者自身が初演からの 3 晩、この役割を果たすことが求められた。

Manuscript Copy 写本（手稿写本）

オペラは通常、印刷されたオーケストラ・スコアではなく、（初演地の）地元の**コピステリア**で作られた写本（手稿譜）で流通した。現代の出版社から入手可能なオ

用 語 集　303

ペラ楽譜にまつわる多くの重大な問題は、それらの印刷譜が、作曲家自身の**自筆譜**からではなく、むしろ、その時代の適当な手稿写本から派生したものであることに起因する。

Messa in Scena メッサ・イン・シェーナ

mise-en-scène のイタリア語訳で、オペラの演出のこと。

Mise-en-Scène ミザンセーヌ／ミゾンセーヌ

オペラの演出に関わる広範な問題を指すフランスの用語。フランスではすでに1820 年代から、地方の劇場や将来の再演のために「演出に関する情報を提供」すべく、「舞台演出の台本（livrets de mise-en-scène）」として、このような情報を発信し始めていた。

Modulate 転調（すること）

作曲家が楽曲のある部分において、ある調から別の調へと実際に移ること。その場合、最初の調から 2 番目の調に「転調する」という。この用語は、1 つの曲または曲のセクションが 1 つの調で終わり、次の曲が新しい調で始まる場合には使わない。

Novenario ノヴェナーリオ（**9 音節詩**）

9 音節（**ヴェルソ・ピアノ**）からなるイタリア語の詩行。第 8 音節にアクセントがある。これは詩的な韻律としてはありがたくないものとされ、本書が対象とする時代においては、オペラの台本で使われることはほとんどなかった。

Number Opera 番号オペラ

19 世紀の初めから世紀の 3 分の 2 ぐらいまでの期間、イタリア・オペラはほとんど、**レチタティーヴォ**で区切られた「ナンバー（番号）」と呼ばれる一連の音楽単位で構成されていた。音楽ナンバーの詩は**ヴェルシ・リリチ（抒情詩**）であり、レチタティーヴォの詩は**ヴェルシ・ショルティ（無韻詩句**）である。より冒険的な作品になると、作曲家たちはドラマトゥルギーをもっと連続させるべく追求した（番号を使わずに）。するとそれは、彼らの中で最も尋常ならざる（斬新な）スタイルを呈する一場になった。ロッシーニの《マオメット 2 世》（1820）における**テルツェットーネ**や、1858 年のヴェルディの《仮面舞踏会》第 1 幕の 2 つの場面など。

Oblong Format 長方形のフォーマット

縦よりも横の幅が大きい紙は、長方形と呼ばれる（ただし、縦長の紙は**縦長用紙[縦組みのフォーマット]**vertical format と呼ばれていた）。ロッシーニ、ベッリーニ、ドニゼッティは一般的に長方形の紙を使っていた。その場合、1 ページに収まる小節数は増えるが、使用できる五線譜は少なくなる。

Octosyllabe オクトシラブ

8 音節のフランス語詩の行。フランス語の詩は、最後の音節が無言の場合数えずに分析される。この詩の形式はフランスのオペラでは一般的であり、イタリアの**ノヴェナーリオ（9 音節詩**）*Novenario* に相当する【訳者註：原著では「9 音節」と説明】。

Oltremontane　オルトレモンターネ

　イタリア人が山（アルプス山脈やドロミテ山地）の向こう側から来た人、つまり外国人を指すための言葉である。イタリアのオペラに新しい傾向を取り入れたワーグナーのような外国人芸術家は、しばしばオルトレモンターネと呼ばれた。

Opera Buffa　オペラ・ブッファ

　イタリア語の「喜劇のオペラ」。この用語は18世紀の慣習を引き継いでいる。ロッシーニやドニゼッティまではかなりの数のオペラ・ブッファを作曲していたが、この種のオペラは大衆の人気を失いつつあった。ヴェルディは、第2作の《一日だけの王様》（1840）以降、《ファルスタッフ》（1893）まで、オペラ・ブッファを作曲することはなかった。ただ、他の数々のオペラの中に喜劇性の強いシーンを盛り込むことはあったが。

Opera Semiselia　オペラ・セミセリア

　悲劇的な結末に向かうと思われながら、最後の最後でハッピーエンドになることが多い「感傷性に富む」オペラ。1人または複数の喜劇的なキャラクターが頻繁に登場することなど、劇中にその合図が多くあり（ロッシーニの《マティルデ・ディ・シャブラン》における詩人イシドーロのような）、作品が悲劇的な結末に向かうべきものではないと示唆するのである。

Opera Seria　オペラ・セリア

　18世紀の用語。オペラ・セリアという用語は、通常、ピエトロ・メタスタージオ筆の**リブレット**と繋がる、ある種の劇的なアクションを指す言葉であり、1820年代以降にイタリアの劇場界を席巻した「ロマンティックなメロドラマ」には全くふさわしくない用語である。しかしその当時はこの言葉が広く使われており、本書もまたそれを採用することを躊躇しない。

Orchestral Score　オーケストラ・スコア

　オペラの印刷譜であり、声部だけでなく管弦楽パートもすべて含まれている。今日、指揮者はオーケストラ・スコアを前にオペラを振り、音楽家はそのようなスコアが入手可能な場合、それを使ってオペラを学ぶ。クリティカル・エディションは常にオーケストラ・スコアとして印刷され、そこからピアノと声楽のためのリダクション（**ヴォーカル・スコア**）を派生させることができる。

Ornamentation　装飾

　19世紀の最初の30年間、場合によってはそれ以降も、作曲家たちは、自分が書き下ろした音楽に装飾、ヴァリアンテ、**アポジャトゥーラ**、カデンツァを自主的に加えるべく、歌い手たちに期待していた。その意味で、イタリア・オペラの上演は、作曲家と演奏家のコラボレーションとなったのである。しかし、センス良く、適切な装飾を施すには、その時代の演奏慣習を十分に理解する必要がある。

Ottonario　オットナーリオ（**8音節詩**）

　イタリア語の詩で、8音節からなる**ヴェルソ・ピアノ**の一節。第7音節にアクセントがある。

Palchi パルキ

19世紀イタリアの標準的な劇場では、馬蹄形の箱（パルコ：複数形でパルキ）が**平土間席（*platea*）**の周りにいくつも並んでいた。貴族や富裕層が所有していることが多かった。そして、多くの歌劇場では、箱（ボックス）の所有者が演劇活動の経済的責任を負っていた。また、パルキをオペラ上演の鑑賞だけでなく、社交の場として利用する者もいた。多くの都市では、プライヴァシーを確保するためにカーテンを引くことができた。

Parlante パルランテ

特に喜劇的なオペラでは、声部の一節が、しばしば一つの音程のまま朗唱されることが多く、その場合、リズムに合わせて話しているように見えることから、パルラーレ（話す）からパルランテと言う用語で呼ばれるようになった。

Particella パルティチェッラ

新しいオペラのリハーサルを始める際に、作曲家は声楽パートやパルティチェッラを**スケルトン・スコア**から写譜することを許可していた。これらの譜面は、できるだけ早く歌手に渡され、その歌手の声部の完全なライン、他の歌手への演奏の指示、楽器の低声部（バス）のラインが含まれている。

Pertichino ペルティキーノ

登場人物ひとりの**アリア**や、登場人物ふたりの**デュエット**では、劇的な状況によって、ペルティキーノと呼ばれる別の歌い手（一人または二人ぐらい）の存在が必要になることがある。この場合、ペルティキーノの立場の歌手が、脇役である必要はない。ベッリーニの《夢遊病の女》では、エルヴィーノの**カヴァティーナ**において、プリマドンナのアミーナがペルティキーノの役を果たし、長いパートを歌うのである。

Platea プラテア（平土間席）

1800年代のイタリアの歌劇場では、舞台の前方にあるオーケストラと同じ高さのエリアをプラテアと呼ぶ。商人階級、軍属たち、学生などは、このプラテアに陣取る。時には個人席であり、時には長椅子（ベンチ）が置かれるが、その習慣は時代や都市によって変化した。

Praticabili プラティカビリ

演者（歌手や助演者）が歩くことのできる、機能的な三次元の装置（階段など）。例えば、人間がその上を歩くことを意図していない**スタビーリ**（重厚な家具や巨大な装置など）とは区別される。

Primo Ottocento プリモ・オットチェント

イタリアの1800年頃から1840年頃までの時代。ヴェルディの登場以前。**ベルカント・オペラ**の盛期が歴史的な時代を表す場合、プリモ・オットチェントと同等に使われる傾向がある。

Primo Tempo プリモ・テンポ

標準的な4部構成の**デュエット**の最初の部分を指す。ロッシーニ、ベッリーニ、

ドニゼッティでは、プリモ・テンポはほとんどの場合、2人の登場人物の入念な対峙のシーンで構成される。ヴェルディも同様のスタイルを用いることが多いが、2番目のセクションの叙情的な**カンタービレ**に直接つながるように、この部分を省略する例もある。

Pseudo - Canon　疑似カノン

アンサンブルにおいて**カンタービレ**の部分を作り上げる際、ロッシーニはしばしばカノン的な構造を採用した。例えば三重唱では、一人の登場人物が旋律を歌うと、それが2番目の登場人物に受け継がれ、さらに3番目の登場人物に受け継がれながら、対位法へと展開する。

A　B　C
A　　B
A

なお、このカンタービレは、3人の歌い手全員が声を合わせるカデンツァで締めくくられる。

Puntature　プンタトゥーレ

旋律線に加える小さな調整のこと。特定の声部において、あるパッセージが特に高いか低い、または華麗な音運びである、もしくは大きな息継ぎが必要などの場合、声によっては楽譜の要求に対処することが「そのポイントでは一時的にできない場合」に対応すべく、書かれた替え譜である。ただし、全曲を歌う中で多くの部分をプンタトゥーレで（易しくして）歌い上げねばならない歌手が、その役を受けるべきではない。

Quinario　クイナーリオ（5音節詩）

イタリア語の詩の一節で、**ヴェルソ・ピアノ**になる5音節分のうち、4音節目にアクセントをつけること。

Quinario doppio　クイナーリオ・ドッピオ（複5音節詩）

2つの**クイナーリオ**が連続するイタリア語の詩行。それぞれ半分には第4音節にアクセントがある。詩のそれぞれ半分は独立して分析されるので、最大で12音節（2つの *quinari sdruccioli*）または、最小で8音節（2つの *quinari tronchi*）になる。

Radical Staging　急進的なステージング（演出）

演出家が**リブレット**にあるストーリーを描くのではなく、オペラ内の要素を使って、舞台上で別のアクションを起こし、それを並行させるというステージング。この場合、原作のリブレットを批判的に評するやり方になっているともいえる。

Ranz des vaches　ラン・デ・ヴァッシュ（独語でキューライエン）

スイスの伝統的なメロディであり、動物、特に牛の世話に関連するもの。ロッシーニは《ギヨーム・テル》の中で、このような旋律を数多く引用し、発展させている。

用語集　307

Recitative　レチタティーヴォ

　イタリア・オペラは、音楽的なナンバーと、その間に挟まれる**レチタティーヴォ**に分けられていた。レチタティーヴォはほとんどの場合、**セッテナーリオとエンデカシラボ**の自由な混合である**ヴェルシ・ショルティ（無韻詩句）**で構成される。鍵盤楽器、チェロ、コントラバスを伴う場合、レチタティーヴォは**セッコ**【訳者註：レチタティーヴォ・セッコ】と呼ばれるが、鍵盤楽器を伴わず、オーケストラ（弦楽器のみ、もしくはフル・オーケストラでも）が加わる場合、レチタティーヴォは**伴奏付き**【訳者註：レチタティーヴォ・アッコンパニャート】と呼ばれる。

Romnza　ロマンツァ

　イタリアのロマンツァはフランス語のロマンスに由来し、通常は有節の曲。**バッラータ**のような軽快な曲調ではなく、深刻なスタイルで歌われる。有名な例としては、《椿姫》のヴィオレッタのための２つのロマンツァ（〈ああ！ そは彼の人か〉と〈さようなら、過ぎ去った日よ〉）、《愛の妙薬》のネモリーノのロマンツァ〈人知れぬ涙〉などがある。なお、ロマンツァは、パリの舞台や雰囲気を指して宛がわれる場合もある。

Rondò　ロンド

　プリモ・オットチェントのオペラを締めくくる**アリア**は、しばしばロンドと呼ばれた。この用語は、最終部の特定の構造（一種の**カバレッタ**だが、主題が３回繰り返され、作曲家によって精巧な変奏曲のスタイルでそれぞれ書き下ろされる）を指すこともある。しかし、多くの場合、終曲は通常のカバレッタになり、この用語が特定の構造的な意味を持つことはない。

Scena　シェーナ（場面）

　アリアの前に精巧な**伴奏付きレチタティーヴォ**を置く場合、それはしばしば、広がりあるオーケストラの序奏を伴い、その部分がシェーナと呼ばれる。ロッシーニの最も有名な**カヴァティーナ**の多くには、シェーナが含まれている（例えば、《タンクレーディ》の主人公登場のカヴァティーナの前には、シェーナ〈おお、祖国よ！〉がある）；《セミラーミデ》のアルサーチェのカヴァティーナも、シェーナ〈遂にバビロニアに戻った〉で始まる）。また、単に伴奏付きレチタティーヴォという意味でも使われた。

Scordatura　スコルダトゥーラ

　弦楽器は、他の楽器では不可能な音にも対応するために、時には型破りな方法で調律された。例えば、《イル・トロヴァトーレ》第４幕のレオノーラの**アリア**内の〈ミゼレーレ〉の**テンポ・ディ・メッツォ**では、コントラバスの下弦（A）を半音下げるよう指示されている。このような型にはまらない（異例の）調弦は、スコルダトゥーラと呼ばれる。

Secco Recitative　レチタティーヴォ・セッコ

　鍵盤楽器の**伴奏**で歌う**レチタティーヴォ**。チェロとコントラバスもレチタティーヴォ・セッコで低音域（**数字付き低音**）を演奏することがある。チェロは和音をア

ルペジエートしたり、音楽的・演劇的な表現に参加したりする自由を有し、コントラバスは低音を維持することが期待されていた。1820年代の**オペラ・セリア**、1830年代の**オペラ・セミセリア**と**オペラ・ブッファ**では、レチタティーヴォ・セッコが**伴奏付きレチタティーヴォ**に取って代わられた。

Selva　セルヴァ

19世紀においては、**リブレット**の草稿のことを指し、時には台本作家によって用意され、また他の時には、作曲家自身によって用意された（特にヴェルディの場合）。**レチタティーヴォ**と楽曲に分かれており、歌詞の散文的な表現と、音楽（楽曲）のナンバーの**ヴェルシ・リリチ**に使用される韻律が指定されている。

Senario　セナーリオ（6音節詩）

イタリア語の詩行において、**ヴェルソ・ピアノ**として知られる6音節のもの。5音節目にアクセントがある。

Settenario　セッテナーリオ（7音節詩）

ヴェルソ・ピアノとして知られる7音節からなるイタリア語の詩行。第6音節にアクセントがある。台本作家はセッテナーリオを**ヴェルシ・リリチ**にも**ヴェルシ・ショルティ**にも使用していた。

Sinfonia　シンフォニア

イタリア語で「序曲」を意味する。ロッシーニは、そのキャリアの最初の部分で、標準的な構造の序曲を書いていた。緩やかな序奏とソナタ形式のアレグロ（通常、展開部はない）である；その後、彼は他の形式を試したり、シンフォニアを削除したりもした。後の作曲家たちも彼に倣ったが、（ベッリーニの《ノルマ》のように）ポプリ風（接続曲）の序曲を発展させることもあった。ヴェルディはどちらかと言えば序曲を書かず、短い管弦楽の前奏曲を好んだが、1869年の《運命の力》（改訂版つまり現行版）のシンフォニアのように、より手の込んだ第一級の序曲を作ったという例もある。

Skelton Score　スケルトン・スコア

作曲家は、**自筆譜**の原稿を書き始める際に、まずは声部と低音部を書き、時折り、楽器のソロも書き加える。こうして出来上がったスケルトン・スコアは、声楽パート譜を作成するためにコピイストに渡される。その後、**自筆譜**は作曲家に返却され、そこで作曲家は、先に記譜しておいた骨格（スケルトン）の周りに（オーケストレーションを）肉付けしていく。

Sottovoce　ソット・ヴォーチェ

歌手や楽器奏者に、あるパッセージを「ささやくように、とても小さく」演奏するように指示すること。

Spartitino　スパルティティーノ

作曲家が、大編成のアンサンブルに必要なすべての楽器パートを、**自筆譜**のメインセクションに書き収めることができない場合、作曲家は「スパルティティーノ」と言う譜面を加える。**長方形の紙**に書かれる自筆譜においては、スパルティティー

用　語　集　309

ノは多用された。**縦に長い用紙**の自筆譜では、スパルティティーノはあまり使われなかった。

Stabili スタビーリ

演唱者が歩くことを想定していない、装飾的な三次元の舞台装置（巨大な家具の表現など）。演唱者が歩くことができる**プラティカビリ**（階段など）とは区別される。

Stretta ストレッタ

多部構成のアンサンブルやフィナーレの最後の部分は、しばしばストレッタと呼ばれた。構造的には、通常**カバレッタ**と同じデザインである【訳者註：ストレッタは基本的に急速に進み、幕をどんと下ろす効果を放つ】

Strophic ストローフィック（有節曲）

同じ音楽（旋律）が一連の異なる詩の連に使われる場合、その曲はストローフィック（有節曲）と呼ばれる。有節の曲は、オペラよりもドイツ・リートやフランス歌曲のロマンスに多く見られるが、**バッラータ**や**ロマンツァ**と呼ばれる様式は基本的に有節形式の曲である。

Tempo di Mezzo テンポ・ディ・メッツォ

19世紀のオペラでは、**カンタービレ**【訳者註：現代ではこのカンタービレの部分をカヴァティーナと呼ぶことも多い】のあと、**カバレッタ**に繋げる準備をするセクションがあり、そこは、多部構成の**アリア**でもアンサンブルでも、テンポ・ディ・メッツォ（中間部）として知られていた。ここは通常、詩の構成は非常に自由であり、一般的に**ヴェルシ・リリチ**で構成されていた。テンポ・ディ・メッツォの部分では、通常、カバレッタが表す「気分の変化」を正当化するような出来事が起こってくる。

Terzettone テルツェットーネ

非常に長くて複雑な構成を示す三重唱。ロッシーニが1820年に作曲したオペラ《マオメット2世》において、特別に規模を拡張した三重唱を指す言葉として使用した。

Tessitura テッシトゥーラ

歌手の実質上の声域をテッシトゥーラという。また、特定のオペラの役を歌うために必要な声の種類を説明する際に、その役の「テッシトゥーラは…」と表現することが多い。これは単に最高音と最低音の問題ではなく、声が（一番よく鳴る）音域や、ある音域から別の音域への移動の仕方などを反映した考え方である。

Tonic（Tonica）トニック（トニカ）

音階や和音の主音。**キー**の項も参照のこと。

Verso Piano ヴェルソ・ピアノ

イタリア語の詩において、ヴェルソ・ピアノとは、女性的な語尾で結ばれたものを指す。イタリア語の詩はヴェルソ・ピアノを基準として評価される。したがって、**セッテナーリオ**の中のヴェルソ・ピアノは7音節から成り、アクセントは第6

音節にある。

Verso Sdrucciolo　ヴェルソ・ズドルッチョロ

イタリア語の詩では、ヴェルソ・ズドルッチョロは前部の音節にアクセントを置いて締めくくるもの（「Pé-sa-ro」、「rá-pi-do」、あるいは「sdrúc-cio-lo」）。イタリア語の韻律は**ヴェルソ・ピアノ**を基準としている。したがって、**セッテナーリオ**のヴェルソ・ズドルッチョロは８音節からなり、６音節目にアクセントがある。

Verso Tronco　ヴェルソ・トロンコ

イタリア語の詩では、ヴェルソ・トロンコは男性的な語尾で終わるもの。アクセントは最後の音節にある。イタリア語の詩は、**ヴェルソ・ピアノ**を基本とする。したがって、**セッテナーリオ**のヴェルソ・トロンコは、第６音節にアクセントを有する６音節から成っている。

Versi Lirici　ヴェルシ・リリチ（抒情詩）

番号付きの曲における各セクションの言葉は、一般に、単一の詩的韻律のもとに書かれる。このような詩はヴェルシ・リリチと呼ばれる。多部構成の場合、台本作家と作曲家は、詩的韻律をセクションごとに変えることで、（曲調の）多様性を実現することができる。

Versi Sciolti　ヴェルシ・ショルティ（無韻詩句）

セッテナーリオと**エンデカシラボ**の組み合わせ。時折り韻を踏む。イタリア人の台本作家が**レチタティーヴォ**の詩に用いた。このタイプの詩は、番号付きの曲のための**ヴェルシ・リリチ**と交互に使われるものである。

Vertical Format　縦組みのフォーマット

横幅よりも縦幅が大きい紙を縦組みという（縦長よりも横長の用紙は**長方形**と呼ばれる）。ヴェルディは一般的には縦書きの紙を使用していた。各ページに収まる小節数は少なくなったが、より多くの五線譜が利用できるようになった。

Violino Principale　ヴィオリーノ・プリンシパル

オーケストラの第１ヴァイオリニストが演奏を指揮する場合、通常は、ヴィオリーノ・プリンシパル（*violino principale*）と呼ばれるパート譜（手稿または印刷されたもの）を演奏する。このパート譜には、第１ヴァイオリンの全ラインのほか、他の楽器の重要な合図やテキスト、声楽ラインの指示が含まれている。この素材から、演出家はテンポを設定し、重要なソロの合図を出し、オーケストラと歌手の相互作用を綿密に追うことができた。

Virgoletti　ヴィルゴレッティ（ヴィルゴレッタ）

印刷された**リブレット**にある引用マーク（もしくはヴィルゴレッティ）は、作曲家によって音楽が付けられなかったり、特定の演出でカットされたりした詩の行を示す。そのため、上演時にオペラの一部がカットされたとしても、観客はリブレット全体を読むことでドラマを追えるのである。

Vocal Score　（ヴォーカル・スコア）声楽譜

オペラの楽譜が印刷されたときには、一般的に、すべての声部の歌詞と、管弦楽

の部分をピアノ用にリダクションしたページが含まれていた。今日でも、歌手はパート譜を学び、音大生は主に声楽譜からオペラを学ぶ。多くの場合、フルの**オーケストラ・スコア**は印刷されていない。

Note Ranges　音域

　本書では、「high c」やそれに類する音について、正確な音高に言及することは避けてきた。移調や楽器編成の章では、より正確な表記が必要な場合、次のように表記している：

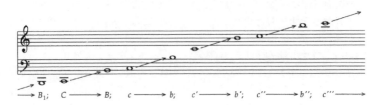

訳者あとがき

このたび、一般社団法人国際総合芸術研究会（略称：WCARS）から、翻訳書シリーズの出版を開始致しました。この団体は当初、代表理事を務めます岸純信が、舞台芸術を愛する人々の"気軽な、語らいの場"として設けたものですが、会員諸氏と対話を重ねるなかで、「オペラ史を解明し、オペラに親しむための超一級の資料ながら、日本では全く知られていない書物が多過ぎる」と感じるようになりました。

そこで、訳者が常々参照している資料本を、漸次、翻訳出版することにしました。まずは第1巻『ワーグナーとロッシーニ　巨星同士の談話録』と第2巻『パリと共に70年　作曲家ビュッセル回想録』を刊行、そして、このほど、第3巻としてフィリップ・ゴセット著『歌の女神と学者たち』上巻を出版させて頂く運びになりました。

オペラ界の泰斗として知られた故フィリップ・ゴセット教授 Prof. Philip Gossett（1941-2017：シカゴ大学名誉教授）は、長年シカゴ大学で教鞭を執られる一方で、19世紀イタリアの大作曲家たちのクリティカル・エディション（批判校訂版）の出版に尽力された第一人者でした。オペラの解説を書く身としましては、先生の論文は必ず参照し、引用しなければならないものなのです。しかし、その一方で、わが国のオペラ愛好者層に先生の功績がなかなか伝わらないことを、一研究者として歯痒く思っておりました。

しかし、ある時、ふと目にした先生の小論（ヴェルディのオペラに関する一考でした）が、高度な内容でもわかりやすい文体であったので、それを日本語に訳してファン層に紹介したいと思い立ちました。それで、当時、日本ヴェルディ協会の編集委員長をされていた英順子さんが夫君の元駐イタリア大使、英正道さんとご一緒におられた際に、「ゴセット先生の論文を翻訳して、会報に載せたいのです」とお話ししてみたところ、ご夫妻はその場で快諾されました。この場を借りて、ご夫妻に心よりの御礼を申し上げます。お二人の笑顔から、大きな勇気を頂きました。

さて、そこで、ゴセット教授に連絡差し上げたいと調べたところ、シカゴ大

313

学の連絡先がわかりましたので、短い英文メールをまずお送りしてみたところ、4時間ほどで返事を頂き、先生からも翻訳のご快諾を頂くことができました。そこで、当時、編集委員をなさっていた入山章子さんと訳者の2人で論文『エディションと演奏』を翻訳し、編集委員長の英順子さんの詳しいご紹介文と共に、日本ヴェルディ協会会報第六号に無事、掲載が叶うことになりました。

　このようにして、偶然の形でゴセット先生とのご縁ができてからは、時折り、楽譜に関して先生に質問させて頂く機会を得ましたが、一番のご恩は、本書の訳者がロッシーニの歌劇《ランスへの旅》の国内盤DVDに解説を書くよう依頼を受けた折のことでした。書き進めるうちに、「この解説文には、前段として、このオペラを蘇らせたゴセット先生ご自身のご紹介がどうしても必要ではないか」という思いが湧き起こりましたので、先生に再び電子メールでお訊ねしてみました。その時の訳者の考えは「先生の道のりを簡単にご紹介できるような文章をすでにお書きでしたら、こちらで抄訳する形ででも、解説文の冒頭に置かせて頂きたいのです」というものでした。

　すると、その時も2時間ほどでご返信があり、添付ファイルがついていました。先生曰く「今度、『Divas and Scholars』という一冊を出します。最終校正の段階です。その本の序章が君が頼んできた情報に等しいと思うから、出版前の原稿をそのまま送ります」とのことでした。この時の感激を、訳者は生涯忘れることはないでしょう。亡き先生のご厚意に、あらためて感謝の念を捧げたいと思います。

　ちなみに、その後、出来上がったDVDをお送りしたところ、先生から御礼のメールを頂き、「日本語は読めないけれど有難く頂戴しました。『Divas and Scholars』を日本で紹介される機会があれば、君が訳してほしいものです」と記されてありました。

　さて、それから20年近くが経ち、このたび、先生との約束をやっと果たすべく、この翻訳書『歌の女神と学者たち』の出版に至った次第です。大著であるだけに、一冊の原書を上下巻に分けて発刊することになりました。翻訳に際しては、訳者が私蔵している楽譜類を参照しましたが、ゴセット先生が監修者であるクリティカル・エディションのスコアはもちろんのこと、実のところ、

その何倍もの「さまざまな楽譜」を目にする必要がありました。例えば、ロッシーニの《ギヨーム・テル》に関するくだりを訳す際は、クリティカル・エディションのフルスコアと、トルペナス社刊の19世紀のヴォーカル・スコアを並べて読むといった類いです。ですので本書が、どれほど多くの楽譜をもとに執筆されたのか、訳しながらそのことを痛感しました。その点は、読者の皆様にも、譜例の数を通じてご理解頂けるものと思います。

しかし、本書における先生の筆致には、そうした学術的な探究心だけでなく、常に「ユーモア」が備わっています。本書を手に取られた方は、ところどころ、「難しい内容を、笑いながら読む」という経験をされるに違いありません。また、オペラを研究される方ならば、プロフェッショナルには必須の「明確なる出典」の在り方も、詳しい註を通じて感じ取られるに違いありません。いろいろな世代のいろいろな立場の皆様に本書を御覧頂けましたら、訳者としては望外の喜びです。

なお、翻訳出版に際しましては、非常に多くの方からのご支援、ご協力を賜りました。まずは、先ほどもご紹介しました英正道・順子ご夫妻、それから、出版費用の捻出にひとかたならぬお力添えを頂いた一般社団法人国際総合芸術研究会の会員の皆様と、訳者がかつて在職していました株式会社河合楽器製作所海外事業本部（現：海外統括部）の諸先輩方、そして、本書の翻訳権の取得にひとかたならぬご尽力を頂いた、八千代出版株式会社社長、森口恵美子さんと編集担当の御堂真志さんに篤く御礼申し上げます。

また、本書の装丁にお力添え頂いた知人の川岸大翼さんと、訳者の畏友、桃原章浩さんにも心より感謝申し上げます。川岸さんをご紹介頂き、法律家としての知見をもとに、世間に疎い訳者を日々叱咤激励してくださった桃原さんのご厚情が無ければ、この翻訳書を世に送ることはできませんでした。あらためて、御礼申し上げます。

一般社団法人国際総合芸術研究会　代表理事

オペラ研究家　　　岸　　純信

★★　舞台芸術を広く愛される皆さま、一般社団法人国際総合芸術研究会（WCARS）の活動にご興味おありでしたら、ぜひ https://wcars.or.jp/ をご参照ください。入会は随時受付中です。

本書で論じた主要なオペラ作品の索引
―ベッリーニ、ドニゼッティ、ロッシーニおよびヴェルディ―

注：「下」は下巻を示す。

1. ヴィンチェンツォ・ベッリーニ

《ベアトリーチェ・ディ・テンダ》Beatrice di Tenda　51, 67, 95 註 33
《ビアンカとフェルナンド》Bianca e Fernando　下
　　――ジェノヴァでのプロダクションについて（1828、カルロ・フェリーチェ劇場）　下
《ビアンカとジェルナンド》Bianca e Gernando　下
　　――ナポリでのプロダクションについて（1826、サンカルロ劇場）　下
《カプレーティとモンテッキ》I Capuleti e i Montecchi　51, 57, 170-73, 193 註 34, 下
　　――別のヴァージョン（異版）について　下
　　――クリティカル・エディション　下
　　――台本（リブレット）　51, 57
　　――ロッシーニによる装飾　下
　　――ヴェネツィアでのプロダクション（1830、フェニーチェ座）　193 註 34, 下
　　――ミラノでのプロダクション（1830、スカラ座）　下
　　――ミラノでのプロダクション（1966、スカラ座）　171-72
　　――ダラスでのプロダクション（1977、シヴィック・オペラ）　下
《エルナーニ》Ernani　82
《ノルマ》Norma　79, 96 註 54, 99, 117-19, 153 註 34, 253, 309, 下
　　――自筆稿　下
　　――カラスとセラフィンのレコーディング　下
　　――チンバッソを使用した演奏　下
　　――作曲について　下
　　――カットについて　下
　　――改竄されたエディション　118-119
　　――カルマス社のエディション　下
　　――装飾について　下
　　――記譜に使われた用紙について　78-79
　　――装置換えについて　下
　　――様式について　下

　　――アリアの移調について　下
　　――ミラノでのプロダクション（1831、スカラ座）　99, 下
　　――ベルガモでのプロダクション（1832、リッカルディ劇場）　下
　　――ボローニャでのプロダクション（1966-67、テアトロ・コムナーレ）　下
　　――ローマでのプロダクション（2000、テアトロ・デッロペラ／オペラ座）　下
　　――パルマでのプロダクション（2001、ヴェルディ・フェスティヴァル）　118-19, 253, 下
《海賊》Il pirata　73, 96 註 45, 下
　　――自筆稿について　下
　　――作曲について　193 註 27
　　――記譜された用紙について　73
　　――楽器セルパントーネについて　下
　　――ミラノでのプロダクションについて（1827、スカラ座）　下
《清教徒》I puritani　xv, 94 註 25, 130, 下
　　――別のヴァージョン（異版）について　下
　　――自筆稿について　下
　　――検閲について　130
　　――作曲について　下
　　――クリティカル・エディションについて　下
　　――"マリブラン" ヴァージョンについて　下
　　――プンタトゥーレについて　下
　　――アリアの移調について　xv, 下
　　――パリでのプロダクション（1835、テアトル・イタリアン）　下
　　――ボストンでのプロダクション（1993、リリック・オペラ）　下
《夢遊病の女》La sonnambula　46-47, 82, 117, 306, 下
　　――自筆譜について　下
　　――カバレッタについて　下
　　――歩合について　46-47
　　――作曲について　下
　　――英語での適応について　下
　　――改竄されたエディションについて

317

117-18
——テキストの問題について　　下
——アリアの移調について　　下
——ミラノでのプロダクションについて（1831、テアトロ・カルカーノ）　82, 117, 下
——ナポリでのプロダクションについて（1833、テアトロ・デル・フォンド）　下
——ロンドンでのプロダクションについて（1833、ドルーリー・レーン劇場およびコヴェント・ガーデン）　下
——ミラノでのプロダクションについて（1955、スカラ座）　下

《異国の女》La straniera　下
——ミラノでのプロダクションについて（1829、スカラ座）　下
——ミラノでのプロダクションについて（1830、スカラ座）　下
——ウェックスフォード・フェスティヴァルでのプロダクションについて（1987）　下
——ニューヨークでの演奏会形式上演について（1993）　下

《ザイーラ》Zaira　51, 57
——パルマでのプロダクションについて（1829、テアトロ・ドゥカーレ）　下

2. ガエターノ・ドニゼッティ

《アデーリア》Adelia　18, 146, 下
《ニシダの天使》L'ange de Nisida　82, 97註60, 213
《アンナ・ボレーナ》Anna Bolena　47, 54, 61, 81, 102, 117, 下
——別のヴァージョン（異版）について　下
——自筆稿について　　下
——歩合について　47
——カットについて　　下
——ドニゼッティ自身の改稿について　102
——台本（リブレット）について　61-62
——構造について　54
——ミラノでのプロダクションについて（1830、テアトロ・カルカーノ）　81, 下
《ベリザーリオ》Belisario　51, 120
《ブオンデルモンテ》Buondelmonte　231, 下
《ケニールワース城》Il castello di Kenilworth　下
——ナポリでのプロダクションについて（1829、サンカルロ劇場）　下

《カテリーナ・コルナーロ》Caterina Cornaro　下
《劇場的都合不都合》Le convenienze ed inconvenienze teatrali　53, 下
《世界大洪水》Il deluvio universale　48
——ナポリでのプロダクションについて（1830、サンカルロ劇場）　48
《ドン・セバスチャン》Dom Sébastien　下
《ドン・パスクワーレ》Don Pasquale　46, 78, 92 註5, 96 註53, 102, 151 註7
——自筆稿について　78, 下
——作曲について　46
——カットについて　　下
——ドニゼッティ自身の改稿について　102
——ドラマトゥルギーについて　　下
——ホルンのパートについて　　下
——記譜に使われた用紙について　78
——アリアの移調について　　下
——パリでのプロダクションについて（1843、テアトル・イタリアン）　下
——ウィーンでのプロダクションについて（1843、ケルントナートーア劇場）　下
《アルバ公爵（アルブ公爵）》Le Duc d'Albe　82, 97 註59
《愛の妙薬》L'elisir d'amore　28, 117, 308
——改竄されたエディションについて　117
——ギルバート＆サリヴァンのパロディについて　28
——装飾について　　下
——レチタティーヴォについて　　下
——ロマンツァについて　　下
《ファウスタ》Fausta　下
——ナポリでのプロダクションについて（1832、サンカルロ劇場）　下
《ラ・ファヴォリート》La Favorite　82, 97 註60, 144, 154 註55, 213, 242 註28
——自筆稿について　213
——検閲について　154 註55, 下
——クリティカル・エディションについて　下
——イタリアでの「オリジナルのフランス語ヴァージョンに対する」反発について　下
——イタリア語への歌詞翻訳について　154 註55, 下
——演出面の台本について　　下
——オフィクレードの使用について　　下
——ワーグナーが手掛けたヴォーカル・スコアについて　144
——パリでのプロダクションについて

318

（1841、オペラ座）　82, 下
《連隊の娘》 *La Fille du Régiment*　183, 下
　──イタリア語への翻訳について　下
　──演出面の台本について　下
　──エンディングの修正について　下
　──トニオ役のテッシトゥーラについて
　　183
　──アリアの移調について　下
　──パリでのプロダクションについて
　　（1840、オペラ・コミック座）　下
　──イタリア語のヴァージョンについて
　　（1840、スカラ座）　下
　──ニューヨークでのプロダクションについて
　　（1995、メトロポリタン歌劇場）　下
　──ボローニャでのプロダクションについて
　　（2003-04、テアトロ・コムナーレ）　下
《サント・ドミンゴ島の狂人》 *Il furioso all'isola
　di San Domingo*　145, 下
《ガブリエッラ・ディ・ヴェルジ》 *Gabriella di
　Vergy*　50
《ジェンマ・ディ・ヴェルジ》 *Gemma di
　Vergy*　119
　──ミラノでのプロダクションについて
　　（1834、スカラ座）　119
《ジャンニ・ディ・カレー》 *Gianni di Calais*
　下
《ランメルモールのルチア》 *Lucia di
　Lammermoor*　51, 55, 149, 303, 下
　──別のヴァージョン（異版）について　下
　──自筆稿について　下
　──クリティカル・エディションについて
　　下
　──カットについて　下
　──死の場面について　下
　──グラスハーモニカ vs フルートの使用につ
　　いて　下
　──フルート付きの「挿入されたカデンツァ」
　　について　下
　──使われている調性について　下
　──台本（リブレット）について　51
　──演出面の台本について　下
　──装飾について　下
　──舞台装置替えについて　下
　──構造について　55
　──アリアの移調について　下
　──ナポリでのプロダクションについて
　　（1835、サンカルロ劇場）　下
　──ヴェネツィアでのプロダクションについて
　　（1836-37、テアトロ・アポッロ）　下

　──パリでのプロダクションについて
　　（1839、ルネサンス劇場）　下
　──ニューヨークでのプロダクションについて
　　（1992、メトロポリタン歌劇場）　下
　──リヨンでのプロダクションについて
　　（2002）　下
　──ロンドンでのプロダクションについて
　　（2003、コヴェント・ガーデン）　下
　──シカゴでのプロダクションについて
　　（2004、リリック・オペラ）　下
《ルクレツィア・ボルジア》 *Lucrezia Borgia*
　50, 54, 297
　──別のヴァージョン（異版）について　下
　──カットについて　下
　──死の場面について　下
　──台本（リブレット）について　50
　──装飾について　下
　──構造について　54
　──ミラノでのプロダクションについて
　　（1833、スカラ座）　下
　──ミラノでのプロダクションについて
　　（1840、スカラ座）　54, 下
　──ミラノでのプロダクションについて
　　（1998、スカラ座）　下
《マリア・ディ・ローアン》 *Maria di Rohan*
　──クリティカル・エディション　下
　──装飾について　下
　──ヴェネツィアでのプロダクションについて
　　（1998、フェニーチェ座：仮設テント公演）
　　下
《マリア・ディ・ルーデンツ》 *Maria di Rudenz*
　51
《マリア・パディリャ》 *Maria Padilla*　下
《マリア・ストゥアルダ》 *Maria Stuarda*（上
　述の《ブオンデルモンテ》 *Buondelmonte* も
　参照のこと）　231, 244 註 54, 下
　──検閲について　下
　──クリティカル・エディションについて
　　下
《マリーノ・ファリエーロ》 *Marino Faliero*
　119-20, 下
　──改竄されたエディションについて　120
　──ステージングについて　下
　──パリでのプロダクションについて
　　（1835、テアトル・イタリアン）　119-20
《殉教者たち》 *Les Martyrs*　82, 231, 下
　──演出面の台本について　下
　──基礎としての《ポリウート》について

本書で論じた主要なオペラ作品の索引　　319

231, 下
——パリでのプロダクションについて
（1840、オペラ座）　82, 下
《村での結婚》*Le nozze in villa*　45
《パリジーナ》*Parisina*　67, 95 註 33, 117,
146
《ピーア・デ・トロメイ》*Pia de' Tolomei*
51
《ポリウート》*Poliuto*（上述の《殉教者たち》
も参照のこと）　82, 130, 154 註 48, 231,
下
——検閲について　130, 231, 下
——《殉教者たち》に使った素材について
　下
《ロベルト・デヴェルー》*Roberto Devereux*
146
《女性小説家と黒い男》*La romanziera e
l'uomo nero*　128
——ナポリでのプロダクションについて
（1831、テアトロ・デル・フォンド）
128
《イングランドのロズモンダ》*Rosmonda
d'Inghilterra*　51
《トルクァート・タッソー》*Torquato Tasso*
下

3．ジョアキーノ・ロッシーニ

《アデライーデ・ディ・ボルゴーニャ》*Adelaide
di Borgogna*　111
——ローマでのプロダクションについて
（1817、アルジェンティーナ劇場）　111
《アディーナ》*Adina*　下
《アンドレーモがパリに？》*Andremo a
Parigi?*　225, 下
——テキストの修正について　下
——《ランスへの旅》*Il viaggio a Reims* と
225
——パリでのプロダクションについて
（1848、テアトル・イタリアン）　224-25
《アルミーダ》*Armida*　下
——別のヴァージョン（異版）について　下
——自筆稿について　109
——クリティカル・エディションについて
下
——楽器編成について　下
——《オテッロ》に使われた素材について
下
——舞台装置替えについて　下

——三幕構成について　下
——ミラノでのプロダクションについて
（1836、スカラ座）　下
——フィレンツェでのプロダクションについて
（1950 年代、マッジオ・ムジカーレ）
166
《コリントの包囲》*L'assedio di Corinto*（伊語
訳詞版）（《*Le Siège de Corinthe*》［仏語オ
リジナル版］も参照のこと）　xii, 5, 11-12,
14, 23-26, 29, 36, 173-78, 194 註 37, 194
註 38, 229, 258
——別のヴァージョン（異版）について　下
——ジェノヴァでのプロダクションについて
（1828）　下
——ヴェネツィアでのプロダクションについて
（1829、フェニーチェ座）　193 註 34
——フィレンツェでのプロダクションについて
（1949、マッジオ・ムジカーレ）　178
——ミラノでのプロダクション（1969、スカ
ラ座）　173-76, 下
——ニューヨークでのプロダクションについて
（1975、ニューヨーク）　173, 258, 下
《パルミーラのアウレリアーノ》*Aureliano in
Palmira*　下
——ミラノでのプロダクションについて
（1813、スカラ座）　下
《セビリャの理髪師》*Il barbiere di Siviglia*
xiv, xxv 註 6, 33, 45-46, 67, 92, 92 註 5, 95
註 33, 99, 103, 106, 111, 128, 150, 151 註 8,
152 註 18, 164, 166-72, 177, 192 註 21,
192 註 32, 193 註 24, 228-29, 256, 279,
293 註 35, 303
——アバドのレコーディングについて　下
——自筆稿について　111, 150, 166-69
——カヴァティーナについて　下
——作曲について　46, 67, 下
——クリティカル・エディションについて
166-70, 下
——カットについて　下
——ファルサのヴァージョンについて　128
——台本（リブレット）について　下
——演目の生命について　92
——非認可のヴァージョンについて　下
——装飾について　下
——レチタティーヴォについて　下
——リコルディ社提供の再オーケストレーショ
ン版について　106, 166-68
——舞台装置替えについて　下
——アリアの移調について　下

320

——ローマでのプロダクションについて
（1816、テアトロ・アルジェンティーナ）
xiv, 99, 103, 111, 256, 下
——フィレンツェでのプロダクションについて
（1816、ペルゴラ劇場）　下
——ヴェネツィアでのプロダクションについて
（1819、サン・サムエーレ劇場）　下
——フィレンツェでのプロダクションについて
（1942、マッジオ・ムジカーレ）　149-50
——ミラノでのプロダクションについて
（1976、スカラ座）　下
——ミラノでのプロダクションについて
（1969、スカラ座）　168-69, 172, 下
——アムステルダムでのプロダクションについ
て（1987、アムステルダム・オペラ）　下
——サンタフェでのプロダクションについて
（1994）　下
——ペーザロでのプロダクションについて
（1997、ロッシーニ・フェスティヴァル）
下
——ニューヨークでのプロダクションについて
（2002、メトロポリタン歌劇場）　下
——ヘルシンキでのプロダクションについて
（2003、フィンランド国立オペラ）　下
《美しさと鉄の心》*Belleza e Cuor di ferro*（《マ
ティルデ・ディ・シャブラン》も参照）　下
《ビアンカとファリエーロ》*Bianca e Falliero*
xxii, 170
——カバレッタについて　下
——ズボン役について　170
——台本（リブレット）について　52
——パリでの《湖上の美人》上演に挿入された
楽曲素材について　　下
——レチタティーヴォについて　　下
——レチタティーヴォ・セッコについて　下
——アリアの移調について　　下
——ミラノでのプロダクションについて
（1819-20、スカラ座）　下
——ペーザロでのプロダクションについて
（1986、ロッシーニ・フェスティヴァル）
下
——マイアミでのプロダクション（1988、グ
レーター・マイアミ・オペラ）　170
《結婚手形》*La cambiale di matrimonio*
109
《ラ・チェネレントラ》*La Cenerentola*　5,
34-36, 38, 41 註 23, 41 註 24, 45, 111-12,
128, 138, 149, 152 註 19
——アゴリーニの貢献について　36-38,

111-12, 下
——自筆稿について　34, 112
——クリティカル・エディションについて
34
——カットについて　　下
——英語訳詞での改作について　　下
——ファルサのヴァージョンについて　128
——カルマス社のエディションについて
34
——台本（リブレット）について　　下
——《アルミーダ》からの楽曲素材の使用につ
いて　　下
——《セビリャの理髪師》からの楽曲素材の使
用について　　下
——パリでの《イタリアのトルコ人》上演の際
に転用された楽曲素材について　　下
——装飾について　　下
——プンタトゥーレについて　　下
——レチタティーヴォについて　　下
——再オーケストレーションについて
138, 149
——ロッシーニ自身の改稿について　111-
12
——ローマでのプロダクションについて
（1817、ヴァッレ劇場）　111, 下
——ローマでのプロダクションについて
（1818、テアトロ・アポッロ）　111-12
——ローマでのプロダクションについて
（1821、テアトロ・アポッロ）　111
——パリでのプロダクションについて
（1822、テアトル・イタリアン）　下
——ミラノでのプロダクションについて
（1973、スカラ座）　34
——ボローニャでのプロダクションについて
（1992）　下
——ニューヨークでのプロダクションについて
（1997、メトロポリタン歌劇場）　34-35
——ペーザロでのプロダクションについて
（1998、ロッシーニ・フェスティヴァル）
35
——ペーザロでのプロダクションについて
（2000、ロッシーニ・フェスティヴァル）
5, 35-37
——ヘルシンキでのプロダクションについて
（2003、フィンランド国立オペラ）　下
《バビロニアのチーロ》*Ciro in Babilonia*
177-78, 下
——アリア・ディ・ソルベットについて　下
——《コリントの包囲》に挿入されたカバレッ

本書で論じた主要なオペラ作品の索引　　*321*

タについて　177-78

──《エジプトのモーゼ》に挿入されたが曲素材について　下

──レチタティーヴォの機能について　下

《オリー伯爵》*Le Comte Ory*　xii, 68, 224-27, 230, 下

──ベルリオーズの批評について　下

──楽器編成について　下

──《ランスへの旅》に使われた楽曲素材について　xii, 224-27, 下

──スケッチについて　68

──パリでのプロダクションについて（1828、オペラ座）　224

《デメトリオとポリービオ》*Demetrio e Polibio*　下

《湖上の美人》*La donna del lago*　4-5, 54, 72, 84, 88, 95 註 43, 97 註 67, 109, 141, 166, 170, 178, 267, 下

──自筆稿について　109, 下

──バンダ・スル・パルコについて　88, 267

──ブライトコップフ社のエディションについて　141

──カバレッタについて　下

──演奏会形式上演について　下

──他の作曲家による貢献について　84

──クリティカル・エディションについて　178, 下

──デュエッティーノについて　下

──ズボン役について　170

──調性について　下

──《ロベール・ブリュース》に挿入された楽曲素材について　下

──記譜に使われた用紙について　72

──ラディチョッティによる批評　下

──レチタティーヴォについて　下

──ステージングについて　下

──構造について　54

──ナポリでのプロダクション（1819、サン カルロ劇場）　下

──ナポリでのプロダクション（1820、サン カルロ劇場）　下

──ミラノでのプロダクション（1821、スカ ラ座）　下

──パリでのプロダクション（1824、テアト ル・イタリアン）　267, 下

──フィレンツェでのプロダクション（1950 年代、マッジオ・ムジカーレ）　166

──ヒューストンでのプロダクション

（1981、グランド・オペラ）　72, 下

──ペーザロでのプロダクション（1981、ロッシーニ・フェスティヴァル）　4, 下

──ペーザロでのプロダクション（1983、ロッシーニ・フェスティヴァル）　下

──ペーザロでのプロダクション（2001、ロッシーニ・フェスティヴァル）　97 註 67

《エドゥアルドとクリスティーナ》*Eduardo e Cristina*　242 註 19

《イングランドの女王エリザベッタ》*Elisabetta, regina d'Inghilterra*　72, 96 註 43, 109, 下

──自筆稿について　109

──作曲について　下

──クリティカル・エディションについて　下

──《オテッロ》に使われた楽曲素材について　下

──記譜に使われた用紙について　72

──レチタティーヴォについて　下

──ペーザロでのプロダクションについて（2004、ロッシーニ・フェスティヴァル）

《ひどい誤解》*L'equivoco stravagante*　46, 127, 下

《エルミオーネ》*Ermione*　5, 6-14, 18-19, 23, 40 註 2, 40 註 7, 50, 81, 109, 114, 153 註 26, 257, 302, 下

──自筆稿について　10-11, 109, 下

──カバレッタについて　下

──クリティカル・エディションについて　10-12

──デュエッティーノについて　下

──重要性について　6

──長さについて　257

──台本（リブレット）について　49-50

──オーボエについて　下

──序曲について　81

──抜粋の出版譜について　114

──レチタティーヴォについて　下

──ナポリでのプロダクションについて（1819、サンカルロ劇場）　5

──ペーザロでのプロダクションについて（1987、ロッシーニ・フェスティヴァル）　5-11

──ローマでのプロダクションについて（1991）　下

──ロンドンでの演奏会形式上演について

(1992)　下
——グラインドボーン・フェスティヴァルでの
プロダクションについて（1995）　11, 下
——サンタフェでのプロダクションについて
（2000）　5, 10-12
——ニューヨークでのプロダクションについて
（2004、シティ・オペラ）　13
《泥棒かささぎ》 *La gazza ladra*　5, 88, 97
註 68, 下
——クリティカル・エディションについて
下
——カットについて　　下
——オーボエのパートについて　　下
——オーケストレーションの矛盾について
88
——装飾について　　下
——レチタティーヴォについて　　下
——サンクィリコの舞台装置について　　下
——パッティのためのヴァリアンテについて
下
——ペーザロでのプロダクションについて
（1818）　5
——パリでのプロダクションについて
（1867、テアトル・イタリアン）　　下
——ペーザロでのプロダクションについて
（1941）　下
《ラ・ガゼッタ（新聞）》 *La gazzetta*　94 註
26, 210, 241, 下
——自筆稿について　　210
——作曲について　　下
——クリティカル・エディションについて
下
——ナポリ方言が使われていることについて
94 註 26
——ナポリでのプロダクションについて
（1816、テアトロ・デイ・フィオレンティー
ニ）　下
——オックスフォードでのプロダクションにつ
いて（2001、ガーシントン・フェスティヴァ
ル）　下
——ペーザロでのプロダクションについて
（2001、ロッシーニ・フェスティヴァル）
下
《ギョーム・テル》 *Guillaume Tell*　xii, xxi,
6, 24, 41 註 15, 47, 73, 75, 96 註 48, 102,
105, 151 註 5, 152 註 21, 179, 279, 293 註
34, 300, 307, 下
——カデンツァについて　　下
——検閲について　　下

——作曲について　　下
——クリティカル・エディションについて
24, 下
——カットについて　279, 下
——楽器編成について　　下
——イタリア語訳詞について　　下
——調性について　　下
——オリジナルの舞台装置とステージングにつ
いて　下
——序曲について　　下
——記譜に使う用紙について　73, 75
——支払いについて　47
——牛追いの歌 *ranz des vaches* のモティー
フについて　　下
——ロマンツァについて　　下
——ロッシーニ自身の改稿について　102,
105
——パリでのプロダクションについて
（1829、オペラ座）　下
——フィレンツェでのプロダクションについて
（1972、マッジオ・ムジカーレ、伊語）
179-80
——ミラノでのプロダクションについて
（1988、スカラ座、伊語）　下
——サンフランシスコでのプロダクションにつ
いて（1992）　下
——ペーザロでのプロダクションについて
（1995、ロッシーニ・フェスティヴァル）
24, 下
——パリでのプロダクションについて
（2003、オペラ座）　下
《幸せな間違い》 *L'inganno felice*　109, 下
《アルジェのイタリア女》 *L'Italiana in Algeri*
xxi, 46, 49-50, 63, 93 註 11, 121-22, 125-
32, 135-38, 148-49, 153 註 38, 153 註 41,
下
——代替のヴァージョンについて　　下
——自筆稿について　122-25, 149, 下
——終止のフレーズについて　　下
——検閲について　129-33, 下
——作曲について　46, 49
——クリティカル・エディションについて
122, 137-38, 下
——カットについて　　下
——ファルサのヴァージョンについて
128-29
——ホルンのパートについて　　下
——台本（リブレット）について　50, 63,
下

本書で論じた主要なオペラ作品の索引　　*323*

——共作者が書いた楽曲素材について　下
——レチタティーヴォについて　下
——再オーケストレーションについて
136-38, 148-49, 下
——ロジッチ【訳者註：パオロ・ロジッチ、バッ
ソ・ブッフォの歌手】について　下
——ロッシーニ自身の改稿について　121-
22, 134-36
——作品の広まり方について　121-27,
131-32
——ヴェネツィアでのプロダクションについて
（1813、サン・ベネデット劇場）　121-
22, 下
——ヴィチェンツァでのプロダクションについ
て（1813）　135, 下
——ミラノでのプロダクションについて
（1814、テアトロ・レ）　121, 135, 下
——ナポリでのプロダクションについて
（1815）　121
——ニューヨークでのプロダクションについて
（1984、メトロポリタン歌劇場）　122
——ペーザロでのプロダクションについて
（1994、ロッシーニ・フェスティヴァル）

《イヴァノエ》*Ivanhoé*　下
——パリでのプロダクションについて
（1826、オデオン座）　下
——マルティーナ・フランカでのプロダクショ
ンについて（2001）　下

《マオメット2世》*Maometto II*　xii, 11-12,
23-25, 27, 68, 109, 165, 174-77, 193 註
35, 229, 257-58, 282, 302, 304, 310
——自筆稿について　11, 109
——カットについて　下
——楽器編成について　下
——長さについて　257
——《ランスへの旅》に使われた楽曲素材につ
いて　229, 下
——レチタティーヴォについて　下
——楽譜について　165
——《コリントの包囲》と比較して　xii,
174-75, 下
——スケッチについて　68
——構造について　25, 175
——和声の構造について　下
——ナポリでのプロダクションについて
（1820、サンカルロ劇場）　23-24, 174-
75
——ヴェネツィアでのプロダクションについて

（1822-23、フェニーチェ座）　23-24,
174, 下
——ペーザロでのプロダクションについて
（1986、ロッシーニ・フェスティヴァル）
23
——ペーザロでのプロダクションについて
（1993、ロッシーニ・フェスティヴァル）
23, 下

《マティルデ・ディ・シャブラン》*Matilde di
Shabran*　80, 110-11, 152 註 17, 211,
305
——自筆稿について　110-11, 211
——クリティカル・エディションについて
下
——カットについて　下
——他のオペラからの楽曲素材の借用について
下
——パチーニの貢献について　下
——レチタティーヴォについて　下
——ローマでのプロダクションについて
（1821、テアトロ・アポッロ）　110-11,
下
——ナポリでのプロダクションについて
（1821、テアトロ・デル・フォンド）　下
——ペーザロでのプロダクションについて
（1996、ロッシーニ・フェスティヴァル）
80
——ペーザロでのプロダクションについて
（2004、ロッシーニ・フェスティヴァル）
80

《モイーズとファラオン（モイーズ）》*Moïse et
Pharaon*　xii, 24, 68, 95 註 35, 213, 242
註 26, 下
——自筆稿について　213
——楽器編成について　下
——《アルミーダ》からの楽曲素材の転用につ
いて　下
——《エジプトのモーゼ》を原本とすることに
ついて　xii, 下
——スケッチについて　68
——パリでのプロダクションについて
（1827、オペラ座）　213
——ペーザロでのプロダクションについて
（1997、ロッシーニ・フェスティヴァル）
24, 下
——ミラノでのプロダクション（2003、スカ
ラ座）　下

《エジプトのモーゼ》*Mosè in Egitto*　xii,
xxi, 48, 72, 88, 96 註 43, 96 註 44, 97 註 66,

97 註 70, 109, 194 註 40, 212, 291 註 16
　——自筆稿について　　96 註 44, 97 註 70,
　　109, 212-13
　——バンダ・スル・パルコについて　　88
　——カラーファの貢献について　　　下
　——カットについて　　　下
　——楽器編成について　　　下
　——台本（リブレット）について　　　下
　——共作者が書いた楽曲素材について　　　下
　——《モイーズ》と比較して　　x, 下
　——記譜のための用紙について　　72
　——レチタティーヴォについて　　　下
　——舞台装置替えについて　　　下
　——三幕立ての構造について　　　下
　——ナポリでのプロダクションについて
　　（1818、サンカルロ劇場）　　48, 194 註
　　40, 下
　——ナポリでのプロダクションについて
　　（1819、サンカルロ劇場）　　　下
《なりゆき泥棒》L'occasione fa il ladro
110
《オテッロ》Otello　　6, 27, 96 註 48, 109,
137
　——別のヴァージョン（異版）について　　　下
　——自筆稿について　　　109, 下
　——クリティカル・エディションについて
　　　下
　——デュエットについて　　　下
　——ホルンのパートについて　　　下
　——調性について　　　下
　——オーケストレーションについて　　137
　——記譜のための用紙について　　75
　——《湖上の美人》にパスタが挿入した楽曲素
　　材について　　　下
　——レチタティーヴォについて　　　下
　——舞台装置替えについて　　　下
　——三幕立ての構造について　　　下
　——グリージのためのヴァリアンテについて
　　　下
　——ナポリでのプロダクションについて
　　（1816、テアトロ・デル・フォンド）　　　下
　——ローマでのプロダクションについて
　　（1820、テアトロ・アルジェンティーナ）
　　　下
　——パリでのプロダクションについて
　　（1821、テアトル・イタリアン）　　　下
　——ロンドンでのプロダクションについて
　　（1822、王立劇場）　　　下
　——パリでのプロダクションについて

（1833、テアトル・イタリアン）　　　下
　——ペーザロでのプロダクションについて
　　（1988、ロッシーニ・フェスティヴァル）
　　　下
　——シカゴでのプロダクションについて
　　（1992、リリック・オペラ）　　　下
　——マルティーナ・フランカでのプロダクショ
　　ンについて（2000）　　　下
《試金石》La pietra del paragone　　　下
　——クリティカル・エディションについて
　　　下
　——ホルンのパートについて　　　下
　——オーボエのパートについて　　　下
　——レチタティーヴォについて　　　下
　——ティンパニのパートについて　　　下
《リッチャルドとゾライーデ》Ricciardo e
Zoraide　　87, 109, 下
　——自筆稿について　　　109
　——バンダ・スル・パルコについて　　　87
　——楽器編成について　　　下
　——《マティルデ・ディ・シャブラン》に使わ
　　れている楽曲素材について　　　下
　——《オテッロ》に使われている楽曲素材につ
　　いて　　　下
　——ナポリでのプロダクションについて
　　（1818、サンカルロ劇場）　　　下
《ロベール・ブリュース》Robert Bruce　　　下
　——パリでのプロダクションについて
　　（1846、オペラ座）　　　下
　——マルティーナ・フランカでのプロダクショ
　　ンについて（2002）　　　下
《ステルリンガのロドルフォ》Rodolfo di
Sterlinga　　　下
《絹のはしご》La scala di seta　　5, 29-32,
34, 41 註 18, 41 註 20, 110, 下
　——自筆稿について　　　29-30, 110, 下
　——クリティカル・エディションについて
　　29-30, 下
　——オーボエのパートについて　　　下
　——レチタティーヴォについて　　　下
　——ヴェネツィアでのプロダクションについて
　　（1812、サン・モイーゼ劇場）　　29
　——セニガリアでのプロダクションについて
　　（1813）　　29
　——シエナでのプロダクションについて
　　（1818）　　29
　——リスボンでのプロダクションについて
　　（1825）　　29
　——ローマでのプロダクションについて

本書で論じた主要なオペラ作品の索引　　325

（1976、テアトロ・オリンピコ）　41 註
18, 41 註 20
──ペーザロでのプロダクションについて
（1988、ロッシーニ・フェスティヴァル）
29-30
──ペーザロでのプロダクションについて
（2000、ロッシーニ・フェスティヴァル）
5, 29-32
《セミラーミデ》 *Semiramide*　xvi, 37, 46,
49, 52, 74, 85, 87, 93 註 11, 95 註 35, 96 註
46, 97 註 65, 107, 152 註 25, 170, 218, 242
註 19, 249, 257-88, 292 註 22, 292 註 27,
292 註 30, 301, 308
──伴奏つきレチタティーヴォについて　下
──自筆稿について　259
──バンダ・スル・パルコについて　87-
88, 266-67, 275-78, 281
──カバレッタについて　下
──作曲について　46, 下
──クリティカル・エディションについて
74, 259-71
──カットについて　278-83, 下
──普及について　259-60
──デュエッティーノについて　下
──ズボン役について　170
──台本（リブレット）について　52, 242
註 19
──パリでの《湖上の美人》上演の際に挿入さ
れた楽曲素材について　下
──オーケストレーションについて　下
──装飾について　286-88
──記譜に使われる用紙について　74,
220-21
──パルティチェッラについて　85
──ロッシーニ自身の改稿について　261-
62
──スケッチについて　68
──サザーランドとホーンのレコーディングに
ついて　218, 下
──ヴェネツィアでのプロダクションについて
（1823、フェニーチェ座）　49, 107, 257,
下
──パリでのプロダクションについて
（1825、テアトル・イタリアン）　263, 下
──パリでのプロダクションについて
（1860、オペラ座）　下
──ニューヨークでのプロダクションについて
（1892、1894、1895、メトロポリタン歌劇
場）　260

──フィレンツェでのプロダクションについて
（1940、マッジオ・ムジカーレ）　260
──ミラノでのプロダクションについて
（1962、スカラ座）　260-61, 264
──ニューヨークでのプロダクションについて
（1989-90、メトロポリタン歌劇場）　74,
257-60, 270-84, 下
──ペーザロでのプロダクションについて
（1992、ロッシーニ・フェスティヴァル）
37
──ペーザロでのプロダクションについて
（2003、ロッシーニ・フェスティヴァル）
267, 下
《コリントの包囲》 *Le Siège de Corinthe*
（《*L'assedio di Corinto*》および《*Maometto
II*》も参照のこと）　xii, 5, 11-12, 14, 23-
29, 36, 173-78, 194 註 37, 194 註 38, 229,
258
──自筆稿について　11-12
──楽器編成について　下
──受容可能なエディションがない件について
24-25
──《マオメット 2 世》を原本とすることに
ついて　xii, 173-75, 下
──《エルミオーネ》からの楽曲素材について
11-12
──構造について　25, 174-76
──パリでのプロダクションについて
（1820、オペラ座）　24
──フィレンツェでのプロダクションについて
（1982、テアトロ・コムナーレ）　下
──ペーザロでのプロダクションについて
（2000、ロッシーニ・フェスティヴァル）
5, 14, 24-26
《シジスモンド》 *Sigismondo*　下
──ヴェネツィアでのプロダクションについて
（1815、フェニーチェ座）　下
《ブルスキーノ氏》 *Il signor Bruschino*　7,
110, 152 註 16, 下
──自筆稿について　110, 下
──ペーザロでのプロダクションについて
（1985、ロッシーニ・フェスティヴァル）
7
《タンクレーディ》 *Tancredi*　xvi, xx, 50,
75, 96 註 49, 115, 153 註 28, 153 註 39, 154
註 50, 166, 170, 178, 217-23, 225, 239,
243 註 38, 243 註 41, 258, 301-2, 308, 下
──カデンツァについて　下
──カヴァティーナについて　下

――クリティカル・エディションについて
179, 222-23, 225-26, 下
――カットについて　　　下
――ズボン役について　170
――ホルンのパートについて　　下
――台本（リブレット）について　49
――オーボエのパートについて　　下
――装飾について　　下
――記譜に使う用紙について　75
――近年の上演について　258
――レチタティーヴォについて　　下
――ロッシーニ自身の改稿について　115
――弦パートについて　　下
――ティンパニのパートについて　　下
――悲劇のフィナーレについて　218-22,
下
――ヴェネツィアでのプロダクションについて
（1813、フェニーチェ座）　219, 下
――フェラーラでのプロダクションについて
（1813）　219
――フィレンツェでのプロダクションについて
（1950年代、マッジオ・ムジカーレ）
166
――ヒューストンでのプロダクションについて
（1977、グランド・オペラ）　218, 220
――ペーザロでのプロダクションについて
（1982、ロッシーニ・フェスティヴァル）
下
《トルヴァルドとドルリスカ》Torvaldo e
Dorliska　111
――ローマでのプロダクションについて
（1815-16、テアトロ・ヴァッレ）　111
《イタリアのトルコ人》Il Turco in Italia
xxi, 17, 27, 40註12, 137, 166, 178, 下
――クリティカル・エディションについて
178, 下
――カットについて　　　下
――カルマス社のエディションについて
17, 下
――《新聞》に使われた楽曲素材について
下
――共作者によって書かれた部分について
下
――オーソライズされていない（非公認の）
ヴァージョンについて　　下
――レチタティーヴォについて　　下
――レンネルトの調整について　　下
――ミラノでのプロダクションについて
（1814、スカラ座）　137, 下

――ローマでのプロダクションについて
（1815、テアトロ・ヴァッレ）　下
――パリでのプロダクションについて
（1820、テアトル・イタリアン）　40註
12, 下
――ローマでのプロダクションについて
（1950、テアトロ・エリゼオ）　166, 下
――ミラノでのプロダクションについて
（1955、スカラ座）　下
――ニューヨークでのプロダクションについて
（1977、シティ・オペラ）　　下
――ペーザロでのプロダクション（1983、
ロッシーニ・フェスティヴァル）　　下
――クレモナでのプロダクション（1987、テ
アトロ・ポンキエッリ）　　下
――ミラノでのプロダクション（1997、スカ
ラ座）　　下
《ランスへの旅》Il viaggio a Reims　x, xii,
xvi, xvii, 4, 9, 79, 85, 178, 211, 224-30,
233, 236, 239, 243註43, 243註45, 244註
52, 315, 下
――アバドのレコーディングについて　　下
――手稿譜について　225-26, 下
――クリティカル・エディションについて
178, 226-28, 下
――カットについて　　下
――台本（リブレット）について　　下
――《アルミーダ》から転用した楽曲素材につ
いて　下
――《オリー伯爵》に転用した楽曲素材につい
て　xii, 225-27, 下
――記譜に使用した用紙について　79
――パルティチェッラについて　85
――レチタティーヴォについて　　下
――ソース（録音や映像など）について
211, 233
――パリでのプロダクションについて
（1825、テアトル・イタリアン）　xii,
223-24, 下
――ペーザロでのプロダクションについて
（1984、ロッシーニ・フェスティヴァル）
4, 226-28, 下
――ミラノでのプロダクションについて
（1985、スカラ座）　228
――ニューポートでのプロダクションについて
（1988、演奏会形式上演）　229
――フェラーラでのプロダクションについて
（1992）　228, 236, 下
――ロンドンでのプロダクションについて

（1992、コヴェント・ガーデン）　9, 下
——ペーザロでのプロダクションについて
（1992、ロッシーニ・フェスティヴァル）　下
——ニューヨークでのプロダクションについて
（1999、シティ・オペラ）　230, 下
——ペーザロでのプロダクションについて
（1999、ロッシーニ・フェスティヴァル）
下
——ヘルシンキでのプロダクションについて
（2003、フィンニッシュ・ナショナル・オペ
ラ）　下
——シカゴでのプロダクションについて
（2004、オペラ・シアター）　下
《ウィーンへの旅》Il viaggio a Vienna　227
——スコアについて　227
——歌詞の修正について　下
《ゼルミーラ》Zelmira　xxiii, 6, 107-9, 301
——自筆稿について　下
——デュエッティーノについて　下
——レチタティーヴォについて　108-9
——ナポリでのプロダクションについて
（1822、サンカルロ劇場）　107-8

4. ジュゼッペ・ヴェルディ

《アイーダ》Aida　xxv 註 4, 46, 66, 238, 下
——カバレッタについて　下
——チンバッソについて　下
——作曲法について　46
——舞台配置書 disposizione scenica につ
いて　下
——台本（リブレット）について　66
——構想中のクリティカル・エディションにつ
いて　238
——改稿について　下
——演出（ステージング）について　下
——カイロでのプロダクションについて
（1871）　下
——ヴェローナでのプロダクションについて
（1913、アレーナ）　下
——フランクフルトでのプロダクションについ
て（1981）　下
《アルツィーラ》Alzira　xxiii, 75, 81, 95 註
37, 96 註 47, 96 註 57, 144-45, 155 註 69,
下
——自筆稿について　下
——序曲について　81
——記譜に使用する紙について　75
——ピアノ伴奏譜化について　144-45

——スケッチについて　95 註 37, 下
——ロンドンでのプロダクションについて
（1996、演奏会形式上演）　下
《アロルド》Aroldo　195 註 49, 233, 236, 下
——プロダクション・ブックがないことについ
て　下
——《スティッフェーリオ》に使われていた楽
曲素材について　233, 236, 下
——リミニでのプロダクションについて
（1857、テアトロ・ヌオーヴォ）　195 註
49
《アッティラ》Attila　211-12, 242 註 24, 下
——舞台装置について　下
——差し替えのアリアについて　211
——ヴェネツィアでのプロダクションについて
（1846、フェニーチェ座）　211, 下
——トリエステでのプロダクションについて
（1846、テアトロ・グランデ）　211
——シカゴでのプロダクションについて
（2000-2001、リリック・オペラ）　212
《仮面舞踏会》Un ballo in maschera（《グス
ターヴォ 3 世》Gustavo III や《ドミノの復讐》
Una vendetta in dominò も参照のこと）
xvii, xxv 註 4, 51, 69-71, 88, 130, 232, 238,
297, 304, 下
——自筆稿について　232, 下
——バンダ・スル・パルコについて　89, 下
——ボストンに設定を変更したことについて
下
——検閲について　130, 下
——作曲法について　下
——クリティカル・エディションについて
238, 下
——舞台配置書について　下
——初期ヴァージョンについて　下
——英語訳詞について　下
——台本（リブレット）について　51, 下
——ロマンツァについて　下
——スケッチについて　70, 下
——舞台演出（ステージング）について　下
——アリアの移調について　下
——ローマでのプロダクションについて
（1859、テアトロ・アポッロ）　下
——ロンドンでのプロダクションについて
（1952、コヴェント・ガーデン）　下
——ストックホルムでのプロダクションについ
て（1958、ロイヤルオペラ）　下
——ロンドンでのプロダクションについて
（1965、サドラーズ・ウェルズ）　下

——ニューヨークでのプロダクションについて（1980 年代、メトロポリタン歌劇場）　下
——コペンハーゲンでのプロダクションについて（2001、ヴェルディ・フェスティヴァル）下
——パルマでのプロダクションについて（2001、ヴェルディ・フェスティヴァル）下
——シカゴでのプロダクションについて（2003、リリック・オペラ）　下
《レニャーノの戦い》 *La battaglia di Legnano* xxiii, 159, 下
《海賊》 *Il corsaro*　201, 下
——自筆稿について　下
——クリティカル・エディションについて下
——楽器編成について　下
——ニューヨークでのプロダクションについて（2004、演奏会形式上演）　下
《ドン・カルロス》 *Don Carlos*　xxii, xxv 註 4, 270, 279, 293 註 34, 下
——別のヴァージョン（異版）について　下
——カットについて　279
——楽器編成について　下
——イタリア語訳詞について　下
——オリジナルのフランス語版について　下
——ローマでのプロダクションについて（1885、テアトロ・アポッロ）　下
《二人のフォスカリ》 *I due Foscari*　95 註 37, 201, 下
《エルナーニ》 *Ernani*　28, 54-56, 76, 82, 94 註 22, 96 註 50, 144, 153 註 27, 184-85, 188-90, 195 註 53, 195 註 55, 201, 212, 291 註 18, 下
——別のヴァージョン（異版）について　下
——「論争が起きる」カバレッタについて 184-89
——検閲について　下
——作曲法について　下
——クリティカル・エディションについて 190, 下
——カットについて　下
——普及について　144
——ギルバート＆サリヴァンのパロディ作品について　28
——ホルンのパートについて　下
——台本（リブレット）について　下
——装飾について　下
——記譜に使われた紙について　76

——レチタティーヴォについて　下
——構造について　54-55
——ティンパニのパートについて　下
——歌詩（verse）の構造について　下
——ヴェネツィアでのプロダクションについて（1844、フェニーチェ座）　55, 153 註 27, 185, 下
——ウィーンでのプロダクションについて（1844、ケルントナートーア劇場）　下
——ミラノでのプロダクションについて（1844）　185
——パルマでのプロダクションについて（テアトロ・ドゥカーレ）　下
——ミラノでのプロダクションについて（1982、スカラ座）　184-89
——モデナでのプロダクションについて（1984、テアトロ・コムナーレ）　291 註 18, 下
——シカゴでのプロダクションについて（1984-85、リリック・オペラ）　下
《ファルスタッフ》 *Falstaff*　xxv, 15, 66, 69, 149, 157-59, 161, 191 註 8, 238, 305, 下
——舞台配置書について　下
——台本（リブレット）について　66
——リコルディ社によるオーケストラ・スコアの出版譜について　下
——構想中のクリティカル・エディションについて　238
——エラーと称するものについて　157-59
《運命の力》 *La forza del destino*　xxv 註 4, 52, 69, 71, 148, 195 註 50, 234, 238, 309, 下
——コピイストのエラーについて　148
——クリティカル・エディションについて 238
——オリジナルの舞台装置について　下
——改稿について　下
——セルヴァ（*selva* メモ類）について　52
——舞台装置について　下
——スケッチについて　71
——アリアの移調について　下
——サンクトペテルブルクでのプロダクションについて（1862、帝室歌劇場）　下
——ミラノでのプロダクションについて（1869、スカラ座）　下
——アーヴァインでのプロダクションについて（1980）　下
——シアトルでのプロダクションについて（1984）　下
《一日だけの王様》 *Un giorno di regno*　50,

103, 295, 305, 下
──自筆稿について　下
──台本（リブレット）について　50
──レチタティーヴォについて　下
──2幕立ての構造について　下
──ミラノでのプロダクションについて
（1840、スカラ座）　103
《ジョヴァンナ・ダルコ》*Giovanna d'Arco*
xxiii, 下
《グリエルモ・ヴェリングローデ》*Guglielmo
Wellingrode*（《スティッフェーリオ》も参照）
232
《グスターヴォ3世》*Gustavo III*（《仮面舞踏会》
《ドミノの復讐》も参照のこと）　xvii, 244
註55, 下
──検閲について　下
──作曲について　下
──台本（リブレット）について　下
──（楽譜の）再構築について　232, 下
──スケッチについて　下
──イェテボリでのプロダクションについて
（2002、国立オペラ）　下
──ニューヨークでのプロダクションについて
（2004、演奏会形式上演）　下
《イェルサレム》*Jérusalem*　213, 下
──オフィクレードについて　下
──スケッチについて　213
──パリでのプロダクションについて
（1847、オペラ座）　下
《第1次十字軍のロンバルディア人》*I Lombardi
alla prima crociata*　55, 213
──作曲について　下
──《イェルサレム》に使われた楽曲素材につ
いて　下
──成功ぶりについて　55
──歌詞の構造について　下
──セニガリアでのプロダクションについて
（1844）　下
《ルイザ・ミラー》*Luisa Miller*　xxiii, 69,
77, 144, 234
──自筆稿について　下
──普及について　144
──第1幕のフィナーレについて　下
──スタイルについて　下
──ベルリンでのプロダクションについて
（2000、ドイチェ・オーパー）　下
──ミラノでのプロダクションについて
（2001、スカラ座）　下
──ミュンヘンでのプロダクションについて

（2001、演奏会形式上演）　下
《マクベス》*Macbeth*　xiv, 86, 93 註19, 96
註55, 97 註63, 100, 144, 151 註1, 201,
297, 300, 下
──別のヴァージョン（異版）について　下
──合唱について　96 註55
──作曲について　100, 下
──衣裳と舞台装置デザインについて　下
──クリティカル・エディションについて　下
──カットについて　下
──普及について　144
──パルティチェッラについて　86
──改稿について　下
──舞台転換について　下
──ヴェルディによるステージングの変更につ
いて　下
──フィレンツェでのプロダクションについて
（1847、ペルゴラ座）　96 註55, 下
──ヴェネツィアでのプロダクションについて
（1847、フェニーチェ座）　下
──ナポリでのプロダクションについて
（1848、サンカルロ劇場）　下
──ダブリンでのプロダクションについて
（1859）　下
──フランス語訳詞ヴァージョンについて、パ
リ（1865、テアトル・リリック）　xiv, 下
──シカゴでのプロダクションについて
（1999、リリック・オペラ）　下
──パルマでのプロダクションについて
（2001、ヴェルディ・フェスティヴァル）
下
《群盗》*I masnadieri*　100, 151 註3, 240,
245 註72, 下
──自筆稿について　下
──作曲について　100
──クリティカル・エディションについて
240
──ロンドンでのプロダクションについて
（1847、コヴェント・ガーデン）　下
《ナブッコ》*Nabucco*　51, 55-56, 94 註30,
156 註71, 158-59, 175, 191 註2, 300, 下
──バンダ・スル・パルコについて　87-88
──クリティカル・エディションについて
下
──死のシーンについて　下
──台本（リブレット）について　51, 下
──装飾について　下
──愛国心的な心情について　158
──受け留め方について　下

——ロッシーニの影響について　175
——成功ぶりについて　55
——歌詩の構造について　下
——ミラノでのプロダクションについて
（1842、スカラ座）　下
——フィレンツェでのプロダクションについて
（1977、マッジオ・ムジカーレ）　下
——ミラノでのプロダクションについて
（1986、スカラ座）　下
《オベルト、サン・ボニファッチョの伯爵》
Oberto, Conte di San Bonifacio　55,
189、下
——バルセロナでのプロダクションについて
（1842）　189
《オテッロ》*Otello*　xxv 註 6, 15, 66, 149,
161, 203, 297, 303, 下
——自筆稿について　203
——舞台計画書について　下
——台本（リブレット）について　66
——リコルディ社からの出版のオーケストラ・
スコアについて　149, 下
——舞台装置デザインについて　下
——シカゴでのプロダクションについて
（2001、リリック・オペラ）　下
《リゴレット》*Rigoletto*　xxv 註, 97 註 69,
101-2, 130, 132-33, 143-44, 147, 151 註 4,
154 註 52, 155 註 66, 156 註 77, 188, 191,
199-209, 227, 231-32, 234, 236, 238, 241
註 12, 266, 286-87, 297
——アポジャトゥーラ（倚音）について
286-87, 下
——自筆稿について　202-9, 下
——バンダ・スル・パルコについて　266
——検閲について　130, 132-33, 200-1,
227-28, 下
——作曲について　46, 200-2
——クリティカル・エディションについて
15-22, 188-89, 191, 200-9, 232-34, 下
——カットについて　下
——死のシーンについて　下
——普及について　144
——デュエットについて　下
——リコルディ社から出版のオーケストラ・ス
コアについて　209
——オーケストレーションの矛盾について
88-90
——記譜に使用された用紙について　73
——出版料の収入について　147
——レチタティーヴォについて　下

——ヴェルディに保持された権利について
143
——ロマンツァについて　下
——舞台転換について　下
——セッテナーリの詩について　59-61
——スケルトン・スコアについて　84
——スケッチについて　69-70, 下
——ステージングについて　下
——《スティッフェーリオ》のスケッチについ
て　238
——スタイルについて　下
——調性の構造について　下
——ヴェルディの改稿について　101-2
——ヴェネツィアでのプロダクションについて
（1851、フェニーチェ座）　85, 92, 200-
2
——ウィーンでのプロダクションについて
（1983、国立歌劇場）　15-19, 227
——シカゴでのプロダクションについて
（2000、リリック・オペラ）　下
——ロサンゼルスでのプロダクションについて
（2000）　19
——サンタフェでのプロダクションについて
（2000）　5, 18-21
——パルマでのプロダクションについて
（2001、ヴェルディ・フェスティヴァル）　下
《シモン・ボッカネグラ》*Simon Boccanegra*
66, 234, 238
——衣裳デザインについて　下
——舞台計画書について　下
——プロダクション・ブックを欠くことについ
て　下
——台本（リブレット）について　66
——計画中のクリティカル・エディションにつ
いて　238
——改稿について　下
——レッジョ・エミーリアでのプロダクション
について（1857）　下
——ナポリでのプロダクションについて
（1858、サンカルロ劇場）　下
——シカゴでのプロダクションについて
（1974、リリック・オペラ）　下
——ロンドンでのプロダクションについて
（1994、演奏会形式上演にて）　下
《スティッフェーリオ》*Stiffelio*　xvi, xxiii,
69-70, 130, 201, 230, 232-39, 241 註 7,
244 註 56, 下
——検閲について　130, 232-33, 236-37, 下
——作曲について　下

本書で論じた主要なオペラ作品の索引　*331*

――クリティカル・エディションについて　236-37, 下
――コントラバスの書法について　　下
――《アロルド》に使われた楽曲素材について　下
――改稿について　　下
――スケッチについて　69-70
――ステージングについて　　下
――トリエステでのプロダクションについて（1850、テアトロ・グランデ）　201, 232
――パルマでのプロダクションについて（1968、テアトロ・レージョ）　232
――ニューヨークでのプロダクションについて（1993、メトロポリタン歌劇場）　236, 下
《椿姫（ラ・トラヴィアータ）》La traviata　103, 144, 238, 244 註 57, 245 註 70, 297, 308, 下
――作曲について　46, 下
――クリティカル・エディションについて　238, 下
――カットについて　　下
――死の場面について　　下
――普及について　144
――デュエットについて　　下
――装飾について　　下
――前奏曲について　　下
――装飾について　　下
――プンタトゥーレについて　　下
――リコルディ社の"刻印されたスコア"について　下
――舞台転換について　　下
――スケッチについて　70, 下
――ステージングについて　　下
――スタイルについて　　下
――アリアの移調について　　下
――ヴェネツィアでのプロダクションについて（1853、フェニーチェ座）　103
――ヴェネツィアでのプロダクションについて（1854、テアトロ・サン・ベネデット）　　下
――ケント・オペラでのプロダクションについて（1980 年代）　　下
――ロンドンでのプロダクションについて（1994、コヴェント・ガーデン）　　下
――イェテボリでのプロダクションについて（1998、国立オペラ）　　下
――パルマでのプロダクションについて（2001、ヴェルディ・フェスティヴァル）　下
《イル・トロヴァトーレ》Il trovatore　46,

64, 144, 180-83, 185, 195 註 46, 195 註 49, 308, 下
――別のヴァージョン（異版）について　　下
――自筆稿について　　下
――作曲について　46
――クリティカル・エディションについて　180-83, 下
――カットについて　　下
――死の場面について　　下
――普及について　144, 下
――コントラバスの書法について　　下
――台本（リブレット）について　63-65, 下
――マンリーコ役のテッシトゥーラについて　180-83, 下
――ステージングについて　　下
――スタイルについて　　下
――調性の構造について　　下
――アリアの移調について　　下
――ローマでのプロダクションについて（1853、テアトロ・アポッロ）　　下
――フィレンツェでのプロダクションについて（1853、ペルゴラ座）　195 註 46, 195 註 49
――フィレンツェでのプロダクションについて（1977、テアトロ・コムナーレ）　180-83
――シカゴでのプロダクションについて（1993、リリック・オペラ）　　下
――ミラノでのプロダクションについて（2000、スカラ座）　180, 下
――ニューヨークでのプロダクションについて（2000、メトロポリタン歌劇場）　　下
《ドミノの復讐》Una vendetta in dominò（《仮面舞踏会》《グスターヴォ 3 世》も参照のこと）　下
――検閲について　　下
――ヴェルディのスケルトン・スコアとスケッチについて　　下
《シチリアの晩鐘》Les vêpres siciliennes　82, 300, 下
――イタリア語訳詞について　　下
――台本（リブレット）について　82
――オリジナルのフランス語版について　　下
――舞台転換について　　下
――ステージングについて　　下
――スタイルについて　　下
――パリでのプロダクションについて（1855、オペラ座）　　下

総 索 引

注：ベッリーニ、ドニゼッティ、ロッシーニ、ヴェルディのオペラについては、**本書で論じた主要なオペラ作品の索引**を参照のこと。「下」は下巻を示す。

A

アバド、クラウディオ Abbado, Claudio
xiv, xxi, 4, 34, 169-73, 177-78, 193, 228, 236
　　フェラーラでの実演 Ferrara performances 228, 下
　　スカラ座での実演 La Scala performances 34, 169-173
　　ペーザロでの実演 Pesaro performances 4, 228, 下
　　レコーディング recordings of　　下
アバド、ロベルト Abbado, Roberto　　下
アッバーテ、キャロライン Abbate, Carolyn　下
アッビアーティ、フランコ Abbiati, Franco　下
アカデミア・フィラルモニカ・ディ・ボローニャ Accademia Filarmonica di Bologna 111, 145, 236
アダモ、マリア・ロザリア Adamo, Maria Rosaria　下
アドラー・グイード Adler, Guido　　下
アイスキュロス Aeschylus　198
アゴリーニ、ルカ Agolini, Luca　35-36, 41, 111-12
エクサンプロヴァンス・フェスティヴァル Aix-en-Provence Festival　下
アラーニャ、ロベルト Alagna, Roberto　下
アライモ、シモーネ Alaimo, Simone　35
アルベルティ、ルチアーノ Alberti, Luciano　下
アルベルティーニ、アウグスタ Albertini, Augusta　下
オールデン、クリストファー Alden, Christopher　下
オールデン、デイヴィッド Alden, David　下
アレクサンドラン alexandrines　295
アリス・タリー・ホール（ニューヨーク）Alice Tully Hall（New York）245 註 71
アレヴィ、マリー・アントワネット Allévy, Marie-Antoinette　下

アルヴァ、ルイージ Alva, Luigi　193 註 31
アムステルダム・オペラ Amsterdam Opera　下
アンダーソン、ジューン Anderson, June 258, 271, 下
アネッリ、アンジェロ Anelli, Angelo　50, 123, 154 註 41
アンセルメ、エルネスト Ansermet, Ernest　下
アントナッチ、アンナ・カテリーナ Antonacci, Anna Caterina　下
アッピア、アドルフ Appia, Adolphe　下
アポジャトゥーラ（倚音）appoggiaturas 39, 286-87, 295, 305
アライザ、フランシスコ Araiza, Francisco 228
アルディーティ、ルイージ Arditi, Luigi　下
アレーナ（ヴェローナ）Arena（Verona）下
アリア arias
　　カデンツァ cadenzas in　下
　　ダ・カーポ da capo　下
　　形式 form of　下
　　フランス語の韻文の構造 French verse structure for　下
　　イタリア語の韻文の構造 Italian verse structure for　下
　　装飾のためのヴァリエーション ornamental variations in　下
アリア・ディ・バウレ arie di baule　296
アリア・ディ・ソルベット（シャーベットのアリア）arie di sorbetto　30, 54, 86, 296, 下
アリストテレス Aristotle　198
アッルーガ、ロレンツォ Arruga, Lorenzo　下
アルタリア（音楽出版社）Artaria firm　108, 117
アッシュブルック、ウィリアム Ashbrook, William　154 註 48, 165, 192 註 18
アッシュマン、マイク Ashman, Mike　下
オベール、ダニエル＝フランソワ＝エスプリ Auber, Daniel　51

333

《フラ・ディアヴォロ》*Fra Diavolo*　下
《ギュスターヴ3世》*Gustave III*　51
《ポルティシの物言えぬ娘》*La Muette de Portici*　下
オーデン、W. H. Auden, W. H.　下
アウレンティ、ガエ Aulenti, Gae　下
「純正なる」実演―「演奏の伝統」の項を参照のこと "authentic" performance. *See* performing traditions
自筆譜―項目として出てくる作曲家の項もそれぞれ参照のこと autograph manuscripts. *See also specific composers*　xii, 11, 29, 68, 71-72, 74, 76, 79, 86-87, 89-91, 96 註 58, 101-2, 107-13, 118, 121-22, 125-27, 134, 136, 142-43, 145, 148-50, 152 註 19, 157-63, 166-68, 185-86, 188, 191 註 3, 191 註 8, 192 註 15, 195 註 48, 202-8, 210-11, 215, 217, 220, 222, 224, 227, 229, 231-34, 236-37, 242 註 19, 242 註 28, 244 註 54, 244 註 59, 255, 259-60, 264, 268, 296, 299, 302, 304, 309-10
アズヴェド、アレクシ Azevedo, Aléxis　213

B

バッハ、ヨハン・セバスチャン Bach, Johann Sebastian　ix, x, 165, 209, 250-51, 289 註 3, 289 註 5, 290 註 6, 290 註 8
　ブランデンブルク協奏曲第3番 *Brandenburg Concerto* No. 3　290 註 8
　作品のクリティカル・エディション critical edition of works　251
バジェッティ、リナルド Bajetti, Rinaldo　111
バレ・ド・クール *ballet de cour*　下
バレ・リュス（ロシア・バレエ団）Ballets russes　215
バロッキ、ルイージ Balocchi, Luigi　224, 226, 下
バルザック、オノレ・ド Balzac, Honoré　xi, 85, 256, 291 註 16
　『マッシミッラ・ドゥーニ』*Massimilla Doni*　下
バンダ・スル・パルコ（舞台上のバンダ） *banda sul palco*　87-88, 261, 275-78, 293 註 33, 297
バルバイヤ、ドメニコ Barbaja, Domenico　6, 47, 107-9, 146, 302
バルビエリ=ニーニ、マリアンナ Barbieri-Nini,

Marianna　100, 151 註 1
バルチェッローナ、ダニエラ Barcellona, Daniela　222
バレンボイム、ダニエル Barenboim, Daniel　253, 290 註 8
バレッツィ、アントニオ Barezzi, Antonio　100, 144, 151 註 1, 155 註 68
バレッツィ、マルゲリータ Barezzi, Margherita　103
バロック音楽 Baroque music　250-51, 254, 290 註 12
　演奏習慣 performance practice of　250-51, 254, 下
バートレット、M. エリザベス C. Bartlet, M. Elizabeth C.　xxi, 24, 41 註 15, 96 註 48, 151 註 5, 152 註 13, 152 註 21, 211, 224-25
バルトレッティ、ブルーノ Bartoletti, Bruno　xiv, xx, 下
バルトリ、チェチーリア Bartoli, Cecilia　xiv, 30, 35-36, 285
バゼヴィ、アブラーモ Basevi, Abramo　301
　『ジュゼッペ・ヴェルディの作品研究』 *Studio sulle opere di Giuseppe Verdi*　下
バス、ロバート Bass, Robert　下
バセット・ホルン basset horn　下
バッシ、カリスト Bassi, Calisto　下
バトル、キャスリーン Battle, Kathleen　下
バウカルデ、カルロ Baucardé, Carlo　181, 183, 195 註 49
バイロイト・フェスティヴァル Bayreuth Festival　ix, 下
バッツィーニ、アントニオ Bazzini, Antonio　下
ベケット、エドワード Beckett, Edward　下
ベケット、サミュエル Beckett, Samuel　下
　『足音』*Footfalls*　下
ビーチャム、トーマス Beecham, Thomas　157, 159-60, 163
ベートーヴェン、ルートヴィヒ・ファン Beethoven, Ludwig van　ix, 107, 204, 209, 253
　"純粋なる"作品演奏 "authentic" performance of works by　253
　観劇したイタリア・オペラ Italian opera viewed by　107
ベッリーニ、ヴィンチェンツォ**―本書で論じた主要なオペラ作品の索引も参照のこと** Bellini, Vincenzo. *See also* **Index of Principal**

Operas Discussed vii, x-xi, xv, xviii, xxii, 18, 46-47, 51, 57, 68, 71, 73, 77-79, 81-82, 87, 93 註 7, 96 註 45, 96 註 54, 116-19, 130, 139, 142, 148-49, 154 註 49, 170-71, 193 註 27, 193 註 34, 200, 225, 253, 297-98, 304, 306, 309

　使ったアポジャトゥーラ appoggiaturas used by 下

　自筆稿（自筆譜）autograph manuscripts of 71, 78-79, 81, 87, 91, 118, 149

　カバレッタ cabalettas of 87, 193 註 27, 298, 下

　カデンツァの形式 cadential formulas of 下

　ロマーニとの協力体制 collaborations with Romani 51-52, 67, 81-82

　作曲術 compositional methods of xv, 46, 51, 57, 68, 73, 77-79, 81, 87, 170-72, 193 註 27, 193 註 34, 304, 306, 309

　オペラのクリティカル・エディション critical editions of operas 下

　マリブランとの関係 Malibran and 下

　オーケストレーションの不安定さ orchestration insecurities of 170-71

　オーケストレーションのテクニック orchestration techniques of 87, 91

　オペラでの装飾法 ornamentation of operas 下

　好んだ五線紙の綴じ方 paper structure preferred by 77, 79

　海賊版のエディション pirated editions viewed by 117-18

　レチタティーヴォ recitatives of 61

　スケルトン・スコア skeleton scores of 82

　スケッチ sketches of 68

　ステージング stagings of 下

　歌劇場のシステム theatrical system viewed by 下

　オペラの中での移調 transpositions in operas 下

ベリンザーギ、ジョヴァニーナ Bellinzaghi, Giovannina 下

ベッロット、フランチェスコ Bellotto, Francesco 下

ベニーニ、マウリツィオ Benini, Maurizio 24-25

ベネット、ロバート・ラッセル Bennett, Robert

Russell 86

ベンティヴォーリオ、ロレッタ Bentivoglio, Loretta 180

ベオルコ、アンジェロ（綽名：イル・ルザンテ）Beolco, Angelo（Il Ruzzante） 下

ベレスフォード、ブルース Beresford, Bruce 下

ベルガンサ、テレサ Berganza, Teresa 169, 下

ベルクハウス、ルート Berghaus, Ruth 下

ベルリオーズ、エクトール Berlioz, Hector 98 註 71, 下

　グルックの《オルフェオとエウリディーチェ》の改作 arrangement of Gluck Orfeo ed Euridice 下

　《オリー伯爵》を観劇して Le Comte Ory viewed by 下

　リハーサルの描写 description of rehearsals 98 註 71

　《ラ・ファヴォリート》を観劇して La Favorite viewed by 下

　《連隊の娘》を観劇して La Fille du Régiment viewed by 下

　楽器編成の論説 instrumentation treatise of 下

　『回想録』 memoirs of 下

　《幻想交響曲》Symphonie fantastique 下

ベルティ、ジュゼッペ Berti, Giuseppe 下

ベルティーニ、フィリッポ Bertini, Filippo 下

ベルティーニ、マリア・キアーラ Bertini, Maria Chiara 下

ベルトーヤ、ジュゼッペ Bertoja, Giuseppe 下

ベヴァン、クリフォード Bevan, Clifford 下

ベヴィラクア＝アルドブランディーニ、ゲラルド Bevilacqua Aldobrandini, Gherardo 242 註 19

ベヴィラクア家 Bevilacqua family 242 註 19

劇場運営協会図書館 Bibliothèque de l'Association de La Régie Théâtrale 下

オペラ座図書館（パリ）Bibliothèque de l'Opéra（Paris） xii, 11, 151, 194

音楽院（コンセルヴァトワール）図書館（パリ）Bibliothèque du Conservatoire（Paris） xii, 111

国立図書館（パリ）Bibliothèque Nationale

総索引　335

（Paris） xii, 165, 192 註 22, 211, 224-25, 下

ビデラ、エマヌエーレ Bidera, Emanuele 119

ビエイト、カリスト Bieito, Calixto【訳者註：原書綴り間違いあり。Bieto になっている】下

バイフォリオ bifolios 77-79, 123, 226, 297, 302, 下

ビッギ、マリア・イーダ Biggi, Maria Ida 下

ビゴンゼッティ、マウロ Bigonzetti, Mauro 27

ビルソン、マルコム Bilson, Malcolm 253

ビーニ、アンナリーザ Bini, Annalisa 243 註 47, 下

ビオンディ、ファビオ Biondi, Fabio 118, 253, 下

ビオンディ、ファブリツィオ Biondi, Fabrizio 118

ビショップ、ヘンリー Bishop, Henry 下

ビゼー、ジョルジュ《カルメン》Bizet, Georges, Carmen vii, 270, 下

ビョルリンク、ユッシ Björling, Jussi 下

ブラック、ジョン Black, John 下

ブレイク、ロックウェル Blake, Rockwell xiv, 7, 266, 285, 下

ブリッツステイン、マルク Blitzstein, Marc 下

ブライス、アラン Blyth, Alan 下

BMG リコルディ社―カーサ・リコルディを参照 BMG Ricordi. See Casa Ricordi

ボッカバダーティ、ルイジア Boccabadati, Luigia 下

ボーイト、アッリーゴ Boito, Arrigo 66, 95 註 34, 203

　ヴェルディのための台本（リブレット）librettos for Verdi 66

　《メフィストーフェレ》Mefistofele 下

　《オテッロ》の台本（リブレット）Otello libretto 203

　標準ピッチ pitch standards and 下

　《シモン・ボッカネグラ》の台本（リブレット）Simon Boccanegra libretto 下

ボローニャ音楽院図書館 Bologna Conservatory library 111, 166, 210

ボニーニ、エミーリア Bonini, Emilia 下

ボニゾッリ、フランコ Bonisolli, Franco 16-17

ボニング、リチャード Bonynge, Richard 243 註 35, 263-64, 288

ブージー社（楽譜出版社）Boosey (publishing firm) 下

ボルドーニ、ジューリオ Bordogni, Giulio 下

ボルサート、ジュゼッペ Borsato, Giuseppe 下

ボストン・リリック・オペラ Boston Lyric Opera 下

ボッティチェッリ、バルトロメオ Botticelli, Bartolomeo 下

ブールヴァード劇場群、パリの boulevard theaters, Parisian 下

ブルボン家の復古王政（フランス）Bourbon restoration in France 下

ボエ、パスカル Boyé, Pascal 下

ブランビッラ、マリエッタ Brambilla, Marietta 下

ブランカ、エミーリア Branca, Emilia 下

ブランド、マーロン Brando, Marlon 下

ブラウナー、チャールズ Brauner, Charles xxiii, 194 註 40, 243 註 45, 下

ブラウナー、パトリシア Brauner, Patricia xxi, xxiii, 10-11, 40 註 2, 74, 96 註 44, 152 註 16, 243 註 45, 264, 269

ブレヒト、ベルトルト Brecht, Bertolt 下

　『三文芝居』The Threepenny Opera 下

ブライトコップフ＆ヘルテル社 Breitkopf & Härtel 141

ブレンデル、アルフレード Brendel, Alfred 254, 290 註 9

ブレンナ、グリエルモ Brenna, Guglielmo 55, 94 註 24

ブルーワー、ブルース Brewer, Bruce 下

大英図書館（ロンドン）British Library (London) 210, 243 註 33, 290 註 12

ブリテン、ベンジャミン Britten, Benjamin viii

　《ビリー・バッド》Billy Budd 下

ブロードウェイ・ミュージカル Broadway musicals 86

ブロックハウス、ヘニング Brockhaus, Henning 下

ブルック、ペーター Brook, Peter 下

ブルード・ブラザーズ（音楽出版社）Broude Brothers (publisher) 168

ブルッサルド、ファウスト Broussard, Fausto

336

下

ブラウン、クリーヴ『古典派およびロマン派における演奏慣習 1750-1900』Brown, Clive, *Classical and Romantic Performing Practice 1750-1900*　xvii

ブルックナー、アントン Bruckner, Anton　254

ブリュッヘン、フランス Brüggen, Frans　下

ブルゾン、レナート Bruson, Renato　15, 17

ブリュッセル音楽院図書館 Brussels Conservatory Library　111, 211

ブカレッリ、マウロ Bucarelli, Mauro　74, 264

バックリー、エマーソン Buckley, Emerson　20

バックリー、リチャード Buckley, Richard　xxi, 20, 22

バッデン、ジュリアン Budden, Julian　186, 211, 244 註 57, 下

バージェス、ジェオフリー Burgess, Geoffrey　下

ブルク劇場（ウィーン）Burgtheater（Vienna）　下

バーク、リチャード Burke, Richard　下

ブルナチーニ、ルドヴィーコ Burnacini, Ludovico　下

ブッシュ、フリッツ Busch, Fritz　下

ブッシュ、ハンス Busch, Hans　下

バット、ジョーン Butt, John　292 註 31

バイロン卿、ジョージ・ゴードン Byron, George Gordon, Lord　26, 50, 194 註 37

バイウォーター、イザベッラ Bywater, Isabella　13

C

カバレッタ cabalettas　21, 25, 33, 66, 78, 87-88, 95 註 38, 97 註 70, 175-77, 180-81, 183-90, 193 註 27, 193 註 34, 194 註 40, 195 註 55, 230, 238, 262, 265, 283, 297-98, 301, 308, 310

 カット cuts to　下
 形式 form of　下
 装飾について ornamentation of　下
 役柄について role of　下

カバリエ、モンセラ Caballé, Montserrat　7-9

カデンツァ cadenzas　32, 106, 146, 150, 167, 287-88, 305, 307

 ベッリーニのオペラにおける in Bellini operas　下
 ドニゼッティのオペラにおける in Donizetti operas　下
 即興的にやること improvisation of　下
 リーブリングのカデンツァ of Liebling　下
 ロッシーニのオペラにおける in Rossini operas　下
 ヴェルディのオペラにおける in Verdi operas　下

カファロ、パスクワーレ Cafaro, Pasquale　下

カッリ、ブルーノ Cagli, Bruno　220

カイーミ、エットーレ Caimi, Ettore　下

カーリ、サントゥッツァ Cali, Santuzza　30

カラス、マリア Callas, Maria　xv, 166

カルヴィーノ、イタロ Calvino, Italo　199

 『木のぼり男爵』The Baron in the Trees　199

 『冬の夜ひとりの旅人が』If on a winter's night a traveler...　199

カンビ、ルイーザ Cambi, Luisa　下

カメッティ、アルベルト Cametti, Alberto　下

カムマラーノ、サルヴァドーレ Cammarano, Salvadore　51, 64-66, 95 註 34

カンタービレ cantabile　25, 186-87, 195 註 53, 286, 298, 310, 下

カポビアンコ、ティート Capobianco, Tito　下

カップッチッリ、ピエロ Cappuccilli, Piero　下

カラドーリ＝アラン、ロザルビーナ Caradori-Allan, Rosalbina　下

カラーファ、ミケーレ Carafa, Michele　50, 下

 〈私を尊重するよう学べ A rispettarmi apprenda〉【訳者註：ロッシーニの《エジプトのモーゼ》の挿入アリア】　下

 《ガブリエッラ・ディ・ヴェルジ》Gabriella di Vergy　50

カルリ（音楽出版社）Carli（publisher）　下

カーネギーホール（ニューヨーク）Carnegie Hall（New York）　下

カーニヴァル carnival　48, 55, 81, 111, 117, 174, 200, 221, 298

カッラーラ＝ヴェルディ家 Carrara-Verdi family　244 註 59

カーセン、ロバート Carsen, Robert　下

カルトーニ、ピエトロ Cartoni, Pietro　111
カーサ・リコルディ（リコルディ社）Casa Ricordi　xix, xxii, 18
　書庫 archives　18, 140-42, 165, 233-35, 260, 下
　出版したベッリーニの作品 Bellini works published by　下
　ベッリーニとの取り引き Bellini's dealings with　116
　音楽学者たちとの協力関係 cooperation with music scholars　164, 236
　出版した衣裳デザイン集 costume designs published by　下
　出版したクリティカル・エディション critical editions published by　18
　（同社の）発展過程 development of　141-50
　出版した舞台計画書 *disposizioni sceniche* published by　下
　出版したドニゼッティの作品 Donizetti works published by　下
　ドニゼッティとの取り引き Donizetti's dealings with　116-17, 119-20, 145-46, 下
　オーケストラ・スコア（刷られたもの）orchestral scores engraved by　148-49, 下
　出版したロッシーニの作品 Rossini works published by　102, 137-38, 166-69, 265, 下
　ロッシーニとの取り引き Rossini's dealings with　121-22, 下
　出版したヴェルディの作品 Verdi works published by　17, 90, 157-63, 178, 185-90, 208, 233-34, 下
　ヴェルディとの取り引き Verdi's dealings with　100-2, 144-45, 156 註 78, 164-65, 下
　出版したヴォーカル・スコア類 vocal scores published by　144-45, 下
カサッチャ、カルロ Casaccia, Carlo　下
カスティ、ジャンバッティスタ Casti, Giambattista　下
カストラート castrati　下
カストリ、マッシモ Castri, Massimo　26-29
カズウェル、オースティン Caswell, Austin　下
カッテラン、パオロ Cattelan, Paolo　下
カヴァティーナ cavatina　下

カヴィッキ、アドリアーノ Cavicchi, Adriano　下
チェンチェッティ、ジョヴァンニ・バッティスタ Cencetti, Giovanni Battista　113-14, 142, 下
チェンチェッティ、ジュゼッペ Cencetti, Giuseppe　下
検閲 censorship　47, 52, 71, 82, 129-30, 132-34, 154 註 47, 154 註 52, 201, 230-37, 245 註 63, 245 註 66
　ベッリーニに関して of Bellini　下
　ドニゼッティに関して of Donizetti　239, 下
　ロッシーニに関して of Rossini　130-34, 下
　ヴェルディに関して of Verdi　199-200, 231-33, 236-37, 下
チェントローニ、バルダッサーレ Centroni, Baldassare　下
チェスティ、アントニオ Cesti, Antonio　下
　《金のりんご》*Il pomo d'oro*　下
シャイー、リッカルド Chailly, Riccardo　xiv, xxi, 191 註 7, 下
欧州室内管弦楽団 Chamber Orchestra of Europe　下
シャルル 10 世、フランス王 Charles X, King of France　xi, 4, 224-28, 243 註 42, 下
シェロー、パトリック Chéreau, Patrick　下
キアーロ、カルロ・デ Chiaro, Carlo de　107-9
シカゴ・リリック・オペラ Chicago Lyric Opera　xx, 212, 下
　ドニゼッティの（オペラの）プロダクション Donizetti productions　下
　ヘンデルの（オペラの）プロダクション Handel productions　下
　ロッシーニの（オペラの）プロダクション Rossini productions　下
　ヴェルディの（オペラの）プロダクション Verdi productions　212, 下
シカゴ・オペラ・シアター Chicago Opera Theater　下
シカゴ交響楽団 Chicago Symphony Orchestra　下
『シカゴ・トリビューン』*Chicago Tribune*　下
クリスティーズ・オークション・ハウス Christie's auction house　213
教会暦 church calendar　48, 298

クーシッド、マーティン Chusid, Martin
200

シセリ、ピエール・リュク・シャルル Cicéri,
Pierre-Luc-Charles 下

チマローザ、ドメニコ Cimarosa, Domenico
73, 92, 177
《オラーツィ兄弟とクリアーツィ兄弟》Gli
Orazi ed i Curiazi 下
記譜に使った紙 paper used by 73

チンバッソ cimbasso 76-77, 96, 137, 298

サンティ=ダモロー、ロール Cinti-Damoreau,
Laure xiii, 下

チョーフィ、パトリツィア Ciofi, Patrizia【訳者
註：原書綴り間違いあり。Cioffi になっている】
下

クラボーン、コンラッド Claborne, Conrad
218

クレモン、カトリーヌ Clémont, Catherine
下

クラーマン、ジュディス Clurman, Judith
245 註 71

コッチャ、カルロ Coccia, Carlo 49

コーエン、H. ロバート Cohen, H. Robert
下

"コル・バッソ（低音と共に）" "col basso"
indication 91, 298

"コル・カント（歌声と共に）" "col canto"
indication 下

コラ、ダミアン Colas, Damien 194 註 38

コルブラン、イザベッラ Colbran, Isabella
52, 107, 211

大学合唱団（ニューヨーク）Collegiate
Chorale (New York) 下

コリンズ、マイケル Collins, Michael 下

"コメ・ソプラ（前のように）" "Come Sopra"
indication 87, 90-91, 97 註 70, 299

仕事の請負いと支払いのプロセス
commissioning and payment process
105-6

コモンズ、ジェレミー Commons, Jeremy
下

指揮者―各人の項も参照のこと conductors. See
also specific names xiii-xiv, xvi, xx-
xxi, 7-10, 19-20, 23-25, 30, 35, 88, 104,
111, 148, 157, 159-60, 163-64, 166-67,
169, 171, 178-79, 183, 191, 197, 223, 234,
253-54, 259, 261, 263, 273-74, 276, 281-
82, 286, 288, 299, 305
クリティカル・エディションについて

critical editions and 下
カットについて cuts and 下
初期の頃の活動について early 103-4
ピリオド楽器の使用について period
instruments and 下
テンポ取りの柔軟さについて tempo
flexiblity and 下
ヴァージョンの選び方について version
choice and 下

コンクリン、ジョン Conklin, John 257

コンロン、ジェイムズ Conlon, James 257,
274, 288

"継続的草稿" "continuity drafts" 69-71,
81, 88-90, 245 註 63, 297, 299

作曲家の契約条項 contract stipulations,
composers' xiii, 46-47, 102-3, 104-6,
171, 下

契約、組合に関して contracts, union 下

コプリー、ジョン Copley, John 257, 280

コピイスト copyists xii, 70, 74, 76, 78, 84,
86-87, 90, 92, 97 註 70, 99, 101, 105, 108-
10, 113-14, 120-21, 125-28, 139-40, 145-
46, 148, 152 註 20, 168, 214, 268, 309

著作権規定とその歴史 copyright legislation,
history of 139-41, 147, 155 註 62

コルベッリ、アレッサンドロ Corbelli,
Alessandro 36

コレッリ、フランコ Corelli, Franco 下

コルギ、アツィオ Corghi, Azio xxi, 93 註
11, 122, 138

『コリエーレ・デッラ・セーラ』Corriere della
Sera 184-85, 194 註 43, 195 註 52

『コリエーレ・ミラネーゼ』Corriere Milanese
153 註 39

『ル・コルセール』（新聞）Corsaire, Le
(newspaper) 下

コルサーロ・フランク Corsaro, Frank 下

コッシガ、フランチェスコ Cossiga, Francesco
235

衣裳替えとカット costume changes, cuts and
下

衣裳デザイン（オリジナルのもの）costume
designs, original 下

『レ・クーリス』（新聞）Coulisses, Les
(newspaper) 下

クープレ couplets 下

コヴェント・ガーデン劇場（ロンドン）Covent
Garden Opera House (London) 240,
下

総索引 *339*

コックス、ジョン Cox, John 下
クレイグ、ゴードン Craig, Gordon 下
クリティカル・エディション―それぞれの作曲家
や作品の項も参照のこと critical editions.
See also specific composers and works
その目的と使命 aims and tasks of
150-51, 173, 198-99, 261, 下
編集者のコンセプト authorial concept
and 下
(〜を) 巡る論争 battle for 178-79
コンピューターによる活字組み computer
typesetting of 241 註 3, 272-75
編集作業上の介入について editorial
interventions in 208-9, 下
ソース(資料)を見つけること finding
sources for 209-40
初披露の場について first performances of
xii-xv, 8, 168-69, 270-73
楽器編成上の問題について instrumentation
questions for 下
文学作品のクリティカル・エディション of
literary works 169, 197-98, 204, 下
(〜に) 対する偏見 prejudices against
163-64, 178, 180-83, 197, 258-59,
270-72, 下
出版について publication of 17-18
上演時の書類化された資料 staging
documentation and 下
クリヴェッリ、ジュゼッペ Crivelli, Giuseppe
下
クロフト、ドゥウェイン Croft, Dwayne 下
クロスビー、ジョン Crosby, John 10
クラッチフィールド、ウィル Crutchfield, Will
xxi, xxiii, xxv 註 6, 41 註 16, 153 註 40, 154
註 42, 293 註 36, 下
クベッリ、レッラ Cuberli, Lella 228, 258,
271, 288, 下
文化的な観光について cultural tourism 3-4
カット cuts xiii-xiv, 12-13, 26, 33, 35, 38,
72, 79, 106, 110, 128, 150, 167-68, 172-
73, 184, 187-88, 200, 261-62, 265-66,
272, 278-84, 303, 311
ベッリーニのオペラにおけるカット in
Bellini operas 下
合唱パートの動きに関するカット to choral
movements 280-81
完全なナンバー(楽曲) complete numbers
281, 下
ドニゼッティのオペラにおけるカット in

Donizetti operas 下
形式的な細分化について formal
ramifications of 下
内部のカットについて internal 283-84,
下
オペラ的な規範について operatic integrity
and 下
実用性について practicality of 11-12
レチタティーヴォのカットについて to
recitatives 38, 279-80, 下
ロッシーニのオペラにおけるカットについて
in Rossini operas 35, 278-83, 下
カットの意義について significance of
下
調性上の、および和声上の細分化について
tonal / harmonic ramifications of
下
世間への広まり方(伝達)について
transmission of 106
いわゆる"虚栄心"について "vanity"
283, 下
ヴェルディのオペラにおけるカットについて
in Verdi operas 下

D

ダ・ポンテ、ロレンツォ Da Ponte, Lorenzo
下
ダーデルセン、ゲオルク・フォン Dadelsen,
Georg von 289 註 5
ダールハウス、カール Dahlhaus, Carl 下
「A から B へ」の指示 "Dall'A al B" indication
87, 下
ダラピッコラ、ルイージ Dallapiccola, Luigi
下
ダミーコ、フェデーレ d'Amico, Fedele 172
ダーラ、エンツォ Dara, Enzo 228
ダルダネッリ、ジローラマ Dardanelli,
Girolama 下
ダヴィド、フェリシアン David, Félicien 下
《砂漠》 *Le Désert* 下
ダヴィド、ジョヴァンニ David, Giovanni
49, 下
デイヴィス、アンドリュー Davis, Andrew
10
デイヴィス、アンソニー Davis, Anthony 下
『アミスタッド』 *Amistad* 下
デイヴィス、ピーター G. Davis, Peter G.
下
デ・アナ、ウーゴ De Ana, Hugo 37

340

デ・ボジーオ、ジャンフランコ De Bosio, Gianfranco 下

デ・フィリッポ、エドゥアルド de Filippo, Eduardo 31

デ・フィリッポ、ルカ de Filippo, Luca 30-33

デ・ジウリ・ボルシ、テレサ De Giuli Borsi, Teresa 133

デ・ルッロ、ジョルジョ De Lullo, Giorgio 下

デ・サンクティス、チェザリーノ De Sanctis, Cesarino 下

デ・シモーネ、ロベルト De Simone, Roberto 7-8

デカシラボ（10音節詩）decasillabi 60, 94 註30, 300, 下

デグラーダ、フランチェスコ Degrada, Francesco 186

ドリーブ、レオ《ラクメ》Delibes, Léo, Lakmé xiv

デッラ・セタ、ファブリツィオ Della Seta, Fabrizio 92 註1, 93 註9, 97 註64, 245 註70, 下

デント、エドワード Dent, Edward 下

ドゥセ、ナタリー Dessay, Natalie 下

ドイッチュ・オーパー（ベルリン）Deutsche Oper (Berlin) 下

ディアギレフ、セルゲイ Diaghilev, Sergei 291 註12

ディッキー、ブライアン Dickie, Brian 下

舞台計画書 disposizioni sceniche 下

ドルチ、アントニオ Dolci, Antonio 下

ドルカーノワ、ザラ Dolukhanova, Zara 122

国内音楽制作について domestic music-making 113-14

ドミンゴ、プラシド Domingo, Placido 229, 236, 下

ドニゼッティ、ガエターノ**本書で論じた主要なオペラ作品の索引**も参照のこと Donizetti, Gaetano. *See also* **Index of Principal Operas Discussed**

　　使われているアポジャトゥーラについて appoggiaturas used by 下

　　自筆稿について autograph manuscripts of 71, 87, 142, 213, 下

　　カバレッタについて cabalettas of 下

　　検閲について censors and 231

　　カムマラーノとの協力関係について collaborations with Cammarano 51

　　作曲上の癖について compositional habits 46, 下

　　カットについて cuts in operas of 下

　　死の場面について death scenes in 下

　　ジェノヴァでの音楽監督について as Genoa music director 下

　　アレヴィの《ユダヤの女》を観劇して Halevy's *La Juive* viewed by 下

　　書簡類について letters of 下

　　オペラの序曲について opera overtures of 81

　　オーケストレーションのテクニックについて orchestration techniques of 86-87, 91, 下

　　装飾法について ornamentation of operas 下

　　記譜に使用した紙について paper structure preferred by 77

　　台本（リブレット）への参加（手を加える）について participation in librettos 52

　　海賊版の楽譜のエディションについて pirated editions viewed by 116

　　レチタティーヴォについて recitatives of 61-62, 下

　　ロマンツァについて *romanze* of 下

　　ロッシーニのオペラに関して in Rossini operas 下

　　スケルトン・スコアについて skeleton scores of 82

　　スケッチについて sketches of 68

　　ステージングについて stagings of 下

　　劇場システムに関する視点について theatrical system viewed by 下

　　ティンパニの使い方について timpani writing of 下

　　オペラにおける移調について transpositions in operas 下

　　オペラの中に導入されたヴァリアンテについて variants of operas introduced by 下

　　ウィーンの歌劇場監督について as Vienna opera director 下

ドッピオ・セッテナーリオ（複7音節詩）*doppi settenari* 下

ドット、ガブリエーレ Dotto, Gabriele 下

ダブル・ベース（コントラバス）について

総索引　341

double basses　下
ドラゴネッティ、ドメニコ Dragonetti, Domenico　下
ドライザー、セオドア Dreiser, Theodore　下
　　『シスター・キャリー』について Sister Carrie　下
ドロットニングホルム宮廷歌劇場（ストックホルム）Drottningholm Court Theater (Stockholm)　下
ドルーリー・レーン劇場（ロンドン）Drury Lane Theater (London)　下
デュマ（＝フィス）、アレクサンドル Dumas, Alexandre　下
　　『椿姫』について La Dame aux Camélias 下
デュプレ、ジルベール・ルイ Duprez, Gilbert-Louis　242 註 27
デュピュイ、マルティーヌ Dupuy, Martine　下
デュール、アルフレート Dürr, Alfred　289 註 5
デュヴェリエ、シャルル Duveyrier, Charles 82, 97 註 59
強弱記号 dynamic markings　126-27, 161-62, 207-8, 267-68, 274-75, 下

E

雑誌『古楽』 Early Music　289 註 1
エーコ、ウンベルト Eco, Umberto　199
18 世紀の音楽 eighteenth-century music 下
　　演奏慣習について performance practice of　下
エケルラン、ファニー Ekerlin, Fanny　下
エルダー、マーク Elder, Mark　下
ズボン役について en travesti roles　82, 170, 175-76, 218, 301, 下
アンコールについて encores　下
エンデカシラボ（11 音節詩）endecasillabi 60-61, 123, 301, 308, 311, 下
イングリッシュ・ナショナル・オペラ English National Opera　下
エスキュディエ、レオン Escudier, Léon　下
エスポジト、ヴァレリア Esposito, Valeria 下
エウリピデス Euripides　198
エウローパ・ガランテ（演奏団体）Europa galante　下

エヴェンホイス、J. R. Evenhuis, J. R.　191 註 3
エアー、リチャード Eyre, Richard　下

F

ファブリ、パオロ Fabbri, Paolo　下
ファブリカトーレ、ジェンナーロ Fabbricatore, Gennaro　120, 146
ファブリッチーニ、ティツィアーナ Fabbricini, Tiziana　下
ファルクナーズ・オペラ・ミュージック・ウェアハウス Falkner's Opera Music Warehouse 下
ファルス farse　29
フェーリング、ユルゲン Fehling, Jürgen　下
フェルゼンシュタイン、ワルター Felsenstein, Walter　下
フェルリート、ヴィンチェンツォ Ferlito, Vincenzo　下
フェッラレーゼ、アドリアーナ Ferrarese, Adriana　下
フェッラーリオ、カルロ Ferrario, Carlo　下
フェレッティ、ヤコポ Ferretti, Jacopo　38, 51, 下
フェレッティ、ルイージ Ferretti, Luigi　下
フィリッピ、フィリッポ Filippi, Filippo　下
フィンチ、ヒラリー Finch, Hilary　下
フィンランド国立オペラ（ヘルシンキ）Finnish National Opera (Helsinki)　下
フィオラヴァンティ、ヴァレンティーノ Fioravanti, Valentino　下
フィッシャー＝ディースカウ、ディートリッヒ Fischer-Dieskau, Dietrich　下
フラウト、ヴィンチェンツォ Flauto, Vincenzo 下
フレミング、ルネ Fleming, Renée　下
フローレス、フアン・ディエゴ Flórez, Juan Diego　xiv, 39, 80, 下
フローリモ、フランチェスコ Florimo, Francesco　118, 154 註 49, 210, 下
フルート（木製の）flutes, wooden　下
フォ、ダリオ Fo, Dario　xv, 下
フォドル＝マンヴィエル、ジョゼフィーヌ Fodor-Mainvielle, Joséphine　下
レヴィ財団（ヴェネツィア）Fondazione Levi (Venice)　85, 259
ロッシーニ財団 Fondazione Rossini　xx, xxiii, 11, 18, 23-24, 29, 32-34, 74, 109, 112, 138, 214-15, 220, 222, 229, 259, 264,

下
自筆譜コレクション autographs in
collection of　11, 109, 112, 214,
220, 下
生み出されたクリティカル・エディション
critical editions produced by　18,
23-24, 30, 74, 138, 178-79, 220, 222,
下
出版した舞台計画書について disposizioni
sceniche published by　下
最終目標について goals of　32
信頼できる自筆稿について manuscripts
authenticated by　215, 220
フォード、ブルース Ford, Bruce　下
フォルテピアノ fortepiano　下
フォスコロ、ウーゴ Foscolo, Ugo　221
フォスコージ、ロベルト Foscosi, Roberto
下
フォックス、キャロル Fox, Carol　下
『ラ・フランス・ミュジカル』(新聞) France
Musicale, La (newspaper)　下
フランク、ミッコ Franck, Mikko　下
フランクフルト歌劇場 Frankfurt Opera House
下
フランクリン、ベンジャミン Franklin,
Benjamin　下
フランツ・ヨーゼフ、オーストリア皇帝 Franz
Joseph, Austrian Emperor　下
フレーニ、ミレッラ Freni, Mirella　187
フレッツォリーニ、エルミニア Frezzolini,
Erminia　下
フリードリッヒ、ゲッツ Friedrich, Götz　下
フリジェリオ、エツィオ Frigerio, Ezio　187,
下
フリットリ、バルバラ Frittoli, Barbara　下
フリッツァ、リッカルド Frizza, Riccardo
80
フロンターリ、ロベルト Frontali, Roberto
下
フューリー、ケネス Furie, Kenneth　255

G

ガブッシ、ヴィンチェンツォ Gabussi,
Vincenzo　84
ガリアルディ、アレッサンドロ Gagliardi,
Alessandro　下
ガリコ、クラウディオ Gallico, Claudio
190, 下
ガナッシ、ソニア Ganassi, Sonia　38

ガルシア、マヌエル García, Manuel　xiii-
xiv, 下
ガルシア、マヌエル P. R.　García, Manuel P.
R.　下
『歌唱芸術の完全論』 Traité complet de
l'art du chant　下
ガルシア＝マルケス、ガブリエル García
Marquez, Gabriel　下
ガーディナー、ジョン・エリオット Gardiner,
John Eliot　253
ガロファロ、ブルーノ Garofalo, Bruno　30
ガーリッソン、クレイトン Garrison, Clayton
下
ガーシントン・フェスティヴァル (オックス
フォード) Garsington Festival (Oxford)
下
ガスディア、チェチーリア Gasdia, Cecilia
xiv, 23, 228
ガッティ、カルロ Gatti, Carlo　69
ガッティ、ダニエーレ Gatti, Daniele　下
ガッティ、ニコラス Gatty, Nicholas　下
ガヴァッツェーニ、ジャナンドレア Gavazzeni,
Gianandrea　159-64, 166, 192 註 13, 下
『ガゼッタ・ムジカーレ・ディ・ミラノ』
Gazzetta musicale di Milano　下
ゲッダ、ニコライ Gedda, Nicolai　179
ジェルメッティ、ジャンルイージ Gelmetti,
Gianluigi　223, 下
ジェラール、フランソワ Gérard, François
下
ゲルギエフ、ヴァレリー Gergiev, Valéry
xiv, 下
総合美術コンセプト Gesamtkunstwerk
concept　下
ギャウロフ、ニコライ Ghiaurov, Nicolai
187, 下
ギズランツォーニ、アントーニオ Ghislanzoni,
Antonio　66, 下
ジャゾット、レーモ Giazotto, Remo　下
ギーレン、ミヒャエル Gielen, Michael　下
ギールグッド、ジョン Gielgud, John　下
ガイガー、アンドレアス Giger, Andreas　下
ジグ、マリ＝オディール Gigou, Marie-Odile
下
ギルバート＆サリヴァンのサヴォイ・オペラ
Gilbert and Sullivan Savoy operas　28-
29, 下
ヒメネス、ラウル Giménez, Raúl　下
ジネーヴラ、ステファーノ Ginevra, Stefano

総索引　343

下

『ジョルナーレ・ディパルティメンターレ・デッラドリアーティコ』 Giornale dipartimentale dell'Adriatico　下

『若き日のトスカニーニ』（映画） giovane Toscanini, Il （film）　下

ジラルド（出版社）Girard （publishing firm）　下

ジュスティ、ジャンバッティスタ Giusti, Giambattista　82-83

グラス・ハーモニカ glass harmonica　下

グリンマーグラス・オペラ（コッパーズタウン）Glimmerglass Opera （Cooperstown）　下

グルック、クリストフ・ヴィリバルト Gluck, Christoph Willibald　92, 96 註 56, 223
　《タウリスのイフィゲニア》 Iphigénie en Tauride　96 註 56
　《オルフェオとエウリディーチェ》 Orfeo ed Euridice　下
　《オルフェとウリディス》 Orphée et Euridice　下

グラインドボーン音楽祭 Glyndebourne Festival　10, 下

ゴックリー、デイヴィッド Gockley, David　72

ゴルドーニ、カルロ Goldoni, Carlo　下
　『競争による結婚』 Il matrimonio per concorso　下

グッドマン、ネルソン Goodman, Nelson　下

イェテボリ・オペラ Gothenburg Opera　下

グーズィアン、アルマン Gouzien, Armand　216

『グラムロット』 "grammelot"　下

グラント、"男爵" Grant, "Baron"　215

グラッシ、ジュゼッペ Grassi, Giuseppe　221

グリーンワールド、ヘレン Greenwald, Helen　下

グレゴワール夫人 Grégoire, Madame　下

グリマーニ、フィリッポ Grimani, Filippo　32

グリージ、ジュディッタ Grisi, Giuditta　193 註 34, 下

グリージ、ジュリア Grisi, Giulia　下

グローヴ音楽辞典オンライン版 Grove Music Online　下

グローヴ辞典 Grove's Dictionary　下

グルベローヴァ、エディタ Gruberova, Edita　15

グッチーニ、ジェラルド Guccini, Gerardo　下

グイ、ヴィットーリオ Gui, Vittorio　150, 156 註 79, 166-67, 下

グイーディ、フランチェスコ Guidi, Francesco　下

グイーディ、ジョヴァンニ Guidi, Giovanni　167

グスタフ 3 世、スウェーデン国王 Gustaf III, King of Sweden　下

ギロヴェッツ、アーダルベルト Gyrowetz, Adalbert　50
　《偽のスタラスニオ》 Il finto Stanislao　50

H

ハドロック、ヘザー Hadlock, Heather　下

アレヴィ、フロマンタル Halévy, Fromental　下
　《ユダヤの女》 La Juive　下
　《キプロスの女王》 La Reine de Chypre　下

ハミルトン、チャールズ Hamilton, Charles　216

ハンコック、レオナルド Hancock, Leonard　下

ヘンデル、ジョージ・フリデリック Handel, George Frideric　下
　《アルチーナ》 Alcina　下
　ステージングについて stagings of　下

ハント、ハーバート Handt, Herbert　30

ハンセル、キャスリーン・クズミック Hansell, Kathleen Kuzmick　xvii, xix, xxiii, 237, 241 註 7, 244 註 56, 245 註 64, 下

ハンスリック、エドゥアルド Hanslick, Eduard　下
　『音楽美論』 On the Musically Beautiful　下

ハープシコード harpsichords　251, 下

ハリス＝ウォリック、レベッカ Harris-Warrick, Rebecca　97 註 60, 154 註 55, 242 註 28

ハーウッド、グレゴリー W. Harwood, Gregory W.　下

ハウスヴェーデル＆ノルテ・オークション・ハウス Hauswedell & Nolte auction house　216-17

ハイドン、フランツ・ヨーゼフ Haydn, Franz

Joseph 下
ヘイズ、フランチェスコ Hayez, Francesco
下
ヘーゲル、ゲオルク・ヴィルヘルム・フリードリッ
ヒ Hegel, Georg Willhelm Friedrich
107
ヘナハン、ドナル Henahan, Donal 258-59
ヘポコスキ、ジェイムズ Hepokoski, James
下
ハー・マジェスティー劇場（ロンドン）Her
Majesty's Theatre (London) 下
ヘルツォーグ、ヴェルナー Herzog, Werner
下
ウジェル社（出版社）Heugel (publisher)
216-17, 下
ヒラー、フェルディナント Hiller, Ferdinand
6
ホーグ、ウォーレン Hoge, Warren 下
ホーランド、バーナード Holland, Bernard
下
ホルムス、ウィリアム C. Holmes, William
C. 95 註 42, 98 註 71
ホメーロス Homer 198
ホーン、マリリン Horne, Marilyn xiv, xx,
7, 122, 132, 173, 176-77, 218, 222, 243 註
35, 257-58, 262, 271, 285, 288, 下
ホルン horns 10-12, 75-76, 97 註 67, 137,
162, 192 註 11, 194 註 40, 212, 264-65,
272, 275, 300, 302, 下
替管 crooks for 300, 302
ハンド・ストッピングのテクニック hand
stopping techniques 下
ホロヴィッツ、リチャード Horowitz, Richard
下
ホートン図書館（ハーヴァード大学）Houghton
Library (Harvard) 216
ヒューストン・グランド・オペラ Houston
Grand Opera 72, 218, 222, 258
ハック、ウィリアム Huck, William 下
ユゴー、ヴィクトル Hugo, Victor 50, 55,
81, 132, 134, 200-1, 231, 下
『エルナニ』Hernani 55, 81
『リュクレース・ボルジア』Lucrèce
Borgia 50
『王様はお愉しみ』Le Roi s'amuse
132, 200, 231

I

イラーリ、フランチェスコ Ilari, Francesco
194 註 39
インプレサリオ（興行師）―各自の人名も参照の
こと impresarios. See also specific names
xiv, xx, 47-48, 120, 302
インバル、エリアフ Inbal, Eliahu 下
インディアナ大学図書館 Indiana University
library 下
インゲブレツェン、チェル Ingelbretsen, Kjell
下
イングレッソ（入場料）ingresso 下
近代の楽器編成 instrumentation, modern
274, 下
強弱の表示 dynamic markings and 下
音色とバランスの問題 sonority and
balance problems 274
オリジナルの楽器編成 instrumentation,
original xiii, 下
現代の演奏の現場における代替法
alternatives for modern performances
下
低音の金管楽器 low brass 下
演奏に使うこと performances using 下
（オリジナルの楽器編成に対する）偏見につ
いて prejudices against 下
レチタティーヴォ・セッコの伴奏 secco
recitative accompaniment 下
技術的な限界について technical limitations
of 下
挿入について―オペラ歌手の挿入（自発的な付け
加え）も参照のこと interpolations. See also
opera singers 11, 19, 21, 32, 36, 41 註
25, 72, 106, 150, 176, 179-81, 183, 186,
189, 194 註 38, 194 註 40, 202, 296, 300,
下
イゾッタ、パオロ Isotta, Paolo 下
イズアール、ニコラ Isouard, Nicolas 下
《アラジン、または素晴らしいランプ》
Aladin, ou La Lampe merveilleuse
下
国立ヴェルディアーニ研究所（パルマ）Istituto
Nazionale di Studi Verdiani (Parma)
xix, 69, 95 註 34, 159, 235-36, 下
（オペラにおける）イタリア人社会について
Italian society, opera in 45-49, 92,
112-13, 158-59, 下
イヴァノフ、ニコラ Ivanoff, Nicola 211, 下

総索引 345

J

ヤコビ、デレク Jacobi, Derek 　下

ヤコプスハーゲン、アーノルド Jacobshagen, Arnold 　下

ヤコヴァッチ、ヴィンチェンツォ Jacovacci, Vincenzo 　下

ヤナーチェク、レオシュ Janáček, Leoš 　下
　《イエヌーファ》Jenufa 　下

ジャンネッティ、フランチェスコ Jannetti, Francesco 　下

ヤンセン、ルーク Jensen, Luke 　155 註 67

ジェスルム、オルガ Jesurum, Olga 　下

ジョバン、エミール Jobin, Émile 　下

ジョエル、ニコラ Joël, Nicolas 　下

ジョンソン、ジャネット Johnson, Janet 　227, 230, 下

ジョーンズ、イニーゴ Jones, Inigo 　下

ジョゼフソン、キム Josephson, Kim 　21

『ジュルナル・ド・コメルス』Journal de Commerce 　下

『ジュルナル・ド・パリ』Journal de Paris 　下

ジュリアード音楽院 Juilliard School of Music vii, 245 註 71

1830 年の 7 月革命 July Revolution of 1830 　下

ユルゲンセン、クヌート・アーネ Jürgensen, Knud Arne 　xvii

ジューヴァ、マティルド Juva, Matilde 　下

K

カエギ、ディーター Kaegi, Dieter 　下

カーン、アヴィエル Kahn, Aviel 　下

カルマス社のエディション Kalmus editions 17, 34, 40 註 12

ケルントナートーア劇場（ウィーン） Kärtnertortheater（Vienna） 　107, 下

カサロヴァ、ヴェッセリーナ Kasarova, Vesselina 　37-39, 下

カッツ、マーティン Katz, Martin 　下

ケリー、ポール・オースティン Kelly, Paul Austin 　下

ケンブル、アデライーデ Kemble, Adelaide 　下

ケント・オペラ Kent Opera 　下

キンベル、デイヴィッド Kimbell, David 　下

キングズシアター（ロンドン）King's Theatre （London） 　下

クライバー、カルロス Kleiber, Carlos 　下

コーミッシュ・オーパー（東ベルリン） Komische Oper（East Berlin） 　下

コンチャロフスキー、アンドレイ Konchalovskij, Andrej 　下

コルホーネン、エルッキ Korhonen, Erkki 　下

クーリイ、ダニエル J. Koury, Daniel J. 　下

クラウス、ガブリエル Krauss, Gabrielle 　下

クロール劇場（ベルリン）Kroll Theater（Berlin） 　下

クーン、グスタフ Kuhn, Gustav 　8

クンデ、グレゴリー Kunde, Gregory 　下

クンデラ、ミラン Kundera, Milan 　下

クプファー、ハリー Kupfer, Harry 　下

キューゼル、マテウス Küsel, Matthäus 　下

L

スカラ座―テアトロ・アッラ・スカラ（スカラ座、ミラノ）参照のこと La Scala. See Teatro alla Scala（Milan）

『ラ・スカラ』（定期刊行物）La Scala（periodical） 157

ラ・スコーラ、ヴィンチェンツォ La Scola, Vincenzo 　下

ラブラーシュ、ルイージ Lablache, Luigi 　下

レイシー、マイケル・ロフィーノ Lacy, Michael Rophino 　下

ランペーリ、アレッサンドロ Lamperi, Alessandro 　下

ランペルティ、フランチェスコ Lamperti, Francesco 　下

ラナーリ、アレッサンドロ Lanari, Alessandro 　下

ラルモア、ジェニファー Larmore, Jennifer 　下

ロートン、デイヴィッド Lawton, David 　97, 165, 180-81, 192 註 19, 195 註 46, 下

ラザリディス、ステファノス Lazaridis, Stefanos 　下

ル・コンセール・デ・テュイルリー Le Concert des Tuileries 　下

レーキ家 Lechi family 　219-23

ルモワーヌ、アンリ Lemoine, Henry 　下

レオンカヴァッロ、ルッジェーロ Leoncavallo, Ruggiero 　255
　《道化師》I pagliacci 　255

レ・ミュジシアン・デュ・ルーヴル Les Musiciens du Louvre 　下

346

レヴィン、デイヴィッド Levin, David 下
レヴィン、ロバート Levin, Robert 下
レヴァイン、ジェームズ Levine, James xiv, xx, 12, 35, 38, 122, 236, 下
ルイス、キース Lewis, Keith 下
議会図書館（ワシントン D.C.） Library of Congress（Washington, D.C.） 212
台本（リブレット）―翻訳、個々の台本作家たちと作曲家たちの項もそれぞれ参照のこと librettos. *See also translations; specific librettists and composers*
　アンテファット（オペラの物語が始まる前の前日譚）*antefatto* in 295
　ベッリーニのオペラについて for Bellini operas 下
　選択について choice of 49-50, 下
　作曲家の関わりについて composer's involvement 52-56
　ドニゼッティのオペラについて for Donizetti operas 下
　フランス語のオペラについて for French operas 下
　イタリア語の韻文構造について Italian verse structures 59-61, 下
　19世紀の習慣について nineteenth-century conventions 54-55, 下
　印刷されたものについて printed 58-59, 下
　ロッシーニのオペラについて for Rossini operas 下
　イタリアの台本作家たちのステージングにおける責任について staging responsibilities of Italian librettists 下
　テーマについて subjects for 51-53
　代用品について substitute 下
　テキストと音楽の優位性の議論について text/music primacy debates 下
　ヴェルディのオペラについて for Verdi operas 下
ボローニャ音楽院（ボローニャ）Liceo Musicale（Bologna） 111
リチトラ、サルヴァトーレ Licitra, Salvatore 180, 下
リーブリング、エステル Liebling, Estelle xiii, 下
リエヴィ、チェーザレ Lievi, Cesare 36
照明、劇場の lighting, theatrical 下
リンド、ジェニー Lind, Jenny 100, 下

リンデグレン、エリク Lindegren, Erik 下
リンドレー、ロバート Lindley, Robert 下
リッパリーニ、カッテリーナ Lipparini, Catterina 下
リップマン、フリードリヒ Lippmann, Friedrich 下
リヴェラーニ、ロモロ Liverani, Romolo 下
演出上の台本（リブレット）について *livrets de mise en scène* 下
リュビモフ、ユーリー Ljubimov, Jurij 下
ロカテッリ、トンマーゾ Locatelli, Tommaso 下
ロッジョーネ *loggione* 194 註45, 303
ロンドン交響楽団 London Symphony Orchestra 193 註31, 243 註35
ルーミス、ジョージ Loomis, George 下
ロペス＝コボス、ヘスス Lopez-Cobos, Jésus 下
ロッパート、マックス Loppert, Max 下
ローレンツ、アルフレート Lorenz, Alfred 下
　『リヒャルト・ワーグナーにおける形式の秘密』 *The Secret of Form in Richard Wagner* 下
ロサンゼルス・オペラ Los Angeles Opera 下
ルイ＝フィリップ、フランス王 Louis-Philippe, King of France 下
ルイ18世、フランス王 Louis XVIII, King of France 下
レーヴェ、ソフィア Löwe, Sofia 54
ルッカ、フランチェスコ Lucca, Francesco 146, 下
ルッカルディ、ヴィンチェンツォ Luccardi, Vincenzo 下
ルートヴィヒ、クリスタ Ludwig, Christa 下
ラーマン、バズ Luhrman, Baz 下
ルッツァーティ、エマヌエーレ Luzzati, Emanuele 30

M

マゼール、ロリン Maazel, Lorin 16-17, 下
マクドナルド、ヒュー Macdonald, Hugh 165
マクナット、リヒャルト Macnutt, Richard 215
マッフェイ、クララ Maffei, Clara 92 註6, 156 註71

総索引 *347*

マッジオ・ムジカーレ・フィオレンティーノ（フィレンツェ5月音楽祭）Maggio Musicale Fiorentino (Florence) 150, 177, 179, 260, 下

マニャーニ、ジローラモ Magnani, Girolamo 下

マーラー、グスタフ Mahler, Gustav 16, 171

マンヴィエル＝フォドル、ジョゼフィーヌ―フォドル＝マンヴィエル、ジョゼフィーヌを参照のこと Mainvielle-Fodor, Joséphine. See Fodor-Mainvielle, Joséphine

マラグー、ステファニア Malagú, Stefania 193 註31

マラノッテ、アデライーデ Malanotte, Adelaide 221-22

マレルブ、シャルル Malherbe, Charles 111

マリブラン、マリア Malibran, Maria 下
　ベッリーニとの関係について Bellini and 下
　装飾について ornamentation by 下
　オテッロ役として as Otello 下

マンカ・ディ・ニッサ、ベルナデッテ Manca di Nissa, Bernadette 228, 下

マンダニチ、プラシド Mandanici, Placido 146

マンジーリ、ジュゼッペ Mangili, Giuseppe 221

マンゾーニ、アレッサンドロ Manzoni, Alessandro 235

マルチェッロ、ベネデット Marcello, Benedetto 53
　『流行の劇場』について Il teatro alla moda 53

マルケージ、マティルデ Marchesi, Mathilde 下

マルキーニ、イタロ Marchini, Italo 下

マルキージオ、バルバラ Marchisio, Barbara 下

マルキージオ、カルロッタ Marchisio, Carlotta 下

マルコリーニ、マリア Marcolini, Maria 135

マルゲリータ・ディ・サヴォワ、イタリア王妃 Margherita of Savoy, Queen of Italy 243 註47

マーリ、ルイージ Mari, Luigi 下

マリアーニ、アンジェロ Mariani, Angelo 下

マリーニ、イグナツィオ Marini, Ignazio 186, 189-90, 195 註55

マリオ、ジョヴァンニ Mario, Giovanni 下

〈ラ・マルセイェーズ〉Marseillaise, La 131, 下

マルティネッリ、ジョヴァンニ Martinelli, Giovanni 195 註5

マルトーネ、マリオ Martone, Mario 80

マルトレッリ、ジュリオ・チェーザレ Martorelli, Giulio Cesare 129-30, 136-37, 154 註45

マーヴィン、ロベルタ・モンテモッラ Marvin, Roberta Montemorra xvii, 151 註3, 240, 244 註59, 245 註72

マルザーリ、カルロ Marzari, Carlo 下

マスカーニ、ピエトロ Mascagni, Pietro 255
　《カヴァレリア・ルスティカーナ》Cavalleria rusticana 255, 291 註14

《仮面》masques 下

マスネ、ジュール Massenet, Jules 下

マシス、アニック Massis, Annick 下

マッテウッツィ、ウィリアム Matteuzzi, William 228

マッティラ、カリタ Mattila, Karita 下

マウチェリ、ジョン Mauceri, John xv

モレル、ヴィクトル Maurel, Victor xxv 註6

マイール、ジョヴァンニ・シモーネ Mayr, Giovanni Simone 47, 93 註13, 126
　自筆稿について autograph manuscripts of 126
　《フェドーラ》Fedra 下
　《コリントのメデーア》Medea in Corinto 下

マッツィーニ、ジュゼッペ Mazzini, Giuseppe 下

マッツォーラ、カテリーノ Mazzolà, Caterino 下

マッツッカート、アルベルト Mazzucato, Alberto 下

マックレイリー、スーザン McClary, Susan 下

マクギャン、ジェローム J. McGann, Jerome J. 198

『メデア』（芝居）Medea (play) 下

メディチ、マリオ Medici, Mario 191 註4

メータ、ズービン Mehta, Zubin　下
メイ、エヴァ Mei, Eva　下
メイーニ、ヴィンチェンツォ Meini, Vincenzo　下
メルバ、ネリー Melba, Nellie　260, 下
メラー、ロナルド Mellor, Ronald　243 註 32
メンデルスゾーン、フェリックス Mendelssohn, Felix　250
メルカダンテ、サヴェーリオ Mercadante, Saverio　47, 73, 142
　《イル・ブラーヴォ（刺客）》Il blavo　下
　記譜に使用した紙について paper used by　73
　レチタティーヴォ・セッコ secco recitatives of　下
メレッリ、バルトロメオ Merelli, Bartolomeo　下
メリク＝ラランド、アンリエット Méric-Lalande, Henriette　下
メリーギ、ヴィンチェンツォ Merighi, Vincenzo　下
メリメ、プロスペル Mérimée, Prosper　下
メルラン伯爵夫人 Merlin, Countess de　下
メリット、クリス Merritt, Chris　7, 258, 282, 下
メシニス、マリオ Messinis, Mario　下
メタスタージオ、ピエトロ Metastasio, Pietro　49, 305, 下
メトロポリタン歌劇場（ニューヨーク）Metropolitan Opera (New York)
　ベッリーニの作品上演について Bellini productions　下
　ドニゼッティの作品上演について Donizetti productions　下
　歌手の雇い方について hiring of singers at　下
　モーツァルトの作品上演について Mozart productions　下
　オーケストラ orchestra of　259-60
　ロッシーニの作品上演について Rossini productions　35, 74, 173, 193 註 33, 257-88, 292 註 30, 下
　ヴェルディの作品上演について Verdi productions　235, 下
　ゼッフィレッリ演出（プロダクション）について Zeffirelli productions　下
メウッチ、レナート Meucci, Renato　下
マイヤーベーア、ジャコモ Meyerbeer, Giacomo　137, 155 註 60, 175
　《エジプトの十字軍》Il crociato in Egitto　155 註 60
　《預言者》Le Prophète　下
　ロッシーニの影響について Rossini's influence on　175
　《北極星（イタリア語訳詞上演）》La stella del nord　下
ミショット、エドモン Michotte, Edmond　111, 211, 242 註 21
ミーラ、マッシモ Mila, Massimo　下
ミラノ、イタリア Milan, Italy
　歌劇場について opera theaters in　45, 140-41, 下
　政治的状況について political situation in　113, 下
ミラノ音楽院図書館 Milan Conservatory library　210, 下
ミラノフ、ジンカ Milanov, Zinka　下
ミヨー、ダリウス Milhaud, Darius　下
　《農機具》Machines agricoles　下
ミラー、ジョナサン Miller, Jonathan　xiv, 13, 下
ミッロ、アプリーレ Millo, Aprile　下
ミナーティ・ダ・バージャ、フランチェスコ Minati da Badja, Francesco　126
ミンコフスキ、マルク Minkowski, Marc　下
モルデンハウアー、ハンス Moldenhauer, Hans　212
モリエール Molière　下
モンベッリ、ヴィンチェンツァ＝ヴィガーノ Mombelli, Vincenza Viganò　下
モネッリ、ラッファエーレ Monelli, Raffaelle　下
モンタルソロ、パオロ Montarsolo, Paolo　下
モンテレオーネ、アンドレア Monteleone, Andrea　116
モルラッキ、フランチェスコ Morlacchi, Francesco　下
モスカ、ジュゼッペ Mosca, Giuseppe　下
　《エミーラ、エジプトの女王》Emira, Regina d'Egitto　下
モスカ、ルイージ Mosca, Luigi　50, 123, 131
　《アルジェのイタリア女》L'Italiana in Algeri　50, 123, 131
モーツァルト、ヴォルフガング・アマデウス Mozart, Wolfgang Amadeus

総索引　349

「真正の」作品演奏について "authentic" performance of works by　253
《皇帝ティートの慈悲》*La clemenza di Tito*
クリティカル・エディションについて critical edition of works　165
《ドン・ジョヴァンニ》*Don Giovanni* 下
《フィガロの結婚》*Le nozze di Figaro* 下
オペラにおけるレチタティーヴォ・セッコの伴奏について *secco* recitative accompaniment in operas of　下
《魔笛》*Die Zauberflöte*　下
ミュラ、ジョアシャン Murat, Joachim　下
楽譜出版のビジネスについて―それぞれの出版社名も参照のこと music publishing business. *See also specific names and firms* 15-16, 113-15, 139-47, 下
ムーティ、リッカルド Muti, Riccardo　xiv, xxi, 15-17, 150, 178-91, 235, 255, 291 註 14
ムツィオ、エマヌエーレ Muzio, Emanuele 100, 144, 下

N

ナボコフ、ヴラディミール Nabokov, Vladimir 199
　　『青白い炎』*Pale Fire*　199
ナポリ、イタリア Naples, Italy
　　伴奏付きレチタティーヴォについて accompanied recitatives in　下
　　ファルサの上演について *farsa* performances in　128-29
　　四旬節のオペラについて Lenten operas in 48
　　歌劇場 opera theaters in　45-48, 下
　　政治的状況について political situation in 113, 231, 下
ナポリ音楽院図書館 Naples Conservatory library　122-28, 210
ナポレオン1世、フランス皇帝 Napoleon I, Emperor of the French　下
ナポレオン3世、フランス皇帝 Napoleon III, Emperor of the French　下
ナリチ、イラリア Narici, Ilaria　xix, 238
ネグリン、フランシスコ Negrin, Francisco 下
ノイエンフェルス、ハンス Neuenfels, Hans

下
ニュー・グローヴ事典 *New Grove Dictionary, The*　下
ニューヨーク・シティ・オペラ New York City Opera　13, 166, 173, 下
ニューヨーク市立公共図書館 New York Public Library　168, 192 註 22, 213, 229
『ニューヨーク・レヴュー・オブ・ブックス』*New York Review of Books*　254
『ニューヨーク・タイムズ』*New York Times* 254, 258, 263, 270
ニコリーニ、ジュゼッペ Nicolini, Giuseppe 下
ニーデルメイエール、アブラーム・ルイ Niedermeyer, Abraham-Louis　下
ニクロシウス、エイムンタス Nikrosius, Eimuntas　下
ニルソン、ビルギット Nilsson, Birgit　下
ノルベルク=シュルツ、エリザベト Norberg-Schulz, Elizabeth　下
ノーリントン、ロジャー Norrington, Roger xiv, xxi, 253, 下
ノセダ、グスターヴォ・アドルフォ Noseda, Gustavo Adolfo　下
ヌーリ、アドルフ Nourrit, Adolphe　130
ノヴェッロ、クララ Novello, Clara　下
ノヴェッロ社、Novello, Ewer and Co.　下
ノヴェナーリオ（9音節詩）*novenario*　下
ノッツァーリ、アンドレア Nozzari, Andrea 49
ヌッチ、レオ Nucci, Leo　228, 下
「番号オペラ」"number operas"　下
ニダル、ルドルフ（蒐集者）Nydahl, Rudolf (collection of)　29, 231, 下

O

オーボエ oboes　下
オクトシラブ（8音節詩句）*octosyllabes* 下
オッフェンバック、ジャック Offenbach, Jacques　下
　　《ホフマン物語（英語訳詞上演）》*The Tales of Hoffmann*　下
オペラ・ブッファ *opera buffa*　xi, 45, 49-50, 52, 103, 106, 111, 129, 252, 295, 305, 309, 下
オペラ・コミック様式 *opéra-comique*　下
オペラにおける慣習（19世紀当時の）opera conventions, nineteenth-century　53-

55, 59, 下
イタリア人社会におけるオペラ opera in Italian
society　45-48, 92, 113-14, 158-59, 下
『オペラ・ニューズ』Opera News　　下
オペラ・オーケストラ・オブ・ニューヨーク
Opera Orchestra of New York　　下
オペラの序曲について opera overtures　81,
下
パリ・オペラ座 Opéra (Paris)
指揮者について conductors at　　105
朗唱法のスタイルについて declamatory
style at　　175
ドニゼッティの作品上演について Donizetti
productions　81-82, 231, 下
18世紀におけるステージングについて
eighteenth-century stagings at　　下
ガス灯照明について gas illumination at
下
ヘンデルの作品上演について Handel
productions　　下
(オペラを上演した) イタリアの作曲家たち
Italian composers performed at　xi-
xii
19世紀の舞台美術について nineteenth-
century set designs　　下
19世紀のステージングについて
nineteenth-century stagings at　　下
保存されたパルティチェッラについて
particelle kept by　85
リハーサルの時間について rehearsal time
at　　105
ロッシーニの作品上演について Rossini
productions　23-24, 224-25, 下
用意されたティンパニについて timpani
available at　　下
ヴェルディの作品上演について Verdi
productions　　下
オペラ歌手―各自の名前についても参照のこと
opera singers. See also interpolations;
specific names
作曲家たちの協力者について as
collaborators with composers　99-
100, 下
カットについて cuts and　　下
修正と要求について modifications and
demands of　8-9, 15-16, 22-23, 99-
100, 106, 133, 155-56, 180-83, 195-
96, 下
装飾歌唱について ornamentation by

100, 106, 173, 下
リハーサル・スケジュールについて
rehearsal schedules of　80-81
レパートリー演目のメンバーとして as
repertory members　48-49, 53-54,
下
報酬について salaries of　xiv
「スタジオーネ・システム」について
"stagione" system for　　下
オペラのシーズンについて (19世紀) operatic
season, nineteenth-century　48
オフィクレード ophicleide　　下
オーパス111 Opus 111　　下
口伝について oral tradition　　105
オーケストラ―楽器編成についても参照のこと
orchestra. See also instrumentation
オーケストラのリーダー格としてのオリジナ
ル・ファースト・ヴァイオリニストについ
て original first violinist as leader of
104-5, 下
低音の金管楽器群 low brass　　下
身体的なロケーションについて physical
location of　4-5, 104, 下
リハーサル rehearsals　80-81, 99
弦楽器奏者の数と配置 string player
number and placement　　下
オーケストラ・オブ・ジ・エイジ・オブ・エンラ
イテンメント Orchestra of the Age of
Enlightenment　下
オーケストレーションの技法について
orchestration techniques　86-92, 137,
下
オリジナルの楽器について―オリジナルの楽器
編成についても参照のこと original
instruments. See instrumentation, original
装飾法 ornamentation
アリアや二重唱、アンサンブルの装飾法につ
いて of arias, duets, and ensembles
ベッリーニのオペラにおける装飾法について
in Bellini operas　　下
カバレッタにおける装飾法について of
cabalettas　　下
ドニゼッティのオペラにおける装飾法につい
て in Donizetti operas　　下
19世紀の歌手たちによる装飾法について by
nineteenth-century singers　100,
106, 172-73, 下
レチタティーヴォにおける装飾法について
of recitatives　　下

総索引　351

ロッシーニのオペラにおける装飾法について
in Rossini operas　xiv, 173-74, 262,
266, 270-71, 283, 285-89, 下
（装飾法における）趣味について taste and
下
（装飾法における）テンポについて tempos
and　下
ヴェルディのオペラにおける装飾法について
in Verdi operas　286-87, 下
オルシーニ、フェリーチェ Orsini, Felice　下
オーストリア国立図書館（ウィーン）
Österreichische Nationalbibliothek
(Vienna)　226-27
オットナーリオ（8音節詩）ottonari　60,
123, 下

P

パチーニ、アントニオ Pacini, Antonio　下
パシーニ、エミリアン Pacini, Émilien　下
パチーニ、ジョヴァンニ Pacini, Giovanni
xi, 47, 142, 下
《マティルデ・ディ・シャブラン》における
協力者として contributions to Matilde
di Shabran　下
レチタティーヴォ・セッコについて secco
recitatives of　下
《ポンペイ最後の日》L'ultimo giorno di
Pompei　下
パエール、フェルディナンド Paër, Ferdinand
下
パガニーニ、ニコロ Paganini, Niccolò
110-11
パイジェッロ、ジョヴァンニ Paisiello,
Giovanni　73
パラフェスティヴァル（ペーザロ・スポーツ・ア
レーナ）Palafestival (Pesaro sports arena)
5, 37, 下
パルキ palchi　下
パリアンティ、ルイ Palianti, Louis　下
パッリ、マルゲリータ Palli, Margherita
37-38
パルンボ、レナート Palumbo, Renato　下
パニッツァ、ジャコモ Panizza, Giacomo
下
論文研究 paper studies　71-77, 220-21
パレンティ、マリオ Parenti, Mario　164
『パリ・レヴュー』Paris Review, The　下
パーカー、ロジャー Parker, Roger　189-90,
下

パルランテ（話すように歌うこと）parlante
64, 306
パルティチェッラ particelle　79, 85-86,
202, 265, 下
パスタ、ジュディッタ Pasta, Giuditta　xiii,
82, 211
ズボン役で en travesti roles　82
マイヤーベーアのオペラにおいて in
Meyerbeer opera　下
ノルマ役として as Norma　下
装飾歌唱について ornamentation by
xv
《オテッロ》における挿入について Otello
insertions of　下
批評について review of　下
ロッシーニのオペラの装飾歌唱について
Rossini's ornamentation for　211, 下
《夢遊病の女》初演時について La
sonnanmbula premiered by　下
弟子たちについて students of　下
パターネ、ジュゼッペ Patané, Giuseppe
164, 172, 192 註 16, 193 註 32
パッティ、アデリーナ Patti, Adelina　260,
下
パヴァロッティ、ルチアーノ Pavarotti,
Luciano　下
パヴェージ、ステファノ Pavesi, Stefano　下
ペドラッツィ、フランチェスコ Pedrazzi,
Francesco　下
ペドローニ、ジャコモ Pedroni, Giacomo
下
ペリシエ、オランプ Pélissier, Olympe　109,
215
ペンダチャンスカ、アレクサンドリーナ
Pendatchanska, Alexandrina　13
ペンデレツキ、クシシュトフ Penderecki,
Krzysztof　下
《失楽園》Paradise Lost　下
ペーポリ、カルロ Pepoli, Carlo　下
上演用の素材について（19世紀）performance
materials, nineteenth-century　105
上演時の慣習についてのレヴュー Performance
Practice Review　289
上演時の伝統について performing traditions
別のヴァージョン（異版）について
alternative versions and　下
"真正の"上演について "authentic"
performance and　249-55, 下
（作曲家から）認められたヴァリアンテの

ヴァージョンについて authorial variant versions and　下
クリティカル・エディションについて critical editions vs.　xiv, 163, 171-72, 288-89, 下
ロッジョニスティたちの視点について loggionisti views of　187, 253, 下
（作曲家が認めていない）ヴァージョンについて nonauthorial versions and　下
再オーケストレーションについて reorchestrations and　下
指揮者セラフィンの判断について Serafin's justification of　下
"伝統的な"カットについて "traditional" cuts　下
移調について translations and　下
上演伝統とは違って「書かれて伝わったこと」written transmission differentiated from　106, 150-51
ペルゴレージ、ジョヴァンニ・バッティスタ Pergolesi, Giovanni Battista　291 註 12
ピリオド楽器—オリジナルの楽器編成についても参照のこと period instruments. See instrumentation, original
ペローニ、フィリッポ Peroni, Filippo　下
ペルトゥージ、ミケーレ Pertusi, Michele 23, 25, 27, 下
ペルッキーニ、ジョヴァンニ・バッティスタ Perucchini, Giovanni Battista　下
ペーザロ、イタリア Pesaro, Italy　xi, xvi, xix, xx, 4-7, 11, 23, 25, 27, 31-32, 34, 36, 39, 109, 111, 215, 220, 228-29, 267, 286
ペーターザイル、ミカエラ Peterseil, Michaela 下
ペトレッラ、エッリコ Petrella, Errico　47
ペトロベッリ、ピエールルイージ Petrobelli, Pierluigi　xx, 236, 下
ペッツィ、ドメニコ Pezzi, Domenico　下
フィリップス、コルウィン Philipps, Colwyn xxii, 155 註 65
フィリップス=マッツ、メリー・ジェーン Phillips-Matz, Mary Jane　244 註 59
ピアーヴェ、フランチェスコ・マリア Piave, Francesco Maria　51, 53-56, 60, 66, 70, 93 註 17, 93 註 18, 94 註 22, 97 註 62, 132-33, 154 註 53, 195 註 49, 200-2, 205-6, 212, 232
《アッティラ》の台本協力 Attila libretto contribution　212

《エルナーニ》の台本 Ernani libretto 55-56, 下
《運命の力》の台本 La forza del destino libretto　53
ヴェルディのための台本類 librettos for Verdi　66
《マクベス》の台本 Macbeth libretto 下
《リゴレット》の台本 Rigoletto libretto 61, 132-33, 200-1, 205-6, 232
舞台演出家として as stage director　下
《スティッフェーリオ》の台本 Stiffelio libretto　201
フェニーチェ座での雇用について Teatro La Fenice employmeot of　51
《椿姫》の台本 La traviata libretto　下
ピド、エヴェリーノ Pidò, Evelino　xiv, xxi, 10-12, 下
ピアポント・モルガン図書館（ニューヨーク） Pierpont Morgan, Library (New York) 84, 145, 196 註 55, 下
ピラヴァキ、アンソニー Pilavachi, Anthony 下
ピエ、レオン Pillet, Léon　82
ピエ=ウィル、エリザベト Pillet-Will, Elizabeth　239
ピエ=ウィル、ジャック Pillet-Will, Jacques 239
ピッチのレヴェルについて pitch levels　下
ピトワゼ、ドミニク Pitoiset, Dominique　下
ピッツィ、ピエール・ルイージ、Pizzi, Pier Luigi　xiv, 23, 25, 下
プラテア platea　下
プラトン Plato　198
プルーミス、ダモン・ネステル（ネストルとも） Ploumis, Damon Nester (Nestor)　下
ポッジ、アントニオ Poggi, Antonio　下
ポリーニ、マウリツィオ Pollini, Maurizio　4, 下
ポンキエッリ、アミルカーレ Ponchielli, Amilcare　下
《リトアニアの人々》I Lituani　下
ポニャトフスキ、ジュゼッペ Poniatowski, Giuseppe　110
ポネル、ジャン=ピエール Ponnelle, Jean-Pierre　xiv, 34, 169, 280, 下
ポリス、ヒラリー Poriss, Hilary　xxiii, 下
ポーター、アンドリュー Porter, Andrew　下
ポルトガッロ、マルコ Portogallo, Marco

総 索 引　353

ポヴォレード、エレーナ Povoledo, Elena
下

パワーズ、ハロルド Powers, Harold　下

プランポリーニ、アレッサンドロ Prampolini,
Alessandro　下

プラティカビリ（実用的なもの）*praticabili*
下

プラティコ、ブルーノ Pratico, Bruno　xiv,
39, 下

プライ、ヘルマン Prey, Hermann　193 註
31

私蔵のコレクション、手稿譜など private
collections, manuscripts in　211-15

プロダクション―ステージングを参照のこと
productions. *See* stagings

プッチーニ、ジャコモ Puccini, Giacomo
自筆稿 autograph manuscripts of
160-61
《ラ・ボエーム》*La Bohème*　下
《西部の娘》*La fanciulla del West*
160
《蝶々夫人》*Madama Butterfly*　160,
下
《マノン・レスコー》*Manon Lescaut*
160, 下
リコルディ社との関係について Ricordi firm
and　139, 143
プッチーニのオペラの印刷譜を作る役割
role in printing of his operas　160-
61
《修道女アンジェリカ》*Suor Angelica*
160
《トスカ》*Tosca*　下

プンタトゥーレ―オペラ歌手の移調の項も参照の
こと *puntature. See also* opera singers;
transpositons　9, 40 註 8, 307, 下

プティック＆シンプソン・オークション・ハウス
Puttick & Simpson auction house　215

ピサル、マルクス Pysall, Markus　下

Q

クアレンギ、ジャコモ Quarenghi, Giacomo
下
『チェロに関する論文』*Trattato di
Violoncello*　下

ケラー、イヴ Queler, Eve　下

クイナーリオ（5 音節詩）*quinari*　65, 94 註
30, 295, 307

クイナーリオ・ドッピオ（複 5 音節詩）*quinari
doppi*　65-66

R

ラシーヌ、ジャン Racine, Jean　6, 13, 231,
295
『アンドロマック』*Andromaque*　6,
13-14, 50
『ポリュークト』*Polyeucte*【訳者註：実際
にはコルネイユ Corneille の作（原文に誤
記）】　231

ラディチョッティ、ジュゼッペ Radiciotti,
Giuseppe　下
『ジョアッキーノ・ロッシーニ』
Gioacchino Rossini　下

ラーニ、セルジョ Ragni, Sergio　下

ライモンディ、ルッジェーロ Raimondi,
Ruggero　228, 236, 下

ラーメ、フランカ Rame, Franca　下

ラモー、ジャン＝フィリップ Rameau, Jean-
Philippe　下
《優雅なインドの国々》*Les Indes galantes*
下

レイミー、サミュエル Ramey, Samuel　xiv,
23, 25, 32, 228, 258, 262, 271, 284-86, 下

ランパル、ジャン＝ピエール Rampal, Jean-
Pierre　253

ランツ・デ・ヴァッシュ（スイスの伝統的な牛追
い唄）*ranz des vaches*　下

ラッティ、レオポルド Ratti, Leopoldo　113,
115, 142, 152, 259, 265

ラトル、サイモン Rattle, Simon　下

ラウチ、ルドルフ Rauch, Rudolph　下

レアーレ・アッカデミア・ディタリア（ローマ）
Reale Accademia d'Italia（Rome）　下

レチタティーヴォ recitatives
伴奏つき accompanied　下
カット cuts to　279-72
フランス語の詩文構造 French verse
structure for　下
機能について functions of　下
イタリア語の詩文構造 Italian verse
structure for　59-62, 下
装飾法について ornamentation of　下
レチタティーヴォ・セッコ *secco*　下
レチタティーヴォ・セッコの伴奏楽器につい
て *secco*, instruments accompanying
下

録音　初期の、分析について recordings, early,

354

analysis of 　下
レガッツォ、ロレンツォ Regazzo, Lorenzo
　下
レジーテアター─ステージングも参照のこと
　Regietheater. See also stagings 　下
レイナ、ドメニコ Reina, Domenico 　下
ラインハルト、マックス Reinhard, Max 　下
レンネルト、ギュンター Rennert, Günther
　下
『ラ・レプッブリカ』（日刊紙）repubblica, La
　下
レスピーギ、オットリーノ Respighi, Ottorino
　215
　　《風変わりな店》La Boutique fantasque
　　215
リッチ、ルイージ Ricci, Luigi 　下
　　《四人の悪魔》Il diavolo a quattro 　下
リッチャルディ、シモネッタ Ricciardi,
　Simonetta 　下
リッチャレッリ、カーチャ Ricciarelli, Katia
　xx, 228, 下
リコルディ、ジョヴァンニ Ricordi, Giovanni
　110, 117, 121, 139-41, 155 註 67, 156 註
　73, 156 註 74, 156 註 75, 299, 下
リコルディ、ジューリオ Ricordi, Giulio 　下
リコルディ、ティート Ricordi, Tito 　99, 下
リコルディ社─カーサ・リコルディの項を参照の
　こと Ricordi firm. See Casa Ricordi
リフキン、ジョシュア Rifkin, Joshua 　251
リゲッティ＝ジョルジ、ジェルトルーデ
　Righetti-Giorgi, Geltrude 　103, 256, 下
リリンク、ヘルムート Rilling, Helmut 　235
リージ、クレメンス Risi, Clemens 　下
リストーリ、アデライーデ Ristori, Adelaide
　下
リッツィ、カルロ Rizzi, Carlo 　9, 39, 下
ロバートソン、アン・ウォルターズ Robertson,
　Anne Walters 　下
ロバートソン、デイヴィッド Robertson, David
　下
ロビンソン、ジェームズ Robinson, James
　下
ロックストロ、ウィリアム・スミス Rockstro,
　William Smith 　下
ロックウェル、ジョン Rockwell, John 　下
ロッラ、アレッサンドロ Rolla, Alessandro
　下
ローラー、アンドレアス・レオンハルト Roller,
　Andreas Leonhard 　下

ロマーニ、フェリーチェ Romani, Felice
　50-51, 57, 61, 67, 81-82, 93 註 14
　　《アンナ・ボレーナ》の台本 Anna Bolena
　　libretto 　61-62
　　《ベアトリーチェ・ディ・テンダ》の台本
　　Beatrice di Tenda libretto 　67,
　　《ビアンカとファリエーロ》の台本 Bianca
　　e Falliero libretto 　51
　　《カプレーティとモンテッキ》の台本
　　I Capuleti e i Montecchi libretto
　　57, 下
　　《エルナーニ》の台本 Ernani libretto
　　82
　　スカラ座での雇用について La Scala
　　employment of 　51
　　《ノルマ》の台本 Norma libretto 　下
　　《パリジーナ》の台本 Parisina libretto
　　67
　　《イタリアのトルコ人》の台本 Il Turco in
　　Italia libretto 　下
　　夫人について wife of 　下
ロマーニ、ピエトロ Romani, Pietro 　168, 下
　　〈紙が一枚足りない〉について "Manca un
　　foglio" 　168, 下
ロマンツァ、ロマンス romanza; romance
　下
ローマ、イタリア Rome, Italy
　　コピステリエ（写譜所）copisterie in
　　113-14, 130-31, 136-37, 259
　　オペラのシーズン opera season in 　48
　　歌劇場 opera theaters in 　45, 51
　　政治的状況 political situation in 　113
ローマ音楽院図書館 Rome Conservatory
　library 　225-26, 下
ロンコーニ、ルカ Ronconi, Luca 　xiv, 26,
　36-38, 187, 228, 下
ロンド rondò 　54-55, 下
ロンジ・デ・ベニス、ジュゼッピーナ Ronzi De
　Begnis, Giuseppina 　下
ロスバウト、ハンス Rosbaud, Hans 　下
ローゼン、チャールズ Rosen, Charles 　254,
　256, 290 註 7, 290 註 11, 下
ローゼン、デイヴィッド Rosen, David 　165,
　235
ローゼンタール、アルビ Rosenthal, Albi
　212
ロシッチ、パオロ Rosich, Paolo 　下
ロス、アレックス Ross, Alex 　下
ロッセッリ、ジョン Rosselli, John 　xvi, 92

総索引　355

註 1, 下

ロッセッティ、ダンテ・ガブリエル Rossetti, Dante Gabriel　241 註 3

ロッシ、ガエターノ Rossi, Gaetano　51-52, 218

ロッシ、ルイージ Rossi, Luigi　下

ロッシーニ、ジョアキーノ—本書で論じた主要なオペラ作品の索引も参照のこと Rossini, Gioachino. *See also* **Index of Principal Operas Discussed**

　〈栄光の声に〉（コンサート・アリア）"Alle voci della gloria"（concert aria）32-33

　使われたアポジャトゥーラ appoggiaturas used by　下

　〈アリエッテ・ポンパドゥール〉"Ariette Pompadour"　下

　自筆稿 autograph manuscripts of　11-12, 30-31, 35, 71-72, 87, 96 註 44, 97 註 70, 106-11, 122-26, 150, 210, 213, 219-20, 225-26, 259, 267-68, 下

　ベッリーニの《清教徒》に関して Bellini's *puritani* and　下

　ビジネスマンとして as businessman 46, 105-7

　カバレッタ cabalettas of　下

　カデンツァの形式について cadential formulas of　下

　〈教皇ピウス 9 世を讃えるカンタータ〉 *Cantata in onore del Sommo Pontefice Pio Nono*　下

　カンタティーナ（偽の）*Cantatina*（spurious）213-14

　協力者たちについて collaborators used by 86-87, 112-13, 122-25, 下

　ミサ曲をメモリアルとして作ることについて composite Mass as memorial to 234-35

　作曲法について compositional methods of 下

　クレッシェンド crescendos of　下

　クリティカル・エディション critical editions of　下

　オペラにおけるカットについて cuts in operas of　下

　コントラバス（ダブル・ベース）の書法について double bass writing of　下

　二重唱について duets of　下

　チェロとコントラバスの二重奏 *Duetto* for violoncello and double bass　下

　強弱記号 dynamic markings used by 126-27, 267-68, 274-75

　《エディポ・コロネオ》*Edipo Coloneo* 84, 97 註 61

　エディツィオーネ・クリティカ・デッレ・オペーレ・ディ・ジョアキーノ・ロッシーニ *Edizione critica delle opere di Gioachino Rossini*　xiii, 177-79, 224, 260, 下

　ファルサ、ヴェネツィアのために書かれたもの *farse* written for Venice　29, 109

　フランスでのキャリアについて French career of　xi-xii, 104-5, 119, 下

　ホルンの書法について horn writing of 下

　没後 100 周年について hundredth anniversary of death of　166-67

　母親への手紙について letters to mother 151 註 8

　《メッサ・ディ・グローリア》*Messa di Gloria*　211

　音楽のサロンについて musical salons held by　215

　ナポリの音楽監督として as Neapolitan musical director　47-49, 下

　《テーティとペレオの結婚》（結婚カンタータ）*Le nozze di Teti, e di Peleo*（wedding cantata）　下

　オペラの序曲について opera overtures of 81, 下

　ナポリのために書かれたオペラについて operas written for Naples　5-6, 106-9

　ローマのために書かれたオペラについて operas written for Rome　110-12

　オペラにおける因習について operatic conventions and　下

　オーケストレーションのテクニックについて orchestration techniques of　86-88, 90, 136-38, 下

　オペラにおける装飾歌唱について ornamentation of operas　172-73, 262, 265-66, 271-72, 282-89, 下

　ベッリーニのオペラのために準備された装飾歌唱について ornamentation prepared for Bellini operas　下

　作曲者が好んだ紙の構造 paper structure preferred by　74-75

《老いの過ち》（ピアノ曲）*Péchés de vieillesse*（piano music） 214-16, 289 註 3, 下
ペーザロ・フェスティヴァルについて Pesaro festival dedicated to 4
《小荘厳ミサ曲》*Petite Messe solennelle* 239-40, 下
レチタティーヴォについて recitatives of 61, 下
シリアスなオペラ（オペラ・セリア）のリヴァイヴァル revival of serious operas 下
〈もしお望みなら、あの水車小屋の娘が〉"Se il vuol la mulinara"【訳者註：綴りとしては、Se il vuol la molinara が一般的】 下
6 つの弦楽のためのソナタ *Sei sonate a quattro* 下
自己引用（自己借用）について self-borrowings of 下
オペラにおける舞台美術について set designs for operas 下
スケルトン・スコアについて skeleton scores of 83
スケッチについて sketches of 67-68
《音楽の夜会》（歌曲集）*Les Soirées musicales*（songs） 下
《スターバト・マーテル》*Stabat Mater* 210, 242 註 19
ステージングについて stagings of 下
テノールのための書法について tenor writing of 下
歌詞と音楽の関係性について text/music relationship viewed by 下
3 つの宗教的合唱曲《信仰、希望、慈愛》*Three Religious Choruses: Faith, Hope, and Charity* 84
ティンパニの書法について timpani writing of 下
オペラにおける移調について transpositions in operas 下
ヴィオラの書法について viola writing of 下
ロッシーニ、ジュゼッペ Rossini, Giuseppe 220
ロッシーニ・フェスティヴァル（ヘルシンキ）Rossini Festival (Helsinki) 下
ロッシーニ・オペラ・フェスティヴァル（ペーザロ）Rossini Opera Festival (Pesaro)

xvi, 4-5, 23, 29, 32, 40 註 1, 80, 97 註 67, 227, 239, 267, 下
『19 世紀の舞台におけるロッシーニ』*Rossini sulla scena dell'Ottocento* 下
ロスト、アンドレア Rost, Andrea 下
ルージェ、ユージェニー Rouget, Eugénie 下
ルソー、ジャン＝ジャック Rousseau, Jean-Jacques 下
『フランス音楽に関する書簡』*Lettre sur la musique française* 下
ロイヤル・オペラ（ストックホルム）Royal Opera (Stockholm) 下
ロワイエ、アルフォンス Royer, Alphonse 下
ルビーニ、ジョヴァンニ・バッティスタ Rubini, Giovanni Battista xv
《清教徒》カルテットのメンバーとして as *Puritani* Quartet member 下
レンジ（声域）について range of 下
ロッシーニとの関係 Rossini and 下
《夢遊病の女》の初演において in *La sonnambula* premiere 下
イル・ルザンテ（アンジェロ・ベオルコの筆名）、Ruzzante, Il (Angelo Beolco) 下
ライデン、ジョン Ryden, John xix, 233

S

サーリアホ、カイヤ Saariaho, Kaija 下
サックス、チャールズ Sachs, Charles 216
サドラーズ・ウェルス・オペラ・ハウス Sadler's Wells Opera House (London) 下
セント・ヒル、クライスター St. Hili, Krister 下
サーラ、エミリオ Sala, Emilio 下
サーラ・ペドロッティ（ペーザロ）Sala Pedrotti (Pesaro) 5, 下
サリエリ、アントニオ Salieri, Antonio 下
アリアについて arias of 下
《まずは音楽、それから言葉》*Prima la musica, e poi le parole* 下
サリネン、アウリス Sallinen, Aulis 下
サルミネン、マッティ Salminen, Matti 下
サロネン、エサ＝ペッカ Salonen, Esa-Pekka 下
サルヴィーニ＝ドナテッリ、ファニー Salvini-Donatelli, Fanny 下
ザルツブルク・フェスティヴァル Salzburg Festival 下

総索引 357

サンドストレーム、ヤン Sandström, Jan　下
　《マクベス》Macbeth² 　下

サンクィリコ、アレッサンドロ Sanquirico, Alessandro　下

サンタフェ・オペラ・フェスティヴァル Santa Fe Opera Festival　xvi, xxi, 3-5, 10, 13, 18-20, 40 註 1, 下

サラステ、ユッカ＝ペッカ Saraste, Jukka-Pekka　下

サヴェージ、ロジャー Savage, Roger　下

スカパッロ、マウリツィオ Scaparro, Maurizio 30

スカラメッリ、ジュゼッペ Scaramelli, Giuseppe　下

スカルラッティ、アレッサンドロ Scarlatti, Alessandro　下
　《名誉の勝利》Il trionfo dell'onore　下

情景転換—舞台転換を参照のこと scene changes. See set changes

シーナリー（背景）—装置デザインを参照のこと scenery. See set designs

シッパーズ、トーマス Schippers, Thomas 173-74, 176, 178, 下

シューベルト、フランツ Schubert, Franz 209, 254, 下

シューマン、ローベルト Schumann, Robert 171, 193 註 28, 254

シュッツ＝オルドージ、アマーリア Schütz-Oldosi, Amalia　下

シピオーニ、ファブリツィオ Scipioni, Fabrizio　下

スコルダトゥーラのチューニング（変則調弦のチューニング）scordatura tuning　下

スコット、ウォルター Scott, Walter　下
　『湖上の美人』The Lady of the Lake　下

スクリーブ、ウジェーヌ Scribe, Eugène　51, 82, 97 註 59, 下

スクリプトリウム（自筆譜の販売業者）Scriptorium (manuscript dealer)　214-17

サーシー、デイヴィッド Searcy, David　下

レチタティーヴォ・セッコ—レチタティーヴォの項を参照のこと secco recitative. See recitatives

セルク、ユルゲン Selk, Jürgen　下

セルヴァ selva　52, 93 註 17, 309

セナーリオ（6 音節詩）senari　60, 63, 93 註 18, 94 註 28, 309, 下

セニーチ、エマヌエーレ Senici, Emanuele　下

セラフィン、トゥリオ Serafin, Tullio　xvi, 260, 下
　指揮者として as conductor　xvi, 260, 下
　『18 世紀と 19 世紀のイタリアのメロドラマに関するスタイル、伝統そして因習について』Style, Traditions, and Conventions of Italian Melodrama of the Eighteenth and Nineteenth Century　下

セルペントーネ serpentone　137, 下

セルヴァンドーニ、ジョヴァンニ・ニコロ Servandoni, Giovanni Niccolò　下

セルヴィーレ、ロベルト Servile, Roberto　下

舞台転換 set changes
　ひと目で a vista　271, 296, 下
　カット cuts and　下
　オペラ的な構造について operatic structure and　下

舞台美術 set designs
　バロック期の Baroque　下
　フランス・オペラに関して for French operas　下
　19 世紀の nineteenth-century　下
　3 次元の three-dimensional　下
　ヴェルディのオペラに関して for Verdi operas

セッテナーリオ（7 音節詩）settenari　52, 59-63, 65, 94 註 28, 123, 219, 295, 308-11, 下

ゼーデルマン、フランツ Seydelmann, Franz　下

シェイクスピア、ウィリアム Shakespeare, William　62, 197, 203
　『ハムレット』Hamlet　下
　『リア王』King Lear　下
　『ザ・テンペスト』The Tempest　下

『シェイクスピアの R&J』（映画）Shakespeare's R&J (film)　下

ショー、フィオーナ Shaw, Fiona　下

シベリウス、ジャン Sibelius, Jean　下

シルズ、ベヴァリー Sills, Beverly　173, 176-78, 194 註 40, 194 註 42, 下

シミオナート、ジュリエッタ Simionato, Giulietta　260

シンクレア、ジョン Sinclair, John　266

シラグーサ、アントニーノ Siragusa, Antonino
下

シッツプローブ（座り稽古）*Sitzprobe* 273

スケルトン・スコア―作曲家それぞれの項も参照のこと "skeleton scores". *See also specific composers* 70-71, 79, 81-84, 86, 89-90, 97 註 64, 195 註 53, 202, 206, 306, 309

スケッチ―作曲家それぞれの項も参照のこと sketches. *See also specific composers*

スラットキン＆フィス社 Slatkin & Fils, M. 229

スリム、H. コリン Slim, H. Colin 下

スマート、メアリー・アン Smart, Mary Ann
下

ソレーラ、アントニオ Solera, Antonio 51, 55-56, 94 註 23, 94 註 30

ソロメ、ジャック Solomé, Jacques 下

ソンマ、アントーニオ Somma, Antonio 51, 94 註 30, 95 註 34, 下
《仮面舞踏会》の台本について *Un ballo in maschera libretto* 51, 下
《ナブッコ》の台本について *Nabucco libretto*【訳者註：原著の誤記であり、本来は「ソレーラ Solera」の項に】 下
《リア王》の台本について *Re Lear* libretto
下

ソーンダイム、スティーヴン Sondheim, Stephen 下
《サンデー・イン・ザ・パーク・ウィズ・ジョージ》*Sunday in the Park with George*
下

ゾンターグ、ヘンリエッテ Sontag, Henriette
下

ソフォクレス Sophocles 82, 198
『コロヌスのオイディプス』*Oedipus at Colonus* 82

ソース、検索 sources, finding 210-16

スーヴェイン、ジェリー Souvaine, Gerry
下

スパダーロ・デイ・ボッシュ、ルイージ Spadaro Dei Bosch, Luigi 120

スパニョーリ、ピエトロ Spagnoli, Pietro 下

スパルティティーニ *spartitini* 74-75, 86, 264-65

スポンティーニ、ガスパロ Spontini, Gasparo
下
《ヴェスタの巫女》*La Vestale* 40 註 14

シュターツオーパー（ウィーン国立歌劇場）Staatsoper (Vienna) 15-17

スタビリ *stabili* 下

スタール夫人 Staël, Madame de 下
『コリンヌ、もしくはイタリア』*Corinne, ou l'Italie* 下

ステージ・ディレクター（演出家）―各自の名前も参照のこと stage directors. *See also specific names* 下
カット cuts and 下
装飾法の決定について ornamentation decisions and 下
レジーテアターと *Regietheater* and 26-29
版の選択について version choice and
下

ステージングについて―舞台転換；舞台装置デザインも参照のこと stagings. *See also set changes; set designs*
検閲 censorship and 下
クリティカル・エディションについて critical editions and 下
決定について decisions about xiv, 下
いわゆる「置き換え（読み替え）」について displaced 12-14, 18, 下
舞台計画書について *disposizioni sceniche*
皮肉について ironic 26-28, 下
演出用の台本について *livrets de mise en scène* 下
自然主義について naturalistic 下
19 世紀において nineteenth-century
下
演劇のステージ・ディレクター（演出家）of plays 下
急進的な radical 下
19 世紀の再現について reenactments of nineteenth-century 下
フラッシュバックの使用について use of flashbacks 下

スタジオーネ・システム "stagione" system
下

スタニスラフスキー、コンスタンティン Stanislavski, Constantin 下

ステーン、ジョン Steane, John 下

スタインバーグ、マイケル Steinberg, Michael
下

スタンダール Stendhal xi, 85, 256, 291 註 16, 下
『パルムの僧院』*La Chartreuse Parme*
下

総索引 *359*

レヴュー（音楽評）reviews by　下
『ロッシーニ伝』 *Vie di Rossini*　下
シュテファン、ルドルフ Stephan, Rudolf
　15
ステルビーニ、チェーザレ Sterbini, Cesare
　67, 下
ストコフスキー、レオポルド Stokowski,
　Leopold　171, 251
ストルツ、ロジーヌ Stolz, Rosine　82
ストラース、ナンシー Storace, Nancy　下
シュトラウス、リヒャルト Strauss, Richard
　4
　　《カプリッチョ》 *Capriccio*　下
ストラヴィンスキー、イーゴリ Stravinsky, Igor
　4, 139, 204, 254, 290 註 12, 下
　　《カルタ遊び》 *Jeu de cartes*　下
　　ネオ・バロックの音楽 neo-Baroque music
　　　of　254
　　《ペトルーシュカ》 *Petrushka*　139
　　《プルチネッラ》 *Pulcinella*　291 註 12
　　《放蕩者のなりゆき》 The Rake's Progress
　　　4, 下
ストレーレル、ジョルジョ Strehler, Giorgio
　26, 下
ストレンナ・マルキジアーナ *Strenna
　marchigiana*　下
ストレッポーニ、ジュゼッピーナ Strepponi,
　Giuseppina　233, 下
弦楽器 string instruments
　　ダブル・ベース（コントラバス）double
　　　basses　下
　　ガット弦 gut strings used for　下
　　数 number of　下
　　オーケストラでの配置法 orchestral
　　　placement of　下
　　レチタティーヴォ・セッコの伴奏について
　　　in *secco* recitative accompaniment
　　　下
差し替えのアリアについて substitute arias
　xxiii, 35, 41 註 22, 102, 112, 130, 135, 146,
　153 註 28, 155 註 56, 168, 211, 234, 303,
　下
字幕について supertitles　38, 170, 279, 下
スペルヴィア、コンチータ Supervia, Conchita
　下
サットクリフ、トム Sutcliffe, Tom　下
　　『オペラを信じること』 Believing in
　　　Opera　下
サザーランド、ジョーン Sutherland, Joan

218, 243 註 35, 260, 263, 288, 下
スウェンソン、ルース・アン Swenson, Ruth
　Ann　26-27, 36
セル、ジョージ Szell, Georg　171

T

タッキナルディ＝ペルジアーニ、ファンニー
　Tacchinardi Persiani, Fanny　下
タドリーニ、エウジェニア Tadolini, Eugenia
　下
タコヴァ、ダリーナ Takova, Darina　下
タルヴェラ、マルッティ Talvela, Martti　下
タマーニョ、フランチェスコ Tamagno,
　Francesco　xxv 註 6
タムベリーク、エンリーコ Tamberlick, Enrico
　184, 195 註 50, 195 註 51
タンブリーニ、アントニオ Tamburini, Antonio
　下
タルスキン、リチャード Taruskin, Richard
　254, 256-57, 290 註 11
　　『歌詞と幕』 *Text and Act*　254, 256-
　　　57, 290 註 11
テイラー、エリザベス Taylor, Elizabeth　下
テアトロ・アッラ・スカラ（ミラノ・スカラ座）
　Teatro alla Scala (Milan)　xxi, xxiv 註 2,
　119, 187
　　ベッリーニのオペラの上演について Bellini
　　　productions　99, 170-71, 下
　　チェロのセクションについて cello section
　　　at　下
　　構造について configuration of　下
　　ドニゼッティのオペラの上演について
　　　Donizetti productioos　119, 下
　　最初の指揮者について first conductor at
　　　下
　　照明について lighting at　下
　　ムーティの統率について Muti directorship
　　　下
　　19 世紀の上演時間の長さについて
　　　nineteenth-century performance
　　　lengths　下
　　19 世紀の舞台装置デザインについて
　　　nineteenth-century set designs　下
　　初日について opening night at　184
　　オペラのシーズンについて opera season
　　　47-48
　　オーケストラの関係者について orchestral
　　　personnel of　下
　　オーケストラの配置について orchestra's

location in 下
パヴェージのオペラの上演について Pavesi
production 下
レチタティーヴォのパフォーマンスについて
recitative performance at 下
ロマーニとの関係について Romani's
association with 51
ロッシーニのオペラの上演について Rossini
productions xxiv-xxv, 34, 137,
169, 171-78, 260-63, 下
楽譜のアーカイヴについて score archive
140-42
スタンダールが見たスカラ座について
Stendhal on 下
ヴェルディのオペラの上演について Verdi
productions 103, 180-89, 下
テアトロ・アポッロ（ローマ）Teatro Apollo
(Rome) 45, 110-12, 下
ロッシーニのオペラの上演について Rossini
producrions 45, 110-12, 下
ヴェルディのオペラの上演について Verdi
productions 下
テアトロ・アポッロ（ヴェネツィア）Teatro
Apollo (Venice) 下
テアトロ・アルジェンティーナ（ローマ）
Teatro Argentina (Rome) 45, 48, 99,
103, 111, 下
テアトロ・カルカーノ（ミラノ）Teatro
Carcano (Milan) 45, 47, 81, 116-17,
下
テアトロ・カルロ・フェリーチェ（ジェノヴァ）
Teatro Carlo Felice (Genoa) 下
テアトロ・カロリーノ（パレルモ）Teatro
Carolino (Palermo) 116
テアトロ・コムナーレ（ボローニャ）Teatro
Comunale (Bologna) 39, 46, 191 註 7,
下
テアトロ・コムナーレ（フィレンツェ）Teatro
Comunale (Florence) 180-81, 下
テアトロ・コムナーレ（モデナ）Teatro
Comunale (Modena) 291 註 18, 下
テアトロ・デイ・フォレンティーニ（ナポリ）
Teatro dei Fiorentini (Naples) 45, 下
テアトロ・デル・フォンド（ナポリ）Teatro
del Fondo (Naples) 45, 128, 301, 下
テアトロ・デッラ・カノッビアーナ（ミラノ）
Teatro della Canobbiana (Milan) 45
テアトロ・デッラ・ペルゴラ（フィレンツェ）
Teatro della Pergola (Florence) 113,

195 註 49, 下
テアトロ・デッロペラ（ローマ・オペラ座）
Teatro dell'Opera (Rome) 下
テアトロ・ドゥカーレ（パルマ）Teatro Ducale
(Parma) 下
テアトロ・エリゼオ（ローマ）Teatro Eliseo
(Rome) 下
テアトロ・グランデ（トリエステ）Teatro
Grande (Trieste) 232
テアトロ・ラ・フェニーチェ（フェニーチェ座、
ヴェネツィア）Teatro La Fenice (Venice)
29, 45, 49, 51, 55, 85, 93 註 9, 102-3, 143,
152 註 25, 155 註 60, 185, 193 註 34, 219,
257, 259-60, 264-65, 267, 291 註 16
アーカイヴ archives 85, 218, 260, 264
バルザックの描写 Balzac's description of
291 註 16
ベッリーニのオペラの上演について Bellini
productions 193 註 34, 下
火災について fire at 下
照明について lighting at 下
マイヤーベーアのオペラの上演について
Meyerbeer production 155 註 60
保存されているパルティチェッラについて
particelle kept by 85
レチタティーヴォの演奏について recitative
performance at 下
ロッシーニのオペラのプロダクションについ
て Rossini productions 49, 193 註
34, 219, 257, 259-60, 下
ロッシとピアーヴェの協力関係について
Rossi's and Piave's association with
51-52
ストラヴィンスキーのオペラの上演について
Stravinsky production 下
ヴェルディのオペラの上演について Verdi
productions 54-55, 92, 103, 185,
201-3, 下
ヴェルディの扱いについて Verdi's dealings
with 143
テアトロ・ヌオーヴォ（ナポリ）Teatro Nuovo
(Naples) 45
テアトロ・ヌオーヴォ（リミニ）Teatro Nuovo
(Rimini) 195 註 49
テアトロ・オリンピコ（ローマ）Teatro
Olimpico (Rome) 41 註 20
テアトロ・ポンキエッリ（クレモナ）Teatro
Ponchielli (Cremona) 下
王様劇場（ミラノ）Teatro Re (Milan) 45,

121, 135, 153 註 39
テアトロ・レージョ（パルマ）Teatro Regio
（Parma）232
構造について configuration of　下
テアトロ・ロッシーニ（ルーゴ）Teatro Rossini
（Lugo）下
テアトロ・ロッシーニ（ペーザロ）Teatro
Rossini（Pesaro）5, 下
構造について configuration of　下
テアトロ・サン・ベネデット（ヴェネツィア）
Teatro San Benedetto（Venice）49,
121, 下
テアトロ・サンカルロ（ナポリ）Teatro San
Carlo（Naples）45
ベッリーニのオペラの上演について Bellini
productions　下
カムマラーノとの協力関係について
Cammarano's association with　51
構造について configuration of　下
ドニゼッティのオペラの上演について
Donizetti productions　231, 下
建物内での賭博について gambling at
47, 108
ホルン奏者 horn players at　下
レント（四旬節）のオペラ Lenten operas
at　48
パチーニのオペラの上演について Pacini
production　下
雇われていた主役級テノールたちについて
principal tenors employed by　49
レチタティーヴォの演奏について recitative
performance at　下
ロッシーニのオペラの上演について Rossini
productions　xii, 23, 107, 174, 194
註 40, 下
標準的な合唱団のサイズについて Standard
chorus size at　96 註 55
弦楽勢の座る位置について string section
seating plan　下
ヴェルディのオペラの上演について Verdi
productioos　下
ヴェルディの扱いについて Verdi's dealings
with　下
テアトロ・サン・モイーゼ（ヴェネツィア）
Teatro San Moisè（Venice）xi, 29,
109-10, 301
テアトロ・サン・サムエーレ（ヴェネツィア）
Teatro San Samuele（Venice）下
テアトロ・ヴァッレ（ローマ）Teatro Valle

（Rome）45, 111, 154 註 46, 下
テアトロ・ヴェッキオ（マントヴァ）Teatro
Vecchio（Mantua）45
テバルディ、レナータ Tebaldi, Renata　177
「テンポ・ダタッコ」の指示 "tempo d'attacco"
indication　下
テンポ・ディ・メッツォ tempo di mezzo
25, 301, 308, 310
テルツェットーネ terzettone　25, 174, 304,
310
テキスト批評 textual criticism　197-98, 下
劇場音楽博物館（サンクトペテルブルク）
Theater and Music Museum（St.
Petersburg）下
19 世紀のイタリアにおける劇場 theaters,
nineteenth-century Italian
聴衆の振る舞いについて audience
behavior in　255-56, 下
組み込まれたバレエについて ballets
programmed by　下
構造について configuration of　47-48,
194 註 45, 下
因習について conventions of　53-54
雇われた筆耕者（写譜者）copyists
employed by　106, 108-9, 112-13,
122-27, 259
初演時の一連の興行 first performances in
99, 102-5
賭け事用の部屋 gaming rooms in　47,
下
演奏者を雇うこと hiring of performers
48-49
イルミネーション illumination of　下
選択されたリブレット（台本）について
librettos chosen by　51-52, 下
オペラ・シーズン opera seasons　48
上演時間 performance length　下
上演スケジュール performance schedules
下
政治的状況 political conditions and　下
レチタティーヴォの演奏について recitative
performance in　下
リハーサルのスケジュール rehearsal
schedules in　79-81, 85, 92, 99-
101, 104-5
ステージング stagings in　下
テアトル・ド・ラ・ルネサンス（パリ）Théâtre
de la Renaissance（Paris）82, 下
テアトル・ド・ラカデミー・ロワイヤル・ド・ミュ

ジク【訳者註：パリの王立音楽アカデミー劇場：パリ・オペラ座の興行組織としての名称】 Théâtre de l'Académie Royale de Musique (Paris)　下

オデオン座（パリ）Théâtre de l'Odéon (Paris)　下

オペラ・コミック座（パリ）Théâtre de l'Opéra-Comique（Paris）　下

テアトル・イタリアン（パリ）Théâtre Italien (Paris)　xi-xii, 40 註 12, 85, 119, 211, 224, 225, 263

　　ベッリーニのオペラの上演 Bellini productions　下

　　ドニゼッティのオペラの上演 Donizetti productions　119-20, 下

　　ダブル・ベース（コントラバス）double basses at　下

　　保持されたパルティチェッラ particelle kept by　85, 210, 225

　　パスタの演唱ぶり Pasta's performances　下

　　"《清教徒》カルテット" "Puritani" Quartet at　下

　　ロッシーニのオペラの上演 Rossini productions　40 註 12, 223-25, 264, 下

　　ロッシーニの支配人としての手腕 Rossini's directorship of　xi-xii, 下

テアトル・リリック（パリ）Théâtre Lyrique (Paris)　下

ティンパニ timpani　下

イタリアのオペラにおける調性の構造について tonal structures in Italian operas　下

トーニ、アルチェオ Toni, Alceo　下

トレッリ、ヴィンチェンツォ Torelli, Vincenzo　下

トスカーニ、クラウディオ Toscani, Claudio　下

トスカニーニ、アルトゥーロ Toscanini, Arturo　150, 159-60, 164, 179, 191 註 6

トットラ、アンドレア・レオーネ Tottola, Andrea Leone　6, 13, 50

トゥーレル、ジェニー Tourel, Jennie　下

《カルメンの悲劇》 Tragédie de Carmen, La　下

翻訳 translations　下

　　認可されたヴァージョン authorial versions　下

　　イタリア語の韻律 Italian metrics and

　　下

　　19 世紀 nineteenth-century　下

　　19 世紀の英語による改作もの nineteenth-century English adaptations　下

　　認可されていないヴァージョン nonauthorial versions　下

　　選択の理由 reasons for choosing　下

書き留められたソースの伝播、伝達について transmission of written sources

　　別のヴァージョン（異版）について alternative versions and　下

　　検閲の役割 censors' role in　130-34, 201-2, 230-33, 236-38

　　作曲者の修正 composers' modifications and　134-37

　　筆耕者（コピイスト、写譜者）の役割 copyists' role in　108-9, 122-26, 259

　　異なる実演上の伝統 performing traditions differentiated from　xiv, 105-6, 150-51

　　海賊版もしくは偽のエディション pirated or false editions　113-19, 140-42

　　出版業者の役割 publishers' role in　140-48

移調について transpositions　下

　　初見で移調してしまうこと at-sight adjustments　下

　　ベッリーニのオペラにおいて in Bellini operas　下

　　ドニゼッティのオペラにおいて in Donizetti operas　下

　　無責任な移調 irresponsible　下

　　ピッチのレヴェル pitch levels and　下

　　ヴェルディのオペラにおける移調 in Verdi operas　下

トレッカニ・デッリ・アルフィエリ家 Treccani degli Alfieri family　213

トロンボーン trombones　下

トルペナス社（楽譜出版社）Troupenas (publishing firm)　24-25, 41 註 17, 84, 102, 227, 316

チューバ tuba　下

U

ウンゲル、カロリーナ Ungher, Carolina　下

シカゴ大学図書館 University of Chicago library　下

シカゴ大学出版局 University of Chicago Press

17, 190, 233

V

ヴァッカイ、ニコラ Vaccai, Nicola　下
　《ジュリエッタとロメーオ》 Giulietta e
　　Romeo　下
ヴァエズ、ギュスターヴ Vaëz, Gustave　97
　註 60, 211, 242 註 22, 下
ヴァレンテ、マリオ Valente, Mario　215
ヴァレンティーニ＝テッラーニ、ルチア
　Valentini-Terrani, Lucia　222, 228, 下
ファン・デル・ストレーテン、エドムンド van
　der Straeten, Edmund　290 註 12
ヴァネス、キャロル Vaness, Carol　下
ヴァレージ、フェリーチェ Varesi, Felice
　100, 151 註 1, 下
ヴァルガス（バルガス）、ラモン Vargas,
　Ramon　35
ヴァリエーション―装飾法も参照のこと
　variations. See also ornamentation　下
ヴァッセッリ、アントニオ Vasselli, Antonio
　下
ヴォードヴィル vaudeville　下
ヴォーン、デニス Vaughan, Denis　157-65,
　178, 191 註 3, 192 註 11, 192 註 13
ヴェッルーティ、ジャンバッティスタ Velluti,
　Giambattista　下
ヴェネツィア、イタリア Venice, Italy
　歌劇場 opera theaters in　45, 下
　政治的状況 political situation in　113
ヴェルディ、ジュゼッペ―本書で論じた主要なオ
　ペラ作品の索引も参照のこと Verdi,
　Giuseppe. See also Index of Principal
　Operas Discussed
　《アデーリア・デッリ・アディマーリ》の台
　　本に接して Adelia degli Adimari
　　libretto viewed by　下
　歌手のために調整した部分について
　　adjustments made for singers　下
　使われているアポジャトゥーラについて
　　appoggiaturas used by　下
　自筆稿について autograph manuscripts of
　　87, 142-50, 157-65, 202-6, 232-33, 下
　ビジネスマンとして as businessman
　　105-6, 143, 146
　カバレッタ cabalettas of　下
　終止部の書式について cadential formulas
　　of　下
　カデンツァ cadenzas of　下

キャリアの長さ career length of　下
検閲 censors and　231, 下
百周年祝賀行事 centennial celebration
　下
作曲法について compositional methods of
　下
コピアレッテーレ（手紙の控え帳）
　Copialettere (copybooks) of　52,
　147
オペラにおけるカットについて cuts in
　operas of　下
死の場面について death scenes in　下
二重唱について duets of　下
強弱記号について dynamic markings used
　by　下
"休む間もなく働き続けた年月（ガレー船の
　漕ぎ手のように）" に対するコメント
　"galley years" comment　46, 156 註
　71
ホルンパートの書法について horn writing
　of　下
書簡類について letters of　95 註 34, 213
ミサを作曲する際の〈リベラ・メ〉について
　"Libera me" from composite Mass
　234-35
一族の館のアーカイヴにある手稿譜について
　manuscripts in family archives
　233-35, 238
《メッサ・ダ・レクイエム》 Messa da
　Requiem　69, 145, 156 註 72, 157-
　58, 162-63, 192 註 12, 192 註 15, 235
オーケストレーションのテクニック
　orchestration techniques of　86-90,
　下
オペラの装飾法について ornamentation of
　operas　286-87, 下
好んだ紙の構造について paper structure
　preferred by　76-77
パリ・オペラ座に接して Paris Opéra
　viewed by　105
編集のプロセスに関わって participation in
　editorial process　145, 161
台本作りに関わって participation in
　librettos　52-55, 66
ピッチ・レヴェルについて pitch levels
　viewed by　下
政治的な役割について political role of
　158, 下
『自伝的な物語』について "Racconto

autobiografico" 下

《リア王》オペラ化のプロジェクトについて *Re Lear* project　下

レチタティーヴォについて recitatives of　下

ロマンツァについて *romanze* of　下

舞台転換に接して set changes viewed by　下

オペラの舞台美術について set designs for operas　下

スケルトン・スコアについて skeleton scores of　82-85, 下

スケッチについて sketches of　67-70, 下

ステージングについて stagings of　下

余分な効果音について superfluous sound effects viewed by　下

テノールパートの書法について tenor writing of　180-82, 下

劇場の変化に接して theaters' changes viewed by　下

ティンパニの書法について timpani writing of　下

オペラにおける移調について transpositions in operas　下

オペラに導入されたヴァリアンテについて variants of operas introduced by　下

ジュゼッペ・ヴェルディの作品のクリティカル・エディション *The Works of Giuseppe Verdi* critical editions xiii, 17, 69, 180-89, 200, 233-35

ヴェルディ家（ヴェルディの家族）Verdi family 233-35, 238

ヴェルディ・フェスティヴァル（コペンハーゲン）Verdi Festival (Copenhagen)　下

ヴェルディ・フェスティヴァル（パルマ）Verdi Festival (Parma)　118-19, 253, 下

ヴェルノワ・ド・サン＝ジョルジュ、ジュール・アンリ Vernoy de Saint-Georges, Jules-Henri　下

ヴェローナでの会議 Verona, Congress of　下

フランス語の韻文の構造 verse structures, French　下

イタリア語の韻文の構造—個々のタイプについても参照のこと verse structures, Italian. *See also specific types*　57-64, 219, 下

ヴェルシ・リリチ（抒情詩）*versi lirici*　下

ヴェルシ・ショルティ（ブランク・ヴァース、無韻詩句）*versi sciolti*　60-61, 64, 301, 304, 308-9, 311, 下

ヴァージョン（を選ぶこと）version, choice of　下

真正的な考慮のもとに aesthetic considerations　下

別のヴァージョン（異版）について alternative versions and　下

認可されたヴァージョン authorial versions and　下

作曲者の意志 composers' wishes and　下

指揮者と演出家の決定に関すること conductors' and directors' decisions concerning　下

文化の交差を背景に持つ改作について cross-cultural adaptations　下

歴史的な状況について historical circumstances and　下

現代の上演について modern performers and　下

認可されていないヴァージョン nonauthorial versions　下

現代の上演における実用的な考慮について practical considerations of modern performance　下

歌手の能力 singers' capabilities and　下

社会的な背景について social context and　下

三次元概念グリッド three-dimensional conceptual grid for　下

ヴィアーレ・フェッレーロ、メルセデス Viale Ferrero, Mercedes　下

ヴィアルド、ポーリーヌ Viardot, Pauline　下

ヴィック、グレアム Vick, Graham　10, 下

ヴィットーリオ・エマヌエーレ 2 世、イタリア王 Victor Emanuel II, King of Italy　下

ウィーン、オーストリア Vienna, Austria 15

ウィーンでの会議 Vienna, Congress of　下

ヴィガーノ、サルヴァトーレ Viganò, Salvatore　下

ヴィッラ・ヴェルディ（サンターガタ）Villa Verdi (Sant'Agata)　233

ヴィンチ、レオナルド Vinci, Leonardo　下

ヴィンチグエッラ、ピエロ Vinciguerra, Piero　下

総索引　365

ヴァージル Virgil　198
ヴァージン・クラシックス Virgin Classics
　下
ヴィスコンティ、ルキーノ Visconti, Luchino
　26, 下
ヴィターリ、ジュゼッピーナ Vitali, Giuseppina
　下
ヴィトゥ、フレデリック Vitoux, Fréderic
　217
　　『パラッツォ・ペドレッティにおける季節の
　　終わり』Fin de saison au Palazzo
　　Pedrotti　217
ヴィヴァルディ、アントニオ Vivaldi, Antonio
　下
　　《四季》Le quattro stagioni　下
ヴォルテール Voltaire　50, 218-19, 258,
　263
　　『キャンディード』Candide　291 註 20
　　『セミラミス』Sémiramis　258, 263
　　『タンクレード』Tancrède　50, 218
フォン・ライン、ジョン von Rhein, John
　下
フォン・シュターデ、フレデリカ Von Stade,
　Frederica　下

W

ワーグナー、リヒャルト Wagner, Richard
　viii, ix, 104, 111, 144, 211, 242 註 21, 251,
　273, 305, 314
　　自伝 autobiography of　下
　　バイロイトにて at Bayreuth　下
　　《さまよえるオランダ人》Der fliegende
　　Holländer　下
　　楽劇について music dramas of　下
　　『オペラとドラマ』Opera and Drama
　　下
　　フランスとイタリアにおけるオペラの上演
　　performances of operas in France and
　　Italy　下
　　ステージング stagings of　下
　　《タンホイザー》Tannhäuser　下
　　テキストの優位性について text primacy
　　viewed by　下
　　《トリスタンとイゾルデ》Tristan und

　　Isolde　下
　　《ラ・ファヴォリート》のヴォーカル・スコ
　　ア作りについて vocal score of La
　　Favorite prepared by　144
ワーグナー、ヴィーラント Wagner, Wieland
　下
ワルター、ブルーノ Walter, Bruno　下
ワーナー、デボラ Warner, Deborah　下
ウェーバー、カルル・マリア・フォン Weber,
　Carl Maria von　下
ウェーバー、サムエル Weber, Samuel　下
ワインストック、ハーバート Weinstock,
　Herbert　192 註 18, 229, 244 註 51
ワイス、ピエロ Weiss, Piero　下
ウェストミューラー、リナ Wertmüller, Lina
　下
ヴェステルガアド、ペーテル Westergaard,
　Peter　下
ヴィクルント、アンデルス Wiklund, Anders
　29, 244 註 54
ヴィルド、ニコル Wild, Nicole　下
ウィルズ、サイモン Wills, Simon　下

Z

ザージック、ドローラ Zajick, Dolora　下
ザンベッロ、フランチェスカ Zambello,
　Francesca　xiv, 170, 下
ザンボーニ、ジャコモ Zamboni, Giacomo
　110
ザンドナーイ、リッカルド Zandonai, Riccardo
　下
ザネッティ、エミーリア Zanetti, Emilia
　226
ザノリーニ、アントニオ Zanolini, Antonio
　下
ゼッキーニ、アマーリア Zecchini, Amalia
　下
ゼッダ、アルベルト Zedda, Alberto　34, 41
　註 24, 93 註 11, 97 註 68, 166-72, 192 註
　23, 220, 259, 261
ゼッフィレッリ、フランコ Zeffirelli, Franco
　下
ゾンカ、パオラ Zonca, Paola　下
ゾッペッリ、ルカ Zoppelli, Luca　下

366

著者プロフィール

フィリップ・ゴセット（Philip Gossett）

1941年9月27日−2017年6月12日。米国ニューヨーク州ニューヨーク生まれ。幼少期よりピアノを学び、ジュリアード音楽院予備クラスにも通った後、アマースト大学で物理学を専攻するも、オペラ研究の道に転じ、プリンストン大学で学位を取得。フルブライト奨学金を受けてパリで学び、イタリア・ペーザロのロッシーニ財団やパルマの国立ヴェルディアーニ研究所と協力。1968年にシカゴ大学の教員となり2010年に退職後、名誉教授の称号を得る。生涯を通じて、19世紀のイタリア・オペラのクリティカル・エディションの作成に傾注し、ロッシーニ《タンクレーディ》《エルミオーネ》《セミラーミデ》（リコルディ社）や《セビリャの理髪師》（ベーレンライター社）における校訂譜が特に名高い。ロッシーニ《ランスへの旅》蘇演の立役者でもあった。米国イリノイ州シカゴにて逝去。

訳者プロフィール

岸　純信（きし・すみのぶ）

オペラ研究家。1963年生まれ。関西大学法学部卒業。『音楽の友』『レコード芸術』『ぶらあぼ』『音楽現代』『モーストリー・クラシック』『オン★ステージ新聞』など音楽雑誌や新聞、公演プログラム等に寄稿。CD & DVDの解説多数。NHK『ららら♪クラシック』『芸術劇場』『愛の劇場』『海外オペラアワー』『オペラ・ファンタスティカ』等にも多く出演。著書『オペラは手ごわい』（春秋社）、『オペラのひみつ』（メイツユニバーサルコンテンツ）、『簡略オペラ史』（八千代出版）、訳書『マリア・カラスという生きかた』（音楽之友社）、『ワーグナーとロッシーニ　巨星同士の談話録』『パリと共に70年　作曲家ビュッセル回想録』（八千代出版）、共著『イタリア文化事典』（丸善出版）など。一般社団法人国際総合芸術研究会（WCARS）代表理事。大阪大学外国語学部非常勤講師（オペラ史）。新国立劇場オペラ専門委員や静岡国際オペラコンクール企画運営委員を歴任。

歌の女神と学者たち　上巻
―イタリア・オペラの上演―
〈岸純信選書〉第 3 巻

2025 年 3 月 7 日　第 1 版 1 刷発行

著　者 ― フィリップ・ゴセット
編　集 ― 一般社団法人国際総合芸術研究会
訳　者 ― 岸　　純　信
発行者 ― 森　口　恵美子
印刷所 ― 三光デジプロ
製本所 ― グ　リ　ー　ン
発行所 ― 八千代出版株式会社

〒101
-0061　　東京都千代田区神田三崎町2-2-13
TEL　03(3262)0420
FAX　03(3237)0723
振替　00190-4-168060

＊定価はカバーに表示してあります。
＊落丁・乱丁本はお取り替えいたします。

ISBN978-4-8429-1878-5　　　　　© 2025 Suminobu Kishi